भारतीय ज्ञान परम्परा

भारतीय ज्ञान परम्परा

कृषि एवं चिकित्सा

जगराम सिंह

भाग - 3

GenNext Publication

भारत में सन् 2025 में प्रकाशित

जेन्नेकस्ट पब्लिकेशन
5, अंसारी रोड, दरियागंज,
नई दिल्ली–110002
ई–मेल: gennextpublication@hotmail.com

Distribution Network
gyanbooks.com
India, USA, Canada, UK, Australia, France

भारतीय ज्ञान परम्पराः कृषि एवं चिकित्सा

ISBN: 978-93-5663-057-4 (Set)
978-93-5663-492-3 (PB)

मुद्रित: ज्ञान प्रेस, दिल्ली

आभार

जब से सृष्टि का निर्माण हुआ है और संसार की सर्वोत्कृष्ट निधि "ज्ञान" को प्राप्त करने में भारतीय हमेशा अग्रणी रहे हैं। ऐसा लोककथाओं एवं लिखित साक्ष्यों से प्रमाण मिलता है। जब से विद्या सोपान की रचना हुई तभी से यह अमूल्य पदार्थ भाग्यशाली भारतवासियों को प्राप्त होता रहा और उसी के बल पर यहाँ के लोग प्राचीनकाल से ही ज्ञान प्राप्त करते रहे। जिस काल में संसार के अधिसंख्य देशों के निवासी गुफाओं एवं कंदराओं में रहते हुए जंगली एवं असभ्य जीवन जी रहे थे, उस काल में भारतवासी ज्ञान-विज्ञान में उन्नति कर एक सुसंस्कृत समाज का निर्माण कर अपनी सभ्यता को उच्चासन पर विराजमान प्राप्त कर चुके थे।

प्राचीन काल से ही भारत के लोग ज्ञान-विज्ञान के अनेक क्षेत्रों में उन्नति करते रहे हैं। वे आध्यात्मिक ज्ञान की चरम सीमा तक पहुँच कर भी भौतिक जीवन की ओर-से उदासीन नहीं रहे। लौकिक सुख-सुविधाओं के लिए विज्ञान का प्रयोग अवश्य किया गया परन्तु संयत भाव से। भौतिक एवं आध्यात्मिक जीवन का समन्वय करते हुए वैज्ञानिक उपलब्धियों को ज्ञानार्जन का साधन माना और उनके उपयोग को जन कल्याण की सीमा तक मर्यादित रखते हुए उनका दुरुपयोग प्रतिबंधित किया। इस बात का श्रेय भारतीयों को ही है कि उन्होंने इहलोक एवं परलोक सम्बन्धी विविध तत्वों का व्यावहारिक समुच्चय उपस्थित किया। जीवन के शाश्वत सिद्धांतों को अपना आधार बनाकर उन्होंने न केवल भारतीय समाज का हित किया अपितु अपनी उदार भावनाओं से प्रेरित होकर उन्होंने सच्ची सभ्यता का प्रकाश विश्व के समस्त देशों में नि:स्वार्थ भाव से भी फैलाया।

भारतीय प्राचीनकाल से ही ज्ञान-विज्ञान के क्षेत्र में समृद्ध/समृद्धशाली थे। आध्यात्म और तत्वज्ञान की चरम सीमा प्राप्त करते हुए भी वे भौतिक जीवन से विमुख नहीं हुए थे बल्कि दोनों ही क्षेत्रों में आशातीत उन्नति कर दोनों का अद्‌भुत समन्वय स्थापित किया था। जीवन के शाश्वत सिद्धांतों को अपना आधार बनाकर उन्होंने भारत के साथ ही विश्व कल्याण तथा उससे भी आगे बढ़कर मानवता के उत्थान में सहायक बना। यह अत्यन्त वन्दनीय कार्य है अत: अब मुझे आशा ही नहीं अपितु विश्वास भी है कि यह [भारतीय ज्ञान परम्परा: कृषि एवं चिकित्सा] भागीरथी आधुनिक वैज्ञानिक संभ्रम को अवश्य ही दूर कर भारतीय ज्ञान आलोक को सम्पूर्ण संसार में पुन: आलोकित करने में सहायक बनेगी अंतत: इस [भारतीय ज्ञान परम्परा: कृषि एवं चिकित्सा] की गौरव गाथा को वैज्ञानिक साक्ष्यों सहित जन-जन तक पहुँचाने में जिन्होनें भी ज्ञात, अज्ञात्, या किसी भी प्रकार का तन, मन, धन और तकनीक, साहित्य- सन्दर्भ एवं प्रकाशन के कार्य में सहायक बने उन सभी का हृदय की अनंत गहराइयों से आभार, नमन, वंदन अभिनन्दन के साथ ही भविष्य में भी इसी प्रकार के सहयोग की अपेक्षा रहेगी।

/// धन्यवाद ///

भवदीय

जगराम सिंह

आत्मनिवेदन

शिक्षा और दर्शन का लक्ष्य एवं आदर्शों का निर्माण करता है तथा उन जीवनादर्शों को प्राप्त करने की प्रेरणा देता है। राष्ट्र के जीवन-दर्शन पर आधारित प्रत्येक देश का अपना शिक्षा का दर्शन होता है। शिक्षा का कोइ न कोई उद्देश्य अवश्य होता है। इसीलिए शिक्षा को एक सोद्देश्य प्रक्रिया कहा गया है। ध्यान देने की बात है कि शिक्षा का उद्देश्य जीवन के उद्देश्य पर आधारित होता है और जीवन का उद्देश्य अपने समय के दर्शन से प्रभावित होता है। अतः शिक्षा के उद्देश्य का निर्माण जीवन के उद्देश्य अथवा जीवन के दर्शन के अनुसार किया जाता है। जीवन के उद्देश्य को निर्धारित करना दार्शनिक है वही शिक्षा का भी उद्देश्य बन जाता है। अतः दार्शनिक अपनी-अपनी विचारधाराओं अथवा देश की आवश्यकताओं को ध्यान में रखते हुए समय-समय पर जीवन के उद्देश्यों अथवा लक्ष्यों को निर्धारित करते रहते हैं। इन्ही सभी बातों की सुखद अनुभूति भावी पीढ़ी को भी हो इसी बात का गम्भीरता पूर्वक स्मरण रखते हुए हमारे महान वैज्ञानिक पूर्वजों ने शिक्षा के सभी क्षेत्रों यथा-ध्वनि, स्वर, लिपि, व्याकरण, छंद, भाषा,काव्य, शिक्षा, समाज, इतिहास राजनय, अर्थ, धर्म न्याय आदिक क्षेत्रों में अभूतपूर्व वैज्ञानिक उपलब्धि हासिल कर मानव जगत का महान कल्याण किया उनके इस उपकार के कारण सारा संसार आज तक ऋणी है इसी स्वाभिमान परक अनुभूति भावी पीढी को भी हो सके इसी को ध्यान में रखकर भारतीय ज्ञान

परंपरा-शिक्षा और दर्शन रुपी पुष्प के सृजन का महान उद्देश्य है इस महती उद्देश्य की पूर्त्ति में सभी को कोटि शः साधुवाद, आभार।

/// धन्यवाद ///

भवदीय

जगराम सिंह

शुभकामना संदेश

श्री जगराम जी द्वारा **भारतीय ज्ञान परंपरा- कला एवं संस्कृति भाग-1, शिक्षा एवं दर्शन भाग-2, कृषि एवं चिकित्सा भाग-3, गणित एवं प्रौद्योगिकी भाग-4, हमारे वैज्ञानिक भाग-5** आदि विषयों पर एक साथ पांच पुस्तकों का प्रकाशन किया जा रहा है। इन पुस्तकों का लेखन श्री जगराम जी के इन विषयों के प्रति प्रतिबद्धता का परिचायक है।

जिस व्यक्ति का लेखन कार्य उनके जीवन का एक मात्र कार्य या प्रमुख कार्य है, ऐसे व्यक्ति तो भारतीय ज्ञान परंपरा जैसे गंभीर विषय पर एक साथ पांच पुस्तकों का लेखन कर सकते हैं परन्तु श्री जगराम जी का वर्तमान में प्रमुख कार्य शिक्षा संस्कृति उत्थान न्यास के दो क्षेत्रों अर्थात आठ प्रान्तों के कार्य को संभालना, देखना और कार्य के विस्तार के लिए माह में लगभग बीस दिन या उस से उपर विभिन्न प्रान्तों में सतत प्रवास करना है। इस प्रकार का विस्तृत लेखन कार्य लगातार करते रहना यह असंभव तो नहीं परन्तु अत्यंत कठिन कार्य अवश्य है। श्री जगराम जी की यह पांच पुस्तकें प्रकाशित हो गई हैं। इसके पूर्व भी आपने अनेक पुस्तकों का प्रकाशन एवं लेखन किया है।

भारतीय ज्ञान परंपरा अत्यंत महत्वपूर्ण विषय है। राष्ट्रीय शिक्षा नीति-2020 में उल्लेख है कि शिक्षा के हर स्तर पर भारतीय ज्ञान परंपरा को स्थापित करना चाहिए परन्तु समस्या यह कि भारतीय ज्ञान परंपरा को विगत 175 वर्षों से हमारी शिक्षा व्यवस्था एवं ज्ञान परंपरा से बाहर कर दिया था। इसके परिणाम स्वरूप भारतीय ज्ञान परंपरा पर कार्य करने से हमारी व्यवस्था ने किनारा कर लिया था। इस प्रकार की परिस्थिति में भी विभिन्न प्रकार की व्यवस्थाओं का

आधार भारतीय ज्ञान परंपरा बनता है। सर्वप्रथम शिक्षा में भारतीय ज्ञान परंपरा का समावेश होना आवश्यक है क्योंकि शिक्षा की स्थापना ज्ञान परंपरा पर ही होती है। इस दृष्टि से श्री जगराम जी द्वारा भारतीय ज्ञान परंपरा पर लिखी गई पुस्तकें देशभर में विद्वानों, आचार्यों एवं छात्रों का मार्गदर्शन करती रहेंगी। इस महत्वपूर्ण लेखन कार्य हेतु श्री जगराम जी का हार्दिक अभिनंदन और साधुवाद। श्री जगराम जी स्वस्थ रहते हुए आगे भी अपना लेखन कार्य इसी प्रकार करते रहें इस हेतु श्री जगराम जी को मेरी ओर से हार्दिक शुभकामनाएं।

भवदीय

(डॉ. अतुल कोठारी)

राष्ट्रीय सचिव

प्रस्तावना

भारतीय ज्ञान परंपरा-शिक्षा और दर्शन एक अत्यन्त महत्त्वपूर्ण और गहरा विषय है। यह विषय भारतीय संस्कृति, इतिहास, और दर्शन के प्रति जागरुकता और समझ को बढ़ाता है। इस पुस्तक के अंतर्गत शास्त्र, कला, संस्कृति, और विज्ञान के विभिन्न विषयों का अध्ययन किया गया है, जो हमें हमारे समाज और संस्कृति के मौलिक सिद्धांतों और मूल्यों को समझने में मदद करता है। भारतीय ज्ञान परंपरा अत्यन्त विशाल एवं समृद्धिशाली है यह परंपरा मनुष्य का सर्वांगीण विकास करने में महत्त्वपूर्ण भूमिका निभाती है। भारतीय ज्ञान परंपरा के विभिन्न आयाम हैं यह परंपरा प्रकृति के साथ प्रत्यक्ष या अप्रत्यक्ष रुप से जुड़कर मानव जीवन को स्वस्थ एवं खुशहाल बनाने में अत्यन्त उपादेय है। भारतीय दर्शन एवं भारतीय ज्ञान परंपरा वसुधैव कुटुम्बकम विचारधारा पर आधारित है । दर्शन एवं शिक्षा की अलग-अलग व्याख्या करने से यह स्पष्ट हो जाता है कि दोनों का लक्ष्य व्यक्ति को सत्य का ज्ञान कराना तथा उनके जीवन को विकसित करना है भारतीय ज्ञान परंपरा में दर्शन, व्यावहारिक शिक्षा, कला, कौशल, शिल्प कौशल, कृषि, स्वास्थ्य और विज्ञान के क्षेत्र में महत्त्वपूर्ण जानकारी मिलती है। इस परंपरा के विभिन्न सिद्धांतों का अपना अलग -अलग भूमिका रही है। इस पुस्तक के द्वारा भारतीय ज्ञान परंपरा में ध्वनि शास्त्र, स्वर शास्त्र, लिपि शास्त्र, व्याकरण शास्त्र, छंद शास्त्र, भाषा शास्त्र, काव्य शास्त्र, शिक्षा शास्त्र, समाज शास्त्र, इतिहास शास्त्र, राजनीति शास्त्र, अर्थ शास्त्र, धर्म शास्त्र, और न्याय शास्त्र जैसे विभिन्न शास्त्रों के अध्ययन के बारे में बताया गया है। इन शास्त्रों के माध्यम से हमें अपने समाज की समझ, संस्कृति की महत्त्वता, और जीवन के मूल्यों की अधिक समझ

मिलती है। ध्वनि शास्त्र में भाषा के शुद्ध उच्चारण और लेखन में सहायता मिलती है। इसके द्वारा प्रत्येक भाषा की मूल ध्वनियों का ज्ञान होता है जिससे मनुष्य ध्वनियों का उच्चारण आसानी से सीख सकें। इतिहास का व्यापक महत्त्व है क्योंकि यह मानव मस्तिष्क एवं आचरण को सुसंस्कृत बनाने का प्रमुख एवं प्रभावपूर्ण साधन है। राजनय एक कला है जिसे अपनाकर दुनिया के राज्य अपने पारस्परिक सम्बन्धों को बढ़ाते हुए अपनी हित की साधना करते हैं। लिपि शास्त्र में लिपि द्वारा मानव अपने अनुभवों, कल्पनाओं और विचारों को मूर्त और स्थायी रुप देने में सक्षम हो पाया है। व्याकरण शास्त्र के द्वारा भाषा के शब्दों को अनुशासित किया जाता है। शिक्षा शास्त्र सीखने के सिद्धांतों, छात्रों की समझ और उनकी जरुरतों और व्यक्तिगत छात्रों की पृष्ठभूमि और रूचियों को ध्यान में रखकर उनके कार्यों, निर्णयों और शिक्षण रणनीतियों को आकार देती है। समाज शास्त्र का मुख्य कार्य समाज और व्यक्ति की परस्पर क्रियाओं की खोज करना है । धर्म शास्त्र का लक्ष्य ईश्वर को समझना या अपने धर्म को एक सुसंगत तरीके से समझना और समझाना है। 'भारतीय ज्ञान परंपरा–शिक्षा और दर्शन 'पुस्तकमें विभिन्नशास्त्रों के स्वरुप, विकास आदि का वैज्ञानिक तथा विश्लेषणात्मक अध्ययन प्रस्तुत किया गया है ।इन शास्त्रों के अध्ययन के माध्यम से, हम अपने समाज के संरचना और संघर्षों को समझ सकते हैं, कि हमारी संस्कृति और समाज कैसे विकसित हुए हैं और उनमें किस प्रकार की बदलाव आई है। इसके अलावा, इन शास्त्रों के माध्यम से हम नेतृत्व, न्याय, और धर्म के महत्त्व को भी समझ सकते हैं, जो हमें एक समृद्ध और समान समाज की दिशा में मार्गदर्शन प्रदान करता है।इस पुस्तक के माध्यम से हमारे पाठकों को भारतीय संस्कृति के अखंड इतिहास का पर्याप्त विचार प्रदान होगा जो अतीत में कम से कम पाँच हजार वर्षों से अधिक तक फैला हुआ था। यदि हमें भारतीय संस्कृति के इस विशाल कैनवास का थोड़ा सा भी अंदाजा देना है, – जो संयोगवश, हमारी सांस्कृतिक पहचान को बनाए रखने के लिए अपरिहार्य है, – और यदि हमें, जैसा कि हमें करना ही चाहिए, नए और विस्तारित क्षितिजों को भी जोड़ना है ज्ञान के क्षेत्र में, जो व्यापक रुप से विकसित हो रहा है, हम उन तरीकों और साधनों पर

विचार करने के लिए बाध्य होंगे जिनके द्वारा हमारी शैक्षिक पद्धति की प्रणाली में आमूल-चूल परिवर्तन हो सकते हैं। हमें इस प्रश्न का केंद्रीय उत्तर ढूंढना होगा कि जब ज्ञान बहुत विशाल है और जब इसका तेजी से विस्तार हो रहा है तो उस पर कैसे महारत हासिल की जाए।चतुर्मुखी व्यक्तित्व जिससे व्यक्तिगत आत्मा को विकसित करके पूर्ण किया जा सकता है, इसकी कल्पना एक विशिष्टता है और जो अभी भी समग्रता के साथ पारस्परिकता और सामंजस्य द्वारा जीवित रहती है। यह सिद्धांत और व्यवहार शिक्षा की एक नई प्रणाली के पुनर्निर्माण के कार्य के लिए बहुत प्रासंगिक होगी। भारतीय ज्ञान परंपरा-शिक्षा और दर्शन एक अमूल्य सम्पत्ति है, जो हमें समृद्ध और समर्थ समाज के निर्माण के मार्ग पर अग्रसर करती है। इस पुस्तक के गहन अध्ययन के पश्चात् निस्संदेह यह कहा जा सकता है कि यह पुस्तक आधुनिक पाठकों के लिए अमूल्य निधि के समान है।

डॉ सरिता बहल

एम. कॉम.,एम.फिल.पीएचडी.

प्राचार्या

देवकी देवी जैन स्मृति महिला महाविद्यालय

लुधियाना, पंजाब

अनुक्रम

मनोविज्ञान शास्त्र

भारतीय मनोविज्ञान अति प्राचीन काल से आज तक हुए मनोवैज्ञानिक अध्ययनों और अनुसंधानों का समग्र रूप है। 'भारतीय' कहने से यही तात्पर्य है कि भारतीय संस्कृति की पृष्ठभूमि में जिस मनोविज्ञान का विकास हुआ वह इस क्षेत्र में भारत का विशेष योगदान माना जा सकता है।

भारतीय मनोविज्ञान की विशेषताएँ–

- दर्शन की शाखा
- आत्मा का विज्ञान
- व्यावहारिक
- अतिसामान्य (सुपर नॉर्मल) तत्त्वों का विवेचन
- मनोशारीरिक (साइको–फिजिकल)
- चेतना के चार स्तर: जागृत, स्वप्न, सुषुप्त और तुरीय
- पंचकोष: अन्नमयकोष, प्राणमयकोष, मनोमयकोष, विज्ञानमयकोष, आनन्दमयकोष
- अणु में विभु
- भौतिक शरीर के अतिरिक्त सूक्ष्मशरीर तथा कारण शरीर

धार्मिक मनोविज्ञान–भारतीय मनोविज्ञान आत्मविकास और चरित्र–निर्माण में सर्वाधिक उपयोगी हो सकता है।

मानव व्यक्तित्व की संरचना: मनुष्य में 5 कर्मेन्द्रियाँ और 5 ज्ञानेन्द्रियाँ है, इनके ऊपर मन और मन के परे बुद्धि है। इनके अलावा मनुष्य मूल रूप से आत्मा, पुरुष अथवा जीव है जो व्यक्तित्व की समस्त संरचना को चलाता

है। उपनिषदों और गीता में दी गयी व्यक्तित्व की यह संरचना ही षड्दर्शनों एवं विचार के अन्य क्षेत्रों में भी दिखायी देती है।

भारत में मनोविज्ञान का विकास–

भारतीय दार्शनिक परम्परा इस बात में धनी रही है कि वह मानसिक प्रक्रियाओं तथा मानव चेतना, स्व, मन शरीर के सम्बन्ध तथा अनेक मानसिक प्रकार्य जैसे–संज्ञान, प्रत्यक्षण, भ्रम, अवधान तथा तर्कना आदि पर उनकी झलक के सम्बन्ध में केंद्रित रही है। दुर्भाग्य से भारतीय परम्परा की गहरी दार्शनिक जड़ें भारतवर्ष में आधुनिक मनोविज्ञान के विकास को प्रभावित नहीं कर सकी हैं। भारत में इसके विकास पर पाश्चात्य मनोविज्ञान का भी प्रभुत्व निरन्तर बना हुआ है, यद्यपि यहाँ एवं विदेश में भी इसकी एक अलग पहचान के लिए कुछ प्रयास किए गए हैं और कुछ बिंदु सुनिश्चित किए गए हैं। इन प्रयासों ने वैज्ञानिक अध्ययनों के माध्यम से भारतीय दार्शनिक परम्परा की बहुत–सी मान्यताओं की सत्यता स्थापित करने का यत्न किया है।

भारतीय मनोविज्ञान का आधुनिक काल कलकत्ता विश्वविद्यालय के दर्शनशास्त्र विभाग में 1915 में प्रारम्भ हुआ जहाँ प्रायोगिक मनोविज्ञान का प्रथम पाठ्यक्रम आरम्भ किया गया तथा प्रथम मनोविज्ञान प्रयोगशाला स्थापित हुई। कलकत्ता विश्वविद्यालय ने 1916 में प्रथम मनोविज्ञान विभाग तथा 1938 में अनुप्रयुक्त मनोविज्ञान का विभाग प्रारम्भ किया।

कलकत्ता विश्वविद्यालय में आधुनिक प्रायोगिक मनोविज्ञान का प्रारम्भ भारतीय मनोवैज्ञानिक डॉ0 एन.एन. सेनगुप्ता, जो वुण्ट की प्रायोगिक परम्परा में अमेरिका में प्रशिक्षण प्राप्त थे, से बहुत प्रभावित था। प्रोफेसर गिरीन्द्रशेखर बोस फ्रायड के मनोविश्लेषण में प्रशिक्षण प्राप्त थे–एक ऐसा क्षेत्र जिसने भारत में मनोविज्ञान के आरंभिक विकास को प्रभावित किया। प्रोफेसर बोस ने 'इंडियन साइकोएनेलिटिकल एसोसिएशन' की स्थापना 1922 में की थी। मैसूर विश्वविद्यालय एवं पटना विश्वविद्यालय में मनोविज्ञान के अध्यापन एवं अनुसंधान के प्रारम्भिक केंद्र प्रारम्भ हुए। प्रारम्भ से मनोविज्ञान भारत में एक सशक्त विद्याशाखा के रूप में विकसित हुआ। मनोविज्ञान अध्यापन, अनुसंधान तथा अनुप्रयोग के अनेक केंद्र हैं। मनोविज्ञान में उत्कृष्टता अथवा वैशिष्ट्य के

दो केंद्र उत्कल विश्वविद्यालय, भुवनेश्वर तथा इलाहाबाद विश्वविद्यालय, विश्वविद्यालय अनुदान आयोग द्वारा सहायता प्राप्त हैं। करीब 70 विश्वविद्यालयों में मनोविज्ञान के पाठ्यक्रम चलाए जाते हैं।

दुर्गानन्द सिन्हा ने अपनी पुस्तक साइकोलॉजी इन ए थर्ड वर्ल्ड कन्ट्रीः दि इंडियन एक्सपीरियन्सश (1986 में प्रकाशित) में भारत में सामाजिक विज्ञान के रूप में चार चरणों में आधुनिक मनोविज्ञान के इतिहास को खोजा है। उनके अनुसार, प्रथम चरण स्वतन्त्रता की प्राप्ति तक एक ऐसा चरण था जब प्रयोगात्मक, मनोविश्लेषणात्मक एवं मनोवैज्ञानिक परीक्षण अनुसंधान पर बहुत बल था जिससे पाश्चात्य देशों का मनोविज्ञान के विकास में योगदान परिलक्षित हुआ था। द्वितीय चरण में 1960 तक भारत में मनोविज्ञान की विविध शाखाओं में विस्तार का समय था। इस चरण में भारतीय मनोविज्ञानिकों की इच्छा थी कि भारतीय पहचान के लिए पाश्चात्य मनोविज्ञान को भारतीय संदर्भों से जोड़ा जाएँ उन्होंने ऐसा प्रयास पाश्चात्य विचारों द्वारा भारतीय परिस्थितियों को समझने के लिए किया। फिर भी, भारत में मनोविज्ञान 1960 के बाद भारतीय समाज के लिए समस्या-केंद्रित अनुसंधानों द्वारा सार्थक हुआ। मनोवैज्ञानिक भारतीय समाज की समस्याओं के प्रति अधिक ध्यान देने लगे। पुनश्च, अपने सामाजिक संदर्भ में पाश्चात्य मनोविज्ञान पर अतिशय निर्भरता का अनुभव किया जाने लगा। महत्त्वपूर्ण मनोवैज्ञानिकों ने उस अनुसंधान की सार्थकता पर अधिक बल दिया जो हमारी परिस्थितियों के लिए सार्थक हों।

भारत में मनोविज्ञान की नयी पहचान की खोज के कारण चतुर्थ चरण के रूप में 1970 के अंतिम समय में देशज मनोविज्ञान का उदय हुआ। पाश्चात्य ढाँचे को नकारने के अतिरिक्त भारतीय मनोवैज्ञानिकों ने एक ऐसी समझ विकसित करने की आवश्यकता पर बल दिया जो सामाजिक एवं सांस्कृतिक रूप से सार्थक ढाँचे पर आधारित हो। इस रुझान की झलक उन प्रयासों में दिखी जिनसे पारम्परिक भारतीय मनोविज्ञान पर आधारित उपागमों का विकास हुआ, जो हमने प्राचीन ग्रन्थों एवं धर्मग्रन्थों से लिए थे। इस प्रकार इस चरण की विशेषता को देशज मनोविज्ञान के विकास, जो भारतीय साँस्कृतिक संदर्भ से उत्पन्न हुआ था तथा भारतीय मनोविज्ञान एवं समाज के

लिए सार्थक था और भारतीय पारम्परिक ज्ञान पर आधारित था, द्वारा जाना जाता है। अब ये विकास सतत रूप से हो रहे हैं। भारत में मनोविज्ञान विश्व में मनोविज्ञान के क्षेत्र में सार्थक योगदान कर रहा है। इसी के साथ हम देखते हैं कि नए अनुसंधान अध्ययन, जिसमें तंत्रिका-जैविक तथा स्वास्थ्य विज्ञान के अन्तरापृष्ठीय स्वरुप समाविष्ट हैं, किए जा रहे हैं।

भारत में मनोविज्ञान का अनुप्रयोग अनेक व्यावसायिक क्षेत्रों में किया जा रहा है। मनोवैज्ञानिक मात्र विशिष्ट समस्याओं वाले बच्चों के साथ ही कार्य नहीं कर रहे हैं, वे चिकित्सालयों में नैदानिक मनोवैज्ञानिक के रूप में नियुक्त हो रहे हैं, मानव संसाधन विकास विभाग एवं विज्ञापन विभागों जैसे कम्पनी संगठनों में, खेलकूद निदेशालयों में, विकास क्षेत्रक तथा सूचना प्रौद्योगिकी उद्योगों में नियुक्त हो रहे हैं।

मनोविज्ञान का क्षेत्र, महत्त्व–

मनोविज्ञान का क्षेत्र (manovigyan ka kshera)

मनोवैज्ञानिक मनोविज्ञान के क्षेत्र में व्यवहार के सम्पूर्ण क्षेत्र को शामिल मानते हैं। इस आधार पर मनोविज्ञान का क्षेत्र अत्यन्त व्यापक है क्योंकि जहाँ जीवन है, वहीं व्यवहार है एवं जहाँ व्यवहार है, वहीं मनोविज्ञान का अध्ययन क्षेत्र भी है। मनोविज्ञान में मनुष्यों, पशुओं तथा पक्षियों के व्यवहार का अध्ययन किया जाता हैं एवं प्राणियों में सभी आयु के प्राणियों का ही अध्ययन नहीं होता बल्कि सामान्य एवं असामान्य, साधारण तथा विशिष्ट सभी तरह के प्राणियों की समस्याओं का अध्ययन किया जाता है। मनोविज्ञान की सम्पूर्ण विषय-वस्तु को कई क्षेत्रों या शाखाओं में बाँट दिया गया है। मनोविज्ञान के प्रमुख क्षेत्र अथवा शाखाएँ निम्नलिखित हैं–

1. सामान्य मनोविज्ञान

मनोविज्ञान की इस शाखा में मानव के सामान्य व्यवहार का सामान्य परिस्थितियों में अध्ययन किया जाता है।

2. असामान्य मनोविज्ञान

मनोविज्ञान की इस शाखा में मानव के असामान्य व्यवहारों का अध्ययन किया जाता है। मानव के व्यक्तित्व की असामान्यताओं से सम्बन्धित समस्याएँ इसके विषय क्षेत्र में आती हैं।

3. मानव मनोविज्ञान

इस मनोविज्ञान में सिर्फ मानव के व्यवहारों का ही अध्ययन किया जाता है।

4. पशु-मनोविज्ञान

इस मनोविज्ञान में पशुओं के व्यवहारों का अध्ययन किया जाता है।

5. शुद्ध मनोविज्ञान

मनोविज्ञान की यह शाखा मनोविज्ञान के सैद्धांतिक पक्ष से सम्बन्धित है। इसके अंतर्गत मनोविज्ञान के सामान्य सिद्धांतों, पाठ्यवस्तु आदि का ज्ञान प्राप्त किया जाता।

6. व्यावहारिक मनोविज्ञान

व्यावहारिक मनोविज्ञान में ऐसी समस्याओं का अध्ययन किया जाता है जो व्यक्ति के जीवन से सम्बन्धित आवश्यकताओं से सम्बन्धित होती हैं तथा जो उसके जीवन हेतु वैज्ञानिक ज्ञान की दृष्टि से उपयोगी होती हैं। मनोविज्ञान की यह शाखा मनोविज्ञान का व्यावहारिक पक्ष है।

7. बाल मनोविज्ञान

बालक तथा प्रौढ़ में अन्तर होता है। उनके व्यवहार में, आचरण में, विकास में, आदतों में भिन्नता होती है इसलिए बालकों के शारीरिक, मानसिक, गायक, भाषायी, संवेगात्मक, सामाजिक तथा चारित्रिक विकास एवं उनके व्यवहार आदि का अध्ययन हम जिस विषय में करते हैं, उसे बाल मनोविज्ञान कहा जाता हैं।

8. समाज मनोविज्ञान

एक व्यक्ति के दूसरे व्यक्ति, एक समुदाय के दूसरे समुदाय तथा एक

व्यक्ति के समुदाय के साथ सम्बन्धों का विवेचन समाज मनोविज्ञान में किया जाता है। इन सामाजिक सम्बन्धों का परिणाम यह होता है कि एक व्यक्ति दूसरे व्यक्ति के व्यवहारों से प्रभावित होता है एवं कुछ अपना प्रभाव भी उस पर छोड़ता हैं। प्रचार, जनमत, नेतृत्व, सामाजिक संघर्ष, सामाजिक क्रांति आदि समाज मनोविज्ञान के प्रमुख विषय हैं।

9. शिक्षा मनोविज्ञान

शिक्षा को सर्वप्रथम वैज्ञानिक रूप देने का श्रेय शिक्षा मनोविज्ञान को ही जाता है। मनोविज्ञान की इस शाखा में मनोविज्ञान की विषय-वस्तु का उपयोग शैक्षणिक समस्याओं के समाधान करने हेतु किया जाता है। शिक्षा मनोविज्ञान विशेष तौर से विद्यार्थियों के व्यवहार परिवर्तनों का अध्ययन करता है।

10. शारीरिक मनोविज्ञान

शारीरिक मनोविज्ञान मानसिक क्रियाओं से सम्बन्धित शारीरिक क्रियाओं का अध्ययन करता है। मानसिक क्रियाओं का शारीरिक क्रियाओं से घनिष्ठ सम्बन्ध है। वास्तव में प्रत्येक मानसिक क्रिया की उत्पत्ति में शारीरिक क्रिया अनिवार्य रूप से मौजूद रहती है। शारीरिक मनोविज्ञान शरीर विज्ञान की तरह शरीर के विभिन्न भागों का अलग-अलग अध्ययन नहीं करता वरन् यह तो शारीरिक क्रियाओं का समग्र रूप में अध्ययन करता हैं।

11. औद्योगिक मनोविज्ञान

मनोविज्ञान की इस शाखा में उद्योग की परिस्थितियों में व्यक्तियों के व्यवहार का अध्ययन, विभिन्न उद्योगों के लिए व्यक्तियों के चयन, उत्पादन में वृद्धि करने वाली परिस्थितियों, उद्योगों में अरुचि, मकान, क्रय-विक्रय, विज्ञापन, दुर्घटनायें आदि से सम्बन्धित समस्याओं का अध्ययन किया जाता है।

12. प्रयोगात्मक मनोविज्ञान

प्रयोगात्मक मनोविज्ञान वैज्ञानिक ढँग से किये गये प्राणियों के अनुभवों तथा व्यवहारों के अध्ययन का विज्ञान कहा जा सकता है। मनोविज्ञान की इस शाखा में नियन्त्रित अवस्थाओं में प्राणी के अनुभवों, व्यवहारों एवं प्रतिक्रियाओं का अध्ययन किया जाता है। वैज्ञानिक रूप प्राप्त करने हेतु यंत्रों का भी प्रयोग

किया जाता है। प्रदत्तों को संख्यासूचक अभिव्यक्ति दी जाती है जिससे प्राप्त निष्कर्ष वैज्ञानिक होते हैं, उनमें विश्वसनीयता तथा वैधता पायी जाती है।

13. वैयक्तिक मनोविज्ञान

मनोविज्ञान की इस शाखा में मुख्यत: वैयक्तिक लक्ष्यों के क्षेत्र में वैयक्तिक भिन्नताओं की प्रकृति तथा उत्पत्ति से सम्बन्धित समस्याओं का अध्ययन किया जाता हैं।

14. परा मनोविज्ञान

मनोविज्ञान की इस शाखा के अंतर्गत मनोवैज्ञानिक अतीन्द्रिय तथा इन्द्रियेतर प्रत्यक्षों का अध्ययन करते हैं।

मनोविज्ञान का महत्त्व (manovigyan ka mahatva)-

मनोविज्ञान का महत्त्व वर्त्तमान समय में जीवन के हर क्षेत्र में है। मनोविज्ञान हमें प्राणी तथा वातावरण के पारस्परिक व्यवहार को बतलाता है। साथ ही वातावरण में उसने किस तरह समायोजन किया है इसकी जानकारी भी देता है। मनोविज्ञान के महत्त्व को निम्न बिन्दुओं द्वारा समझा जा सकता हैं-

1. सामान्य तथा असामान्य व्यवहार को समझने और जानने में महत्त्व

मनोविज्ञान मनुष्यों के सामान्य जीवन के व्यवहार की व्याख्या करता है। साथ ही यह बताता है कि समूह अथवा समाज में रहकर व्यक्ति का व्यवहार क्या हैं? असाधारण तथा असामान्य व्यवहार का अध्ययन, कारण और उपचारों का भी विश्लेषण मनोविज्ञान के द्वारा किया जाता हैं।

2. विकास की प्रक्रिया समझाने में

मनोविज्ञान मनुष्य के सामाजिक, मानसिक, शारीरिक तथा संवेगात्मक विकास को समझने में महत्त्वपूर्ण हैं।

3. कंपनियों तथा संस्थानों के लिए महत्त्वपूर्ण

व्यावसायिक चयन परीक्षाओं में उचित चयन के लिए मनोवैज्ञानिक परीक्षाओं का वर्त्तमान समय में अत्यधिक महत्त्व है। वर्त्तमान दौर में सभी

प्रतिष्ठित कंपनियाँ तथा संस्थान उम्मीदवारों के चयन हेतु मनोवैज्ञानिक परीक्षण का प्रावधान रखते हैं।

4. शिक्षा के क्षेत्र में महत्त्व

मनोविज्ञान का शिक्षा के क्षेत्र में भी महत्त्वपूर्ण स्थान है। मनोविज्ञान शिक्षा के क्षेत्र में उन मनोवैज्ञानिक समस्याओं का अध्ययन करता है जो एक बालक एवं उसके स्कूल के अध्यापक तथा अध्यापन कार्य से सम्बन्धित हैं। मनोविज्ञान में योग्यता मापन शिक्षण विधियों में सुधार, निम्नतम तथा उत्तम योग्यता वाले बालक, छात्रों की रुचि एवं अभिरुचि से सम्बन्धित परीक्षणों का निर्माण आदि का भी अध्ययन किया जाता है।

5. औद्योगिक क्षेत्र में महत्त्व

प्रत्येक उद्योग में मानवीय तत्त्वों का समावेश होता है जिसका अध्ययन मनोविज्ञान की एक शाखा औद्योगिक मनोविज्ञान के अंतर्गत किया जाता है। औद्योगिक मनोवैज्ञानिक के श्रमिकों के चयन हेतु परीक्षण के लिए विषय एवं श्रमिक तथा मालिकों की परस्पर समस्याओं के समाधान के लिए परिस्थितियाँ पैदा करना आदि अध्ययन विषय बन जाते हैं। इस क्षेत्र में विशेषज्ञ के शोधकार्य बाजार एवं उपभोक्ता से सम्बन्धित समस्याओं का हल निकालने में भी होते हैं। जनता में किस तरह के विज्ञापन के आधार पर कौन से माल की बिक्री अधिक हो सकती है जिससे उद्योग की क्षमता को बढ़ाया जा सके इत्यादि समस्याओं का उत्तर एक औद्योगिक मनोवैज्ञानिक ही दे सकता है।

6. सामाजिक क्षेत्र में महत्त्व

मानव व्यवहार प्रमुख रूप से समूह एवं अपनी संस्कृति से अधिक प्रभावित होता है। मनुष्य अपने समाज में क्रिया प्रतिक्रियायें करता है जिनमें सामाजिक प्रभाव स्पष्ट रूप से देखा जा सकता है। इन क्रिया, प्रतिक्रियाओं का अध्ययन मनोविज्ञान का विषय है। इसके अलावा प्रकार, अभिशक्तियाँ नेतृत्व, फैशन, भीड़ एवं सामाजिक प्रेरणाओं आदि का भी अध्ययन मनोविज्ञान में किया जाता है। मनोविज्ञान का कार्यक्षेत्र यहाँ तक बढ़ गया है कि मानसिक बीमारियों के सामाजिक कारणों का भी पता लगाया जाता है।

मनोविज्ञान का शिक्षा में योगदान-

मनोविज्ञान ने शिक्षा के क्षेत्र में कई वैचारिक तथा व्यावहारिक परिवर्तन किये हैं। शिक्षा के क्षेत्र में लगे लोगों की प्राचीन धारणाओं को तोड़ा है, नवीन अवधारणाओं को विकसित किया है। मनोविज्ञान का शिक्षा के क्षेत्र में निम्नलिखित योगदान है-

1. बालक का महत्त्व

सर्वप्रथम शिक्षा, विषय-प्रधान तथा अध्यापक-प्रधान थी। उसमें बालक को तनिक भी महत्त्व नहीं दिया जाता था। उसके मस्तिष्क को खाली वर्तन समझा जाता था, जिसे ज्ञान से भरना शिक्षक का मुख्य कर्त्तव्य था। मनोविज्ञान ने बालक के प्रति इस दृष्टिकोण में आमूल परिवर्तन करके, शिक्षा को बालकेन्द्रित बना दिया है। अब शिक्षा बालक हेतु है, न कि बालक शिक्षा हेतु।

2. बालकों की विभिन्न अवस्थाओं का महत्त्व

प्राचीन शिक्षा पद्धति में सभी आयु के बालकों हेतु एकसी शिक्षण विधियों का प्रयोग किया जाता था। मनोवैज्ञानिकों ने इन दोनों बातों को अनुचित तथा दोषपूर्ण सिद्ध कर दिया है। उनका कहना है कि बालक जैसे-जैसे बड़ा होता जाता है, वैसे-वैसे उसकी रुचियाँ तथा आवश्यकताएँ बदलती जाती हैं, उदाहरणार्थ, बाल्यावस्था में उसकी रुचि खेल में होती है, लेकिन किशोरावस्था में वह खेल तथा कार्य में अन्तर समझने लगता है। इस बात को ध्यान में रखकर बालकों को बाल्यावस्था में खेल द्वारा तथा किशोरावस्था में अन्य विधियों द्वारा शिक्षा दी जाती है। साथ ही, उनकी शिक्षा के स्वरुप में भी अन्तर दिखाई देता है।

3. बालकों की रुचियों तथा मूल प्रवृत्तियों का महत्त्व

प्राचीन काल की किसी भी शिक्षा योजना में बालकों की रुचियों तथा मूल प्रवृत्तियों का कोई स्थान नहीं था। उन्हें ऐसे कई विषय पढ़ने पढ़ते थे, जिनमें उनकी तनिक भी रुचि नहीं होती थी तथा जिनका उनकी मूल प्रवृत्तियों से कोई सम्बन्ध नही होता था। मनोविज्ञान ने यह सिद्ध कर दिया है कि जिस

कार्य में बालकों की रूचि होती हैं, उसे वे जल्दी सीखते हैं। इसके अलावा वे कार्य करने में अपनी मूल प्रवृत्तियों से प्रेरणा प्राप्त करते हैं। अत: अब बालकों की शिक्षा का आधार उनकी रुचियाँ तथा मूल प्रवृत्तियाँ हैं।

4. बालकों की व्यक्तिगत विभिन्नताओं का महत्त्व

शिक्षा की प्राचीन शिक्षण विधियों में बालकों की व्यक्तिगत विभिन्नताओं पर ध्यान नहीं दिया जाता था। अत: सबके लिए समान शिक्षा का आयोजन किया जाता। मनोविज्ञान ने इस बात पर सदैव बल दिया है कि बालकों की रुचियों, रुझानों, क्षमताओं, योग्यताओं आदि में अन्तर होता है। अत: सभी बालकों हेतु समान शिक्षा का आयोजन सर्वथा अनुचित है। इस बात को ध्यान में रखकर मंद-बुद्धि, पिछड़े तथा शारीरिक दोष वाले बालकों हेतु अलग-अलग विद्यालयों में अलग-अलग तरह की शिक्षा की व्यवस्था की जाती है।

5. पाठ्यक्रम में सुधार

प्राचीन काल में पाठ्यक्रम के सभी विषय, सभी बालकों हेतु अनिवार्य होते थे। इसके अलावा वह पूर्ण रूप से पुस्तकीय तथा ज्ञान प्रधान था। मनोविज्ञान ने पाठ्यक्रम के इन दोनों दोषों की कटु आलोचना की है। यह इस बात पर बल देता है कि पाठ्यक्रम का निर्माण बालकों की आयु, रुचियों तथा मानसिक योग्यताओं को ध्यान में रखकर किया जाना चाहिए। यही कारण है कि आठवीं कक्षा के पश्चात् पाठ्यक्रम को साहित्यिक, वैज्ञानिक आदि वर्गों में विभाजित कर दिया गया है।

6. पाठ्य सहगामी क्रियाओं पर बल

प्राचीन शिक्षा का मुख्य उद्देश्य बालक का मानसिक विकास करना था। अत: पुस्तकीय ज्ञान को ही महत्त्व दिया जाता था तथा पाठ्य-सहगामी क्रियाओं का कभी विचार भी नहीं किया गया। मनोविज्ञान ने बालक के सर्वांगीण विकास हेतु इन क्रियाओं को बहुत महत्त्वपूर्ण बताया है। यही कारण है कि आजकल विद्यालयों में खेलकूद, साँस्कृतिक कार्यक्रम आदि की विशेष रूप से व्यवस्था की जाती है।

7. सीखने की प्रक्रिया में उन्नति

पहले शिक्षकों को सीखने की प्रक्रिया का कोई ज्ञान नहीं था। वे यह नहीं जानते थे कि एक ही बात को एक बालक देर में तथा दूसरा बालक जल्दी क्यों सीख लेता था। मनोविज्ञान ने सीखने की प्रक्रिया के सम्बन्ध में खोज करके कई अच्छे नियम बनाये हैं। इनका प्रयोग करने से बालक कम समय में तथा ज्यादा अच्छी तरह से सीख सकता हैं।

प्राचीन शिक्षा–पद्धति में शिक्षण विधियाँ मौखिक थी तथा बालकों को स्वयं सीखने का कोई अवसर नहीं दिया जाता था। वे मौन श्रोताओं के समान शिक्षक द्वारा कही जाने वाली बातों को सुनते थे तथा फिर उनको कंठस्थ करते थे। मनोविज्ञान ने इन शिक्षण विधियों में आमूल परिवर्तन कर दिया है। उसने ऐसी विधियों का आविष्कार किया है, जिनसे बालक स्वयं सीख सकता है। इस उद्देश्य से करके सीखना खेल द्वारा सीखना रेडियो पयर्टन, चलचित्र आदि को शिक्षण विधियों में स्थान दिया जाता है

आयुर्वेद शास्त्र

आयुर्वेद कोई वैकल्पिक चिकित्सा प्रणाली नहीं है बल्कि आयुर्वेद मुख्य चिकित्सा प्रणाली है। आयुर्वेद एक मूलभूत एवं इस दुनिया का सबसे पहला मेडीकल साइंस है। आयुर्वेद या आयुर्वेद शास्त्र एक भारतीय चिकित्सा प्रणाली है। आयुर्वेद वह ग्रन्थ है जिसमें जीवन और रोग का ज्ञान दिया जाता है। आयु शरीर, इन्द्रियों और सत्त्व (मन) और आत्मा के मिलन का नाम है। आधुनिक शब्दों में कहें तो यह जीवन है। जीवनदायिनी शरीर को जीवित कहा गया है। उम्र और शरीर का रिश्ता शाश्वत है। आयुर्वेद में इस विषय पर विचार किया गया है। फलत: वह भी शाश्वत है। वह प्रणाली जिसके माध्यम से व्यक्ति जीवन से सम्बन्धित सभी प्रकार के संज्ञानात्मक तथ्यों का ज्ञान प्राप्त कर सकता है या जिसका पालन करके व्यक्ति दीर्घायु प्राप्त कर सकता है, आयुर्वेद कहलाता है। आयुर्वेद को अथर्ववेद का एक उपवेद माना जाता है।

यह मनुष्य के जीवित रहने के मार्ग के साथ-साथ उनके पूर्ण विकास के साधनों को भी दर्शाता है। तो आयुर्वेद, किसी भी अन्य चिकित्सा प्रणाली की तरह, न केवल एक चिकित्सा प्रणाली है, बल्कि पूरे जीवन का ज्ञान है और इसे किसी अन्य चिकित्सा प्रणालियों की तरह बात बात में साबित करने की या प्रमाण की जरुरत नहीं होती है क्योंकि ये साक्षात् ज्ञान है जिसे आप्त माना गया है। आयुर्वेद में इसे हित (पथ्य आहार विहार), अहित (अपथ्य आहार विहार), रोग का निदान और रोग का उपचार कहा जाता है। आहार का सेवन और साथ ही अस्वास्थ्यकर आहार से परहेज व्यक्ति को पूरी तरह से स्वस्थ रहने में मदद कर सकता है। आयुर्वेद के अनुसार एक स्वस्थ व्यक्ति ही जीवन के परम लक्ष्य धर्म, अर्थ, काम, मोक्ष को प्राप्त कर सकता है।

पुरुषार्थ चतुर्भुज को प्राप्त करने का मुख्य साधन शरीर है इसलिए शरीर की रक्षा पर विशेष ध्यान देते हुए आयुर्वेद कहता है कि धर्म अर्थ, काम, मोक्ष की प्राप्ति का मुख्य साधन शरीर है। शरीर की हर प्रकार से विशेष रक्षा करनी चाहिए।

आयुर्वेद के प्रसिद्ध ग्रन्थ 'भावप्रकाश' में कहा गया है कि शास्त्र से जीवन का ज्ञान, हित और अहानिकर आहार का ज्ञान, रोग का निदान और शमन का ज्ञान प्राप्त किया जाता है इस शास्त्र का नाम आयुर्वेद है।

आयुर्वेद का इतिहास–

पुरातत्ववेत्ताओं के अनुसार संसार की प्राचीनतम् पुस्तक ऋग्वेद है। विभिन्न विद्वानों ने इसका रचना काल ईसा के 3,000 से 50,000 वर्ष पूर्व तक का माना है। ऋग्वेद संहिता में भी आयुर्वेद के अतिमहत्त्व के सिद्धान्त यत्र–तत्र विकीर्ण है। चरक, सुश्रुत, कश्यप आदि मान्य ग्रन्थ आयुर्वेद को अथर्ववेद का उपवेद मानते हैं।

आयुर्वेद के प्राचीन ग्रँथों के अनुसार यह देवताओं कि चिकित्सा पद्धति है जिसके ज्ञान को मानव कल्याण के लिए निवेदन किए जाने पर देवताओं द्वारा धरती के महान आचार्यों को दिया गया। इस शास्त्र के आदि आचार्य अश्विनीकुमार माने जाते हैं जिन्होने दक्ष प्रजापति के धड़ में बकरे का सिर जोड़ना जैसी कई चमत्कारिक चिकित्साएँ की थी। अश्विनीकुमारों से इन्द्र ने यह विद्या प्राप्त की। इन्द्र ने धन्वंतरि को सिखाया। काशी के राजा दिवोदास धन्वंतरि के अवतार कहे गए हैं। उनसे जाकर अलग अलग सम्प्रदायों के अनुसार उनके प्राचीन और पहले आचार्यों आत्रेय / सुश्रुत ने आयुर्वेद पढ़ा। अत्रि और भारद्वाज भी इस शास्त्र के प्रवर्त्तक माने जाते हैं। आयुर्वेद के आचार्य ये हैं–अश्विनीकुमार, धन्वंतरि दिवोदास (काशिराज), नकुल, सहदेव, अत्रि, च्यवन, जनक, बुध, जावाल, जाजलि, पैल, करथ, अगस्त्य, अत्रि तथा उनके छः शिष्य (अग्निवेश, भेल, जतूकर्ण, पाराशर, क्षीरपाणि, हारीत), सुश्रुत और चरक। ब्रह्मा ने आयुर्वेद को आठ भागों में बाँटकर प्रत्येक भाग का नाम 'तन्त्र' रखा। ये आठ भाग निम्नलिखित हैं:

क्रमांक तन्त्र आधुनिक चिकित्सा का निकटतम विभाग

1. शल्यतन्त्र – Surgical techniquesa
2. शालाक्यतन्त्र – ENT
3. कायचिकित्सा – General medicine
4. भूतविद्या तन्त्र– Psychotherapy
5. कौमारभृत्य – Pediatrics
6. अगदतन्त्र – Toñicology
7. रसायनतन्त्र – Renjunvention and Geriatrics
8. वाजीकरणतन्त्र – Virilification, Science of Aphrodisiac And Sexology

इस अष्टाङ्ग (= आठ अँग वाले) आयुर्वेद के अन्तर्गत देहतत्त्व, शरीर विज्ञान, शस्त्रविद्या, भेषज और द्रव्य गुण तत्त्व, चिकित्सा तत्त्व और धातृविद्या भी हैं। इसके अतिरिक्त उसमें सदृश चिकित्सा (होम्योपैथी), विरोधी चिकित्सा (एलोपैथी), जलचिकित्सा (हाइड्रोपैथी), प्राकृतिक चिकित्सा (नेचुरोपैथी), योग, सर्जरी, नाड़ी विज्ञान (पल्स डायग्नोसिस) आदि आजकल के अभिनव चिकित्सा प्रणालियों के मूल सिद्धान्तों के विधान भी 2500 वर्ष पूर्व ही सूत्र रूप में लिखे पाये जाते हैं।

आयुर्वेद का अवतरण–

चरक मतानुसार (आत्रेय सम्प्रदाय)

आयुर्वेद के ऐतिहासिक ज्ञान के सन्दर्भ में, चरक मत के अनुसार, आयुर्वेद का ज्ञान सर्वप्रथम ब्रह्मा से प्रजापति ने, प्रजापति से दोनों अश्विनी कुमारों ने, उनसे इन्द्र ने और इन्द्र से भारद्वाज ने आयुर्वेद का अध्ययन किया। च्यवन ऋषि का कार्यकाल भी अश्विनी कुमारों का समकालीन माना गया है। आयुर्वेद के विकास में ऋषि च्यवन का अतिमहत्त्वपूर्ण योगदान है। फिर भारद्वाज ने आयुर्वेद के प्रभाव से दीर्घ सुखी और आरोग्य जीवन प्राप्त कर अन्य ऋषियों में उसका प्रचार किया। तदनन्तर पुनर्वसु आत्रेय ने अग्निवेश,

भेल, जतू, पाराशर, हारीत और क्षीरपाणि नामक छः शिष्यों को आयुर्वेद का उपदेश दिया। इन छः शिष्यों में सबसे अधिक बुद्धिमान अग्निवेश ने सर्वप्रथम एक संहिता (अग्निवेश तंत्र) का निर्माण किया जिसका प्रतिसंस्कार बाद में चरक ने किया और उसका नाम चरकसंहिता पड़ा जो आयुर्वेद का आधार स्तम्भ है।

सुश्रुत मतानुसार (धन्वन्तरि सम्प्रदाय)

धन्वन्तरि ने भी आयुर्वेद का प्रकाशन ब्रह्मदेव द्वारा ही प्रतिपादित किया हुआ माना है। सुश्रुत के अनुसार काशीराज दिवोदास के रूप में अवतरित भगवान धन्वन्तरि के पास अन्य महर्षियों के साथ सुश्रुत आयुर्वेद का अध्ययन करने हेतु गये और उनसे आवेदन किया। उस समय भगवान धन्वन्तरि ने उन लोगों को उपदेश करते हुए कहा कि सर्वप्रथम स्वयं ब्रह्मा ने सृष्टि उत्पादन के पूर्व ही अथर्ववेद के उपवेद आयुर्वेद को एक हजार अध्यायों तथा एक लाख श्लोकों में प्रकाशित किया और पुनः मनुष्य को अल्पमेधावी समझकर इसे आठ अँगों में विभक्त कर दिया। पुनः भगवान धन्वन्तरि ने कहा कि ब्रह्मा से दक्ष प्रजापति, उनसे दोनों अश्विनीकुमारों ने, तथा उनसे इन्द्र ने आयुर्वेद का अध्ययन किया।

आयुर्वेद का काल विभाजन-

आयुर्वेद के इतिहास को मुख्यतया तीन भागों में विभक्त किया गया है

संहिताकाल

संहिताकाल का समय 5वीं शती ई.पू. से 6वीं शती तक माना जाता है। यह काल आयुर्वेद की मौलिक रचनाओं का युग था। इस समय आचार्यों ने अपनी प्रतिभा तथा अनुभव के बल पर भिन्न-भिन्न अँगों के विषय में अपने पाण्डित्यपूर्ण ग्रन्थों का प्रणयन किया। आयुर्वेद के त्रिमुनि-चरक, सुश्रुत और वाग्भट, के उदय का काल भी संहिताकाल ही है। चरक संहिता ग्रन्थ के माध्यम से कायचिकित्सा के क्षेत्र में अद्‌भुत सफलता इस काल की एक प्रमुख विशेषता है।

व्याख्याकाल

इसका समय 7वीं शती से लेकर 15वीं शती तक माना गया है तथा यह काल आलोचनाओं एवं टीकाकारों के लिए जाना जाता है। इस काल में संहिताकाल की रचनाओं के ऊपर टीकाकारों ने प्रौढ़ और स्वस्थ व्याख्यायें निरुपित कीं। इस समय के आचार्य कल्हण की सुश्रुत संहिता टीका आयुर्वेद जगत् में अति महत्त्वपूर्ण मानी जाती है।

शोध ग्रन्थ 'रसरत्नसमुच्चय' भी इसी काल की रचना है, जिसे आचार्य वाग्भट्ट ने चरक और सुश्रुत संहिता और अनेक रसशास्त्रज्ञों की रचना को आधार बनाकर लिखा है।

विवृतिकाल

इस काल का समय 14वीं शती से लेकर आधुनिक काल तक माना जाता है। यह काल विशिष्ट विषयों पर ग्रन्थों की रचनाओं का काल रहा है। माधवनिदान, ज्वरदर्पण आदि ग्रन्थ भी इसी काल में लिखे गये। चिकित्सा के विभिन्न प्रारुपों पर भी इस काल में विशेष ध्यान दिया गया, जोकि वर्त्तमान में भी प्रासंगिक है। इस काल में आयुर्वेद का विस्तार एवं प्रयोग बहुत बड़े पैमाने पर हो रहा है।

स्पष्ट है कि आयुर्वेद की प्राचीनता वेदों के काल से ही सिद्ध है। आधुनिक चिकित्सापद्धति में सामाजिक चिकित्सा पद्धति को एक नई विचारधारा माना जाता है, परन्तु यह कोई नई विचारधारा नहीं अपितु यह उसकी पुनरावृत्ति मात्र है, जिसका उल्लेख 2500 वर्षों से भी पहले आयुर्वेद में किया गया है जिसके सभी सिद्धांतो का प्रत्येक शब्द आज इतने सालों बाद भी अपने सूक्ष्म और स्थूल हर रूप में सही सिद्ध होता है। जैसे कुछ समय पूर्व आधुनिक वैज्ञानिकों ने कृत्रिम नाक बनाए जाने का काम किया है और उन वैज्ञानिकों के अनुसार उनका यह काम सुश्रुत संहिता के मूल सिद्धांतों को पढ़कर और उसपर आगे विस्तृत कार्य करने के बाद ही सम्भव हो पाया है।

उद्देश्य-

आयुर्वेद का उद्देश्य ही स्वस्थ प्राणी के स्वास्थ्य की रक्षा तथा रोगी की रोग को दूर करना है-

प्रयोजनं चास्य स्वस्थस्य स्वास्थ्यरक्षणं आतुरस्यविकारप्रशमनं च।। (चरक-संहिता, सूत्रस्थान 30/26)

आयुर्वेद के दो उद्देश्य हैं:

(1) स्वस्थ व्यक्तियों के स्वास्थ्य की रक्षा करना,

(2) रोगी (आतुर) व्यक्तियों के विकारों को दूर कर उन्हें स्वस्थ बनाना।

स्वस्थ व्यक्तियों के स्वास्थ्य की रक्षा करना-

इसके लिए अपने शरीर और प्रकृति के अनुकूल देश, काल आदि का विचार करना नियमित आहार-विहार, चेष्टा, व्यायाम, शौच, स्नान, शयन, जागरण आदि गृहस्थ जीवन के लिए उपयोगी शास्त्रोक्त दिनचर्या, रात्रिचर्या एवं ऋतुचर्या का पालन करना, संकटमय कार्यों से बचना, प्रत्येक कार्य विवेकपूर्वक करना, मन और इन्द्रिय को नियन्त्रित रखना, देश, काल आदि परिस्थितियों के अनुसार अपने अपने शरीर आदि की शक्ति और अशक्ति का विचार कर कोई कार्य करना, मल, मूत्र आदि के उपस्थित वेगों को न रोकना, ईर्ष्या, द्वेष, लोभ, अहंकार आदि से बचना, समय-समय पर शरीर में संचित दोषों को निकालने के लिए वमन, विरेचन आदि के प्रयोगों से शरीर की शुद्धि करना, सदाचार का पालन करना और दूषित वायु, जल, देश और काल के प्रभाव से उत्पन्न महामारियों (जनपदोद्धवंसनीय व्याधियों, एपिडेमिक डिजीजेज) में विज्ञ चिकित्सकों के उपदेशों का समुचित रूप से पालन करना, स्वच्छ और विशोधित जल, वायु, आहार आदि का सेवन करना और दूसरों को भी इसके लिए प्रेरित करना, ये स्वास्थ्य रक्षा के साधन हैं।

रोगी व्यक्तियों के विकारों को दूर कर उन्हें स्वस्थ बनाना-

इसके लिए प्रत्येक रोग के कारण को जानकर उसे उचित औषधि देना।

हेतु (कारण),

लिंग-रोगपरिचायक विषय, जैसे पूर्वरुप, रूप (signs & symptoms), सम्प्राप्ति (पैथोजेनिसिस) तथा उपशयानुपशय (थिराप्युटिकटेस्ट्स)

औषध का ज्ञान परमावश्यक है।

ये तीनों आयुर्वेद के 'त्रिस्कन्ध' (तीन प्रधान शाखाएँ) कहलाती हैं। इसका विस्तृत विवेचन आयुर्वेद ग्रन्थों में किया गया है। यहाँ केवल संक्षिप्त परिचय मात्र दिया जाएगा। किन्तु इसके पूर्व आयु के प्रत्येक संघटक का संक्षिप्त परिचय आवश्यक है, क्योंकि संघटकों के ज्ञान के बिना उनमें होनेवाले विकारों को जानना सम्भव न होगा।

आयु

आयुर्वेद का अर्थ प्राचीन आचार्यों की व्याख्या और इसमें आए हुए 'आयु' और 'वेद' इन दो शब्दों के अर्थों के अनुसार बहुत व्यापक है। आयुर्वेद के आचार्यों ने 'शरीर, इन्द्रिय, मन तथा आत्मा के संयोग' को आयु कहा है।

सम्पत्ति (सद्गुण्य) या विपत्ति (वैगुण्य) के अनुसार आयु के अनेक भेद होते हैं किन्तु संक्षेप में प्रभावभेद से इसे चार प्रकार का माना गया है:

(1) सुखायुः किसी प्रकार के शीरीरिक या मानसिक विकास से रहित होते हुए, ज्ञान, विज्ञान, बल, पौरुष, धन धान्य, यश, परिजन आदि साधनों से समृद्ध व्यक्ति को 'सुखायु' कहते हैं।

(2) दुखायुः इसके विपरीत समस्त साधनों से युक्त होते हुए भी, शरीरिक या मानसिक रोग से पीड़ित अथवा निरोग होते हुए भी साधनहीन या स्वास्थ्य और साधन दोनों से हीन व्यक्ति को "दुःखायु" कहते हैं।

(3) हितायुः स्वास्थ्य और साधनों से संपन्न होते हुए या उनमें कुछ कमी होने पर भी जो व्यक्ति विवेक, सदाचार, सुशीलता, उदारता, सत्य, अहिंसा, शांति, परोपकार आदि आदि गुणों से युक्त होते हैं और समाज तथा लोक के कल्याण में निरत रहते हैं उन्हें हितायु कहते हैं।

(4) अहितायुः इसके विपरीत जो व्यक्ति अविवेक, दुराचार, क्रूरता, स्वार्थ, दंभ, अत्याचार आदि दुर्गुणों से युक्त और समाज तथा लोक के लिए अभिशाप होते हैं उन्हें अहितायु कहते हैं।

इस प्रकार हित, अहित, सुख और दुःख, आयु के ये चार भेद हैं। इसी प्रकार कालप्रमाण के अनुसार भी दीर्घायु, मध्यायु और अल्पायु, संक्षेप में ये तीन भेद होते हैं। वैसे इन तीनों में भी अनेक भेदों की कल्पना की जा सकती है।

'वेद' शब्द के भी सत्ता, लाभ, गति, विचार, प्राप्ति और ज्ञान के साधन, ये अर्थ होते हैं और आयु के वेद को आयुर्वेद (नॉलेज ऑव सायन्स ऑव लाइफ) कहते हैं अर्थात् जिस शास्त्र में आयु के स्वरुप, आयु के विविध भेद, आयु के लिए हितकारक और अप्रमाण तथा उनके ज्ञान के साधनों का एवं आयु के उपादानभूत शरीर, इन्द्रिय, मन और आत्मा, इनमें सभी या किसी एक के विकास के साथ हित, सुख और दीर्घ आयु की प्राप्ति के साधनों का तथा इनके बाधक विषयों के निराकरण के उपायों का विवचेन हो उसे आयुर्वेद कहते हैं किन्तु आजकल आयुर्वेद 'प्राचीन भारतीय चिकित्सापद्धति' इस संकुचित अर्थ में प्रयुक्त होता है।

शरीर–समस्त चेष्टाओं, इन्द्रियों, मन और आत्मा के आधारभूत पंचभौतिक पिंड को 'शरीर' कहते हैं। मानव शरीर के स्थूल रूप में छह अँग हैं; दो हाथ, दो पैर, सिर और ग्रीवा एक तथा अंतराधि (मध्यशरीर) एक। इन अँगों के अवयवों को प्रत्यँग कहते हैं–

मूर्धा (हेड), ललाट, भ्रू, नासिका, अक्षिकूट (ऑर्बिट), अक्षिगोलक (आइबॉल), वर्क्स (पलक), पक्ष्म (बरुनी), कर्ण (कान), कर्णपुत्रक (ट्रैगस), शष्कुली और पाली (पिन्न एंड लोब ऑव इयर्स), शंख (माथे के पार्श्व, टेंपुल्स), गंड (गाल), ओष्ठ (होंठ), सृक्कणी (मुख के कोने), चिबुक (ठुड्डी), दंतवेष्ट (मसूड़े), जिह्वा (जीभ), तालु, टांसिल्स, गलशुंडिका (युवुला), गोजिह्विका (एपीग्लॉटिस), ग्रीवा (गरदन), अवटुका (लैरिंग्ज), कंधरा (कंधा), कक्षा (एक्सिला), जत्रु (हंसुली, कालर), वक्ष (थोरेक्स),

स्तन, पार्श्व (बगल), उदर (बेली), नाभि, कुक्षि (कोख), बस्तिशिर (ग्रॉयन), पृष्ठ (पीठ), कटि (कमर), श्रोणि (पेल्विस), नितंब, गुदा, शिश्न या भग, वृषण (टेस्टीज), भुज, कूर्पर (केहुनी), बाहुपिंडिका या अरत्नि (फोर आर्म), मणिबंध (कलाई), हस्त (हथेली), अंगुलियाँ और अंगुष्ठ, ऊरु (जांघ), जानु (घुटना), जंघा (टांग, लेग), गुल्फ (टखना), प्रपद (फुट), पादांगुलि, अंगुष्ठ और पादतल (तलवा)। इनके अतिरिक्त हृदय, फुफ्फुस (लंग्स), यकृत (लिवर), प्लीहा (स्प्लीन), आमाश्य (स्टमक), पित्ताशय (गाल ब्लैडर), वृक्क (गुर्दा, किडनी), वस्ति (यूरिनरी ब्लैडर), क्षुद्रांत (स्मॉल इंटेस्टिन), स्थूलांत्र (लार्ज इंटेस्टिन), वपावहन (मेसेंटेरी), पुरीषाधार, उत्तर और अधरगुद (रेक्टम), ये कोष्ठांग हैं और सिर में सभी इन्द्रियों और प्राणों के केंद्रों का आश्रय मस्तिष्क (ब्रेन) है।

आयुर्वेद के अनुसार सारे शरीर में 300 अस्थियाँ है, जिन्हें आजकल केवल गणना-क्रम-भेद के कारण दो सौ छह (206) मानते हैं तथा सन्धियाँ (ज्वाइंट्स) 200, स्नायु (लिंगामेंट्स) 900, शिराएँ (ब्लड वेसेल्स, लिफैटिक्स ऐंड नब्ज) 700, धमनियाँ (क्रेनियल नब्ज) 24 और उनकी शाखाएँ 200, पेशियाँ (मसल्स) 500 (स्त्रियों में 20 अधिक) तथा सूक्ष्म स्रोत 30,956 हैं।

आयुर्वेद के अनुसार शरीर में रस (बाइल ऐंड प्लाज्मा), रक्त, माँस, मेद (फैट), अस्थि, मज्जा (बोन मैरो) और शुक्र (सीमेन), ये सात धातुएँ हैं। नित्यप्रति स्वाभावतः विविध कार्यों में उपयोग होने से इनका क्षय भी होता रहता है किन्तु भोजन और पान के रूप में हम जो विविध पदार्थ लेते रहते हैं उनसे न केवल इस क्षति की पूर्त्ति होती है, वरन् धातुओं की पुष्टि भी होती रहती है। आहाररुप में लिया हुआ पदार्थ पाचकाग्नि, भूताग्नि और विभिन्न धात्वनिग्नयों द्वारा परिपक्व होकर अनेक परिवर्तनों के बाद पूर्वोक्त धातुओं के रूप में परिणत होकर इन धातुओं का पोषण करता है। इस पाचनक्रिया में आहार का जो सार भाग होता है उससे रस धातु का पोषण होता है और जो किट्ट भाग बचता है उससे मल (विष्ठा) और मूत्र बनता है। यह रस हृदय से होता हुआ शिराओं द्वारा सारे शरीर में पहुँचकर प्रत्येक धातु और अँग को पोषण प्रदान करता है। धात्वग्नियों से पाचन होने पर रस आदि धातु के सार

भाग से रक्त आदि धातुओं एवं शरीर का भी पोषण होता है तथा किट्ट भाग से मलों की उत्पत्ति होती है, जैसे रस से कफ; रक्त पित्त; माँस से नाक, कान और नेत्र आदि के द्वारा बाहर आनेवाले मल; मेद से स्वेद (पसीना); अस्थि से केश तथा लोम (सिर के और दाढ़ी, मूँछ आदि के बाल) और मज्जा से आँख का कीचड़ मलरुप में बनते हैं। शुक्र में कोई मल नहीं होता, उसके सारे भाग से ओज (बल) की उत्पत्ति होती है।

इन्हीं रसादि धातुओं से अनेक उपधातुओं की भी उत्पत्ति होती है, यथा रस से दूध, रक्त से कंडराएँ (टेंडंस) और शिराएँ, माँस से वसा (फैट), त्वचा और उसके छह या सात स्तर (परत), मेद से स्नायु (लिंगामेंट्स), अस्थि से दाँत, मज्जा से केश और शुक्र से ओज नामक उपधातुओं की उत्पत्ति होती है।

ये धातुएँ और उपधातुएं विभिन्न अवयवों में विभिन्न रुपों में स्थित होकर शरीर की विभिन्न क्रियाओं में उपयोगी होती हैं। जब तक ये उचित परिमाण और स्वरुप में रहती हैं और इनकी क्रिया स्वाभाविक रहती है तब तक शरीर स्वस्थ रहता है और जब ये न्यून या अधिक मात्रा में तथा विकृत स्वरुप में होती हैं तो शरीर में रोग की उत्पत्ति होती है।

प्राचीन दार्शनिक सिद्धान्त के अनुसार संसार के सभी स्थूल पदार्थ पृथ्वी, जल, अग्नि, वायु और आकाश इन पाँच महाभूतों के संयुक्त होने से बनते हैं। इनके अनुपात में भेद होने से ही उनके भिन्न-भिन्न रूप होते हैं। इसी प्रकार शरीर के समस्त धातु, उपधातु और मल पाँचभौतिक हैं। परिणामतः शरीर के समस्त अवयव और अततः सारा शरीर पाँचभौतिक है। ये सभी अचेतन हैं। जब इनमें आत्मा का संयोग होता है तब उसकी चेतनता में इनमें भी चेतना आती है।

उचित परिस्थिति में शुद्ध रज और शुद्ध वीर्य का संयोग होने और उसमें आत्मा का संचार होने से माता के गर्भाशय में शरीर का आरम्भ होता है। इसे ही गर्भ कहते हैं। माता के आहारजनित रक्त से अपरा (प्लेसेंटा) और गर्भनाड़ी के द्वारा, जो नाभि से लगी रहती है, गर्भ पोषण प्राप्त करता है। यह गर्भोदक

में निमग्न रहकर उपस्नेहन द्वारा भी पोषण प्राप्त करता है तथा प्रथम मास में कलल (जेली) और द्वितीय में घन होता है? तीसरे मास में अँग प्रत्यँग का विकास आरम्भ होता है। चौथे मास में उसमें अधिक स्थिरता आ जाती है तथा गर्भ के लक्षण माता में स्पष्ट रूप से दिखाई पड़ने लगते हैं। इस प्रकार यह माता की कुक्षि में उत्तरोत्तर विकसित होता हुआ जब सम्पूर्ण अँग प्रत्यँग और अवयवों से युक्त हो जाता है, तब प्राय: नवें मास में कुक्षि से बाहर आकर नवीन प्राणी के रूप में जन्म ग्रहण करता है।

इन्द्रिय–

शरीर में प्रत्येक अँग या किसी भी अवयव का निर्माण उद्देश्यविशेष से ही होता है अर्थात् प्रत्येक अवयव के द्वारा विशिष्ट कार्यों की सिद्धि होती है, जैसे हाथ से पकड़ना, पैर से चलना, मुख से खाना, दाँत से चबाना आदि। कुछ अवयव ऐसे भी हैं जिनसे कई कार्य होते हैं और कुछ ऐसे हैं जिनसे एक विशेष कार्य ही होता है। जिनसे कार्यविशेष ही होता है उनमें उस कार्य के लिए शक्तिसंपन्न एक विशिष्ट सूक्ष्म रचना होती है। इसी को इन्द्रिय कहते हैं। शब्द, स्पर्श, रुप, रस और गंध इन बाह्य विषयों का ज्ञान प्राप्त करने के लिए क्रमानुसार कान, त्वचा, नेत्र, जिह्वा और नासिका ये अवयव इन्द्रियाश्रय अवयव (विशेष इन्द्रियों के अँग) कहलाते हैं और इनमें स्थित विशिष्ट शक्तिसम्पन्न सूक्ष्म वस्तु को इन्द्रिय कहते हैं। ये क्रमश: पाँच हैं–

श्रोत्र, त्वक्, चक्षु, रसना और घ्राण–

इन सूक्ष्म अवयवों में पंचमहाभूतों में से उस महाभूत की विशेषता रहती है जिसके शब्द (ध्वनि) आदि विशिष्ट गुण हैं; जैसे शब्द के लिए श्रोत्र इन्द्रिय में आकाश, स्पर्श के लिए त्वक् इन्द्रिय में वायु, रूप के लिए चक्षु इन्द्रिय में तेज, रस के लिए रसनेंद्रिय में जल और गंध के लिए घ्राणेंद्रिय में पृथ्वी तत्व। इन पाँचों इन्द्रियों को ज्ञानेंद्रिय कहते हैं। इनके अतिरिक्त विशिष्ट कार्यसम्पादन के लिए पाँच कर्मेंद्रियाँ भी होती हैं, जैसे गमन के लिए पैर, ग्रहण के लिए हाथ, बोलने के लिए जिह्वा (गोजिह्वा), मलत्याग के लिए गुदा और मूत्रत्याग तथा संतानोत्पादन के लिए शिश्न (स्त्रियों में भग)। आयुर्वेद

दार्शनिकों की भाँति इन्द्रियों को आहंकारिक नहीं, अपितु भौतिक मानता है। इन इन्द्रियों की अपने कार्यों मन की प्रेरणा से ही प्रवृत्ति होती है। मन से संपर्क न होने पर ये निष्क्रिय रहती है।

मन–

प्रत्येक प्राणी के शरीर में अत्यन्त सूक्ष्म अणु रूप का और केवल एक ही मन होता है (अणुत्वं च एकत्वं दौ गुणौ मनसः स्मृतः)। यह अत्यन्त द्रुतगति वाला और प्रत्येक इन्द्रिय का नियंत्रक होता है किन्तु यह स्वयं भी आत्मा के संपर्क के बिना अचेतन होने से निष्क्रिय रहता है। प्रत्येक व्यक्ति के मन में सत्व, रज और तम ये तीनों प्राकृतिक गुण होते हुए भी इनमें से किसी एक की सामान्यतः प्रबलता रहती है और उसी के अनुसार व्यक्ति सात्विक, राजस या तमस होता है, किन्तु समय-समय पर आहार, आचार एवं परिस्थितियों के प्रभाव से दूसरे गुणों का भी प्राबल्य हो जाता है। इसका ज्ञान प्रवृत्तियों के लक्षणों द्वारा होता है, यथा राग-द्वेष-शून्य यथार्थद्रष्टा मन सात्विक, रागयुक्त, सचेष्ट और चंचल मन राजस और आलस्य, दीर्घसूत्रता एवं निष्क्रियता आदि युक्त मन तामस होता है इसीलिए सात्विक मन को शुद्ध, सत्व या प्राकृतिक माना जाता है और रज तथा तम उसके दोष कहे गए हैं। आत्मा से चेतनता प्राप्त कर प्राकृतिक या सदोष मन अपने गुणों के अनुसार इन्द्रियों को अपने-अपने विषयों में प्रवृत्त करता है और उसी के अनुरुप शारीरिक कार्य होते हैं। आत्मा मन के द्वारा ही इन्द्रियों और शरीरावयवों को प्रवृत्त करता है क्योंकि मन ही उसका करण (इंस्ट्रूमेंट) है इसीलिए मन का संपर्क जिस इन्द्रिय के साथ होता है उसी के द्वारा ज्ञान होता है, दूसरे के द्वारा नहीं। क्योंकि मन एक ओर सूक्ष्म होता है, अतः एक साथ उसका अनेक इन्द्रियों के साथ संपर्क सभव नहीं है। फिर भी उसकी गति इतनी तीव्र है कि वह एक के बाद दूसरी इन्द्रिय के संपर्क में शीघ्रता से परिवर्तित होता है, जिससे हमें यही ज्ञात होता है कि सभी के साथ उसका संपर्क है और सब कार्य एक साथ हो रहे हैं किन्तु वास्तव में ऐसा नहीं होता।

आत्मा–

आत्मा पंचमहाभूत और मन से भिन्न, चेतनावान, निर्विकार और नित्य है तथा साक्षी स्वरुप है क्योंकि स्वयं निर्विकार तथा निष्क्रिय है। इसके संपर्क से सक्रिय किन्तु अचेतन मन, इन्द्रियों और शरीर में चेतना का संचार होता है और वे सचेष्ट होते हैं। आत्मा में रुप, रंग, आकृति आदि कोई चिह्न नहीं है, किन्तु उसके बिना शरीर अचेतन होने के कारण निश्चेष्ट पड़ा रहता है और मृत कहलता है तथा उसके संपर्क से ही उसमें चेतना आती है तब उसे जीवित कहा जाता है और उसमें अनेक स्वाभाविक क्रियाएँ होने लगती हैं; जैसे श्वासोच्छ्वास, छोटे से बड़ा होना और कटे हुए घाव भरना आदि, पलकों का खुलना और बन्द होना, जीवन के लक्षण, मन की गति, एक इन्द्रिय से हुए ज्ञान का दूसरी इन्द्रिय पर प्रभाव होना (जैसे आँख से किसी सुंदर, मधुर फल को देखकर मुँह में पानी आना), विभिन्न इन्द्रियों और अवयवों को विभन्न कार्यों में प्रवृत्त करना, विषयों का ग्रहण और धारण करना, स्वप्न में एक स्थान से दूसरे स्थान तक पहुँचना, एक आँख से देखी वस्तु का दूसरी आँख से भी अनुभव करना। इच्छा, द्वेष, सुख, दु:ख, प्रयत्न, धैर्य, बुद्धि, स्मरण शक्ति, अहंकार आदि शरीर में आत्मा के होने पर ही होते हैं; आत्मारहित मृत शरीर में नहीं होते। अत: ये आत्मा के लक्षण कहे जाते हैं, अर्थात् आत्मा का पूर्वोक्त लक्षणों से अनुमान मात्र किया जा सकता है। मानसिक कल्पना के अतिरिक्त किसी दूसरी इन्द्रिय से उसका प्रत्यक्ष करना सम्भव नहीं है।

यह आत्मा नित्य, निर्विकार और व्यापक होते हुए भी पूर्वकृत शुभ या अशुभ कर्म के परिणामस्वरुप जैसी योनि में या शरीर में, जिस प्रकार के मन और इन्द्रियों तथा विषयों के संपर्क में आती है वैसे ही कार्य होते हैं। उत्तरोत्तर अशुभ कार्यों के करने से उत्तरोत्तर अधोगति होती है तथा शुभ कर्मों के द्वारा उत्तरोत्तर उन्नति होने से, मन के राग–द्वेष–हीन होने पर, मोक्ष की प्राप्ति होती है।

इस विवरण से स्पष्ट हो जाता है कि आत्मा तो निर्विकार है, किन्तु मन, इन्द्रिय और शरीर में विकृति हो सकती है और इन तीनों के परस्पर सापेक्ष्य होने के कारण एक का विकार दूसरे को प्रभावित कर सकता है। अत: इन्हें

प्रकृतिस्थ रखना या विकृत होने पर प्रकृति में लाना या स्वस्थ करना परमावश्यक है। इससे दीर्घ सुख और हितायु की प्राप्ति होती है, जिससे क्रमशः आत्मा को भी उसके एकमात्र, किन्तु भीषण, जन्म मृत्यु और भवबंधनरुप रोग से मुक्ति पाने में सहायता मिलती है, जो आयुर्वेद में नैतिष्ठ की चिकित्सा कही गई है।

रोग और स्वास्थ्य–

चरक ने संक्षेप में रोग और आरोग्य का लक्षण यह लिखा है–

वात, पित्त और कफ इन तीनों दोषों का सम मात्रा (उचित प्रमाण) में होना ही आरोग्य और इनमें विषमता होना ही रोग है।

सुश्रुत ने स्वस्थ व्यक्ति का लक्षण विस्तार से दिया है–

समदोषः समाग्निश्च समधातुमलक्रियः।
प्रसन्नात्मेन्द्रियमनाः स्वस्थ इत्यभिधीयते॥

जिससे सभी दोष सम मात्रा में हों, अग्नि सम हो, धातु, मल और उनकी क्रियाएँ भी सम (उचित रूप में) हों तथा

जिसकी आत्मा, इन्द्रिय और मन प्रसन्न (शुद्ध) हों उसे स्वस्थ समझना चाहिए।

इसके विपरीत लक्षण हों तो अस्वस्थ समझना चाहिए। रोग को विकृति या विकार भी कहते हैं। अतः शरीर, इन्द्रिय और मन के प्राकृतिक (स्वाभाविक) रूप या क्रिया में विकृति होना रोग है।

हेतु-लिंग-औषध रुपी आयुर्वेद के त्रिस्कन्ध हैं अर्थात् आयुर्वेद शास्त्र की तीन प्रमुख शाखाएँ हैं-(1) हेतु ज्ञान, (2) लिंगज्ञान, (3) औषध ज्ञान। हेतु ज्ञान का अर्थ है-रोग किस कारण से उत्पन्न हुआ, यह जानकारी रखना। लिंग ज्ञान का अर्थ है, रोग का विशेष लक्षण का ज्ञान प्राप्त करना। औषधि ज्ञान का तात्पर्य है, अमुक रोग में अमुक औषधि का प्रयोग करना। ठीक तरह से रोग का ज्ञान प्राप्त होने पर ही उस रोग की चिकित्सा सफल होती हैं इसलिये पहले रोग की परीक्षा करें, उसे पहचानें, पश्चात् औषधि की व्यवस्था करें।

रोगों के हेतु या कारण (इटियॉलोजी)–

चरकसंहिता के निदानस्थान के श्लोक-2 में कहा गया है कि इस प्रकरण में हेतु, निमित्त, आयतन, कर्त्ता, कारण, प्रत्यय, समुत्थान तथा निदान एकार्थवाचक हैं। हेतु तीन प्रकार का होता है–'असात्म्येन्द्रियार्थसंयोग, प्रज्ञापराध तथा परिणाम'

संसार की सभी वस्तुएँ साक्षात् या परम्परा से शरीर, इन्द्रियों और मन पर किसी न किसी प्रकार का निश्चित प्रभाव डालती हैं और अनुचित या प्रतिकूल प्रभाव से इनमें विकार उत्पन्न कर रोगों का कारण होती हैं। इन सबका विस्तृत विवेचन कठिन है, अतः संक्षेप में इन्हें तीन वर्गों में बाँट दिया गया है:

(1) असात्म्येन्द्रियार्थसंयोगः चक्षु आदि इन्द्रियों का अपने-अपने रूप आदि विषयों के साथ असात्म्य (प्रतिकूल, हीन, मिथ्या और अति) संयोग इन्द्रियों, शरीर और मन के विकार का कारण होता है; यथा आँख से बिलकुल न देखना (अयोग), अति तेजस्वी वस्तुओं का देखना और बहुत अधिक देखना (अतियोग) तथा अतिसूक्ष्म, संकीर्ण, अति दूर में स्थित तथा भयानक, बीभत्स, एवं विकृतरुप वस्तुओं को देखना (मिथ्यारोग)। ये चक्षुरिंद्रिय और उसके आश्रय नेत्रों के साथ मन और शरीर में भी विकार उत्पन्न करते हैं। इसी को दूसरे शब्दों में अर्थ का दुर्योग भी कहते हैं। ग्रीष्म, वर्षा, शीत आदि ऋतुओं तथा बाल्य, युवा और वृद्धावस्थाओं का भी शरीर आदि पर प्रभाव पड़ता ही है, किन्तु इनके हीन, मिथ्या और अतियोग का प्रभाव विशेष रूप से हानिकर होता है।

(2) प्रज्ञापराधः अविवेक (धीभ्रंश), अधीरता (धृतिभ्रंश) तथा पूर्व अनुभव और वास्तविकता की उपेक्षा (स्मृतिभ्रंश) के कारण लाभ हानि का विचार किए बिना ही किसी विषय का सेवन या जानते हुए भी अनुचित वस्तु का सेवन करना। इसी को दूसरे और स्पष्ट शब्दों में कर्म (शारीरिक, वाचिक और मानसिक चेष्टाएँ) का हीन, मिथ्या और अति योग भी कहते हैं।

(3) परिणाम

पूर्वोक्त कारणों के प्रकारान्तर से अन्य भेद भी होते हैं; यथा–

(1) विप्रकृष्ट कारण (रिमोट कॉज), जो शरीर में दोषों का संचय करता रहता है और अनुकूल समय पर रोग को उत्पन्न करता है,

(2) संनिकृष्ट कारण (इम्मीडिएट कॉज), जो रोग का तात्कालिक कारण होता है,

(3) व्याभिचारी कारण (अबॉर्टिव कॉज) जो परिस्थितिवश रोग को उत्पन्न करता है और नहीं भी करता तथा

(4) प्राधानिक कारण (स्पेसिफिक कॉज), जो तत्काल किसी धातु या अवयवविशेष पर प्रभाव डालकर निश्चित लक्षणोंवाले विकार को उत्पन्न करता है, जैसे विभिन्न स्थावर और जांतव विष।

प्रकारान्तर से इनके अन्य दो भेद होते हैं–

(1) उत्पादक (प्रीडिस्पोजिंग), जो शरीर में रोगविशेष की उत्पत्ति के अनुकूल परिवर्तन कर देता है; (2) व्यंजक (एक्साइटिंग), जो पहले से रोगानुकूल शरीर में तत्काल विकारों को व्यक्त करता है।

हेतुओं का शरीर पर प्रभाव–

शरीर पर इन सभी कारणों के तीन प्रकार के प्रभाव होते हैं:

(1) दोषप्रकोप–अनेक कारणों से शरीर के उपादानभूत आकाश आदि पाँच तत्त्वों में से किसी एक या अनेक में परिवर्तन होकर उनके स्वाभाविक अनुपात में अन्तर आ जाना अनिवार्य है। इसी को ध्यान में रखकर आयुर्वेदाचार्यों ने इन विकारों को वात, पित्त और कफ इन वर्गों में विभक्त किया है। पँचमहाभूत एवं त्रिदोष का अलग से विवेचन ही उचित है किन्तु संक्षेप में यह समझना चाहिए कि संसार के जितने भी मूर्त्त (मैटिरयल) पदार्थ हैं वे सब आकाश, वायु, तेज, जल और पृथ्वी इन पाँच तत्त्वों से बने हैं।

ये पृथ्वी आदि वे ही नहीं है जो हमें नित्यप्रति स्थूल जगत् में देखने को मिलते हैं। ये पिछले सब तो पूर्वोक्त पाँचों तत्त्वों के संयोग से उत्पन्न पाँचभौतिक हैं। वस्तुओं में जिन तत्त्वों की बहुलता होती है वे उन्हीं नामों से वर्णित की जाती हैं। उसी प्रकार हमारे शरीर की धातुओं में या उनके संघटकों में जिस तत्त्व की बहुलता रहती है वे उसी श्रेणी के गिने जाते हैं। इन पाँचों

में आकाश तो निर्विकार है तथा पृथ्वी सबसे स्थूल और सभी का आश्रय है। जो कुछ भी विकास या परिवर्तन होते हैं उनका प्रभाव इसी पर स्पष्ट रूप से पड़ता है। शेष तीन (वायु, तेज और जल) सब प्रकार के परिवर्तन या विकार उत्पन्न करने में समर्थ होते हैं। अतः तीनों की प्रचुरता के आधार पर, विभिन्न धातुओं एवं उनके संघटकों को वात, पित्त और कफ की संज्ञा दी गई है। सामान्य रूप से ये तीनों धातुएँ शरीर की पोषक होने के कारण विकृत होने पर अन्य धातुओं को भी दूषित करती हैं। अतः दोष तथा मल रूप होने से मल कहलाती हैं। रोग में किसी भी कारण से इन्हीं तीनों की न्यूनता या अधिकता होती है, जिसे दोषप्रकोप कहते हैं।

(2) धातुदूषण–कुछ पदार्थ या कारण ऐसे होते हैं जो किसी विशिष्ट धातु या अवयव में ही विकार करते हैं। इनका प्रभाव सारे शरीर पर नहीं होता। इन्हें धातुप्रदूषक कहते हैं।

(3) उभयहेतु–वे पदार्थ जो सारे शरीर में वात आदि दोषों को कुपित करते हुए भी किसी धातु या अँग विशेष में ही विशेष विकार उत्पन्न करते हैं, उभयहेतु कहलाते हैं। किन्तु इन तीनों में जो परिवर्तन होते हैं वे वात, पित्त या कफ इन तीनों में से किसी एक, दो या तीनों में ही विकार उत्पन्न करते हैं। अतः ये ही तीनों दोष प्रधान शरीरगत कारण होते हैं क्योंकि इनके स्वाभाविक अनुपात में परिवर्तन होने से शरीर की धातुओं आदि में भी विकृति होती है। रचना में विकार होने से क्रिया में भी विकार होना स्वाभाविक है। इस अस्वाभाविक रचना और क्रिया के परिणामस्वरुप अतिसार, कास आदि लक्षण उत्पन्न होते हैं और इन लक्षणों के समूह को ही रोग कहते हैं।

इस प्रकार जिन पदार्थों के प्रभाव से वात आदि दोषों में विकृतियाँ होती हैं तथा वे वातादि दोष, जो शारीरिक धातुओं को विकृत करते हैं, दोनों ही हेतु (कारण) या निदान (आदिकारण) कहलाते हैं। अंततः इनके दो अन्य महत्त्वपूर्ण भेदों का विचार अपेक्षित है:

(1) निज (इडियोपैथिक)–जब पूर्वोक्त कारणों से क्रमशः शरीरगत वातादि दोष में और उनके द्वारा धातुओं में, विकार उत्पन्न होते हैं तो उनको निज हेतु या निज रोग कहते हैं।

(2) आगंतुक (ऐक्सिडेंटल)–चोट लगना, आग से जलना, विद्युत्प्रभाव, साँप आदि विषैले जीवों के काटने या विषप्रयोग से जब एकाएक विकार उत्पन्न होते हैं तो उनमें भी वातादि दोषों का विकार होते हुए भी, कारण की भिन्नता और प्रबलता से, वे कारण और उनसे उत्पन्न रोग आगंतुक कहलाते हैं।

रोग जानकारी के साधनः लिंग

पूर्वोक्त कारणों से उत्पन्न विकारों की पहचान जिन साधनों द्वारा होती है उन्हें लिंग कहते हैं। इसके चार भेद हैं: पूर्वरुप, रुप, संप्राप्ति और उपशय।

पूर्वरूप–किसी रोग के व्यक्त होने के पूर्व शरीर के भीतर हुई अत्यल्प या आरंभिक विकृति के कारण जो लक्षण उत्पन्न होकर किसी रोगविशेष की उत्पत्ति की सम्भावना प्रकट करते हैं उन्हें पूर्वरुप (प्रोडामेटा) कहते हैं।

रुप (साइंस एंड सिंप्टम्स)–जिन लक्षणों से रोग या विकृति का स्पष्ट परिचय मिलता है उन्हें रूप कहते हैं।

संप्राप्ति (पैथोजेनेसिस): किस कारण से कौन सा दोष स्वतन्त्र रूप में या परतन्त्र रूप में, अकेले या दूसरे के साथ, कितने अंश में और कितनी मात्रा में प्रकुपित होकर, किस धातु या किस अँग में, किस–किस स्वरुप का विकार उत्पन्न करता है, इसके निर्धारण को संप्राप्ति कहते हैं। चिकित्सा में इसी की महत्त्वपूर्ण उपयोगिता है। वस्तुतः इन परिवर्तनों से ही ज्वरादि रूप में रोग उत्पन्न होते हैं, अतः इन्हें ही वास्तव में रोग भी कहा जा सकता है और इन्हीं परिवर्तनों को ध्यान में रखकर की गई चिकित्सा भी सफल होती है।

उपशय और अनुपशय (थेराप्यूटिक टेस्ट)–जब अल्पता या संकीर्णता आदि के कारण रोगों के वास्तविक कारणों या स्वरुपों का निर्णय करने में संदेह होता है, तब उस संदेह के निराकरण के लिए सम्भावित दोषों या विकारों में से किसी एक के विकार से उपयुक्त आहार–विहार और औषध का प्रयोग करने पर जिससे लाभ होता है उसे उपचय के विवेचन में आयुर्वेदाचार्यो ने छह प्रकार से आहार–विहार और औषध के प्रयोगों का सूत्र बतलाते हुए

उपशय के 18 भेदों का वर्णन किया है। ये सूत्र इतने महत्त्व के हैं कि इनमें से एक-एक के आधार पर एक-एक चिकित्सापद्धति का उदय हो गया है; जैसे,

(1) हेतु के विपरीत आहार विहार या औषध का प्रयोग करना।

(2) व्याधि, वेदना या लक्षणों के विपरीत आहार विहार या औषध का प्रयोग करना। स्वयं एलोपैथी की स्थापना इसी पद्धति पर हुई थी (ऐलोज = विपरीत; अपैथोज वेदना)।

(3) हेतु और व्याधि, दोनों के विपरीत आहार विहार और औषध का प्रयोग करना।

(4) हेतुविपरीतार्थकारी, अर्थात् रोग के कारण के समान होते हुए भी उस कारण के विपरीत कार्य करनेवाले आहार आदि का प्रयोग; जैसे, आग से जलने पर सेंकने या गरम वस्तुओं का लेप करने से उस स्थान पर रक्तसंचार बढ़कर दोषों का स्थानांतरण होता है तथा रक्त का जमना रुकने, पाक के रुकने पर शांति मिलती है।

(5) व्याधिविपरीतार्थकारी, अर्थात् रोग या वेदना को बढ़ानेवाला प्रतीत होते हुए भी व्याधि के विपरीत कार्य करनेवाले आहार आदि का प्रयोग (होमियोपैथी से तुलना करें: होमियो-समान, अपैथोज = वेदना)।

(6) उभयविरीतार्थकारी, अर्थात् कारण और वेदना दोनों के समान प्रतीत होते हुए भी दोनों के विपरीत कार्य करनेवाले आहार विहार और औषध का प्रयोग।

उपशय और अनुपशय से भी रोग की पहचान में सहायता मिलती है। अत: इनको भी प्राचीनों ने 'लिंग' में ही गिना है। हेतु और लिंग के द्वारा रोग का ज्ञान प्राप्त करने पर ही उसकी उचित और सफल चिकित्सा (औषध) सम्भव है। हेतु और लिंगों से रोग की परीक्षा होती है किन्तु इनके समुचित ज्ञान के लिए रोगी की परीक्षा करनी चाहिए।

रोगी की परीक्षा–

रोगी परीक्षा के साधन चार हैं–आप्तोपदेश, प्रत्यक्ष, अनुमान और युक्ति।

आप्तोपदेश

योग्य अधिकारी, तप और ज्ञान से संपन्न होने के कारण, शास्त्रतत्त्वों को राग-द्वेष-शून्य बुद्धि से असंदिग्ध और यथार्थ रूप से जानते और कहते हैं। ऐसे विद्वान, अनुसंधानशील, अनुभवी, पक्षपातहीन और यथार्थ वक्ता महापुरुषों को आप्त (अथॉरिटी) और उनके वचनों या लेखों को आप्तोपदेश कहते हैं। आप्तजनों ने पूर्ण परीक्षा के बाद शास्त्रों का निर्माण कर उनमें एक-एक के सम्बन्ध में लिखा है कि अमुक कारण से, इस दोष के प्रकुपित होने और इस धातु के दूषित होने तथा इस अँग में आश्रित होने से, अमुक लक्षणोंवाला अमुक रोग उत्पन्न होता है, उसमें अमुक-अमुक परिवर्तन होते हैं तथा उसकी चिकित्सा के लिए इन आहार विहार और अमुक औषधियों के इस प्रकार उपयोग करने से तथा चिकित्सा करने से शांति होती है इसलिए प्रथम योग्य और अनुभवी गुरुजनों से शास्त्र का अध्ययन करने पर रोग के हेतु, लिंग और औषधज्ञान में प्रवृत्ति होती है। शास्त्रवचनों के अनुसार ही लक्षणों की परीक्षा प्रत्यक्ष, अनुमान और युक्ति से की जाती है।

प्रत्यक्ष

मनोयोगपूर्वक इन्द्रियों द्वारा विषयों का अनुभव प्राप्त करने को प्रत्यक्ष कहते हैं। इसके द्वारा रोगी के शरीर के अँग प्रत्यँग में होनेवाले विभिन्न शब्दों (ध्वनियों) की परीक्षा कर उनके स्वाभाविक या अस्वाभाविक होने का ज्ञान श्रोत्रेंद्रिय द्वारा करना चाहिए। वर्ण, आकृति, लँबाई, चौड़ाई आदि प्रमाण तथा छाया आदि का ज्ञान नेत्रों द्वारा, गंधों का ज्ञान घ्राणेन्द्रिय तथा शीत, उष्ण, रूक्ष, स्निग्ध एवं नाड़ी आदि के स्पंदन आदि भावों का ज्ञान स्पर्शेद्रिय द्वारा प्राप्त करना चाहिए। रोगी के शरीरगत रस की परीक्षा स्वयं अपनी जीभ से करना उचित न होने के कारण, उसके शरीर या उससे निकले स्वेद, मूत्र, रक्त, पूय आदि में चींटी लगना या न लगना, मक्खियों का आना और न आना, कौए या कुत्ते आदि द्वारा खाना या न खाना, प्रत्यक्ष देखकर उनके स्वरुप का अनुमान किया जा सकता है।

अनुमान

युक्तिपूर्वक तर्क (ऊहापाह) के द्वारा प्राप्त ज्ञान अनुमान (इनफरेंस) है। जिन विषयों का प्रत्यक्ष नहीं हो सकता या प्रत्यक्ष होने पर भी उनके सम्बन्ध में संदेह होता है वहाँ अनुमान द्वारा परीक्षा करनी चाहिए; यथा, पाचनशक्ति के आधार पर अग्निबल का, व्यायाम की शक्ति के आधार पर शारीरिक बल का, अपने विषयों को ग्रहण करने या न करने से इन्द्रियों की प्रकृति या विकृति का तथा इसी प्रकार भोजन में रुचि, अरुचि तथा प्यास एवं भय, शोक, क्रोध, इच्छा, द्वेष आदि मानसिक भावों के द्वारा विभिन्न शारीरिक और मानसिक विषयों का अनुमान करना चाहिए। पूर्वोक्त उपशयानुपशय भी अनुमान का ही विषय है।

युक्ति

इसका अर्थ है योजना के अनेक कारणों के सामुदायिक प्रभाव से किसी विशिष्ट कार्य की उत्पत्ति को देखकर, तदनुकूल विचारों से जो कल्पना की जाती है उसे युक्ति कहते हैं। जैसे खेत, जल, जुताई, बीज और ऋतु के संयोग से ही पौधा उगता है। धुएँ का आग के साथ सदैव सम्बन्ध रहता है, अर्थात् जहाँ धुआँ होगा वहाँ आग भी होगी। इसी को व्याप्तिज्ञान भी कहते हैं और इसी के आधार पर तर्क कर अनुमान किया जाता है। इस प्रकार निदान, पूर्वरुप, रुप, संप्राप्ति और उपशय इन सभी के सामुदायिक विचार से रोग का निर्णय युक्तियुक्त होता है। योजना का दूसरी दृष्टि से भी रोगी की परीक्षा में प्रयोग कर सकते हैं। जैसे किसी इन्द्रिय में यदि कोई विषय सरलता से ग्राह्य न हो तो अन्य यंत्रादि उपकरणों की सहायता से उस विषय का ग्रहण करना भी युक्ति में ही अंतर्भूत है।

परीक्षण विषय–

पूर्वोक्त लिंगों के ज्ञान के लिए तथा रोगनिर्णय के साथ साध्यता या असाध्यता के भी ज्ञान के लिए आप्तोपदेश के अनुसार प्रत्यक्ष आदि परीक्षाओं द्वारा रोगी के सार, तत्त्व (डिसपोजिशन), सहनन (उपचय), प्रमाण (शरीर और अँग प्रत्यँग की लँबाई, चौड़ाई, भार आदि), सात्म्य (अभ्यास आदि,

हैबिट्स), आहारशक्ति, व्यायामशक्ति तथा आयु के अतिरिक्त वर्ण, स्वर, गन्ध, रस और स्पर्श ये विषय, श्रोत्र, चक्षु, घ्राण, रसन और स्पर्शेंद्रिय, सत्व, भक्ति (रुचि), शैच, शील, आचार, स्मृति, आकृति, बल, ग्लानि, तन्द्रा, आरम्भ (चेष्टा), गुरुता, लघुता, शीतलता, उष्णता, मृदुता, काठिन्य आदि गुण, आहार के गुण, पाचन और मात्रा, उपाय (साधन), रोग और उसके पूर्वरुप आदि का प्रमाण, उपद्रव (कांप्लिकेशंस), छाया (लस्टर), प्रतिच्छाया, स्वप्न (ड्रीम्स), रोगी को देखने को बुलाने के लिए आए दूत तथा रास्ते और रोगी के घर में प्रवेश के समय के शकुन और अपशकुन, ग्रहयोग आदि सभी विषयों का प्रकृति (स्वाभाविकता) तथा विकृति (अस्वाभाविकता) की दृष्टि से विचार करते हुए परीक्षा करनी चाहिए। विशेषतः नाड़ी, मल, मूत्र, जिह्वा, शब्द (ध्वनि), स्पर्श, नेत्र और आकृति की सावधानी से परीक्षा करनी चाहिए। आयुर्वेद में नाड़ी की परीक्षा अति महत्त्व का विषय है। केवल नाड़ीपरीक्षा से दोषों एवं दूश्यों के साथ रोगों के स्वरुप आदि का ज्ञान अनुभवी वैद्य प्राप्त कर लेता है।

औषध–

जिन साधनों के द्वारा रोगों के कारणभूत दोषों एवं शारीरिक विकृतियों का शमन किया जाता है उन्हें औषध कहते हैं। ये मुख्यतः दो प्रकार की होती है अपद्रव्यभूत और द्रव्यभूत।

अद्रव्यभूत औषध वह है जिसमें किसी द्रव्य का उपयोग नहीं होता, जैसे उपवास, विश्राम, सोना, जागना, टहलना, व्यायाम आदि।

बाह्य या आभ्यन्तर प्रयोगों द्वारा शरीर में जिन बाह्य द्रव्यों (ड्रग्स) का प्रयोग होता है वे द्रव्यभूत औषध हैं। द्रव्य संक्षेप में तीन प्रकार के होते हैं:-

(1) जांगम (ऐनिमल ड्रग्स), जो विभिन्न प्राणियों के शरीर से प्राप्त होते हैं, जैसे मधु, दूध, दही, घी, मक्खन, मठ्ठा, पित्त, वसा, मज्जा, रक्त, मांस, पुरीष, मूत्र, शुक्र, चर्म, अस्थि, शृंग, खुर, नख, लोम आदि;

(2) औद्भिद (हर्बल ड्रग्स): मूल (जड़), फल आदि

(3) पार्थिव (खनिज, मिनरल ड्रग्स), जैसे सोना, चाँदी, सीसा, राँगा, तांबा, लोहा, चूना, खड़िया, अभ्रक, संखिया, हरताल, मैनसिल, अंजन (एंटीमनी), गेरु, नमक आदि।

शरीर की भाँति ये सभी द्रव्य भी पाँचभौतिक होते हैं, इनके भी वे ही संघटक होते हैं जो शरीर के हैं। अतः संसार में कोई भी द्रव्य ऐसा नहीं है जिसका किसी न किसी रूप में किसी न किसी रोग के किसी न किसी अवस्थाविशेष में औषधरुप में प्रयोग न किया जा सके। किन्तु इनके प्रयोग के पूर्व इनके स्वाभाविक गुणधर्म, संस्कारजन्य गुणधर्म, प्रयोगविधि तथा प्रयोगमार्ग का ज्ञान आवश्यक है। इनमें कुछ द्रव्य दोषों का शमन करते हैं, कुछ दोष और धातु को दूषित करते हैं और कुछ स्वस्थवृत्त में, अर्थात् धातुसाम्य को स्थिर रखने में उपयोगी होते हैं, इनकी उपयोगिता के समुचित ज्ञान के लिए द्रव्यों के पाँचभौतिक संघटकों में तारतम्य के अनुसार स्वरुप (कंपोजिशन), गुरुता, लघुता, रुक्षता, स्निग्धता आदि गुण, रस (टेस्ट एंड लोकल ऐक्शन), वपाक (मेटाबोलिक चेंजेज), वीर्य (फिजिओलॉजिकल ऐक्शन), प्रभाव (स्पेसिफिक ऐक्शन) तथा मात्रा (डोज) का ज्ञान आवश्यक होता है।

भैषज्यकल्पना–

सभी द्रव्य सदैव अपने प्राकृतिक रुपों में शरीर में उपयोगी नहीं होते। रोग और रोगी की आवश्यकता के विचार से शरीर की धातुओं के लिए उपयोगी एवं सात्म्यकरण के अनुकूल बनाने के लिए; इन द्रव्यों के स्वाभाविक स्वरुप और गुणों में परिवर्तन के लिए, विभिन्न भौतिक एवं रासायनिक संस्कारों द्वारा जो उपाय किए जाते हैं उन्हें 'कल्पना' (फार्मेसी या फार्मास्युटिकल प्रोसेस) कहते हैं। जैसे–स्वरस (जूस), कल्क या चूर्ण (पेस्ट या पाउडर), शीत क्वाथ (इनफ्यूजन), क्वाथ (डिकॉक्शन), आसव तथा अरिष्ट (टिंक्चर्स), तैल, घृत, अवलेह आदि तथा खनिज द्रव्यों के शोधन, जारण, मारण, अमृतीकरण, सत्वपातन आदि।

चिकित्सा (ट्रीटमेंट)–

चिकित्सक, परिचायक, औषध और रोगी, ये चारों मिलकर शारीरिक

धातुओं की समता के उद्देश्य से जो कुछ भी उपाय या कार्य करते हैं उसे चिकित्सा कहते हैं। यह दो प्रकार की होती है: (1) निरोधक (प्रिवेंटिव) तथा (2) प्रतिषेधक (क्योरेटिव); जैसे शरीर के प्रकृतिस्थ दोषों और धातुओं में वैषम्य (विकार) न हो तथा साम्य की परम्परा निरन्तर बनी रहे, इस उद्देश्य से की गई चिकित्सा निरोधक है तथा जिन क्रियाओं या उपचारों से विषम हुई शरीरिक धातुओं में समता उत्पन्न की जाती है उन्हें प्रतिषेधक चिकित्सा कहते हैं।

पुन: चिकित्सा तीन प्रकार की होती है–(1) दैवव्यपाश्रय (2) सत्वावजय (3) युक्तिव्यपाश्रय।

दैवव्यपाश्रय

जो रोग दोषज ना होकर कर्मज होते हैं, जो पूर्वजन्मकृत पापों से या सिद्ध, ऋषि या देवता आदि के अपमान करने पर उनके शाप से होते हैं, उनकी शान्ति के लिए मंत्र, व्रत, उपवास करना, मंगलवाचक वेदमंत्रों का पाठ करना, देवता, गुरु व ब्राह्मण को झुककर प्रणाम करना और तीर्थयात्रा करना आदि उपाय हैं।

सत्वावजय (साइकोलॉजिकल)

मानसिक् रोगों को नियन्त्रित करने के लिए ज्ञान–विज्ञान–धैर्य–स्मृति और समाधि द्वारा मन को एकाग्र करना तथा स्वास्थ्य के लिए हानिकारक आहार–विहार से मन को रोकना 'सत्त्वावजय' चिकित्सा है।

गीता में स्पष्ट उल्लिखित है–मन एव मनुष्याणां कारणं बन्धमोक्षयो:–केवल मानसिक ही नहीं अपितु अनेकानेक शारीरिक रोगों की चिकित्सा में भी यदि मनुष्य को प्रेरित किया जाए तो आशातीत सफलता प्राप्त होती है। इसमें मन को अहित विषयों से रोकना तथा हर्षण, आश्वासन आदि उपाय हैं। अनेकानेक व्यक्तियों ने अपने आत्मबल के बलबूते पर गम्भीर रोगों को परास्त किया है। अतएव एक सफल चिकित्सक रोगी के आत्मबल को विकसित करने का प्रयास करता है। इसमें ग्रह आदि दोषों के शमनार्थ तथा पूर्वकृत अशुभ कर्म

के प्रायश्चित्तस्वरुप देवाराधन, जप, हवन, पूजा, पाठ, व्रत, तथा मणि, मंत्र, यंत्र, रत्न और औषधि आदि का धारण, ये उपाय होते हैं।

युक्तिव्यपाश्रय (मेडिसिनल अर्थात् सिस्टमिक ट्रीटमेंट)–

रोग और रोगी के बल, स्वरुप, अवस्था, स्वास्थ्य, सत्व, प्रकृति आदि के अनुसार उपयुक्त औषध की उचित मात्रा, अनुकूल कल्पना (बनाने की रीति) आदि का विचार कर प्रयुक्त करना। इसके भी मुख्यतः तीन प्रकार हैं:

अंतः परिमार्जन, बहिः परिमार्जन और शस्त्रप्रणिधान

(1) अन्तःपरिमार्जन (औषधियों का आभ्यन्तर प्रयोग)

हृष्ट-पुष्ट रोगी के लिए अपतर्पण चिकित्सा की जाती है जिससे उसके शरीर में लघुता आये। दुबले-पतले रोगी के लिये संतर्पण चिकित्सा की जाती है जिससे उसके शरीर में गुरुता आए।

इन दोनों प्रकार की चिकित्साओं के भी पुनः मुख्यतः दो प्रकार हैं–

आयुर्वेदिक चिकित्सा–

(क) लङ्घन चिकित्सा-शरीर में लघुता लाने के लिए। यह भी दो प्रकार की होती है–

(अ) संशोधन-जिस चिकित्सा में प्रकुपित दोषों और मलों को शरीर के स्वाभाविक विसर्जन अँगों द्वारा शरीर से बाहर निकाला जाता है। इस पाँच प्रकार की चिकित्सा, वमन, विरेचन, अनुवासन बस्ति, निरुह बस्ति तथा नस्य, को पंचकर्म कहा जाता है जो आयुर्वेद की अत्यन्त ही प्रसिद्ध तथा प्रचलित चिकित्सा है।

(आ) शमन-दोषों को विसर्जित किये बिना ही विभिन्न प्रकार से साम्यावस्था में लाया जाता है जैसे पिपासा-निग्रह (प्यासे रहना), आतप और मारुत (धूप और ताजी हवा का सेवन), पाचन और दीपन (पाचन शक्ति की वृद्धि तथा भोजन का परिपाक करने वाली औषधियों का सेवन), उपवास (भूखे रहना) तथा शारीरिक व्यायाम (शारीरिक श्रम तथा योगासन)।

(ख) बृंहण चिकित्सा-शरीर की पुष्टि के लिए।

शमन–लाक्षणिक चिकित्सा (सिंप्टोमैटिक ट्रीटमेंट): विभिन्न लक्षणों के अनुसार दोषों और विकारों के शमनार्थ विशेष गुणवाली औषधि का प्रयोग, जैसे ज्वरनाशक, छर्दिघ्न (वमन रोकनेवाला), अतिसारहर (स्तम्भक), उद्दीपक, पाचक, हृद्य, कुष्ठघ्न, बल्य, विषघ्न, कासहर, श्वासहर, दाहप्रशामक, शीतप्रशामक, मूत्रल, मूत्रविशोधक, शुक्रजनक, शुक्रविशोधक, स्तन्यजनक, स्वेदल, रक्तस्थापक, वेदनाहर, संज्ञास्थापक, वयःस्थापक, जीवनीय, बृंहणीय, लेखनीय, मेदनीय, रुक्षणीय, सहेनीय आदि द्रव्यों का आवश्यकतानुसार उचित कल्पना और मात्रा में प्रयोग करना।

इन औषधियों का प्रयोग करते समय निम्नलिखित बातों का ध्यान रखना चाहिए

"यह औषधि इस स्वभाव की होने के कारण तथा अमुक तत्त्वों की प्रधानता के कारण, अमुक गुणवाली होने से, अमुक प्रकार के देश में उत्पन्न और अमुक ऋतु में संग्रह कर, अमुक प्रकार सुरक्षित रहकर, अमुक कल्पना से, अमुक मात्रा से, इस रोग की इस इस अवस्था में तथा अमुक प्रकार के रोगी को इतनी मात्रा में देने पर अमुक दोष को निकालेगी या शान्त करेगी। इसके प्रभाव में इसी के समान गुणवाली अमुक औषधि का प्रयोग किया जा सकता है। इसमें यह यह उपद्रव हो सकते हैं और उसके शमनार्थ ये उपाय करने चाहिए।"

(2) बहिः परिमार्जन (एक्स्टर्नल मेडिकेशन)

जैसे अभ्यंग, स्नान, लेप, धूपन, स्वेदन आदि।

(3) शस्त्रकर्म

विभिन्न अवस्थाओं में निम्नलिखित आठ प्रकार के शस्त्रकर्मों में से कोई एक या अनेक करने पड़ते हैं:

1. छेदन–काटकर दो फाँक करना या शरीर से अलग करना (एक्सिजन),
2. भेदन–चीरना (इंसिजन),
3. लेखन–खुरचना (स्क्रेपिंग या स्कैरिफिकेशन),
4. वेधन–नुकीले शस्त्र से छेदना (पंक्चरिंग),

5. एषण (प्रोबिंग),
6. आहरण–खींचकर बाहर निकालना (एक्स्ट्रैक्शन),
7. विस्रावण–रक्त, पूय आदि को चुवाना (ड्रेनेज),
8. सीवन सीना (स्यूचरिंग या स्टिचिंग)।

इनके अतिरिक्त उत्पाटन (उखाड़ना), कुट्टन (कुचकुचाना, प्रिंकिंग), मंथन (मथना, ड्रिलिंग), दहन (जलाना, कॉटराइजेशन) आदि उपशस्त्रकर्म भी होते हैं। शस्त्रकर्म (ऑपरेशन) के पूर्व की तैयारी को पूर्वकर्म कहते हैं, जैसे रोगी का शोधन, यंत्र (ब्लंट इंस्ट्रूमेंट्स), शस्त्र (शार्प इंस्ट्रूमेंट्स) तथा शस्त्रकर्म के समय एवं बाद में आवश्यक रुई, वस्त्र, पट्टी, घृत, तेल, क्वाथ, लेप आदि की तैयारी और शुद्धि। वास्तविक शस्त्रकर्म को प्रधान कर्म कहते हैं। शस्त्रकर्म के बाद शोधन, रोहण, रोपण, त्वक्स्थापन, सवर्णीकरण, रोमजनन आदि उपाय पश्चात्कर्म हैं।

शस्त्रसाध्य तथा अन्य अनेक रोगों में क्षार या अग्निप्रयोग के द्वारा भी चिकित्सा की जा सकती है। रक्त निकालने के लिए जोंक, सींगी, तुंबी, प्रच्छान तथा शिरावेध का प्रयोग होता है।

मानस रोग

मन भी आयु का उपादान है। मन के पूर्वोक्त रज और तम इन दो दोषों से दूषित होने पर मानसिक संतुलन बिगड़ने का इन्द्रियों और शरीर पर भी प्रभाव पड़ता है। शरीर और इन्द्रियों के स्वस्थ होने पर भी मनोदोष से मनुष्य के जीवन में अस्तव्यस्तता आने से आयु का ह्रास होता है। उसकी चिकित्सा के लिए मन के शरीराश्रित होने से शारीरिक शुद्धि आदि के साथ ज्ञान, विज्ञान, संयम, मनः समाधि, हर्षण, आश्वासन आदि मानस उपचार करना चाहिए। मन को क्षोभक आहार–विहार आदि से बचना चाहिए तथा मानस–रोग विशेषज्ञों से उपचार कराना चाहिए।

इन्द्रियाँ–ये आयुर्वेद में भौतिक मानी गई हैं। ये शरीराश्रित तथा मनोनियन्त्रित होती हैं। अतः शरीर और मन के आधार पर ही इनके रोगों की चिकित्सा की जाती है।

आत्मा को पहले ही निर्विकार बताया गया है। उसके साधनों (मन और इन्द्रियों) तथा आधार (शरीर) में विकार होने पर इन सबकी संचालक आत्मा में विकार का हमें आभास मात्र होता है। किन्तु पूर्वकृत्त अशुभ कर्मों परिणामस्वरुप आत्मा को भी विविध योनियों में जन्मग्रहण आदि भवबंधनरुपी रोग से बचाने के लिए, इसके प्रधान उपकरण मन को शुद्ध करने के लिए, सत्संगति, ज्ञान, वैराग्य, धर्मशास्त्रचिंतन, व्रत, उपवास आदि करना चाहिए। इनसे तथा यम-नियम आदि योगाभ्यास द्वारा स्मृति (तत्वज्ञान) की उत्पत्ति होने से कर्मसंन्यास द्वारा मोक्ष की प्राप्ति होती है। इसे नैष्ठिकी चिकित्सा कहते हैं क्योंकि संसार द्वंद्वमय है, जहाँ सुख है वहाँ दुःख भी है, अतः आत्यंतिक (सतत) सुख तो द्वंद्वमुक्त होने पर ही मिलता है और उसी को कहते हैं मोक्ष।

अष्टाङ्ग वैद्यकः आयुर्वेद के आठ विभाग–

विस्तृत विवेचन, विशेष चिकित्सा तथा सुगमता आदि के लिए आयुर्वेद को आठ भागों (अष्टांग वैद्यक) में विभक्त किया गया है: ये आठ अँग ये हैं–

कायचिकित्सा, शल्यतन्त्र, शालक्यतन्त्र, कौमारभृत्य, अगदतन्त्र, भूतविद्या, रसायनतन्त्र और वाजीकरण।

कायचिकित्सा

इसमें सामान्य रूप से औषधिप्रयोग द्वारा चिकित्सा की जाती है। प्रधानतः ज्वर, रक्तपित्त, शोष, उन्माद, अपस्मार, कुष्ठ, प्रमेह, अतिसार आदि रोगों की चिकित्सा इसके अंतर्गत आती है। शास्त्रकार ने इसकी परिभाषा इस प्रकार की है–

कायचिकित्सानाम सर्वांगसंश्रितानांव्याधीनां ज्वररक्तपित्त-
शोषोन्मादापस्मारकुष्ठमेहातिसारादीनामुपशमनार्थम्।

(सुश्रुत संहिता 1.3)

शल्यतन्त्र

विविध प्रकार के शल्यों को निकालने की विधि एवं अग्नि, क्षार, यंत्र,

शस्त्र आदि के प्रयोग द्वारा सम्पादित चिकित्सा को शल्य चिकित्सा कहते हैं। किसी व्रण में से तृण के हिस्से, लकड़ी के टुकड़े, पत्थर के टुकड़े, धूल, लोहे के खंड, हड्डी, बाल, नाखून, शल्य, अशुद्ध रक्त, पूय, मृतभ्रूण आदि को निकालना तथा यंत्रों एवं शस्त्रों के प्रयोग एवं व्रणों के निदान, तथा उसकी चिकित्सा आदि का समावेश शल्ययंत्र के अंतर्गत किया गया है।

शल्यंनाम विविध तृणकाष्ठपाषाणपांशुलोहलोष्ठस्थिवालनख पूयास्रावद्रष्ट्वाणां-तर्गर्भशल्योद्धरणार्थ यंत्रशस्त्रक्षाराग्निप्रणिधान्त्राण विनिश्चयार्थच।

(सु.सू. 1.1)।

शालाक्यतन्त्र

गले के ऊपर के अँगों की चिकित्सा में बहुधा 'शलाका' सदृश यंत्रों एवं शस्त्रों का प्रयोग होने से इसे शालाक्यतन्त्र कहते हैं। इसके अंतर्गत प्रधानत: मुख, नासिका, नेत्र, कर्ण आदि अँगों में उत्पन्न व्याधियों की चिकित्सा आती है।

शालाक्यं नामऊर्ध्वजन्तुगतानां श्रवण नयन वदन घ्राणादि संश्रितानां व्याधीनामुपशमनार्थम्। (सु.सू. 1.2)।

कौमारभृत्य

बच्चों, स्त्रियों विशेषत: गर्भिणी स्त्रियों और विशेष स्त्रीरोग के साथ गर्भविज्ञान का वर्णन इस तन्त्र में है।

कौमारभृत्यं नाम कुमारभरण धात्रीक्षीरदोषश् संशोधनार्थ

दुष्टस्तन्यग्रहसमुत्थानां च व्याधीनामुपशमनार्थम्॥

(सु. सू. 1.5)।

अगदतन्त्र

इसमें विभिन्न स्थावर, जंगम और कृत्रिम विषों एवं उनके लक्षणों तथा चिकित्सा का वर्णन है।

अगदतंत्रं नाम सर्पकीटलतामषिकादिदष्टविष व्यंजनार्थ

विविधविषसंयोगोपशमनार्थ च॥ (सु. सू. 1.6)।

भूतविद्या

इसमें देवाधि ग्रहों द्वारा उत्पन्न हुए विकारों और उसकी चिकित्सा का वर्णन है।

भूतविद्यानाम देवासुरगंधर्वयक्षरक्षः पितृपिशाचनागग्रहमुपसृष्ट चेतसांशान्तिकर्म वलिहरणादिग्रहोपशमनार्थम्॥

(सु.सू. 1.4)।

रसायनतन्त्र

चिरकाल तक वृद्धावस्था के लक्षणों से बचते हुए उत्तम स्वास्थ्य, बल, पौरुष एवं दीर्घायु की प्राप्ति एवं वृद्धावस्था के कारण उत्पन्न हुए विकारों को दूर करने के उपाय इस तन्त्र में वर्णित हैं।

रसायनतन्त्र नाम वयः स्थापनमायुमेधावलकरं रोगापहरणसमर्थं च।

(सु.सू. 1.7)।

वाजीकरण

शुक्रधातु की उत्पत्ति, पुष्टता एवं उसमें उत्पन्न दोषों एवं उसके क्षय, वृद्धि आदि कारणों से उत्पन्न लक्षणों की चिकित्सा आदि विषयों के साथ उत्तम स्वस्थ संतोनोत्पत्ति सम्बन्धी ज्ञान का वर्णन इसके अंतर्गत आते हैं।

वाजीकरणतंत्रं नाम अल्पदुष्ट क्षीणविशुष्करेतसामाप्यायन प्रसादोपचय जननिमित्तं प्रहर्ष जननार्थंच। (सु. सू. 1.8)।

आयुर्वेद के प्रमुख ग्रंथ–

रसविद्या

वृहत्त्रयीः

* चरकसंहिता--चरक
* सुश्रुतसंहिता--सुश्रुत
* अष्टांगहृदय--वाग्भट

लघुत्रयी:

* भावप्रकाश भाव मिश्र
* माधव निदान–माधवकर
* शाङ्र्गधरसंहिता––शाङ्र्गधर (1300 ई) औषधीय पौधों के नाम व उपयोग

औषधीय पौधे–

भारतीय चिकित्सा शास्त्र की प्राचीन आयुर्वेदिक पद्धति पेड़–पौधों पर ही आधारित है। इन दिनों एलोपैथिक चिकित्सा से निराश होकर लोग वापस अपनी जड़ों की ओर लौटने लगे हैं, यही वजह है कि आयुर्वेद चिकित्सा पद्धति (Ayurvedic Plants Benefits) फिर से लोगों को आकर्षित कर रही है। एलोपैथिक चिकित्सा की तरह न तो इसके साइड इफेक्ट्स भी नहीं होते हैं (जब तक कि सही खुराक और सही तरीके से लें)। आज अमूमन लोग अनेक रोगों के उपचार के लिए विभिन्न जड़ी बूटियों के तौर पर तुलसी, हल्दी, हींग, जीरा, अदरक, लहसुन का प्रयोग कर रहे हैं लेकिन इनके अतिरिक्त भी कुछ ऐसे पेड़–पौधे हैं जिनके औषधीय गुणों के बारे में कम लोगों को ही (Ayurvedic Plants Benefits) जानकारी है।

औषधीय पौधों को भोजन, औषधि, खुशबू, स्वाद, रंजक और भारतीय चिकित्सा पद्धतियों में अन्य मदों के रूप में उपयोग किया जाता है। औषधीय पौधों का महत्त्व उसमें पाए जाने वाले रसायन के कारण होता है। औषधीय पौधों का उपयोग मानसिक रोगों, मिर्गी, पागलपन तथा मन्द बुद्धि के उपचार में किया जाता है। औषधीय पौधे कफ एवं वात का शमन करने, पीलिया, आँव, हैजा, फेफड़ा, अण्डकोष, तंत्रिका विकार, दीपन, पाचन, उन्माद, रक्त शोधक, ज्वर नाशक, स्मृति एवं बुद्धि का विकास करने, मधुमेह, मलेरिया एवं बलवर्धक, त्वचा रोगों एवं ज्वर आदि में लाभकारी हैं।

सुगन्ध पौधों का महत्त्व:–

दुनिया भर में चिकित्सा प्रणाली मुख्य रूप से दो अलग–अलग धाराओं के माध्यम से काम करती है:–(1) स्थानीय या आदिवासी धारा और (2)

कोडित और संगठित चिकित्सा प्रणाली [जैसे–आयुर्वेद, सिद्ध, यूनानी और अम्ची (तिब्बती औषधि)]। आज इन पौधों को खेती के बड़े पैमाने पर औषधीय एवं सुगन्ध पौधों के लिए भारत में इन पौधों की खेती के लिए पर्याप्त अवसर उपलब्ध हैं। वैकल्पिक औषधि एवं सुगन्ध के रूप में उपयोग किया जाता है। वैश्विक/राष्ट्रीय बाजार की उपलब्धता का होना भी इन पौधों की खेती के लिए उत्तम है। भारत में इन पौधों की खेती के लिए कृषि प्रौद्योगिकियों, प्रसंस्करण प्रौद्योगिकियों की उपलब्धता का होना भी खेती करने के लिए कृषकों को आसान बनाता है। औषधीय एवं सुगन्ध पौधों की खेती से टिकाऊ आधार पर लाभप्रद रिटर्न प्राप्त किया जा सकता है। भारत में उत्पादन होने वाला सुगन्ध पौधों का तेल फ्रांस, इटली, जर्मनी व संयुक्त राज्य अमेरिका को निर्यात किया जाता है। आज देश के हजारों किसान औषधीय एवं सुगन्ध पौधों की खेती करके अधिक मुनाफा कमा सकते हैं जिससे उनकी आय में वृद्धि होगी।

औषधीय पौधे के नाम व उपयोग–

1. अंकोलः-

अंकोल एक पेड़, जो सारे भारतवर्ष में प्रायः पहाड़ी जमीन पर होता है। यह शरीफे के पेड़ से मिलता–जुलता है। इसमें बेर के बराबर गोल फल लगते हैं, जो पकने पर काले हो जाते हैं। छिलका हटाने पर इसके भीतर बीज पर लिपटा हुआ सफेद गूदा होता है, जो खाने में कुछ मीठा होता है। इस पेड़ की लकड़ी कड़ी होती है और छड़ी आदि बनाने के काम में आती है। इसकी जड़ की छाल दस्त लाने, वमन कराने, कोढ़ और उपदंश आदि चर्म रोगों को दूर करने तथा सर्प आदि विषैले जन्तुओं के विष को हटाने में उपयोगी मानी जाती है।

वनस्पतिशास्त्र की भाषा में इसे एलैजियम सैल्बीफोलियम या एलैजियम लामार्की भी कहते हैं। वैसे विभिन्न भाषाओं में इसके विभिन्न नाम हैं जो निम्नलिखित हैं–

संस्कृतः अंकोट–

बँगलाः आँकोड़

मराठीः आंकुल

गुजरातीः ओबला

कोलः अंकोल

संथालीः ढेला।

औषधीय गुणः इस पौधे की जड़ में 0.8 प्रतिशत अंकोटीन नामक पदार्थ पाया जाता है। इसके तेल में भी 0.2 प्रतिशत यह पदार्थ पाया जाता है। अपने रोग नाशक गुणों के कारण यह पौधा चिकित्सा शास्त्र में अपना महत्त्वपूर्ण स्थान रखता है। रक्तचाप को कम करने में इसका पूर्ण बहुत ही उपयोगी सिद्ध हुआ है। हिमालय की तराई, उत्तर प्रदेश, बिहार, पश्चिम बंगाल, राजस्थान, दक्षिण भारत एवं बर्मा आदि क्षेत्रों में यह पौधा आसानी से पाया जाता है।

2. अजवायनः–

अजवायन तीन भिन्न प्रकार की वनस्पतियों को कहते हैं। एस केवल अजवायन (कैरम कॉप्टिकम), दूसरी खुरासानी अजवायन तथा तीसरी जंगली अजवायन (सेसेली इंडिका) कहलाती है। इसकी खेती समस्त भारतवर्ष में, विशेषकर बंगाल में होती है। मिस्र, ईरान तथा अफगानिस्तान में भी यह पौधा होता है। अक्तूबर, नवंबर में यह बोया जाता है और डेढ़ हाथ तक ऊँचा होता है। इसका बीज अजवायन के नाम से बाजार में बिकता है।

औषधीय गुणः अजवायन के बहुत से गुण हैं। इसे अपने साथ यात्रा में भी रखा जा सकता है। इसका प्रयोग रोगों के अनुसार कई प्रकार से होता है। यह मसाला, चूर्ण, काढ़ा, क्वाथ और अर्क के रूप में भी काम में लायी जाती है। इसका चूर्ण बनाकर व आठवाँ हिस्सा सेंधा नमक मिलाकर 2 ग्राम की मात्रा में जल के साथ सेवन किया जाये तो पेट में दर्द, मन्दाग्नि, अपच, अफरा, अजीर्ण तथा दस्त में लाभकारी होती है। इसका सेवन दिन में तीन बार करना चाहिए।

अजवायन खाने फायदे:

कान का दर्द: अजवायन के तेल 10 बूँद में शुद्ध सरसों का तेल 30 बूँद मिलाये. फिर उसे धीमी आग पर गुनगुना करके दर्द वाले कान में 4-5 बूँद डालकर, ऊपर से साफ रुई का फाहा लगा दे। बाल और अजवायन मिलाकर पोटली बना ले। उस पोटली से सिकाई भी करे. दिन में 2-3 बार यह प्रयोग करने से लाभ हो जायेगा।

पथ्य: पतला दलिया, हलुआ या कफ नाशक पदार्थों का सेवन कराये. बासी व गरिष्ठ भोजन न दे।

दातो में दर्द: अजवायन के तेल में भीगे हुए रुई के फाहे को रोग ग्रस्त दाँत पर लगाकर, मुख नीचे करके लार टपकाने से दर्द बन्द हो जाता है।

सन्धि-शूल: शरीर के जोड़ो में किसी भी प्रकार का दर्द होने पर अजवायन के तेल की मालिश करनी चाहिए।

हृदय-शूल: अजवायन खिलाते ही हृदय में होने वाला दर्द शान्त होकर हृदय में उत्तेजना बढ़ जाती है।

उदर शूल या पेट में दर्द होना: अजवायन 3 ग्राम में थोडा पिसा नमक मिलाकर ताजा गरम पानी से फंकी देने से पेट का दर्द बन्द हो जाता है। प्लीहा की विकृति दूर हो जाती है तथा पतले दस्त भी बन्द हो जाते है।

गले की सूजन: अजवायन के तेल की 5-6 बूंदों को 5 ग्राम शहद में मिलाकर दिन में 3-4 बार तक चाटे। साथ ही थोड़े से अजवायन के चूर्ण को नमक मिले हुए गरम जल में घोलकर उस जल से गरारे भी करने चाहिए। भूख लगने पर भुने हुए आटे का (नमकीन अजवायन भी डाले) हलुआ खाँए. बलगम व वायुवर्धक, बासी, गरिष्ठ पदार्थों का सेवन न करे तथा ऊनी वस्त्र आदि से गर्दन व कर्णमूल को ढ़क ले ताकि रोगी को उचित लाभ मिल सके।

3. अदरक:-

अदरक जिंजीबरेसी कुल का पौधा है। वनस्पति शास्त्र की भाषा में इसे जिंजिबर ऑफिसिनेल (Zingiber officinale) नाम दिया गया है। इस कुल में लगभग 47 जेनरा और 1150 जातियाँ (स्पीशीज) पाई जाती हैं। इसका पौधा

अधिकतर उष्णकटिबंधीय (ट्रापिकल्स) और शीतोष्ण कटिबंध (सबट्रापिकल) भागों में पाया जाता है। अदरक को अंग्रेजी में जिंजर, संस्कृत में आद्रक, हिंदी में अदरख, मराठी में आदा के नाम से जाना जाता है। गीले स्वरुप में इसे अदरक तो सूखने पर इसे सौंठ (शुष्ठी) कहते हैं। यह भारत में बंगाल, बिहार, चेन्नई, कोचीन, पंजाब और उत्तर प्रदेश में अधिक उत्पन्न होती है। अदरक का कोई बीज नहीं होता, इसके कंद के ही छोटे-छोटे टुकड़े जमीन में गाड़ दिए जाते हैं। यह एक पौधे की जड़ है। यह भारत में एक मसाले के रूप में प्रमुख है। अदरक का पौधा चीन, जापान, मसकराइन और प्रशान्त महासागर के द्वीपों में भी मिलता है। इसके पौधे में सिमपोडियल राइजोम पाया जाता है।

अदरक एक फूल वाला पौधा है जिसके बल्ब का उपयोग मसाले के रूप में और दुनिया भर में पारम्परिक चिकित्सा में किया जाता है। अदरक का इस्तेमाल ज्यादातर किचन में किया जाता है। सर्दी के मौसम में खाँसी और जुकाम होना आम बात है और अदरक को इनके इलाज में काफी मददगार माना जाता है। यह अरुचि और दिल की समस्याओं में भी मदद कर सकता है। इसके अलावा, अदरक को कई अन्य बीमारियों के लिए उपयोगी माना जाता है। अदरक में उच्च मात्रा में एंटी ऑक्सीडेंट होते हैं जो आपके शरीर के डीएनए को तनाव और क्षति से बचाते हैं। वे उच्च रक्तचाप, हृदय रोग और फेफड़ों की बीमारियों जैसी पुरानी बीमारियों की रोकथाम में सहायता कर सकते हैं।

अदरक में ऐसे यौगिक होते हैं जो मतली और सूजन रोधी होते हैं। शोधकर्ताओं के अनुसार, रसायन ज्यादातर पेट और आँतों में कार्य करते हैं, लेकिन वे मस्तिष्क और तंत्रिका तन्त्र में मतली को भी नियन्त्रित कर सकते हैं।

जानकारी के अनुसार अदरक एक सुपर मेडीसिन है। अदरक बैक्टीरिया को भी नष्ट करता है, अल्जाइमर से बचाता है और अन्य बीमारियों के अलावा पुराने ऑस्टियोआर्थराइटिस का इलाज करता है। अदरक को आपके बालों के लिए स्वस्थ भी कहा जाता है जो इसे झड़ने से रोकता है और रूसी होने से बचाता है।

अदरक त्वचा के लिए भी फायदेमंद होता है। यदि आप रोजाना मुँहासों से पीड़ित हैं, तो आप मुँहासों को अलविदा कहने में मदद करने के लिए रोजाना अदरक खा सकते हैं।

अदरक के औषधीय प्रयोगः

एक गिलास गरम पानी में एक चम्मच अदरक का रस मिलाकर कुल्ले करने से मुँह से दुर्गंध आनी बन्द हो जाती है।

सर्दी के कारण सिरदर्द हो तो सोंठ को घी या पानी में घिसकर सिर पर लेप करने से आराम मिलता है।

पेट दर्द में एक ग्राम पिसी हुई सोंठ, थोड़ी सी हींग और सेंधा नमक की फंकी गरम पानी के साथ लेने से फायदा होता है।

आधा कप उबलते हुए गरम पानी में एक चम्मच अदरक का रस मिलाकर एक-एक घंटे के अंतराल पर पीने से पानी की तरह हो रहे पतले दस्त पूरी तरह बन्द हो जाते हैं।

अदरक का रस और पानी बराबर मात्रा में पीने से हृदय रोग में लाभ होता है।

सोंठ का चूर्ण छाछ में मिलाकर पीने से अर्श (बवासीर) मस्से में लाभ होता है।

पाचन की समस्या होने पर रोजाना सुबह अदरक का एक टुकड़ा खाएँ। ऐसा करने से आपको बदहजमी नहीं होगी। इसके अलावा सीने की जलन दूर करने में भी अदरक मददगार साबित होता है।

शरीर में वसा का स्तर कम करने में भी अदरक काफी मददगार है।

यदि आपको खाँसी के साथ कफ की भी शिकायत है तो रात को सोते समय दूध में अदरक डालकर उबालकर पिएँ। यह प्रक्रिया करीब 15 दिनों तक अपनाएँ। इससे सीने में जमा कफ आसानी से बाहर निकल आएगा।

ताजे अदरक को पीसकर कपड़े में डाल लें और निचोड़कर रस निकालकर रोगी को पीने को दें। भोजन से पूर्व अदरक की कतरन में नमक

डालकर खाने से खुलकर भूख लगती है, खाने में रुचि पैदा होती है, कफ व वायु के रोग नहीं होते एवं कन्ठ व जीभ की शुद्धि होती है।

अदरक और प्याज का रस समान मात्रा में पीने से उल्टी (वमन) होना बन्द हो जाता है।

सर्दियों में अदरक को गुड़ में मिलाकर खाने से सर्दी कम लगती है तथा शरीर में गर्मी पैदा होती है। सर्दी लगकर होने वाली खाँसी का कफ वाली खाँसी की यह अचूक दवा है।

अदरक के छोटे-छोटे टुकड़े मुँह में रखकर चूसने से हिचकियाँ आनी बन्द हो जाती हैं।

सर्दी के कारण होने वाले दाँत व दाढ़ के दर्द में अदरक के टुकड़े दबाकर रस चूसने से लाभ होता है।

4. अनंतमूल:-

अनंतमूल (अंग्रेजी नाम: Indian Sarsaparilla और वानस्पतिक नाम नाम: Hemidesmus indicus) एक बेल है, जो लगभग सारे भारतवर्ष में पाई जाती है। इनमें सुगन्ध एक उड़नशील सुगंधित द्रव्य के कारण होती है, जिस पर इस औषधि के समस्त गुण अवलंबित प्रतीत होते हैं। इनकी जड़ें औषधि बनाने के काम में आती हैं।

अनंतमूल का औषधीय उपयोग: आयर्वेदिक रक्तशोशक औषधियों में इसी का प्रयोग किया जाता हैं। काढ़े या पाक के रूप में अनंतमूल दिया जाता है। आयुर्वेद के मतानुसार यह सूजन कम करती है, मूत्ररेचक है, अग्निमांद्य, ज्वर, रक्तदोष, उपदंश, कुष्ठ, गठिया, सर्पदंश, वृश्चिकदंश इत्यादि में उपयोगी हैं।

5. अरण्यतुलसी:–

अरण्यतुलसी का पौधा ऊँचाई में आठ फुटतक, सीधा और डालियों से भरा होता है। छाल खाकी, पत्ते चार इन्च तक लम्बे और दोनों ओर चिकने होते हैं। यह बंगाल, नेपाल, आसाम की पहाड़ियों, पूर्वी नैपाल और सिंध में मिलता है। यह श्वेत (ऐल्बम) और काला (ग्रैटिसिमम) दो प्रकार का होता है। इसके पत्तों को हाथ से मलने पर तेज सुगन्ध निकलती है।

अरण्यतुलसी का औषधीय उपयोग: आयुर्वेद में इसके पत्तों को वात, कफ, नेत्ररोग, वमन, मूर्छा अग्निविसर्प (एरिसिपलस), प्रदाह (जलन) और पथरी रोग में लाभदायक कहा गया है। ये पत्ते सुखपूर्वक प्रसव कराने तथा हृदय को भी हितकारक माने गए हैं। इन्हें पेट के फूलने को दूर करने वाला, उत्तेजक, शांतिदायक तथा मूत्रनिस्सारक समझा जाता है। रासायनिक विश्लेषण से इनमें थायमोल, यूगेनल तथा एक अन्य उड़नशील (एसेंशियल) तेल मिले हैं।

6. अश्वगन्धा

अश्वगन्धा (वानस्पतिक नाम: 'विथानिआ सोमनीफेरा'-Withania somnifera) एक झाड़ीदार रोमयुक्त पौधा है। कहने को तो अश्वगन्धा एक पौधा है लेकिन यह बहुवर्षीय पौधा पौष्टिक जड़ों से युक्त है। अश्वगन्धा के बीज, फल एवं छाल का विभिन्न रोगों के उपचार में प्रयोग किया जाता है। इसे 'असंगध' एवं 'बाराहरकर्णी' भी कहते हैं। अश्वगन्धा की कच्ची जड़ से अश्व जैसी गन्ध आती है, इसीलिए भी इसे 'अश्वगन्धा' या 'वाजिगंधा' कहा जाता है। इसका सेवन करते रहने से अश्व जैसा उत्साह उत्पन्न होता है, अत: इसका नाम सार्थक है। सूख जाने पर अश्वगन्धा की गन्ध कम हो जाती है।

अश्वगन्धा का औषधीय उपयोग:

अश्वगन्धा के पौधे को पीसकर लेप बनाकर लगाने से शरीर की सूजन, शरीर की किसी विकृत ग्रन्थि और किसी भी तरह के फुँसी-फोड़े को हटाने में काम आती है।

पौधे की पत्तियों को घी, शहद, पीपल इत्यादि के साथ मिलाकर सेवन करने से शरीर निरोग रहता है। यदि किसी को चर्म रोग है तो उसके लिए भी अश्वगन्धा जड़ी-बूटी बहुत लाभकरी है। इसका चूर्ण बनाकर तेल से साथ लगाने से चर्म रोग से निजात पाई जा सकती है।

उच्च रक्तचाप की समस्या से पीड़ित लोग यदि अश्वगन्धा के चूर्ण का दूध के साथ नियमित सेवन करेंगे तो निश्चित तौर पर उनका रक्तचाप सामान्य हो जाएगा।

शरीर में कमजोरी या दुर्बलता को भी अश्वगन्धा तेल से मालिश कर दूर किया जा सकता है, इतना ही नहीं गैस सम्बन्धी समस्या में भी ये पौधा अत्यन्त लाभदायक होता है।

7. आँवला:–

आँवला एक फल देने वाला वृक्ष है। यह लगभग 20 से 25 फुट लम्बा झारीय पौधा होता है। यह एशिया के अलावा यूरोप और अफ्रीका में भी पाया जाता है। हिमालयी क्षेत्र और प्रायद्वीपीय भारत में आँवला के पौधे बहुत बड़ी मात्रा में मिलते हैं। इसके फूल घंटे की तरह होते हैं। इसके फल सामान्यरुप से छोटे होते हैं लेकिन प्रसंस्कृत पौधे में थोड़े बड़े फल लगते हैं। इसके फल हरे, चिकने और गुदेदार होते हैं। आँवले को मनुष्य के लिए प्रकृति का वरदान कहा जाता है। आँवला या इंडियन गूसबेरी एक देशज फल है जो भारतीय उपमहाद्वीप में पाया जाता है। इसकी उत्पत्ति और विकास मुख्य रूप से भारत में मानी जाती है। आँवले का पेड़ भारत के प्राय: सभी प्रान्तों में पैदा होता है।

आँवला का औषधीय उपयोग: आयुर्वेद में आँवले को बहुत महत्ता प्रदान की गई है, जिससे इसे रसायन माना जाता है। च्यवनप्राश आयुर्वेद का प्रसिद्ध रसायन है, जो अवलेह के रूप में आम आदमी भी प्रयोग करता है। इसमें आँवले की अधिकता के कारण ही विटामिन 'सी' भरपूर होता है। यह शरीर में आरोग्य शक्ति बढ़ाता है। त्वचा, नेत्र रोग और केश (बालों) के लिए विटामिन सी बहुत उपयोगी है। संक्रमण से बचाने, मसूढ़ों को स्वस्थ रखने, घाव भरने और रक्त बनाने में भी विटामिन सी महत्त्वपूर्ण भूमिका अदा करता है। इसके अलावा आँवला का उपयोग त्रिफला बनाने में किया जाता है जो कब्ज या पेट में गैस की समस्या को दूर करने के लिए उपयुक्त दवा है। त्रिफला स्वास्थ्य को बेहतर बनाने के साथ ही शरीर में रोग प्रतिरोधी क्षमता को भी बढाता है। इस फल में आयरन व कैल्शियम भी पर्याप्त मात्रा में पाए जाते हैं। आयरन रक्त को बढ़ाता है। आँवला आयुर्वेद और यूनानी पैथी की प्रसिद्ध दवाइयों, च्यवन प्राश, ब्राह्म रसायन, धात्री रसायन, अनोशदारु, त्रिफला रसायन, आमलकी रसायन, त्रिफला चूर्ण, धायरिष्ट, त्रिफलारिष्ट, त्रिफला घृत आदि के साथ मुरब्बे, शर्बत, केश तेल आदि निर्माण में प्रयुक्त होता है।

8. इमली:-

इमली पादप कुल फैबेसी का एक वृक्ष है। इसके फल लाल से भूरे रंग के होते हैं, तथा स्वाद में बहुत खट्टे होते हैं। इमली का पेड़ सम्पूर्ण भारतवर्ष में पाया जाता है। इसके अलावा यह अमेरिका, अफ्रीका और कई एशियाई देशों में पाया जाता है। इमली के पेड़ बहुत बड़े होते हैं। 8 वर्ष के बाद इमली का पेड़ फल देने लगता है। फरवरी और मार्च के महीनों में इमली पक जाती है। इमली शाक (सब्जी), दाल, चटनी आदि कई चीजों में डाली जाती है। इमली का स्वाद खट्टा होने के कारण यह मुँह को साफ करती है। पुरानी इमली नई इमली से अधिक गुणकारी होती है। इमली के पत्तों का शाक (सब्जी) और फूलों की चटनी बनाई जाती है। इमली की लकड़ी बहुत मजबूत होती है। इस कारण लोग इसकी लकड़ी से कुल्हाड़ी आदि के दस्ते भी बनाते हैं।

इमली का औषधीय उपयोग:-पके हुए फल का गूदा पित्त की उल्टी, कब्ज, वायु विकार, अपचन के इलाज में लाभदायक है। पानी के साथ इसके गूदे को कोमल करके बनाया हुआ अर्क भूख में कमी होने में फायदा पहुँचाता है। यह बीमारी विटामिन सी की कमी से होने वाला रोग है, जिससे त्वचा में धब्बे आ जाते हैं, मसूड़े स्पंजी हो जाते हैं और श्लेष्मा झिल्ली से रक्त बहता है। इस बीमारी से पीड़ित व्यक्ति पीला और उदास दिखता है। इमली में विटामिन सी प्रचुर मात्रा में पाया जाता है। यह स्कर्वी के इलाज में लाभदायक है।

9. केसर:-

केसर का वानस्पतिक नाम क्रोकस सैटाइवस (Crocus sativus) है। अंग्रेजी में इसे सैफरन (saffron) नाम से जाना जाता है। यह इरिडेसी (Iridaceae) कुल का क्षुद्र वनस्पति है जिसका मूल स्थान दक्षिण यूरोप है। 'आइरिस' परिवार का यह सदस्य लगभग 80 प्रजातियों में विश्व के विभिन्न भू-भागों में पाया जाता है। विश्व में केसर उगाने वाले प्रमुख देश हैं-फ्राँस, स्पेन, भारत, ईरान, इटली, ग्रीस, जर्मनी, जापान, रूस, आस्ट्रिया, तुर्किस्तान, चीन, पाकिस्तान के क्वेटा एवं स्विटजरलैंड। आज सबसे अधिक केसर उगाने

का श्रेय स्पेन को जाता है, इसके बाद ईरान को। कुल उत्पादन का 80% इन दोनों देशों में उगाया जा रहा है जो लगभग 300 टन प्रतिवर्ष है।

केसर का औषधीय उपयोग:–

केसर का उपयोग आयुर्वेदिक नुस्खों में, खाद्य व्यंजनों में और देव पूजा आदि में तो केसर का उपयोग होता ही था पर अब पान मसालों और गुटकों में भी इसका उपयोग होने लगा है। केसर बहुत ही उपयोगी गुणों से युक्त होती है। यह कफ नाशक, मन को प्रसन्न करने वाली, मस्तिष्क को बल देने वाली, हृदय और रक्त के लिए हितकारी, तथा खाद्य पदार्थ और पेय (जैसे दूध) को रंगीन और सुगन्धित करने वाली होती है।

चिकित्सा में यह उष्णवीर्य, आर्तवजनक, वात-कफ नाशक और वेदनास्थापक माना गया है। अत: पीड़ितार्तव, सर्दी जुकाम तथा शिर: शूलादि में प्रयुक्त होता है। यह उत्तेजक, वाजीकारक, यौनशक्ति बनाए रखने वाली, कामोत्तेजक, त्रिदोष नाशक, आक्षेपहर, वातशूल शामक, दीपक, पाचक, रुचिकर, मासिक धर्म साफ लाने वाली, गर्भाशय व योनि संकोचन, त्वचा का रंग उज्ज्वल करने वाली, रक्तशोधक, धातु पौष्टिक, प्रदर और निम्न रक्तचाप को ठीक करने वाली, कफ नाशक, मन को प्रसन्न करने वाली, वातनाड़ियों के लिए शामक, बल्य, वृष्य, मूत्रल, स्तन (दूध) वर्द्धक, मस्तिष्क को बल देने वाली, हृदय और रक्त के लिए हितकारी, तथा खाद्य पदार्थ और पेय (जैसे दूध) को रंगीन और सुगन्धित करने वाली होती है।

आयुर्वेद के अनुसार केसर उत्तेजक होती है और कामशक्ति को बढ़ाती है। यह मूत्राशय, तिल्ली, यकृत (लीवर), मस्तिष्क व नेत्रों की तकलीफों में भी लाभकारी होती है। प्रदाह को दूर करने का गुण भी इसमें पाया जाता है।

10. नीम:–

नीम एक चमत्कारी वृक्ष माना जाता है। नीम जो प्राय: सर्व सुलभ वृक्ष आसानी से मिल जाता है। नीम के पेड़ पूरे दक्षिण एशिया में फैले हैं और हमारे जीवन से जुड़े हुए हैं। नीम एक बहुत ही अच्छी वनस्पति है जो कि भारतीय पर्यावरण के अनुकूल है और भारत में बहुतायत में पाया जाता है। भारत में इसके औषधीय गुणों की जानकारी हजारों सालों से रही है।

नीम का औषधीय उपयोगः–

नीम के तेल से मालिश करने से विभिन्न प्रकार के चर्म रोग ठीक हो जाते हैं।

नीम का लेप सभी प्रकार के चर्म रोगों के निवारण में सहायक है।

नीम की दातुन करने से दाँत व मसूढ़े मजबूत होते है और दाँतों में कीडा नहीं लगता है, तथा मुँह से दुर्गंध आना बन्द हो जाता है।

इसमें दोगुना पिसा सेंधा नमक मिलाकर मंजन करने से पायरिया, दाँत दाढ़ का दर्द आदि दूर हो जाता है। नीम की कोपलों को पानी में उबालकर कुल्ले करने से दाँतों का दर्द जाता रहता है।

नीम की पत्तियाँ चबाने से रक्त शोधन होता है और त्वचा विकार रहित और चमकदार होती है।

नीम की पत्तियों को पानी में उबालकर और पानी ठण्डा करके उस पानी से नहाने से चर्म विकार दूर होते हैं, और ये खासतौर से चेचक के उपचार में सहायक है और उसके विषाणु को फैलने न देने में सहायक है।

चेचक होने पर रोगी को नीम की पत्तियों बिछाकर उस पर लिटाएँ।

नीम की छाल के काढ़े में धनिया और सौंठ का चूर्ण मिलाकर पीने से मलेरिया रोग में जल्दी लाभ होता है।

नीम मलेरिया फैलाने वाले मच्छरों को दूर रखने में अत्यन्त सहायक है। जिस वातावरण में नीम के पेड़ रहते हैं, वहाँ मलेरिया नहीं फैलता है। नीम के पत्ते जलाकर रात को धुआँ करने से मच्छर नष्ट हो जाते हैं और विषम ज्वर (मलेरिया) से बचाव होता है।

नीम के फल (छोटा सा) और उसकी पत्तियों से निकाले गये तेल से मालिश की जाये तो शरीर के लिये अच्छा रहता है।

नीम के द्वारा बनाया गया लेप वालों में लगाने से बाल स्वस्थ रहते हैं और कम झड़ते हैं।

नीम और बेर के पत्तों को पानी में उबालें, ठण्डा होने पर इससे बाल, धोयें स्नान करें कुछ दिनों तक प्रयोग करने से बाल झडने बन्द हो जायेगें व बाल काले व मजबूत रहेंगें। आयुर्वेद चिकित्सा पद्धति लोगों को फिर से आकर्षित कर रही है। इसके साइड इफेक्ट्स भी नहीं होते हैं। विभिन्न जड़ी-बूटियों के तौर पर तुलसी, हल्दी, हींग, जीरा, अदरक, लहसुन का प्रयोग लोग कर रहे हैं, लेकिन इनके अतिरिक्त आयुर्वेद में कुछ ऐसे पेड़-पौधे भी हैं जिनके औषधीय गुणों के बारे में कम ही लोगों को जानकारी है।

11. बेल–

बेल का वनस्पतिक नाम Aegle marmelos है और पूरे विश्व में पाया जाता है। विभिन्न बीमारियों के इलाज के लिए पारम्परिक चिकित्सा में पत्तियों, छाल, जड़ों, फलों और बीजों का उपयोग किया जाता है। फल का उपयोग टॉनिक और रक्त-विरोधी प्रवाह के रूप में किया जाता है। यह लीवर की चोट, वजन घटाने, दस्त, आंतों में गड़बड़ी और कब्ज के इलाज में उपयोगी है। एक ताजा पेय बनाने के लिए बेल के फलों का भी उपयोग किया जा सकता है।

12. घृत कुमारी (Aelo Vera)–

घृत कुमारी (Aelo Vera) एक छोटा सा पौधा है जो दुनिया भर के घरों में उगाया जाता है। इसमें कई तरह के पोषक तत्त्व पाए जाते हैं, जो हमारी सेहत और त्वचा के लिए काफी फायदेमंद होते हैं। यह त्वचा के दाग-धब्बों या पिंपल्स जैसी समस्याओं से निजात दिलाने में काफी मदद करता है। एलोवेरा का उपयोग सोरायसिस, सेबोरिया, डैंड्रफ, मामूली जलन, त्वचा पर खरोंच, विकिरण से घायल त्वचा, दाद के घाव आदि के इलाज के लिए भी किया जाता है। इसे चेहरे पर लगाने से चेहरे को ताजगी और एक नई चमक मिलती है।

13. मेथी (Fenugreek)–

भारत में मेथी के पत्तों का सेवन सब्जी के रूप में किया जाता है। मेथी के बीज का उपयोग पाचन सम्बन्धी समस्याओं जैसे भूख न लगना, पेट खराब

होना, कब्ज और पेट में सूजन (गैस्ट्राइटिस) के इलाज के लिए किया जाता है। मधुमेह, दर्दनाक माहवारी, पॉलीसिस्टिक ओवरी सिंड्रोम और मोटापे का इलाज मेथी से किया जाता है। यह शरीर के रोगों के लिए उपयोगी है। मधुमेह से निपटने के लिए इसके रस का सेवन दिन में दो बार सुबह और शाम करना चाहिए।

मेथी का पानी ब्लड शुगर लेवल को मैनेज करने में मदद करता है। मेथी के बीज में अमीनो एसिड यौगिक होते हैं जो अग्न्याशय में इंसुलिन के स्राव को बढ़ाते हैं, शरीर में रक्त शर्करा के स्तर को कम करते हैं। मेथी का पानी रक्तप्रवाह में खराब कोलेस्ट्रॉल को कम करने और हृदय रोग की रोकथाम में सहायक होता है। मेथी में फाइबर की मात्रा अधिक होती है, जिससे आप संतुष्ट महसूस करते हैं। इससे वजन प्रबन्धन में मदद मिलती है। जब आप संतुष्ट होते हैं तो आप जरुरत से ज्यादा नहीं खाते हैं और दोबारा खाने से परहेज करते हैं। यह ब्लोटिंग से भी बचाता है। मेथी का पानी बालों के विकास को बढ़ावा देता है, बालों की लँबाई बढ़ाता है और रूसी और खुरदरापन सहित बालों की समस्याओं से छुटकारा दिलाता है। मेथी का पानी शरीर से हानिकारक विषाक्त पदार्थों को बाहर निकालने में मदद करता है। यह पाचन सम्बन्धी समस्याओं के उपचार में सहायता करता है। यह कब्ज, अपच और अन्य पाचन सम्बन्धी समस्याओं से बचने में मदद करता है।

14. लहसुन (Garlic)–

लहसुन एलियम परिवार का सदस्य है और प्याज जीनस से सम्बन्धित है। प्याज, shallot, लीक, चिव, वेल्श प्याज और चीनी प्याज सभी रिश्तेदार हैं। यह मध्य एशिया और पूर्वोत्तर ईरान का मूल निवासी है, और यह लम्बे समय से दुनिया भर में एक आम मसाला रहा है, जिसमें मानव उपभोग और औषधीय उपयोगों का एक हजार साल का इतिहास है। लहसुन में रासायनिक रूप से उच्च मात्रा में सल्फर होता है। जब इसे पीसा जाता है, तो यह एलिसिन नामक एक यौगिक पैदा करता है जिसमें एंटीबायोटिक गुण होते हैं। इसके अलावा, इसमें प्रोटीन, एंजाइम, विटामिन बी, सैपोनिन, फ्लेवोनोइड्स और अन्य यौगिक होते हैं।

हृदय प्रणाली (हृदय) और संचार प्रणाली (रक्त) से जुड़े विकारों के इलाज के लिए लहसुन का सबसे अधिक उपयोग किया जाता है रक्त में उच्च रक्तचाप, उच्च कोलेस्ट्रॉल या अन्य खराब कोलेस्ट्रॉल। लहसुन का उपयोग ट्यूमर और सर्दी को ठीक करने के लिए भी किया जा सकता है।

15. पाथरचट्टा (Bryophyllum Pinnatum)

पाथरचट्टा (Bryophyllum Pinnatum) भारत में लगभग 60 प्रतिशत घरों में पाया जाने वाला पौधा है। इस पौधे में कई तरह के औषधीय गुण पाए जाते हैं। पाथरचट्टा की पत्तियों का उपयोग बाहरी और आंतरिक दोनों तरह से औषधीय उपयोग के लिए किया जाता है। पाथरचटा के पत्तों में मूत्रवर्धक, घाव भरने वाले गुण, एंटीहेपेटोटॉक्सिसिटी (यकृत को नुकसान से बचाने के लिए), रोगाणुरोधी, उच्चरक्तचापरोधी और सूजन-रोधी गतिविधियाँ होती हैं और मूत्राशय और गुर्दे की पथरी, आंतों की समस्याओं, अल्सर, गठिया, सूजन, नेत्रश्लेष्मलाशोथ, मासिक धर्म सम्बन्धी विकार, माइग्रेन में फायदेमंद होती हैं।

16. लैवेंडर (Levender)

लैवेंडर एक प्रकार का जड़ी-बूटी वाला पौधा हो सकता है जो रेतीली और पथरीली भूमि में बहुत आसानी से पाया जाता है। मधुमक्खियाँ इस पौधे से बहुत प्यार करती हैं क्योंकि वे इसके फूलों से शहद बनाती हैं। लैवेंडर का उपयोग अक्सर चिन्ता, तनाव और अनिद्रा के लिए किया जाता है। इसका उपयोग अवसाद, मनोभ्रंश, सर्जरी के बाद दर्द और कई अन्य बीमारियों के लिए भी किया जाता है।

खाद्य पदार्थों और पेय पदार्थों में, लैवेंडर का उपयोग स्वाद घटक के रूप में किया जाता है।

निर्माण में, लैवेंडर फार्मास्युटिकल उत्पादों में और साबुन, सौंदर्य प्रसाधन, इत्र, पोटपौरी और सजावट में सुगन्ध सामग्री के रूप में कार्यरत है।

17. पुदीना (Mint)

पुदीना मूल रूप से अंटार्कटिका को छोड़कर सभी महाद्वीपों पर उगता

है। पुदीना और पुदीना संभवतः सबसे अधिक इस्तेमाल की जाने वाली पुदीने की किस्में हैं लेकिन कई अन्य मौजूद हैं, जैसे जंगली पुदीना और पानी पुदीना में मेंथॉल नमक तेल पाया जाता है जिसका इस्तेमाल अनेक प्रकार के दवाओं, सौंदर्य प्रसाधन, कन्फेक्शनरी, पेय, सिगरेट, पान मसाला और अन्य उत्पादों में सुगन्ध के रूप में उपयोग किया जाता है।

इसके अलावा, नीलगिरी (Eucalyptus) के साथ इसकी राल का उपयोग कई तरह की बीमारियों के इलाज के लिए किया जाता है। इसका उपयोग गैस से राहत, दर्द से राहत और गठिया से राहत के लिए भी किया जाता है।

साँसों की दुर्गन्ध का इलाज करने के लिए ताजी या सूखी पत्तियाँ खाने से। पुदीने के आवश्यक तेलों को साँस लेने से मस्तिष्क के कार्य और ठण्ड के लक्षणों में सुधार हो सकता है। इसका उपयोग पेट के विकारों और गैस्ट्रिक के इलाज के लिए भी किया जाता है।

18. सदाबहार (Madagascar Periwinkle)

सदाबहार वनस्पति जड़ी बूटी, जिसे 'हमेशा खिलने वाला फूल' भी कहा जाता है, एक प्रसिद्ध फूल हो सकता है जिसने हर्बल उपचार के रूप में आधुनिक चिकित्सा में अपना रास्ता खोज लिया है।

सदाबहार संयंत्र में स्वास्थ्य लाभों की एक लम्बी सूची शामिल है और इसका उपयोग मधुमेह, गले में खराश, फेफड़ों की सूजन, त्वचा में संक्रमण, आँखों में जलन और यहाँ तक कि कैंसर की रोकथाम जैसी कई बीमारियों के इलाज के लिए किया जाता है।

सदाबहार का पौधा कैंसर से लड़ने वाली दवाओं vincristine और vinblastine का एक मुख्य स्रोत है जो कैंसर का इलाज करता था। इसे पहले विंका के भीतर पुरानी नौकरानी के रूप में वर्गीकृत किया गया था।

कीमोथेरेपी दवाएँ विन्ब्लास्टाइन और विन्क्रिस्टाइन, जो अल्कलॉइड कैथेरांथिन और विन्डोलिन में पाई जाती हैं और उनसे जैवसंश्लेषित होती हैं, कैंसर के प्रसार के इलाज के लिए उपयोग की जाती हैं। विनोरेलबाइन, एक

अधिक आधुनिक अर्ध-सिंथेटिक कीमोथेराप्यूटिक एजेंट है जिसका उपयोग गैर-लघु-कोशिका कार्सिनोमा के इलाज के लिए किया जाता है। अक्सर विन्डोलिन, कैथरैन्थिन या विंका अल्कलोई पौधे से प्राप्त होता है।

19. दालचीनी (Cinnamon)

दालचीनी एक मसाला है जो मैग्नोलिड डाइकोट जीनस से पेड़ की प्रजातियों की आंतरिक छाल से प्राप्त होता है। दालचीनी लौरेसिई (Lauraceae) परिवार का सदस्य है। दालचीनी का उपयोग दुनिया भर में मुख्य रूप से एक सुगंधित मसाले के रूप में किया जाता है और विभिन्न प्रकार के व्यंजनों, मीठे और नमकीन व्यंजनों, नाश्ते के अनाज, स्नैक्स, चाय और पारम्परिक चिकित्सा में स्वाद बढ़ाने वाला होता है।

दालचीनी का उपयोग एंटी-वायरल, एंटी-बैक्टीरियल और एंटी-फंगल उपचार के रूप में किया जाता है। दालचीनी मे अधिक मात्रा मे एंटीऑक्सिडेंट होते हैं। इसके प्रीबायोटिक गुण आंत के स्वास्थ्य में सुधार कर सकते हैं। यह प्रति इकाई क्षेत्र बल को भी कम करता है, ग्लूकोज को कम करता है और टाइप 2 मधुमेह का खतरा कम करता है और पाचन सम्बन्धी परेशानी से राहत देता है।

20. लौंग (Clove)

लौंग का वानस्पतिक नाम SyzygiumAromaticum है। लौंग एक पेड़ की सुगंधित फूल की कलियाँ हैं। कई देशों में अलग-अलग फसल के मौसम के कारण लौंग साल भर उपलब्ध रहती है।

लौंग का उपयोग पारम्परिक चिकित्सा में अस्थिर तेल के कारण किया जाता है। लौंग मुख्य रूप से दन्त आपातकालीन दर्द और अन्य विकारों के लिए एनोडीन (एनाल्जेसिक) के रूप में किया जाता है। लौंग का तेल का उपयोग एरोमाथेरेपी में भी किया जाता है।

21. बरगद–

आयुर्वेद के अनुसार, बरगद कफ-पित्त शामक औषधि माना गया है (Ayurvedic Plants Benefits)। इसका रस कसैला और ठंडा होता है। यह

ल्यूकोरिया और माहवारी में अधिक खून आने के इलाज में उपयोगी है। चर्मरोगों और जख्म को भरने के लिए भी इसकी जटा का लेप काम में लिया जाता है। गोनोरिया में इसकी छाल का क्वाथ लेते हैं। फर्टिलाइजेशन के लिए इसकी वट का प्रयोग किया जाता है।

22. पीपल–

पीपल को अश्वत्थ नाम से भी जानते हैं। यह कफ–पित्त शामक माना जाता है। वात रक्त आदि रक्त विकारों इसकी छाल का क्वाथ शहद मिलाकर दिया जाता है। इसके फल का चूर्ण साँस सम्बन्धी रोग में लाभप्रद है। इसकी छाल का क्वाथ या स्वरस खाँसी के लिए उपयोगी रहता है। पाचन के रोग जैसे उल्टी और दस्त में इसकी छाल काम में ली जाती है।

23. सतावरी–

सतावरी को मुख्यत: महिलाओं की औषधि माना गया है। यह उनकी प्रजनन प्रणाली को दुरुस्त करने के लिहाज से बेहतरीन औषधि है। प्राचीन काल से ही इंफर्टिलिटी के रोगों में सतावरी का इस्तेमाल खूब किया जाता रहा है। इसके अलावा, यदि कोई महिला अपने नवजात का पेट स्तन पान के जरिए भर पाने में अक्षम है तो भी सतावरी की जड़ों का पाउडर बनाकर एक छोटा चम्मच सुबह और शाम गरम दूध या पानी के साथ लेने से लाभ पहुंचता है। हार्मोन में बदलाव और लिकोरिया के रोग में भी सतावरी फायदेमंद है।

24. ब्राह्मी–

ब्राह्मी को ब्रेन टॉनिक कहा जाता है, जो याद्दाश्त को बेहतर करता है। इसके अलावा, डिप्रेशन को दूर करने, तनाव को कम करने में भी इसके गुणों का जवाब नहीं। यदि किसी को अनिद्रा है तो इसके सेवन से कारगर लाभ मिलता है।

25. अर्जुन–

अर्जुन का पेड़ दिल की माँसपेशियों को मजबूत बनाता है। दिल के रोगों में इसकी औषधीय क्षमता के बारे में कुछ भी कहना कम ही होगा। उच्च रक्तचाप हो या कोलेस्ट्रॉल की समस्या, अर्जुन का सेवन इसे दुरुस्त करता है।

26. अशोक–

इस खूबसूरत पेड़ के औषधीय गुणों के बारे में कम लोगों को ही जानकारी होगी। इसका प्रयोग महिलाओं की महावारी की समस्याओं में किया जाता है। माहवारी के दौरान होने वाले दर्द में इसका सेवन किया जाता है। पेट के रोगों के साथ ही पाइल्स की समस्या भी इससे ठीक हो जाती है।

27. अमलतास–

कब्ज के रोग में अमलतास की फली का काढ़ा रामबाण की तरह काम करता है। यदि किसी व्यक्ति का पाचन तन्त्र ठीक नहीं है या आँतों में सूजन है तो उसके लिए भी यह अच्छा है। यदि गले में म्यूकस जमा है तो फली को उबालकर इसका काढ़ा बनाकर इससे गरारे करने से आराम मिलता है। त्वचा सम्बन्धी समस्याओं, जैसे खारिश, खुजली हो जाए तो इसके पत्तों का लेप बनाकर त्वचा पर लगाने से समस्या दूर हो जाती है। यह हमारी इम्यूनिटी को भी बूस्ट करता है।

प्रकृति ने सभी प्रकार के पौधों को कुछ अलग गुण दिए हैं। सभी में औषधीय गुणों के साथ विभिन्न प्रकार के विटामिन और खनिज उपलब्ध हैं। अनुसंधान अभी भी जारी है।

यदि मनुष्य दैनिक भोजन में आवश्यक पोषण का सेवन करता है, तो शरीर पर कोई प्रतिकूल प्रभाव नहीं पड़ेगा और बीमारी के लिए किसी अस्पताल की आवश्यकता नहीं होगी। सभी प्रकार के बाहरी और आंतरिक हमलों से लड़ने के लिए शरीर में एक प्रतिरक्षा प्रणाली होती है। हमें उचित आहार लेने और स्वस्थ जीवन शैली अपनाकर अपनी प्रतिरक्षा प्रणाली का ख्याल रखना चाहिए।

नाड़ी शास्त्र

नाड़ी–

चिकित्सा विज्ञान में हृदय की धड़कन के कारण धमनियों में होने वाली हलचल को नाड़ी या नब्ज (Pulse) कहते हैं। नाड़ी की धड़कन को शरीर के कई स्थानों पर अनुभव किया जा सकता है। किसी धमनी को उसके पास की हड्डी पर दबाकर नाड़ी की धड़कन को महसूस किया जा सकता है। गर्दन पर, कलाइयों पर, घुटने के पीछे, कोहनी के भीतरी भाग पर तथा ऐसे ही कई स्थानों पर नाड़ी-दर्शन किया जा सकता है।

नाड़ी-दर्शन और भारतीय चिकित्सा–

भारतीय चिकित्सा पद्धति में नाड़ी-दर्शन का बहुत महत्त्व है। चरक संहिता की परम्परा के प्रवर्त्तक महर्षि भारद्वाज ने तो स्पष्ट कहा है:–

दर्शनस्पर्शनप्रश्नैः परीक्षेताथ रोगिणम्।

रोगांश्च साध्यान्निश्चत्य ततो भैषज्यमाचरेत्॥

दर्शनान्नेत्रजिह्वादेः स्पर्शनान्नाड़िकादितः।

प्रश्नाहूतादिवचनैः रोगाणां कारणादिभिः॥ (नाड़ीज्ञान तरंगिणी)

यहाँ "दर्शनस्पर्शनप्रश्नैः परीक्षेताथ रोगिणम्" का अर्थ है, "दर्शन, स्पर्शन और प्रश्नों से रोगियों का परीक्षण करना चाहिए"।

इसी तरह महात्मा रावण, कणाद, भूधर एवं बसवराज आदि का यह कथन है कि दीपक के सामने जैसे सब पदार्थ स्पष्ट दिखाई देते हैं, इसी प्रकार स्त्री, पुरुष, बाल-वृद्ध मूक उन्मत्तादि किसी भी अवस्था में क्यों न हो, नाड़ी इसके व्यस्त-समस्त-द्वन्द्वादि दोषों का पूरा ज्ञान करा देती है।

चरक संहिता के कर्त्ता महर्षि अग्निवेश के सहाध्यायी महर्षि भेड़ ने भी कहा है:–

रोगाक्रान्तशरीस्य स्थानान्यष्टौ परीक्षयेत्।

नाड़ीं जिह्वां मलं मूत्रं त्वचं दन्तनखस्वरात्।। (भेलसंहिता)

रोग से आक्रान्त शरीर के आठ स्थानों का परीक्षण करना चाहिये-नाड़ी, जीभ, मल, मूत्र, त्वचा, दाँत, नाखून, और स्वर (आवाज)।

यहाँ स्वर-परीक्षा का तात्पर्य सभी प्रकार के यथा-नासा वाणी, फुस्फुस, हृदय, अन्त्र आदि में स्वत: उत्पन्न की गई ध्वनियों से है। स्वर नासिका से निकली वायु को भी कहते हैं।

आयुर्वेद, वैज्ञानिक अथवा ज्योतिष के अस्तित्त्व में सभी कुछ जोड़ों में मौजूद है—स्त्री-पुरुष, दिन-रात, तर्क-भावना आदि। इस दोहरेपन को द्वैत भी कहा जाता है। हमारे अंदर इस द्वैत का अनुभव हमारी रीढ़ में बायीं और दायीं तरफ मौजूद नाड़ियों से पैदा होता है। आइये जानते हैं इन नाड़ियों के बारे में।

अगर आप रीढ़ की शारीरिक बनावट के बारे में जानते हैं, तो आप जानते होंगे कि रीढ़ के दोनों ओर दो छिद्र होते हैं, जो वाहक नली की तरह होते हैं, जिनसे होकर सभी धमनियाँ गुजरती हैं। ये इड़ा और पिंगला, यानी बायीं और दाहिनी नाड़ियाँ हैं।

शरीर के ऊर्जा कोष में, जिसे प्राणमयकोष कहा जाता है, 72,000 नाड़ियाँ होती हैं। ये 72,000 नाड़ियाँ तीन मुख्य नाड़ियों-बाई, दाहिनी और मध्य यानी इड़ा, पिंगला और सुषुम्ना से निकलती हैं। 'नाड़ी' का मतलब धमनी या नस नहीं है। नाड़ियाँ शरीर में उस मार्ग या माध्यम की तरह होती हैं जिनसे प्राण का संचार होता है। इन 72,000 नाड़ियों का कोई भौतिक रूप नहीं होता। यानी अगर आप शरीर को काट कर इन्हें देखने की कोशिश करें तो आप उन्हें नहीं खोज सकते। लेकिन जैसे-जैसे आप अधिक सजग होते हैं, आप देख सकते हैं कि ऊर्जा की गति अनियमित नहीं है, वह तय रास्तों से गुजर रही है। प्राण या ऊर्जा 72,000 अलग-अलग रास्तों से होकर गुजरती है।

इड़ा और पिंगला जीवन की बुनियादी द्वैतता की प्रतीक हैं। इस द्वैत को हम परम्परागत रूप से शिव और शक्ति का नाम देते हैं। या आप इसे बस पुरुषोचित और स्त्रियोचित कह सकते हैं या यह आपके दो पहलू-लॉजिक या तर्क-बुद्धि और इंट्यूशन या सहज ज्ञान हो सकते हैं। जीवन की रचना भी इसी के आधार पर होती है। इन दोनों गुणों के बिना, जीवन ऐसा नहीं होता, जैसा वह अभी है। सृजन से पहले की अवस्था में सब कुछ मौलिक रूप में होता है। उस अवस्था में द्वैत नहीं होता। लेकिन जैसे ही सृजन होता है उसमें द्वैतता आ जाती है।

पुरुषोचित और स्त्रियोचित का मतलब लिंग भेद से-या फिर शारीरिक रूप से पुरुष या स्त्री होने से-नहीं है, बल्कि प्रकृति में मौजूद कुछ खास गुणों से है। प्रकृति के कुछ गुणों को पुरुषोचित माना गया है और कुछ अन्य गुणों को स्त्रियोचित। आप भले ही पुरुष हों लेकिन यदि आपकी इड़ा नाड़ी अधिक सक्रिय है, तो आपके अंदर स्त्रियोचित गुण हावी हो सकते हैं। आप भले ही स्त्री हों, मगर यदि आपकी पिंगला अधिक सक्रिय है तो आपमें पुरुषोचित गुण हावी हो सकते हैं।

अगर आप इड़ा और पिंगला के बीच संतुलन बना पाते हैं तो दुनिया में आप प्रभावशाली हो सकते हैं। इससे आप जीवन के सभी पहलुओं को अच्छी तरह सम्भाल सकते हैं। अधिकतर लोग इड़ा और पिंगला में जीते और मरते हैं, मध्य स्थान सुषुम्ना निष्क्रिय बना रहता है लेकिन सुषुम्ना मानव शरीर-विज्ञान का सबसे महत्त्वपूर्ण पहलू है। जब ऊर्जा सुषुम्ना नाड़ी में प्रवेश करती है, जीवन असल में तभी शुरु होता है।

सूर्य व चन्द्र नाड़ी–

इच्छाओं की पूर्त्ति के लिए कोई क्षमता अवश्य होनी चाहिए। इच्छा तृप्ति के लिए यह शक्ति शरीर के दायीं ओर पिंगला नाड़ी पर कार्यवृत्ति धारण करती है। यह कार्य स्रोत शारीरिक तथा बौद्धिक गतिविधियों का स्रोत है। अपनी गतिविधि के उप-फल के रूप में यह मस्तिष्क के दायीं ओर अंह को विकसित करता है। बायें और दायें दोनों सूक्ष्म-मार्ग स्थूल रूप से मेरुरज्जू के बाहर नाड़ी-प्रणाली को व्यक्त करते है।

सूर्य स्रोत में पुरुषत्व गुण जैसे विश्लेषण, स्पर्धा, सहनशीलता आदि निहित है। चन्द्र स्रोत में सौम्यता, प्रतिसम्वेदना, सहयोग तथा अन्तर्बोध आदि मादा गुण सम्मिलित है। मस्तिष्क के दो गोलार्ध विरोधी परन्तु सम्पूरक कार्य करते है। शरीर के दायें भाग पर नजर रखने वाले बायें गोलार्ध की विशेषता विचार करना, योजना बनाना तथा विश्लेषण करने जैसे रैखिक प्रक्रम है। शरीर के बायें भाग का ध्यान रखने वाला दायाँ गोलार्ध भावना, स्मृति और इच्छाओं आदि में कार्यरत है।

सात चक्र–

1-मूलाधार चक्र–

रीढ़ की हड्डी के निचले छोर से थोड़ा-सा बाहर की ओर मूलाधार नामक पहला चक्र स्थित है। मूलाधार चक्र का स्थान रीढ़ की हड्डी के एकदम निचले हिस्से में होता है। यानि यह जननेन्द्रिय और गुदा के मध्य में होता है। इस चक्र के बिलकुल ऊपर कुण्डलिनी शक्ति होती है। मूलाधार चक्र को जागृत किए बिना कुण्डलिनी शक्ति को जगृत नहीं किया जा सकता। मूलाधार चक्र को अधार चक्र, प्रथम चक्र, बेस चक्र या रुट चक्र भी कहते हैं। यह चक्र निष्कपटता तथा विवेक देवता द्वारा शासित है। यह देवता रीढ़ की हड्डी में स्थित पवित्र अस्थि में विश्राम करती हुई कुण्डलिनी की अपवित्र इरादों के अनुचित प्रवेश से रक्षा करता है। मूलाधार चक्र से ऊपर की ओर पवित्र त्रिकोणकार अस्थि में स्थित 'मूलाधार' कहलाता है।

1-मूलाधार चक्र यदि दुर्बल हो तो कुण्डलिनी अपने स्थान से नहीं उठती और यदि यह चक्र अपवित्रता ग्रसित हो तो कुण्डलिनी उठने के बाद भी खिंच कर वापस अपने स्थान पर आ जाती है। कुण्डलिनी का उत्थान मूलाधार से सातवें चक्र तक होता है जहाँ यह सामूहिक चेतना को व्यक्त करने वाली आत्मा से एकाकार कर लेती है। शरीर के अन्दर मूलाधार चक्र को शारीरिक क्रियाओं, अवरोधन और मल-त्याग को सम्भालना है। अमर्यादित यौन संबंध, अवांछित नैतिकता, निष्कासन अँगों पर दबाव (जैसे कब्ज तथा पेचिश) इस चक्र में तनाव के कारण बनते है। प्रजनन को भी कई प्रकार से

यह चक्र नियन्त्रित करता है। नशीले पदार्थ तथा तांत्रिक क्रियाएँ इस चक्र को अत्यन्त हानि पहुँचाते है। जागृत मूलाधारचक्र साहस, निष्कपटता तथा निर्देशन बुद्धि प्रदान करता है। इस प्रकार का व्यक्ति अत्यन्त शुभकर तथा पास-पड़ोस के लिए सौभागय और ईश्वरीय आंनद को लाने वाला होता है। इस चक्र के देवता श्रीगणेश है। यदि आपने अपने मूलाधार चक्र को जागृत कर लिया तो सच मानिए आपने श्रीगणेश को प्राप्त कर लिया यानि आपकी आध्यात्मिक उन्नति की शुरुआत हो जाएगी।

मूलाधार चक्र की विकृति से बीमारियाँ

जो व्यक्ति अधिक कामुक, छल, कपट, प्रपंच और अहंकार को पालने वाला होता है, उसके मूलाधार चक्र में विकृतियाँ आने लगती है। इससे रीढ़ की हड्डी की बीमारियाँ, जोड़ों का दर्द, रक्त विकार, शरीर विकास की समस्या, कैंसर, कब्ज, गैस, सिर दर्द, जोडों की समस्या, गुदा सम्बन्धी बीमारियाँ, यौन रोग, संतान प्राप्ति में समस्याएँ, मानसिक कमजोरी आ सकती है। इन सभी समस्याओं से बचने के लिए जरूरी है कि हम शुद्ध आचरण करें, शुद्ध विचार रखें, कामवासना की शुद्धता का पालन करें, अहंकार त्यागें और अपने आप में मासूमियत विकसित करें। यदि आप इन बातों का पालन कर लेते है तो निश्चित ही अपने आप में श्रीगणेश को जागृत कर लेंगे।

2-स्वाधिष्ठान चक्र

भौतिक शरीर में दूसरा चक्र स्वाधिष्ठान चक्र के नाम से जाना जाता है। यह गुर्दे, जिगर के नीचे का हिस्सा, अग्नाश्य (पेनक्रियांस) प्लीहा (स्पलीन) और आंत (इन्टैस्टाइन) को चलाने का कार्य करता है। मस्तिष्क के भूरे तथा सफेद कणों की कमी को पूरा करने के लिए यह चक्र पेट की चर्बी के कणों को तोड़ कर मस्तिष्क को ऊर्जा प्रदान करता है। तथा इस प्रकार मस्तिष्क की विचार शक्ति को नवजीवन प्रदान करता है फिर भी अत्याधिक सोच विचार, हीन भावना सूर्य स्रोत को नि:शक्त कर देती है। चिंता इसी स्रोत का अपव्यय करके इसे दुर्बल बनाती है। यह चक्र सौंदर्य बोध तथा कलात्मक दृष्टिकोण उत्पन्न करता है। दैवी सरस्वती इसकी शासक है।

3-नाभि चक्र– (मणिपुर चक्र)

भौतिक रूप में नाभि-चक्र नाम का तीसरा चक्र पेट और जिगर के ऊपरी भाग की देखभाल करता है। अव्यवस्थित जीवन शैली, उतेजनापूर्ण चिन्तन, धन लोलुपता इस चक्र के विकास में बाधा उत्पन्न करता है।

4-हृदय चक्र–

करुणा सभी पैगम्बरों और अवतरणों का सार तत्त्व है। एक स्वस्थ हृदय चक्र ही इसका स्रोत है। केवल हृदय चक्र द्वारा ही निर्मल प्रेम के सुखद उल्लास का अनुभव हो पाता है। पति-पत्नी में से किसी का एक दूसरे पर प्रभुत्व जमाना या स्वामित्व भाव-ग्रस्त होना वास्तविक प्रेम का गला घोंट देता है तथा सम्बन्धों के विकास में बाधा डालता है। तिरस्कृति की अवस्था में नारी हतोत्साहित हो जाती है और उसमें दबा दबा क्रोध विकसित हो जाता है। यह क्रोध प्रायः बच्चों पर या चरित्रहीनता के रूप में प्रकट होता है। तथा पुरानी बीमारियों की स्थिति में नारियों में स्तन सम्बन्धी रोग उत्पन्न हो जाते है। असंतुलित जीवन, तीव्र अनुशासन, कठोर व्यवहार एवं हठ योग इस चक्र को दूषित करते है। दैवी नियमों की अवहेलना, ईश्वर का अपमान, आत्मतत्व की ओर उदासीनता, दास्ता, चापलूसी तथा झूठी नम्रता इस चक्र के लिए हानिकारक है।

मध्य हृदय-मध्य हृदय की अधिष्ठात्री श्री जगदम्बा जी है। यह शक्तिप्रदायनी है। असुरक्षा भावना, भय, आशंका आदि से यह चक्र व्यथित हो जाता है। जगदम्बा रूप में श्री माता जी से हृदय-पूर्वक प्रार्थना करने से यह चक्र ठीक हो जाता है।

दायाँ हृदय-दायाँ हृदय के अधिष्ठाता श्री सीता राम जी है। मर्यादा इनका गुण है। मर्यादा विहिनता इस चक्र को हानि पहुँचाती है। यह पिता का चक्र हैं। जो पिता अपने बच्चों को अधार्मिकता में उतारता है या जिसके सम्बन्ध अपने बच्चों से ठीक नहीं उसका यह चक्र विकृत हो जाता है। तथा उसे श्वास रोग हो सकता है। श्री राम तथा सीता के गुणों को अपने अंदर स्थापित करने तथा प्रार्थना करने से यह चक्र ठीक हो जाता है।

5-विशुद्धि चक्र-

विशुद्धि चक्र शरीर का प्रथम छन्ना (फिल्टर) है। यह चक्र गले में होता है। अतः यह अति संवेदनशील चक्र है। तथा बाहरी जीवाणुओं से रक्षा करता है। दूषित वायु में श्वास लेना, तथा धूमपान से यह चक्र रुद्ध हो जाता है। झूठे अंधाधुध मंत्रोच्चारण से भी इस चक्र की संवेदनशीलता भंग हो जाती है। झूठे गुरुओं द्वारा दिये गए मंत्र इसकी संवेदनशीलता के लिए अति हानिकारक है।

इस चक्र के देवता राधा कृष्ण व्यवहार में कुशलता का उपदेश देते है। जिससे कि मनुष्य चतुराई से विपत्ति का सामना कर सकें। जब यह चक्र खुलता है। तो मानवीय लघु-ब्रह्मंड़ अंतरिक्षीय ब्रह्माण्ड के प्रति जागरुक हो उठता है। (अर्थात् मानव विराट के प्रति जागरुक हो जाता है।)

6-आज्ञा चक्र-

विकास के छठे चरण पर कुण्डलिनी इस चक्र का छेदन करके पूर्ण गौरव के साथ सातवें चक्र पर आरोहित हो पाती है। अंह से मुक्ति प्राप्त करने के लिए मनुष्य को सबको क्षमा करना पड़ता है।

दूसरों को क्षमा करने से हमारा अंह कम होता है। परमात्मा के विषय में अनुचित विचार भी इस चक्र में बाधा उत्पन्न करते है। धार्मिक लोग मतांध हो जाते है। वे शास्त्रों के शब्द-जाल में उलझ कर पैगम्बरों द्वारा बताया सार-तत्त्व खो देते है। मनुष्य को कट्टर नहीं बनना है।

येशु मानव मात्र को सब दोषों से मुक्त करने के लिए आये। उन्होने सब को क्षमा कर दिया तथा सब दोषों को स्वयं पर ले लिया। स्वयं को क्रूसारोपित करवा कर मानव को स्वनिहित अंह (अभिमान) का स्पष्ट अनुभव करने में सहायता की। मानव के महान पश्चाताप का उदय हुआ जिसने उसे अपने अंह की दुष्टता को देखने के योग्य बनाया। परिणामतः मानव में नम्रता जाग्रत हुई।

7-सहस्त्रार चक्र-

उस सहस्त्रार चक्र में हजार पंखुड़ियों वाला कमल है, जो जल के बिना

ही विकसित होता है। जानते हो, उससे निरन्तर अमृत की वर्षा होती है। वह अमृत जिसका पान कर जीवात्मा के दु:ख, पाप, व्याधि आदि समाप्त हो जाते हैं।

उस नगर में अद्भुत संगीत भी बज रहा है। ऐसी मधुर ध्वनि जिसकी कोई हद नहीं-अनहद बाजे बाजन लागे, चोर नगरिया तजि-तजि भागे। उन बाजों-ध्वनियों को सुनकर काम, क्रोध, लोभ, मोह, अहंकार रुपी चोर जो हमारी पुण्य पूँजी को लूट रहे थे, डर कर भाग जाते है। कितना विलक्षण है यह नगर, जहाँ कोई भय, दु:ख क्लेश नहीं!! यदि है तो मात्र आनंद ही आनंद, मात्र दर्शन ही दर्शन!

वैराग्य:-

मूल रूप से सुषुम्ना गुणहीन होती है उसकी अपनी कोई विशेषता नहीं होती। वह एक तरह की शून्यनता या खाली स्थान है। अगर शून्याता है तो उससे आप अपनी मर्जी से कोई भी चीज बना सकते हैं। सुषुम्ना में ऊर्जा का प्रवेश होते ही, आपमें वैराग्य आ जाता है। 'राग' का अर्थ होता है, रंग। 'वैराग्य' का अर्थ है, रंगहीन यानी आप पारदर्शी हो गए हैं। अगर आप पारदर्शी हो गए, तो आपके पीछे लाल रंग होने पर आप भी लाल हो जाएँगे। अगर आपके पीछे नीला रंग होगा, तो आप नीले हो जाएँगे। आप निष्पक्ष हो जाते हैं। आप जहाँ भी रहें, आप वहीं का एक हिस्सा बन जाते हैं लेकिन कोई चीज आपसे चिपकती नहीं। आप जीवन के सभी आयामों को खोजने का साहस सिर्फ तभी करते हैं, जब आप आप वैराग की स्थिति में होते हैं।

अभी आप चाहे काफी संतुलित हों लेकिन अगर किसी वजह से बाहरी स्थिति अशांतिपूर्ण हो जाए, तो उसकी प्रतिक्रिया में आप भी अशान्त हो जाएँगे क्योंकि इड़ा और पिंगला का स्वभाव ही ऐसा होता है। अगर आप इड़ा या पिंगला के प्रभाव में हैं तो आप बाहरी स्थितियों को देखकर प्रतिक्रिया करते हैं लेकिन एक बार सुषुम्ना में ऊर्जा का प्रवेश हो जाए, तो आप एक नए किस्म का संतुलन पा लेते हैं, एक अंदरुनी संतुलन, जिसमें बाहर चाहे जो भी हो, आपके अंदर एक खास जगह होती है जो किसी भी तरह की

हलचल में कभी अशान्त नहीं होती, जिस पर बाहरी स्थितियों का असर नहीं पड़ता। आप चेतनता की चोटी पर सिर्फ तभी पहुँच सकते हैं, जब आप अपने अंदर यह स्थिर अवस्था बना ले। और उसी को कहते है सूर्य अवस्था।

स्वर विज्ञान का अल्प ज्ञान भी हमें काफी सारी दैनिक समस्यायों से बचा लेता है और निरन्तर अभ्यास हमें योगियों के स्तर तक ले जा सकता है।

श्वसन प्रक्रिया हमारे लिए बिना प्रयास किए जाने वाली एक सामान्य क्रिया है। शरीर की अधिकांश क्रियाओं के लिए हमें प्रयास करने पड़ते हैं। श्वास के प्रति हम सचेत हो या न हों हृदय की धड़कन की तरह श्वास भी निरन्तर चलने वाली क्रिया है। श्वास के साथ हम प्राणवायु शरीर के भीतर लेते हैं।

वैज्ञानिक दृष्टिकोण से श्वास के साथ आने वाली ऑक्सीजन हमारे फेफड़ों तक जाती है और वहाँ पर रक्त कोशिकाएँ उस ऑक्सीजन को लेकर हमारे विभिन्न अँगों तक पहुँचाती हैं लेकिन श्वास का काम यही समाप्त नहीं हो जाता।

योग में श्वास को एक अलग अंदाज में प्राण कहा गया है। श्वास लेने की विधि में व्यक्ति के स्वस्थ और रोगी रहने का राज छिपा है। सही समय पर सही मात्रा में श्वास लेने वाला व्यक्ति रोग से बचा रहता है।

योग की तरह ही ज्योतिष में भी श्वास के प्रकार, नासाग्र से निकलने वाली श्वास की शक्ति, इडा (बाई नासिका) अथवा पिंगला (दाई नासिका) का चलना अथवा दोनों का साथ चलना (सुषुम्ना) को लेकर फलादेश भी बताए गए हैं।

अगर हम सही समय पर सही नासिका का उपयोग कर रहे होते हैं तो इच्छित कार्यों को पूरा करने में सफल होते हैं।

रावण संहिता में स्वर विज्ञान के सम्बन्ध में विशद् जानकारी दी गई है। हालांकि यह अधिकांशतः प्रश्नकर्ता द्वारा प्रश्न पूछे जाने पर ज्योतिषी द्वारा ध्यान में रखे जाने वाले बिंदुओं पर केन्द्रित है लेकिन किसी आम जातक के

लिए भी ये तथ्य इतने ही महत्त्वपूर्ण है।

अगर एक जातक सावधानीपूर्वक अपने श्वसन यानी इड़ा अथवा पिंगला स्वर का ध्यान रखे तो बहुत से कार्यों में अनायास सफलता प्राप्त कर सकता है।

हर जातक को रोजाना सुबह उठते ही अपने स्वर की जाँच करनी चाहिए। इसके लिए सबसे श्रेष्ठ समय सुबह सूर्योदय से पूर्व का बताया गया है।

स्वर विज्ञान के परिणाम–

सोमवार, बुधवार, गुरुवार और शुक्रवार को अगर वाम स्वर यानी बाई नासिका से स्वर चल रहा हो तो यह श्रेष्ठ होता है। इसी प्रकार अगर मंगलवार, शनिवार और रविवार को दक्षिण स्वर यानी दाई नासिका से स्वर चल रहा हो तो इसे श्रेष्ठ बताया गया है।

अगर स्वर इसके प्रतिकूल हो तो

रविवार को शरीर में वेदना महसूस होगी

सोमवार को कलह का वातावरण मिलेगा

मंगलवार को मृत्यु और दूर देशों की यात्रा होगी बुधवार को राज्य से आपत्ति होगी

गुरु और शुक्रवार को प्रत्येक कार्य की असिद्धी होगी

शनिवार को बल और खेती का नाश होगा

स्वर को तत्त्वों के आधार पर बाँटा भी गया है। हर स्वर का एक तत्त्व होता है।

यह इडा या पिंगला (बाई अथवा दाई नासिका) से निकलने वाले वायु के प्रभाव से नापा जाता है–

- श्वास का दैध्य 16 अंगुल हो तो पृथ्वी तत्त्व
- श्वास का दैध्य 12 अंगुल हो तो जल तत्त्व

- श्वास का दैध्य 8 अंगुल हो तो अग्नि तत्त्व
- श्वास का दैध्य 6 अंगुल हो तो वायु तत्त्व
- श्वास का दैध्य 3 अंगुल हो तो आकाश तत्त्व होता है।

यह तत्त्व हमेशा एक जैसा नहीं रहता। तत्त्व के बदलने के साथ फलादेश भी बदल जाते हैं।

आगे हम देखेंगे तत्त्व के अनुसार क्या क्या फल सामने आते हैं।

शुक्ल पक्ष में नाड़ियों में तत्त्व का संचार देखें तो आमतौर पर वाम स्वर शुभ होते हैं और दक्षिण स्वर अशुभ।

पृथ्वी तत्त्व चले तो महल में प्रवेश

अग्नि तत्त्व चले तो जल से भय, घाव, घर का दाह

वायु तत्त्व चले तो चोर भय, पलायन, हाथी घोड़े की सवारी मिलती है।

आकाश तत्त्व चले तो मंत्र, तंत्र, यंत्र का उपदेश देव प्रतिष्ठा, व्याधि की उत्पत्ति, शरीर में निरन्तर पीड़ा

अगर किसी भी समय में दोनों नाड़ियाँ एक साथ चलें तो योग में इसे उत्तम माना जाता है लेकिन फल प्राप्ति के मामले में देखें तो फलों का समान फल कहा गया है। इसे बहुत उत्तम नहीं माना जाता है।

यात्रा के सम्बन्ध में कहा जाता है कि यात्रा के दौरान इडा नाड़ी का चलना शुभ है लेकिन जहाँ पहुँचता है वहाँ पहुँचकर घर, ऑफिस या स्थल में प्रवेश करते समय पिंगला नाड़ी चलनी चाहिए।

अगली बार जब आप घर से बाहर निकलें तो यह जाँच कर लें कि आपका कौनसा स्वर चल रहा है। इसी से आपको एक फौरी अनुमान हो जाएगा कि आप जिस काम के लिए निकल रहे हैं वह पूरा होगा कि नहीं।

स्वर विज्ञान एक बहुत ही आसान विद्या है। इनके अनुसार स्वरोदय, नाक के छिद्र से ग्रहण किया जाने वाला श्वास है, जो वायु के रूप में होता है। श्वास ही जीव का प्राण है और इसी श्वास को स्वर कहा जाता है।

स्वर के चलने की क्रिया को उदय होना मानकर स्वरोदय कहा गया है तथा विज्ञान, जिसमें कुछ विधियाँ बताई गई हों और विषय के रहस्य को समझने का प्रयास हो, उसे विज्ञान कहा जाता है। स्वरोदय विज्ञान एक आसान प्रणाली है, जिसे प्रत्येक श्वास लेने वाला जीव प्रयोग में ला सकता है।

स्वरोदय अपने आप में पूर्ण विज्ञान है। इसके ज्ञान मात्र से ही व्यक्ति अनेक लाभों से लाभान्वित होने लगता है। इसका लाभ प्राप्त करने के लिए आपको कोई कठिन गणित, साधना, यंत्र जाप, उपवास या कठिन तपस्या की आवश्यकता नहीं होती है। आपको केवल श्वास की गति एवं दिशा की स्थिति ज्ञात करने का अभ्यास मात्र करना है।

यह विद्या इतनी सरल है कि अगर थोड़ी लगन एवं आस्था से इसका अध्ययन या अभ्यास किया जाए तो जीवनपर्यन्त इसके असंख्य लाभों से अभिभूत हुआ जा सकता है।

सूर्य, चन्द्र और सुषुम्ना स्वर–

सर्वप्रथम हाथों द्वारा नाक के छिद्रों से बाहर निकलती हुई श्वास को महसूस करने का प्रयत्न कीजिए। देखिए कि कौन से छिद्र से श्वास बाहर निकल रही है। स्वरोदय विज्ञान के अनुसार अगर श्वास दाहिने छिद्र से बाहर निकल रही है तो यह सूर्य स्वर होगा।

इसके विपरीत यदि श्वास बाएँ छिद्र से निकल रही है तो यह चन्द्र स्वर होगा एवं यदि जब दोनों छिद्रों से निःश्वास निकलता महसूस करें तो यह सुषुम्ना स्वर कहलाएगा। श्वास के बाहर निकलने की उपरोक्त तीनों क्रियाएँ ही स्वरोदय विज्ञान का आधार हैं।

सूर्य स्वर पुरुष प्रधान है। इसका रंग काला है। यह शिव स्वरुप है, इसके विपरीत चन्द्र स्वर स्त्री प्रधान है एवं इसका रंग गोरा है, यह शक्ति अर्थात् पार्वती का रूप है। इड़ा नाड़ी शरीर के बाई तरफ स्थित है तथा पिंगला नाड़ी दाहिनी तरफ अर्थात् इड़ा नाड़ी में चन्द्र स्वर स्थित रहता है और पिंगला नाड़ी में सूर्य स्वर। सुषुम्ना मध्य में स्थित है, अतः दोनों ओर से श्वास निकले वह सुषम्ना स्वर कहलाएगा।

स्वर को पहचानने की सरल विधियाँ–

(1) शान्त भाव से मन एकाग्र करके बैठ जाएँ। अपने दाएँ हाथ को नाक छिद्रों के पास ले जाएँ। तर्जनी अँगुली छिद्रों के नीचे रखकर श्वास बाहर फेंकिए। ऐसा करने पर आपको किसी एक छिद्र से श्वास का अधिक स्पर्श होगा। जिस तरफ के छिद्र से श्वास निकले, बस वही स्वर चल रहा है।

(2) एक छिद्र से अधिक एवं दूसरे छिद्र से कम वेग का श्वास निकलता प्रतीत हो तो यह सुषुम्ना के साथ मुख्य स्वर कहलाएगा।

(3) एक अन्य विधि के अनुसार आईने को नासाछिद्रों के नीचे रखें। जिस तरफ के छिद्र के नीचे काँच पर वाष्प के कण दिखाई दें, वही स्वर चालू समझें।

जीवन में स्वर का चमत्कार–

स्वर विज्ञान अपने आप में दुनिया का महानतम ज्योतिष विज्ञान है जिसके संकेत कभी गलत नहीं जाते।

शरीर की मानसिक और शारीरिक क्रियाओं से लेकर दैवीय सम्पर्कों और परिवेशीय घटनाओं तक को प्रभावित करने की क्षमता रखने वाला स्वर विज्ञान दुनिया के प्रत्येक व्यक्ति के जीवन के लिए महत्त्वपूर्ण है।

स्वर विज्ञान का सहारा लेकर आप जीवन को नई दिशा दृष्टि दे सकते हैं। दिव्य जीवन का निर्माण कर सकते हैं, लौकिक एवं पारलौकिक यात्रा को सफल बना सकते हैं। यही नहीं तो आप अपने सम्पर्क में आने वाले प्रत्येक व्यक्ति और क्षेत्र की धाराओं तक को बदलने का सामर्थ्य पा जाते हैं।

अपनी नाक के दो छिद्र होते हैं। इनमें से सामान्य अवस्था में एक ही छिद्र से हवा का आवागमन होता रहता है। कभी दायाँ तो कभी बाँया जिस समय स्वर बदलता है उस समय कुछ सैकण्ड के लिए दोनों नाक में हवा निकलती प्रतीत होती है। इसके अलावा कभी-कभी सुषुम्ना नाड़ी के चलते समय दोनों नासिक छिद्रों से हवा निकलती है। दोनों तरफ साँस निकलने का समय योगियों के लिए योग मार्ग में प्रवेश करने का समय होता है।

बाँयी तरफ साँस आवागमन का मतलब है आपके शरीर की इड़ा नाड़ी में वायु प्रवाह है। इसके विपरीत दाँयी नाड़ी पिंगला है। दोनों के मध्य सुषुम्ना नाड़ी का स्वर प्रवाह होता है।

अपनी नाक से निकलने वाली साँस को परखने मात्र से आप जीवन के कई कार्यों को बेहतर बना सकते हैं। साँस का सम्बन्ध तिथियों और वारों से जोड़कर इसे और अधिक आसान बना दिया गया है।

जिस तिथि को जो साँस होना चाहिए, वही यदि होगा तो आपका दिन अच्छा जाएगा। इसके विपरीत होने पर आपका दिन बिगड़ा ही रहेगा इसलिये साँस पर ध्यान दें और जीवन विकास की यात्रा को गति दें।

मंगल, शनि और रवि का सम्बन्ध सूर्य स्वर से है जबकि शेष का सम्बन्ध चन्द्र स्वर से।

आपके दाँये नथुने से निकलने वाली साँस पिंगला है। इस स्वर को सूर्य स्वर कहा जाता है। यह गरम होती है।

जबकि बाँयी ओर से निकलने वाले स्वर को इड़ा नाड़ी का स्वर कहा जाता है। इसका सम्बन्ध चन्द्र से है और यह स्वर ठण्डा है।

शुक्ल पक्षः–

ख प्रतिपदा, द्वितीया व तृतीया बाँया (उल्टा) चतुर्थी, पंचमी एवं षष्ठी–दाँया (सीधा)

सप्तमी, अष्टमी एवं नवमी बाँया (उल्टा)

दशमी, एकादशी एवं द्वादशी–दाँया (सीधा) त्रयोदशी, चतुर्दशी एवं पूर्णिमा–बाँया (उल्टा)

कृष्ण पक्षः–

प्रतिपदा, द्वितीया व तृतीया दाँया (सीधा)

चतुर्थी, पंचमी एवं षष्ठी बाँया (उल्टा)

सप्तमी, अष्टमी एवं नवमी दाँया (सीधा)

दशमी, एकादशी एवं द्वादशी बाँया (उल्टा)

त्रयोदशी, चतुर्दशी, अमावास्या-दाँया (सीधा)

सवेरे नींद से जगते ही नासिका से स्वर देखें। जिस तिथि को जो स्वर होना चाहिए, वह हो तो बिस्तर पर उठकर स्वर वाले नासिका छिद्र की तरफ के हाथ की हथेली का चुम्बन ले लें और उसी दिशा में मुँह पर हाथ फिरा लें।

यदि बाँये स्वर का दिन हो तो बिस्तर से उतरते समय बाँया पैर जमीन पर रखकर नीचे उतरें, फिर दायाँ पैर बांये से मिला लें और इसके बाद दुबारा बाँया पैर आगे निकल कर आगे बढ़ लें।

यदि दाँये स्वर का दिन हो और दाँया स्वर ही निकल रहा हो तो बिस्तर पर उठकर दाँयी हथेली का चुम्बन ले लें और फिर बिस्तर से जमीन पर पैर रखते समय पर पहले दाँया पैर जमीन पर रखें और आगे बढ़ लें।

यदि जिस तिथि को स्वर हो, उसके विपरीत नासिका से स्वर निकल रहा हो तो बिस्तर से नीचे नहीं उतरें और जिस तिथि का स्वर होना चाहिए उसके विपरीत करवट लेट लें। इससे जो स्वर चाहिए, वह शुरु हो जाएगा और उसके बाद ही बिस्तर से नीचे उतरें।

स्नान, भोजन, शौच आदि के वक्त दाहिना स्वर रखें।

पानी, चाय, काफी आदि पेय पदार्थ पीने, पेशाब करने, अच्छे काम करने आदि में बाँया स्वर होना चाहिए।

जब शरीर अत्यधिक गर्मी महसूस करे तब दाहिनी करवट लेट लें और बाँया स्वर शुरु कर दें। इससे तत्काल शरीर ठण्डक अनुभव करेगा।

जब शरीर ज्यादा शीतलता महसूस करे तब बाँयी करवट लेट लें, इससे दाहिना स्वर शुरु हो जाएगा और शरीर जल्दी गर्मी महसूस करेगा।

जिस किसी व्यक्ति से कोई काम हो, उसे अपने उस तरफ रखें जिस तरफ की नासिका का स्वर निकल रहा हो। इससे काम निकलने में आसानी रहेगी।

जब नाक से दोनों स्वर निकलें, तब किसी भी अच्छी बात का चिन्तन न करें अन्यथा वह बिगड़ जाएगी। इस समय यात्रा न करें अन्यथा अनिष्ट

होगा। इस समय सिर्फ भगवान का चिन्तन ही करें। इस समय ध्यान करें तो ध्यान जल्दी लगेगा।

दक्षिणायन शुरु होने के दिन प्रातःकाल जगते ही यदि चन्द्र स्वर हो तो पूरे छह माह अच्छे गुजरते हैं। इसी प्रकार उत्तरायण शुरु होने के दिन प्रातः जगते ही सूर्य स्वर हो तो पूरे छह माह बढ़िया गुजरते हैं। कहा गया है-कर्के चन्द्रा, मकरे भानु।

रोजाना स्नान के बाद जब भी कपड़े पहनें, पहले स्वर देखें और जिस तरफ स्वर चल रहा हो उस तरफ से कपड़े पहनना शुरु करें और साथ में यह मंत्र बोलते जाएँ-ॐ जीवं रक्ष। इससे दुर्घटनाओं का खतरा हमेशा के लिए टल जाता है।

आप घर में हो या आफिस में, कोई आपसे मिलने आए और आप चाहते हैं कि वह ज्यादा समय आपके पास नहीं बैठा रहे। ऐसे में जब भी सामने वाला व्यक्ति आपके कक्ष में प्रवेश करे उसी समय आप अपनी पूरी साँस को बाहर निकाल फेंकियें, इसके बाद वह व्यक्ति जब आपके करीब आकर हाथ मिलाये, तब हाथ मिलाते समय भी यही क्रिया गोपनीय रूप से दोहरा दें।

आप देखेंगे कि वह व्यक्ति आपके पास ज्यादा बैठ नहीं पाएगा, कोई न कोई ऐसा कारण उपस्थित हो जाएगा कि उसे लौटना ही पड़ेगा। इसके विपरीत आप किसी को अपने पास ज्यादा देर बिठाना चाहें तो कक्ष प्रवेश तथा हाथ मिलाने की क्रियाओं के वक्त साँस को अन्दर खींच लें। आपकी इच्छा होगी तभी वह व्यक्ति लौट पाएगा।

कई बार ऐसे अवसर आते हैं, जब कार्य अत्यन्त आवश्यक होता है, लेकिन स्वर विपरीत चल रहा होता है। ऐसे समय में स्वर की प्रतीक्षा करने पर उत्तम अवसर हाथों से निकल सकता है, अतः स्वर परिवर्तन के द्वारा अपने अभीष्ट की सिद्धि के लिए प्रस्थान करना चाहिए या कार्य प्रारम्भ करना चाहिए। स्वर विज्ञान का सम्यक् ज्ञान आपको सदैव अनुकूल परिणाम प्रदान करवा सकता है।

कब करें कौन सा काम–

ग्रहों को देखे बिना स्वर विज्ञान के ज्ञान से अनेक समस्याओं, बाधाओं एवं शुभ परिणामों का बोध इन नाड़ियों से होने लगता है, जिससे अशुभ का निराकरण भी आसानी से किया जा सकता है। चन्द्रमा एवं सूर्य की रश्मियों का प्रभाव स्वरों पर पड़ता है। चन्द्रमा का गुण शीतल एवं सूर्य का उष्ण है।

शीतलता से स्थिरता, गम्भीरता, विवेक आदि गुण उत्पन्न होते हैं और उष्णता से तेज, शौर्य, चंचलता, उत्साह, क्रियाशीलता, बल आदि गुण पैदा होते हैं। किसी भी काम का अंतिम परिणाम उसके आरम्भ पर निर्भर करता है। शरीर व मन की स्थिति, चन्द्र व सूर्य या अन्य ग्रहों एवं नाड़ियों को भलीभांति पहचान कर यदि काम शुरु करें तो परिणाम अनुकूल निकलते हैं।

स्वर वैज्ञानिकों ने निष्कर्ष निकाला है कि विवेकपूर्ण और स्थायी कार्य चन्द्र स्वर में किए जाने चाहिए, जैसे विवाह, दान, मंदिर, जलाशय निर्माण, नया वस्त्र धारण करना, घर बनाना, आभूषण खरीदना, शांति अनुष्ठान कर्म, व्यापार, बीज बोना, दूर प्रदेशों की यात्रा, विद्यारंभ, धर्म, यज्ञ, दीक्षा, मंत्र, योग क्रिया आदि ऐसे कार्य हैं कि जिनमें अधिक गम्भीरता और बुद्धिपूर्वक कार्य करने की आवश्यकता होती है।

इसीलिए चन्द्र स्वर के चलते इन कार्यो का आरम्भ शुभ परिणामदायक होता है। उत्तेजना, आवेश और जोश के साथ करने पर जो कार्य ठीक होते हैं, उनमें सूर्य स्वर उत्तम कहा जाता है। दाहिने नथुने से श्वास ठीक आ रही हो अर्थात् सूर्य स्वर चल रहा हो तो परिणाम अनुकूल मिलने वाला होता है।

दबाए मानसिक विकार–

कुछ समय के लिए दोनों नाड़ियाँ चलती हैं अतः प्रायः शरीर सन्धि अवस्था में होता है। इस समय पारलौकिक भावनाएँ जागृत होती हैं। संसार की ओर से विरक्ति, उदासीनता और अरुचि होने लगती है। इस समय में परमार्थ चिंतन, ईश्वर आराधना आदि की जाए, तो सफलता प्राप्त हो सकती है। यह काल सुषुम्ना नाड़ी का होता है, इसमें मानसिक विकार दब जाते हैं और आत्मिक भाव का उदय होता है।

अन्य उपाय–

यदि किसी क्रोधी पुरुष के पास जाना है तो जो स्वर नहीं चल रहा है, उस पैर को आगे बढ़ाकर प्रस्थान करना चाहिए तथा अचलित स्वर की ओर उस पुरुष या महिला को लेकर बातचीत करनी चाहिए। ऐसा करने से क्रोधी व्यक्ति के क्रोध को आपका अविचलित स्वर का शान्त भाग शान्त बना देगा और मनोरथ की सिद्धि होगी।

गुरु, मित्र, अधिकारी, राजा, मंत्री आदि से वाम स्वर से ही वार्त्ता करनी चाहिए। कई बार ऐसे अवसर भी आते हैं, जब कार्य अत्यन्त आवश्यक होता है लेकिन स्वर विपरीत चल रहा होता है। ऐसे समय स्वर बदलने के प्रयास करने चाहिए।

स्वर को परिवर्तित कर अपने अनुकूल करने के लिए कुछ उपाय कर लेने चाहिए। जिस नथुने से श्वास नहीं आ रही हो, उससे दूसरे नथुने को दबाकर पहले नथुने से श्वास निकालें। इस तरह कुछ ही देर में स्वर परिवर्तित हो जाएगा। घी खाने से वाम स्वर और शहद खाने से दक्षिण स्वर चलना प्रारम्भ हो जाता है

आप भले ही पुरुष हों लेकिन यदि आपकी इड़ा नाड़ी अधिक सक्रिय है, तो आपके अंदर स्त्रियोचित गुण हावी हो सकते हैं। आप भले ही स्त्री हों, मगर यदि आपकी पिंगला अधिक सक्रिय है, तो आपमें पुरुषोचित गुण हावी हो सकते हैं

नाड़ी देख कर रोग की जानकारी देना हमारे यहाँ की एक प्राचीन विद्या है।

पहले के समय में चिकित्सक किसी भी व्यक्ति की नाड़ी देख कर उसके रोग के बारे में बता देते थे। यहाँ तक कि शरीर के किस अँग में रोग या तकलीफ हैं, रोगी ने क्या खाया या पिया है या भविष्य में उसे कौन सा रोग हो सकता है आदि। परन्तु रोगों की जाँच के लिए जैसे-जैसे आधुनिक मशीनों का उपयोग होने लगा, इस विद्या का उपयोग कम होने लगा हैं। वैसे आज भी हमारे देश में ऐसे बहुत से डॉक्टर हैं जो नाड़ी देख कर रोग के बारे में बता देते हैं।

नाक्या होता है नाड़ी देख–

हमारा दिल हर समय फैलता और सिकुड़ता यानी धड़कता रहता हैं। जब यह फैलता है तो उसके अंदर फेफड़ों (Lungs) से शुद्ध रक्त आ जाता है और उसके बाद जब सिकुड़ता है तो यह शुद्ध रक्त महाधमनी (Aorta) में चला जाता है। महाधमनी शरीर की सभी धमनियों (Artery) को ये रक्त भेजती है। इस प्रकार से धमनी (Artery) में रक्त के जाने से हर बार धक्का लगता है। इस धक्के को ही नाड़ी का स्पंदन या उछाल कहते हैं। नाड़ी के इस स्पंदन से रोग की जाँच करने को ही नाड़ी देखना कहते हैं।

कहाँ की नाड़ी देखते हैं–

हमारे हाथ की कलाई की धमनी (RadialArtery) की जगह नाड़ी देखी जाती है। वैसे नाड़ी का यह स्पंदन शरीर के कई स्थानों पर महसूस किया जा सकता है।

कब देखनी चाहिए नाड़ी–

जब रोगी आराम कर रहा हो या सुबह के समय जब उसका पेट खाली हो।

कब नहीं देखनी चाहिए नाड़ी–

- जब रोगी बहुत घबराया हुआ हो या सो कर उठा हो।
- खाना खाने के बाद।
- शारीरिक मेहनत करने के बाद।

रोग की पहचान कैसे होती है–

नाड़ी से शरीर के रोगों के बारे में कैसे पता किया जाता है, इसके बारे में यहाँ कुछ जानकारी दे रहा हूँ:-

(1) यदि दाहिने हाथ की नाड़ी सख्त, बारीक और कमजोर हो तो वह लिवर की कमजोरी बताती है।

(2) जिस तरफ के फेफड़े (Lung) में कोई रोग होता हैं उस ओर की नाड़ी ऊँची होती है।

(3) पुराने सिरदर्द वाले रोगी की नाड़ी प्रायः कमजोर होती है।

(4) यदि बायीं नाड़ी तेज हो और साथ में खाँसी और बुखार भी हो तो फेफड़े (सनदहे) में रोग होता है।

(5) यदि बायीं नाड़ी तीव्र हो परन्तु खाँसी या बुखार नहीं हो तो यह मूत्राशय (Urinary Bladder) की तकलीफ बताती है।

(6) किडनी के रोग में नाड़ी कठोर और दृढ़ होती है।

(7) यदि नाड़ी बिल्कुल पतली या चींटी की चल जैसी हो जाए तो यह मृत्यु की सूचक है।

(8) यदि नाड़ी तेज और लगतार चलते-चलते अटकने लगे तो यह मौत के समीप होने की सूचना देती है।

(9) यदि रोगी बुखार में दही खा लेता है तो उसकी नाड़ी गर्म और बहुत तेज हो जाती है।

(10) बलगम की अधिकता होने पर नाड़ी मोटी हो जाती है।

(11) पाइल्स के रोग में नाड़ी कभी धीमी, कभी टेढ़ी-मेढ़ी और कभी कोमल चलती है।

(12) जोड़ो के दर्द में नाड़ी कभी-कभी तेजी से फड़कती है, तो कभी दुर्बलता से।

(13) पीरियड्स में तकलीफ होने पर नाड़ी मोटी और स्थिर हो जाती है।

(14) तेल और गुड़ खाने वाले की नाड़ी कठोर और शक्तिशाली हो जाती है।

(15) अधिक नमकीन भोजन से नाड़ी सीधी और तेज हो जाती है।

(16) अधिक मीठा खानेवालों की नाड़ी उछल कर चलती है।

(17) मूली खाने से नाड़ी की गति सुस्त हो जाती है।

नाड़ी परीक्षा (नाड़ी देखना)–

बहुत पुराने आयुर्वेदिक ग्रन्थ "योग रत्नाकर" में लिखा है कि रोग से पीड़ित व्यक्ति के शरीर कि 8 प्रकार से परीक्षा करके रोग का निदान करना चाहिए, इसमें नाड़ी परीक्षा सबसे प्रथम विधि हैं। प्राचीन मतानुसार नाड़ी परीक्षा द्वारा शरीर के वात, पित, कफ या दिव्दोशज या त्रिदोषज रोगों को ज्ञात करते है। यधपि सम्पूर्ण शरीर में अनेक नाडियाँ है लेकिन अँगूठे के मूल प्रदेश वाली नाड़ी कि विशेष रूप से परीक्षा की जाती है। यह सम्पूर्ण शरीर में फैली हुयी मानी गयी है। इसे ही आचार्य शारंगधर ने जीव साक्षिणी कहा है।

नाड़ी परिक्षण का प्राचीनतम तरीका।

नाडी / नाड़ी परीक्षा–

नाडी परीक्षा के बारे में शारंगधर संहिता, भावप्रकाश, योगरत्नाकर आदि ग्रन्थों में वर्णन है। महर्षि सुश्रुत अपनी योगिक शक्ति से समस्त शरीर की सभी नाड़ियाँ देख सकते थे। ऐलोपेथी में तो पल्स सिर्फ दिल की धड़कन का पता लगाती है: पर ये इससे कहीं अधिक बताती है।

किडनी का दर्द एक दिन में सही–कारण लक्षण और इलाज–

आयुर्वेद में पारंगत वैद्य नाडी परीक्षा से रोगों का पता लगाते है। इससे ये पता चलता है की कौनसा दोष शरीर में विद्यमान है। ये बिना किसी महँगी और तकलीफदायक डायग्नोस्टिक तकनीक के बिलकुल सही निदान करती है। जैसे की शरीर में कहाँ कितने साइज का ट्यूमर है, किडनी खराब है या ऐसा ही कोई भी जटिल से जटिल रोग का पता चल जाता है।

दक्ष वैद्य हफ्ते भर पहले क्या खाया था ये भी बता देतें है। भविष्य में क्या रोग होने की सम्भावना है ये भी पता चलता है। महिलाओं का बाँया और पुरुषों का दाँया हाथ देखा जाता है।

कलाई के अन्दर अँगूठे के नीचे जहाँ पल्स महसूस होती है तीन उँगलियाँ रखी जाती है। अँगूठे के पास की ऊँगली में वात, मध्य वाली ऊँगली में पित्त और अँगूठे से दूर वाली ऊँगली में कफ महसूस किया जा सकता है।

वात की पल्स अनियमित और मध्यम तेज लगेगी। पित्त की बहुत तेज पल्स महसूस होगी।

कफ की बहुत कम और धीमी पल्स महसूस होगी।

तीनो उंगलियाँ एक साथ रखने से हमें ये पता चलेगा की कौनसा दोष अधिक है। प्रारम्भिक अवस्था में ही उस दोष को कम कर देने से रोग होता ही नहीं।

हर एक दोष की भी 8 प्रकार की पल्स होती है; जिससे रोग का पता चलता है, इसके लिए अभ्यास की जरुरत होती है। कभी कभी 2 या 3 दोष एक साथ हो सकते है।

नाडी परीक्षा अधिकतर सुबह उठकर आधे एक घंटे बाद करते है जिससे हमें अपनी प्रकृति के बारे में पता चलता है।

ये भूख-प्यास, नींद, धूप में घूमने, रात्रि में टहलने से, मानसिक स्थिति से, भोजन से, दिन के अलग अलग समय और मौसम से बदलती है।

चिकित्सक को थोड़ा आध्यात्मिक और योगी होने से मदद मिलती है **सही निदान करने वाले नाडी पकड़ते ही तीन सेकण्ड में दोष का पता लगा लेते है। वैसे 30 सेकण्ड तक देखना चाहिए।**

मृत्यु नाडी से कुशल वैद्य भावी मृत्यु के बारे में भी बता सकते है। नाड़ी की गति मर्ज का हाल बताती है

आयुर्वेद चिकित्सा पद्धति में नाड़ी विज्ञान का विशेष महत्त्व है।नाड़ी परीक्षण आयुर्वेद की ऐसी पद्धति है जिसके माध्यम से रोग का सटीक पता लगाया जाता है और उसके बाद आयुर्वेद की रसौषधि व वनौषधि के जरिए उपचार शुरु किया जाता है। आइए जानते हैं इस चिकित्सा के बारे में।

वात, पित्त व कफ–

नाड़ी परीक्षण के दौरान पहली तीन अँगुलियों तर्जनी, मध्यमा व अनामिका (इंडेक्स, मिडिल व रिंग) के माध्यम से नाड़ी की गति के सहारे वात, पित्त व कफ के स्तर का पता लगाया जाता है। आमतौर पर 68-74 के

बीच नाड़ी की गति को सामान्य माना जाता है। इस गति के अधिक या कम होने पर व्यक्ति रोग से पीड़ित माना जाता है।

रोग सताता है ऐसे–

वात–कमर से लेकर घुटने व पैरों के अन्त तक जितने रोग होते हैं वे सब वात बिगड़ने के कारण होते हैं।

पित्त–छाती के बीच से लेकर पेट और कमर के अन्त तक जितने रोग होते हैं, वे पित्त गड़बड़ाने से होते हैं।

कफ–सिर से लेकर छाती के बीच तक जितने रोग होते हैं वे सब कफ बिगडने के कारण होते हैं।

खट्टी चीजों से परहेज–

नाड़ी रोग चिकित्सा के दौरान व्यक्ति को खट्टी चीजों जैसे नींबू, दही, छाछ, अचार व अमचूर आदि से परहेज करना चाहिए क्योंकि ये चीजें दवाओं के प्रभाव को कम कर देती हैं। साथ ही मैदा, बेसन व चने से बनी चीजों के सेवन से बचना चाहिए वरना पेट सम्बन्धी समस्या हो सकती हैं।

यह भी सच है कि आजकल नाड़ी वैद्य प्रायः लुप्त हो गए हैं क्योंकि आजकल की पढ़ाई किताबों में कराई जाती है कंप्यूटर में कराई जाती है प्रेक्टिकल नॉलेज ना के बराबर है केवल पैसा ही लक्ष्य बन चुका है सबसे बड़ी बात अगर इस चिकित्सा को दोबारा लागू करवाना है तो स्कूल कॉलेजों में लाखों रुपए में डॉक्टर बनाने बन्द करने होंगे, मुफ्त की चिकित्सा प्रणाली या अल्प मूल्य पर शिक्षण संस्थान बनाने होंगे आश्रमों की तरह तभी हम इस पद्धति को जीवित रख पाएत्रो अन्यथा तो यह लुप्तप्राय-सी ही हो गई है.

मानव चिकित्सा शास्त्र

इतिहास–

शब्द के अर्थ तथा इतिहास के अनुसार यथेष्ट काल तक चिकित्सा केवल रोगों को दूर करनेवाले उपचारों की संगृहीत विद्या थी। इसमें साधारण शल्यकर्म और प्रसवकर्म तक के लिये कोई स्थान नहीं था तथा लोकस्वास्थ्य की तो कल्पना भी असम्भव थी।

अति प्राचीन काल में चिकित्सा की नींव ऐसे उपचारों पर पड़ी, जिनमें रोगहरण के लिये भूत प्रेतों की बाधा को दूर करना आवश्यक समझा जाता था। इन उपचारों से शरीर की अवस्था अथवा उसके घावों इत्यादि का कोई सम्बन्ध नहीं होता था। कभी-कभी चिकित्सक अनुभवसिद्ध औषधियों का प्रयोग भी करते थे। कालांतर में ज्ञात औषधियों की संख्या बढ़ती गई और झाड़ फूँक के प्रयोग ढीले पड़ने लगे। ईसा से 500 वर्ष पूर्व के, मिस्र देश स्थित पिरामिडों से प्राप्त "ईबर्स पैपाइरस (Ebers Papyrus)" नामक लेख ऐसे ही समय का प्रतीक है।

चिकित्सा में पहला व्यापक परिवर्तन बुद्धपूर्व भारत की दिवोदास सुश्रुत परम्परा द्वारा हुआ। इसमें औषधियों के प्रयोग के साथ साथ शवों के व्यवच्छेदन से प्राप्त ज्ञान का उपयोग प्रारम्भ हुआ और दोनों प्रकार की चिकित्साओं को एक ही पंक्ति में रखा गया। इस परम्परा के प्रख्यात चिकित्सकों में बुद्धकालीन जीवक का नाम उल्लेखनीय है जिन्होंने शल्यकर्म और वैद्यक को समान महत्त्व देकर उन्हे पूर्णतः समकक्ष बनाया। इसके पश्चात् अनेक भारतेतर देशों ने भी शल्यकर्म को चिकित्सा का अभिन्न अँग बनाना आरम्भ किया तथा इसी प्रसंग में प्रसवकर्म भी चिकित्सा के भीतर आया।

वैदिक काल में चिकित्सा शास्त्र का विकास–

ऋग्वेद में आश्विन कुमारों को कुशल वैद्य कहा गया है जो अपनी औषधियों से रोगों के निदान में निपुण थे।

अथर्ववेद में आयुर्वेद के सिद्धान्त और व्यवहार सम्बन्धी बातें मिलती हैं। अथर्ववेद में 700 से अधिक ऐसे श्लोक हैं, जो आयुर्वेद से सम्बन्धित हैं। रोग, उनके प्रतिकार और औषध सम्बंधी अनेक उपयोगी एवं वैज्ञानिक तथ्यों का विवरण इसमें दिया गया है। विविध प्रकार के ज्वरों, यक्ष्मा, अपची (गण्डमाला या कण्ठमाला), अतिसार, जलोदर जैसे रोगों के प्रकार और उनकी चिकित्सा का विधान प्रस्तुत किया गया है। प्रतीकार सम्बंधी वर्त्तमान शल्य क्रियाओं का भी यत्र-तत्र उल्लेख मिलता है।

'विषस्य विषमौषधम्' अर्थात् विष की दवा विष है का सिद्धान्त अथर्ववेद में मिलता है। इसी पद्धति पर आधुनिक होमियोपैथी चिकित्सा आधारित है जिसका मूल सिद्धान्त 'समः समे शमयति' है। इसी को लैटिन भाषा में 'Similia Similibus Curantur' कहते हैं। महाभारत में उल्लेख मिलता है कि भीम को दुर्योधन ने विषपान कराके गहरे जल में फैंक दिया और वह अचेतावस्था में नागलोक जा पहुँचा। नागलोक में सर्पों के काटने से भीम के शरीर का विष निष्प्रभावी हो गया।

बुद्ध काल में चिकित्सा का विकास–

बुद्धकाल में तक्षशिला विश्वविद्यालय में वैद्यक भी पढ़ाया जाता था। इस काल में जीवक नामक चिकित्सक का उल्लेख मिलता है। वह मगध नरेश बिम्बिसार के पुत्र अभय को परित्यक्त अवस्था में मिला था। अभय ने उसे तक्षशिला भेजा जहाँ उसने 7 वर्षों तक रहकर औषधियों का अध्ययन करके वैद्यक का प्रसिद्ध विद्वान बन गया। उसका शुल्क 1600 कार्षापण था। बिम्बिसार ने उसे अपना राजवैद्य बनाया। जीवक ने अवन्ति नरेश चण्ड प्रद्योत और महात्मा बुद्ध की चिकित्सा की थी।

मौर्यकाल में चिकित्सा का विकास–

अर्थशास्त्र से चिकित्सा शास्त्र की जानकारी मिलती है। इसमें साधारण

वैद्यों, चीड़-फाड़ करने वाले भिषजों और शल्य क्रिया में प्रयुक्त होने वाले यन्त्रों, परिचारिकाओं, महिला चिकित्सकों आदि की जानकारी मिलती है। शव-परीक्षा भी किया जाता था। शवों को विकृत होने से बचाने के लिये तेल में डुबोकर रखा जाता था। अकाल मृत्यु के विभिन्न मामलों; यथा-फाँसी, विषपान आदि की जाँच कुशल चिकित्सकों द्वारा की जाती थी।

आत्रेय मुनि–

ये तक्षशिला, गांधार के निवासी थे। महाभारत के अनुसार आत्रेय मुनि गांधार नरेश नागनजिता के निजी चिकित्सक थे।

आत्रेय के छः प्रसिद्ध शिष्य हुए-अग्निवेश, भेला, जतकर्ण, हर्षता, पराशर और क्षिप्रानी। इनमें से प्रत्येक ने आत्रेय शिक्षाओं के आधार पर आयुर्वेद की छः विद्यालयों की स्थापना और संहिता की रचना की।

आत्रेय संहिता में कई तरह के रोगों का वर्णन है; यथा-साध्य रोग, असाध्य रोग, तंत्र-मंत्र से ठीक होने वाले रोग और वह रोग जिनके ठीक होने की सम्भावना क्षीण होती है। ज्वर, अतिसार, पेचिश, क्षय, रक्तचाप आदि की विशेष चर्चा की गयी है। इस रचना में जल चिकित्सा का भी उल्लेख है।

आयुर्वेद में मुनि आत्रेय का वही स्थान है जो यूनानी चिकित्सा में हिपोक्रेटीज का।

चरक–

चरक को कायचिकित्सा का प्रणेता माना गया है। वे कुषाण नरेश कनिष्क प्रथम के राजवैद्य थे। चरक कृति 'चरक संहिता' कार्य चिकित्सा का प्राचीनतम् ग्रन्थ है और महर्षि आत्रेय के उपदेशों पर आधारित है। अल्बरुनी ने इसे औषधि शास्त्र का सर्वश्रेष्ठ ग्रन्थ बताया है।

चरक संहिता में 8 खण्ड (खण्ड को स्थान कहा गया है) और 120 अध्याय हैं। इसके 8 खण्ड हैं:-सूत्र, निदान, विमान, शरीर, इन्द्रिय, चिकित्सा, कल्प और सिद्धि।

इसमें शरीर रचना, गर्भ स्थिति, शिशु का जन्म और विकास, कुष्ठ, मिरगी, ज्वर जैसे 8 रोग, मन के रोगों की चिकित्सा, भेदोपभेद आहार,

पथ्यापथ्य, रुचिकर स्वास्थ्यवर्धक भोज्यों, औषधीय वनस्पतियों आदि का वर्णन किया गया है।

प्राचीन वनस्पति एवं रसायन के अध्ययन का भी यह एक उपयोगी ग्रन्थ है।

चरक संहिता में चिकित्सकों के व्यावसायिक नियम दिये गये हैं वो अनुकरणीय हैं:–

"प्रात: उठने पर और सोने से पहले सभी प्राणियों ... के कल्याण के लिए प्रार्थना करनी चाहिए। तुम्हें सच्चे हृदय रोगी के स्वास्थ्य के लिये प्रयास करना चाहिए। अपने स्वयं के जीवन के मूल्य पर भी तुम अपने रोगी के साथ धोखा न करो...यदि तुम्हें किसी रोगी के घर जाना पड़ेगा तुम्हें अपने वचन, मन, बुद्धि तथा इन्द्रियों को उसकी चिकित्सा के अतिरिक्त अन्यत्र कहीं नहीं लगाना चाहिए।"

चरक संहिता भारतीय चिकित्सा शास्त्र का विश्वकोश है। इसके द्वारा निर्देशित सिद्धान्तों के आधार पर ही कालान्तर में आयुर्विज्ञान का विकास हुआ।

सुश्रुत–

सुश्रुत शल्य चिकित्सा के प्रणेता थे। उनकी कृति 'सुश्रुत संहिता' के उपदेष्टा धन्वंतरि हैं। इसमें विविध प्रकार की शल्य एवं छेदन क्रियाओं का अतिसूक्ष्म विवरण दिया गया है। मोतियाबिंद, पथरी जैसे कई रोगों के शल्योपचार बताये गये हैं। इसमें शव विच्छेदन का वर्णन है। शल्य क्रिया में प्रयुक्त होने वाले लगभग 121 उपकरणों का नाम दिया गया है जो अच्छे लोहे से बने थे। सुश्रुत ने सुइयों (Injections) और पट्टी बाँधने की विविध विधियों का उल्लेख करते हैं।

गुप्तकाल में चिकित्सा का विकास–

दो प्रसिद्ध कृतियाँ–अष्टांगसंग्रह और अष्टांगहृदयसंहिता की रचना एक ही (वाग्भट्ट) नाम के दो लेखकों द्वारा की गयी थी।

पालकाप्य कृत 'हस्त्यायुर्वेद' की रचना हाथियों के रोग निदान के लिए की गयी थी। इसी तरह अश्व चिकित्सा के लिए शालिहोत्र ने 'अश्वशास्त्र' की रचना की थी।

स्थानीय पर्यावरण के संतुलन का संरक्षण करते करते 'जियो और जीने दो' के सिद्धान्त पर चलना ही हिन्दू धर्म है। प्राकृतिक जीवन जीना ही नैचुरोपैथी कहलाता है जो हिन्दू धर्म के साथ संलगित है। अत: चिकित्सा विज्ञान भारत का प्राचीनतम ज्ञान है। पृथ्वी पर सभी जीवों, पर्वतों, वनस्पतियों, खनिजों तथा औषधियों की सागर से उत्पत्ति एक प्रमाणित सत्य है। आयुर्वेद ग्रन्थ को दिव्य चिकित्सक धनवन्तरी सागर मंथन के फलस्वरुप पृथ्वी पर लाये थे। उन्हों ने आयुर्वेद ग्रन्थ प्रजापति को सौंप दिया था ताकि उस के ज्ञान को जनहित के लिये क्रियाशील किया जा सके। अनादि काल से ही भारत की राजकीय व्यवस्था प्रजा के स्वास्थ, पर्यावरण की रक्षा तथा जन सुविधाओ के प्रति कृत संकल्प रही है।

भारतीय चिकित्सा पद्धति का उदय अथर्ववेद से हुआ, जहाँ रोगों के लक्षण और औषधियों की सूची के साथ उन के उपयोग भी उल्लेख किये गये हैं। आयुर्वेद ग्रन्थ अथर्ववेद का ही उपवेद है जो दीर्घ आयु के संदर्भ में पूर्ण ज्ञान दर्शक है। ऋषि पतंजली कृत योगसूत्र स्वस्थ जीवन के लिये जीवन यापन पद्धति का ग्रन्थ है जिस में उचित आहार, विचार तथा व्यवहार पर जोर दिया गया है। इस के अतिरिक्त पुराणों उपनिषदों तथा दर्शन शास्त्रों में भी आहार, व्यवहार तथा उपचार सम्बन्धी मौलिक जानकारी दी गयी है।

रोग जाँच प्रणाली–

प्राचीन ग्रंथो के अनुसार मानव शरीर में तीन दोष पहचाने गये हैं जिन्हें वात, पित, और कफ कहते हैं। स्वास्थ इन तीनों के उचित अनुपात पर निर्भर करता है। जब भी इन तीनों का आपसी संतुलन बिगड़ जाता है तो शरीर रोग ग्रस्त हो जाता है। रोग के लक्षणों को पहचान कर संतुलन का आँकलन किया जाता है और उपचार की क्रिया आरम्भ होती है। जीवन शैली को भी तीन श्रेणियों में रखा गया है जिसे सात्विक, राजसिक तथा तामसिक जीवन शैली की संज्ञा दी गयी है। आज के वैज्ञानिक तथा चिकित्सक दोनों ही इस वैदिक तथ्य को स्वीकार करते हैं कि जीवन शैली ही मानव को स्वस्थ अथवा अस्वस्थ बनाती है। आज कल इसे 'लाईफ स्टाईल डिसीज' कहा जाता है।

रोगों के उपचार के लिये कई प्रकार की जडी-बूटियों तथा वनस्पतियों का वर्णन अथर्व वेद तथा अन्य प्राचीन ग्रन्थों में किया गया है। अथर्व वेदानुसार जल में सभी औषधियाँ समाई हुई हैं और आज भी लगभग सभी औषधियाँ जल के साथ तरल रूप में ही प्रयोग करी जाती हैं।

शल्य चिकित्सा–

भले ही यह आस्था की बातें हैं परन्तु गणेश के मानवी शरीर पर हाथी का सिर, वराह अवतार के मानवी शरीर पर जंगली सुअर का सिर, नरसिहं अवतार के मानवी शरीर पर सिहं का सिर साक्षी हैं कि अँग प्रत्यारोपण के लिये भारत के चिकित्सकों को वैचारिक प्रेरणा तो आदि काल से ही मिल चुकी थी। गौतम ऋषि द्वारा शापित इन्द्र को सामान्य करने के लिये बकरे के अण्डकोष भी लगाये गये थे। उल्लेख है कि भगवान शिव ने प्रजापति दक्ष के धड पर प्रतीक स्वरुप बकरे का सिर लगा कर उसे जीवन दान दे दिया था।

वास्तव में प्राचीन भारतीय चिकित्सक भी उपचार में अत्यन्त अनुभवी तथा अविष्कारक थे। वह रुग्ण अँगों को काट कर दूसरे अँगों का प्रत्यारोपण कर सकते थे, गर्म तेल और कप आकार की पट्टी से रक्त स्त्राव को रोक सकते थे। उन्हों ने कई प्रकार के शल्य यन्त्रों का निर्माण भी किया था तथा शिक्षार्थियों को सिखाने के लिये लाक्ष या मोम को किसी पट पर फैला कर शल्य क्रिया का अभ्यास करवाया जाता था। इस के अतिरिक्त सब्जियों तथा मृत पशुओं पर भी शल्य चिकित्सा के लिये प्रयोगात्मक अभ्यास करवाये जाते थे। भारतीय शल्य चिकित्सा चीन, श्रीलंका तथा दक्षिण पूर्व ऐशिया के द्वीपों में भी फैल गयी थी।

शारीरिक ज्ञान–

अँग विज्ञान चिकित्सा विज्ञान का आरम्भ है। ईसा से छठी शताब्दी पूर्व ही भारतीय चिकित्सकों नें स्नायु तन्त्र आदि का पूर्ण ज्ञान उल्लेख कर दिया था। उन्हें पाचन प्रणाली, उस के विभिन्न पाचक द्रव्यों तथा भोजन के द्वारा पौष्टिक तत्त्वों और रक्त के निर्माण की पूर्ण जानकारी थी।

ऋषि पिपलाद कृत 'गर्भ-उपनिषद' के अनुसार मानव शरीर में 180 जोड, 107 मर्मस्थल, 109 स्नायुतन्त्र, और 707 नाडियाँ, 360 हड्डियाँ, 500 मज्जा (मैरो) तथा 4.5 करोड सेल होते हैं। हृदय का वजन 8 तोला, जिव्हा का 12 तोला और यकृत (लिवर) का भार ऐक सेर होता है। स्पष्ट किया गया है कि यह मर्यादायें सभी मानवों में एक समान नहीं होतीं क्योंकि सभी मानवों की भोजन ग्रहण करने और मल-मूत्र त्यागने की मात्रा भी एक समान नहीं होती।

भारतीय चिकित्सकों ने संतान नियोजन का वैज्ञानिक ज्ञान उल्लेख कर दिया था। उन के मतानुसार मासिक स्त्राव के प्रथम बारह दिनों में गर्भ नहीं ठहरता। गर्भ-उपनिषद में गर्भ तथा भ्रूण विकास सम्बन्धी जो समय तालिका दी गयी है वह आधुनिक चिकित्सा ज्ञान के अनुकूल है। कई प्रकार के आहार और उपचार जन्म से पूर्व लिंग परिवर्तन सें सक्षम बताये गये हैं। एक अन्य 'त्रिशिख-ब्राह्मणोपनिषद' में तो शरीरिक मृत्यु समय के लक्षण भी आलेखित किये गये हैं जैसे कि प्राकृतिक मुत्यु काल से पूर्व संवेदनायें शरीर से समाप्त होने लगती है। एक वर्ष पूर्व-पैरों के तलवों तथा हाथ पाँव के अँगूठों से, छः मास पूर्व-हाथ की कलाईयों तथा पाँव के टखनों से, एक मास पूर्व-हाथ की कोहनियों से, एक पखवाडा पूर्व-आँखों से संवेदनायें नष्ट हो जाती हैं। स्वाभाविक मृत्यु से दस दिन पूर्व-भूख पूर्णत्या नष्ट हो जाती है, पाँच दिन पूर्व-नेत्र ज्योति में जूगनु की चमक जितनी क्षमता रह जाती है, तीन दिवस पूर्व-अपनी ही नासिका की नोक दिखाई नहीं पडती और दो दिवस पूर्व-आँखों के सामने ज्योति दिखाई देनी बन्द हो जाती है। कोई चिकित्सक चाहे तो उपरोक्त आलेखों की सत्यता को आज भी आँकड़े इकट्ठे कर के परख सकता है।

जडी बूटी उपचार–

भारत में कई प्रकार के धातु तथा उन के मिश्रण, रसायन और वर्क आदि भी औषधि के तौर पर प्रयोग किये जाते थे। भारतीय चिकित्सा का ज्ञान मध्यकाल में अरब वासियों के माध्यम से यूरोप गया। कीकर बबूल की गोंद लगभग दो हजार वर्ष से घरेलू उपचार की भाँति कई रोगों के निवारण में प्रयोग की जाती रही है। गुगल का प्रयोग ईसा से 600 वर्ष पूर्व मोटापा,

गठिया, तथा अन्य रोगों का उपचार रहा है। पुर्तगालियों ने भी कई भारतीय उपचार अपनाये जिन में त्वचा के घावों को भरने और उन्हें ठण्डा रखने के लिये घावों पर हल्दी का लेप करना मुख्य था। चूलमोगरा की छाल, हरिद्रा तथा पृश्निपर्णीः कुष्ट रोग का पूर्ण निवारण करने में सक्षम हैं। भृंगशिराः (क्षयरोग), रोहणिवनस्पति (घाव भरने के लिये), कैथ (वीर्य वृद्धि के लिये) तथा पिप्पली क्षिप्त वात रोग निवारण के साथ सभी रोगों को नष्ट कर के प्राणों को स्थिर रखने में समर्थ औषधि है। भारत के प्राचीन उपचार आज भी सफलता के कारण पाश्चात्य चिकित्सकों के मन में भारतीय चिकित्सा पद्धति के प्रति ईर्ष्या का कारण बने हुये हैं।

प्राचीन भारत के चिकित्साल्य–

सर्वप्रथम भारतीयों नें जन साधारण के लिये चिकित्सालयों का निर्माण किया था जो राजकीय सहायता और धनिकों के निजी संरक्षण से चलाये जाते थे। रोगियों की सेवा सर्वोत्तम सेवा समझी जाती थी। चीनी पर्यटक फाह्यान के पाटलीपुत्र के उल्लेख के अनुसार–वहाँ कई निर्धन रोगी अपने उपचार के लिये आते थे जिन को चिकित्सक ध्यानपूर्वक देखते थे तथा उन के भोजन तथा औषधि की देख भाल करी जाती थी। वह निरोग होने पर ही विसर्जित किये जाते थे।

स्वास्थ्य तथा चिकित्सा के सामाजिक नियम

भारतीय समाज में पुरुष की परीक्षा विवाह से पूर्व अनिवार्य थी। मनुस्मृति में तपेदिक, मिर्गी, कुष्ठरोग, तथा सगोत्र से विवाह सम्बन्ध वर्जित किया गया है।

छुआछूत का प्रचलन भी स्वास्थ्य के कारणों से जुड़ा है। अदृश्य रोगाणु रोग का कारण है यह धारणा भारतीयों में यूरोप वासियों से बहुत काल पूर्व ही विकसित थी। आधुनिक मेडिकल विज्ञान जिसे 'जर्म थियोरी' कहता है वह शताब्दियों पूर्व ही मनु तथा सुश्रुत के विधानों में प्रमाणिक्ता पा चुकी थी। इसीलिये हिन्दू धर्म के सभी विधानों सें शरीर, मन, भोजन तथा स्थल की सफाई को विशेष महत्त्व दिया गया है।

मनुसमृति में सार्वजनिक स्थानों को गन्दा करने वालों के प्रति मानवीय भावना रखते हुये केवल चेतावनी देकर छोड देने का विधान है परन्तु मनु महाराज ने अयोग्य झोला छाप चिकित्सकों को दण्ड देने का विधान भी इस प्रकार उल्लेखित कर दिया था:-

आपद्गतोतवा वृद्धा गर्भिणी बाल एव वा।
परिभाषणमर्हन्ति तच्च शोध्यमिति स्थितिः॥
चिकित्सकानां सर्वेषां मिथ्या प्रचरतां दमः।
अमानुषेषु प्रथमो मानषेषु तु मध्यमः॥ (मनुस्मृति 9-283-284)

जो किसी प्रकार के रोग आदि आपत्तियों में फँसा हो, अथवा वृद्धा, गर्भिणी स्त्री, बालक, यदि रास्ते में मल आदि का उत्सर्ग करें तो वह दण्डनीय नहीं हैं। उन को केवल प्रतारण मात्र कर के उन से मलादि को रास्ते से साफ करा दें, यही शास्त्रीय व्यवस्था है। वैद्यक शास्त्र के बिना अध्ययन किये झूठे वैद्य हो कर विचरने वालों को, जो पशुओं की चिकित्सा में अयोग्य हों उन्हें प्रथम साहस, मनुष्यों के चिकित्सा में अयोग्य हों तो मध्यम साहस का दण्ड दें।

भारतीय चिकित्सा के सिद्धान्त–

आयुर्वेद का अर्थ है–"दीर्घायु का विज्ञान।"

भारतीय चिकित्सा पद्धति तीन रसों-कफ, वात और पित्त के सिद्धान्तों पर आधारित है। इनके संतुलन से ही व्यक्ति स्वस्थय रहता है।

'युक्ताहार विहारच्श्र' अर्थात् आहार-विहार उपयुक्त होना चाहिए। स्वच्छ वायु और प्रकाश का महत्त्व समझा गया था। प्राचीन औषधकोश में पशु, वनस्पति और खनिज सभी सम्मिलित थे। छौलमुग्र वृक्ष का तेल कुष्ठ रोग की औषधि माना जाता था और यह आज भी इस रोग की चिकित्सा का आधार है।

ऋग्वेद का नवां मण्डल सोम की स्तुति है। सोम मुख्य औषधि हैं। 10वें मण्डल (सूक्त 9) के ऋषि कहते हैं। "सृष्टि के प्रारम्भ में देवों द्वारा पैदा की गई औषधियों के 10 स्थानों की हमकों जानकारी है। ये औषधियाँ सैकड़ो हैं, जैसे घोड़ा तेज चलता है, वैसे ही ये औषधियाँ रोग हर लेती हैं।" अश्विनी कुमारों ने बूढ़े च्यवन ऋषि को नवयौवन दिया था। विपश्ला को कृत्रिम पैर

लगाने का उल्लेख भी ऋग्वेद में है। वैदिक सूक्तों में अग्नि, रुद्र वरुण इन्द्र भी वैद्य हैं। अथर्ववेद में चिकित्सा विज्ञान का अच्छा खासा वर्णन है। यहाँ स्नायुतन्त्र और हृदय सहित समूचा देह-शास्त्र है और हजारों रोगों के उपचार का वर्णन है। अथर्ववेद, केन उपनिषद् व छान्दोग्य उपनिषद् में शरीर विज्ञान सम्बंधित महत्त्वपूर्ण जानकारियाँ हैं। ऐसी जानकारियाँ आधुनिक चिकित्सा विज्ञान द्वारा सही पाई गयीं हैं।

महाभारत शांतिपर्व (117.19-26) में दिलचस्प शरीर विज्ञान है। इसके अनुसार "शरीर पाँच महाभूतों पृथ्वी, जल, वायु, अग्नि और आकाश से बना है। त्वचा, माँस, हड्डी, मज्जा और स्नायुतंत्र-पाँच अँग पृथ्वी तत्त्व से हैं। तेज, क्रोध, आँख, ताप और भूख ये 5 अग्नि तत्त्व से निर्मित है। जल से कफ, पित्त, पसीना, चर्बी और रक्त ये पाँच हैं। वायु भी 5 तरह की है-प्राणवायु गतिशीलता करती है। व्यानवायु बल है। अपान नीचे सरकती है। समान वायु हृदय में रहती है। उदानवायु उच्छ्वास है, कण्ठ तालु और शिरस्थान को भेदकर ध्वनि देती है। आकाश के भी 5 स्थान है-कान, नाक, मुख, हृदय और कोशिकां। आकाश का गुण शब्द है, यह 7 प्रकार का होता है-पड्ज, ऋषम, गांधार, मध्यम, पंचम, धैवत और निषाद।" संगीत के सात सुर सा, रे, गा, मा, प, ध, नि इन्हीं सात का संक्षिप्त संकेत है। वाल्मीकि रामायण में भी शरीर की व्याधियों का उल्लेख है।

चरकसंहिता विश्व चिकित्सा विज्ञान की मूल पीठिका है। इसमें ऋग्वेद, अथर्ववेद और उपनिषद् ज्ञान की वैज्ञानिक परम्परा का आश्चर्यजनक विकास हुआ है। यहाँ सारा जोर उपनिषदों के तत्वदर्शन और सदाचार पर है। यूरोपीय चिकित्सा पद्धति रोगों का विश्लेषण करती है, उपचार सुझाती है। चरकसंहिता प्रारम्भ में ही रोग का कारण बताती है "काल, बुद्धि और इन्द्रिय विषयों का मिथ्यायोग अयोग, और अतियोग होना शरीर और मन की आधारभूत व्याधियों का त्रिविध संग्रह यहाँ निर्दिष्ट है।" यहाँ समय, बुद्धि और इन्द्रिय विषयों का मिथ्या योग, आयोग और अतियोग बीमारी का कारण है। प्राकृतिक जीवन, योग और सदाचार दीर्घजीवी होने के मार्ग हैं। प्रकृति तथ्य है, अतियोग, मिथ्यायोग विकृति है। इनसे बचते हुए प्रसन्नचित्त जीवन जीना ही उत्तम

स्वास्थ्य और दीर्घजीविता का विज्ञान है। गाँधीजी के सत्य के प्रयोगो और व्रत, उपवास आदि शारीरिक शुद्धीकरण के कार्यक्रमों में यही स्थापना है। भारतीय चिकित्साविज्ञान का जोर सदाचार पर है, यूरोपीय चिकित्सा विज्ञान का जोर उपचार पर है।

चरकसंहिता में अध्यात्म भी द्रव्य है। अध्यात्म द्रव्य के गुण भी बताए गए हैं। बताते हैं "मन, मन के विषय, बुद्धि यानी चक्षु, कान, नाक, जीभ एवं स्पर्श इन्द्रिय त्वचा और आत्मा यह सब अध्यात्म द्रव्य हैं।" यहाँ आँख, कान, नाक आदि द्रव्य नहीं इन्द्रियाँ है, इनके विषय ही द्रव्य है। आत्मा भी एक द्रव्य है। इन्हें समझने का विषय अध्यात्म है। यहाँ अध्यात्म आस्था नहीं विज्ञान है। आगे कहते हैं "मन का विषय अध्यात्म है, चिन्त्य विषय का समयोग, अतियोग, हीनयोग और मिथ्यायोग मन और मनोबुद्धि की प्रकृति और विकृति का कारण है।" इसलिए निर्देश है "मन सहित सभी इन्द्रियों को विकृति से बचाने के लिए प्रयत्नशील रहें। बुद्धि से भलीभांति विचार करें। ठीक कर्म करें। देश, काल, आत्मा के गुणों के विपरीत गुण वाले आहार विहार के सेवन से बचते हुए सद्वृत्ति का आचरण करें।" यहाँ सदाचरण पर ही जोर है।

चरक ने 'सद्वृत्ति' शब्द का इस्तेमाल किया है। आगे 'सद्वृत्ति' की परिभाषा है "देवता, गाय, विद्वान, आचार्य, वृद्ध, तपस्वी का सम्मान, आदर और अग्नि की उपासना, नियमित स्नान, आँख, कान, नाक, मुख, रोमकूप आदि मलाशयों की नियमित सफाई, केश कटाई करें। प्रसन्नचित्त रहें।" अच्छे स्वास्थ्य के लिए विद्वानों वृद्धों का सम्मान ध्यान देने योग्य है।

चरकसंहिता की विषय सूची लम्बी है। दीर्घ आयु पर बड़ा अध्याय है। आहार पर विशेष सामग्री है। ऋतुओं और उनके प्रभाव का विस्तृत वर्णन हैं। योग, व्यायाम की विशद् व्याख्या है। रोग प्रतिरोध का विशेष विवेचन है। इच्छा, अभिलाषा जैसे मनोवैज्ञानिक विषयों का सूक्ष्म विश्लेषण है। अन्न और औषधियों का व्यापक वैज्ञानिक विवेचन है। धूम्रपान, सुरापान का भी गहन अध्ययन है। हृदयरोगों पर पूरा एक अध्याय है। पाचनतंत्र, स्नायुतन्त्र और समूचे शरीर की अंत:रचना पर आश्चर्यजनक वैज्ञानिक सामग्री है। बेशक आधुनिक चिकित्सा विज्ञान ने बड़ी उन्नति की है। बात टेस्टट्यूब बेबी तक

पहुँच गयी है। ताजा शोध भौचक करते हैं लेकिन मनुष्य का समग्र अध्ययन विवेचन अधूरा है। आधुनिक शोधार्थियों के पास अत्याधुनिक उपकरण हैं। यहाँ आधारभूत साहित्य है। चरकसंहिता के रचनाकाल और उसके भी पहले वैदिक काल में ऐसे उपकरणों का अभाव था बावजूद इसके प्राचीन विद्वानो के विश्लेषण चौकानें वाले हैं।

आयुर्वेद आयु का वेद है। प्राचीन चिकित्सा विज्ञान का उद्देश्य कारोबार या व्यापार नहीं था। मनुष्य को रोगरहित दीर्घजीवी बनाना ही आयुर्विज्ञान का लक्ष्य था। वैद्य समाजसेवी थे। तब ज्ञानी वैद्य ही सम्मान का पात्र था। चरक बताते हैं, "जो चिकित्सक रोगी की परीक्षा देशकाल के अनुसार करता है व उचित मात्रा में औषधियों के योग को जानता है वही उत्तम वैद्य है।" तब नकली चिकित्सक भी रहे होंगे। आधुनिक काल में इनकी भरमार है। अयोग्य चिकित्सक खतरनाक होते हैं। चरकसंहिता में कहते हैं "इन्द्र का वज्र शिर पर गिरे तो शायद मनुष्य बच सकता है लेकिन मूर्ख वैद्य की दवाई से कोई नहीं बच सकता।" ऐसे नकली वैद्य के सामाजिक बहिष्कार का भी निर्देश है, "बिना ज्ञान ही स्वयं को विद्वान् समझने वाला बिना सोचे समझे औषधि देता है, यह अधर्मी, पापी, साक्षात्, यमराज है ऐसे वैद्य से बातचीत करना भी पाप है। उससे संभाषण करने वाला नरक जाता है।" नरक जाता हो, न जाता हो लेकिन उसकी बातों में फँसकर दवा लेकर मृत्यु मार्ग को तो जाता ही है।

चरक ने अच्छे वैद्य की 4 वृत्तियाँ बताई हैं प्राणिमात्र से मित्रता, रोगियों पर दयाभाव, प्रेमपूर्वक चिकित्सा करना और चौथी वृत्ति है असाध्य रोगों में रोग की उपेक्षा। लेकिन चरक संहिता में धनलोभी वैद्य की जोरदार निन्दा की गयी है, "सर्प का विष पीकर प्राण गँवाना, उबाले हुए ताम्र जल को पीकर अपना शरीर नष्ट करना या अग्नि में तपाए हुए लोहे के गोले को खा लेना अच्छा है लेकिन रोग से दुखी, शरण में आए रोगी से अन्न और धन लेना अच्छा नहीं है।" भारत की यही चिकित्सा पद्धति और इसके आदर्श अरब पहुँचे। अरबों से यूनान होते हुए सारी दुनिया में प्रतिष्ठित हुए। पश्चिम की सभ्यता समर्थकों ने आदर्श छोड़ दिये। चिकित्सा मुनाफे का व्यवसाय बनी।

सरकारी स्वास्थ्य सेवाएँ रुग्ण हैं। निजी चिकित्सा केन्द्र मुनाफाखोर व्यवसाय बन गये हैं। निजी प्रैक्टिस वाले डाक्टर महँगे हैं। प्राचीन भारतीय परम्परा का चिकित्सक आदरणीय था। राष्ट्र का लोकमंगल उसका लक्ष्य था।

स्वास्थ्य पेशेवरों द्वारा प्रदान की जाती हैं जिनका चिकित्सा उपचार या देखभाल चाहने वाले रोगी के साथ पहला संपर्क होता है। ये चिकित्सक कार्यालयों, क्लीनिकों, नर्सिंग होम, विद्यालयों, गृह दौरे और रोगियों के समीप अन्य स्थानों में होते हैं। लगभग 90% चिकित्सा दौरों का उपचार प्राथमिक देखभाल प्रदाता द्वारा किया जा सकता है। इनमें तीव्र और पुरानी बीमारियों का उपचार, सभी उम्र और दोनों लिंगों के लिए निवारक देखभाल और स्वास्थ्य शिक्षा शामिल है।

माध्यमिक देखभाल चिकित्सा सेवाएँ चिकित्सा विशेषज्ञों द्वारा उनके कार्यालयों या चिकित्सालय में या स्थानीय सामुदायिक अस्पतालों में उन रोगी के लिए प्रदान की जाती हैं जिसे प्राथमिक देखभाल प्रदाता द्वारा संदर्भित किया गया है जिसने पहले रोगी का निदान या उपचार किया था। रेफरल उन रोगियों के लिए किया जाता है जिन्हें विशेषज्ञों द्वारा निष्पादित विशेषज्ञता या प्रक्रियाओं की आवश्यकता होती है। इनमें औषधालय देखभाल और अंतरंग रोगी सेवाएँ दोनों, आपातकालीन विभाग, गहन देखभाल दवा, शल्यचिकित्सा सेवाएँ, भौतिक चिकित्सा, प्रसवपीड़ा और प्रसव, एंडोस्कोपी इकाइयाँ, नैदानिक प्रयोगशाला और मेडिकल इमेजिंग सेवाएँ, धर्मशाला केंद्र तृतीयक देखभाल चिकित्सा सेवाएँ विशेषज्ञ अस्पतालों या क्षेत्रीय केंद्रों द्वारा प्रदान की जाती हैं जो नैदानिक और उपचार सुविधाओं से लैस है और स्थानीय अस्पतालों में आमतौर पर उपलब्ध नहीं होती हैं। इनमें ट्रॉमा केंद्र, बर्न ट्रीटमेंट केंद्र, उन्नत नैनोटेक्नोलोजी इकाई सेवाएँ, अँग प्रत्यारोपण, उच्च जोखिम वाली गर्भावस्था, विकिरण।

चिकित्सा–

चिकित्सा, रोगनिवारण और रोगहरण की एक विधि एवं कला तथा वैद्यक के महत्त्व की एक शाखा है। इसके उद्देश्य स्वास्थ्यरक्षण, रोगनिवारण,

रोगउन्मूलन, रोगों के उपद्रवों और दुष्परिणामों के निराकरण और यदि निराकरण न हो तो यथाशक्ति शमन है।

एक्युप्रेशर योग नेचुरोपैथी काउंसिल नेचु आजलालपुर के संस्थापक डा0 श्री प्रकाश बरनवाल का कहना है कि "चिकित्सक चिकित्सा करता है और प्रकृति रोगहरण करती है"। रोगों से बचने की रोगियों में शक्ति होती है, जिससे दवा न करने पर भी असंख्य रोगी नीरोग हो जाते है। चिकित्सा ऐसी होनी चाहिए कि वह रोगहरण की शक्तियों में कोई बाधा न डाले, वरन् उसमें सहयोग दे। इसके लिये चिकित्साकर्म में अत्यन्त व्यग्रता न दिखानी चाहिए और न रोगियों को नैसर्गिक शक्ति के भरोसे ही छोड़ना, या उत्साहहीन चिकित्सा करनी चाहिए।

स्वास्थ्य को बनाए रखना और रोग तथा महामारियों को उत्पन्न न होने देना रोग निवारक चिकित्सा (preventive therapy)के अंतर्गत आता है। रोग हो जाने पर उसके नाश के लिये की जानेवाली चिकित्सा को रोगहारक चिकित्सा (curative therapy) कहते हैं। जब रोगविज्ञान, विकृतिविज्ञान, द्रव्यगुण विज्ञान इत्यादि विषयों के सम्यक् ज्ञान पर चिकित्सा अधिष्ठित होती है तब उसे युक्तिमूलक चिकित्सा (rational therapy) कहते हैं। परम्परागत अनुभव चिकित्सा का आनुभाविक (empirical) चिकित्सा कहते हैं। चिकित्सा रोगहारक (radical), लाक्षणिक (nonspecific) हो सकती है।

(1) रोगोन्मूलक तथा निवारक,

(2) घटना नियंत्रक तथा सुधारक,

(3) अभावपूरक,

(4) विकारक तथा विकृत अँगों के निष्कासक,

(7) सुजनन, सुपोषण सुसंतान तथा परिवारनियोजन।

(5) कुरुपता तथा असमर्थता के निवारक,

(6) क्षतांगों के प्रतिस्थापक एवं विकलांगों के पुनर्वासक और विभिन्न प्रकार की आंत्र यक्ष्मा तथा फुफ्फुस यक्ष्मा की चिकित्सा तथा अन्य नैदानिक कार्यों में उपयोगी, मूलतः सिद्धांत पर आधारित चिकित्सा के तीन प्रकार हैं:

यौक्तिक चिकित्सा (रेशनल थिरैपी), मनोदैहिक चिकित्सा (psychophysical therapy) तथा आनुभविक चिकित्सा (Empiric therapy)। यौक्तिक चिकित्सा में रोग के कारणों एवं रोगी के कायिक तथा मानसिक परिवर्तनों को समझकर, ज्ञात प्रभाव की औषधियों अथवा साधनों का उपयोग किया जाता है। मनोदैहिक चिकित्सा में विशिष्ट मनः चिकित्सा और विश्वासमूलक चिकित्सा दोनों सम्मिलित हैं। प्रथम के विस्तारों में नाना प्रकार के मनोविश्लेषण वैविध्य है तथा दूसरे में प्लैसेबो (Placebo) सदृश निष्प्रभाव औषधियाँ और झाड़-फूँक प्रभृति प्रयोग आते हैं। आनुभविक चिकित्सा में ज्ञात लाक्षणिक प्रभावों के बल पर औषधियों का प्रयोग करते हैं किन्तु शरीर में दवा किस प्रकार काम करती है, इसक पता नहीं होता। चिकित्सा शब्द के साथ विशेष साधनों के नाम लगाने से विशेष ओषधीय प्रयोगों का बोध होता है, जैसे जलचिकित्सा, विद्युतचिकित्सा, डायथर्मी (Diathermy) चिकित्सा आदि।

चिकित्सा की शाखाएँ–

प्राचीन काल में मनुष्य सूर्यप्रकाश, शुद्ध हवा, जल, अग्नि, मिट्टी, खनिज, वनस्पतियों की जड़, छाल, पत्ती आदि द्रव्यों से अनुभव के आधार पर चिकित्सा करता था। इनके गुणधर्म उसे मालूम न थे। इसी प्रकार, रोगों का ज्ञान न होने से, वे रोगों के उत्पन्न होने का कारण देवताओं का कोप समझते थे और उन्हें प्रसन्न करने का मंत्र-तंत्रों से प्रयत्न करते थे। पीछे जैसे जैसे रोगों का ज्ञान बढ़ा, दैवी चिकित्सा का जोर घटता गया और आनुभविक चिकित्सा का विस्तार होता गया। पीछे मैकेंजी (Mackenzie), कोख (Koch), एरलिच (Ehrlich) इत्यादि के परिश्रम और सूक्ष्म अवलोकन से आनुभविक चिकित्साद्रव्यों की मूलकता सिद्ध हो गई और अनेक नए द्रव्य आविष्कृत हुए। 20वीं शताब्दी तक चिकित्सा बहुत अधिक विकसित हो गई। आज चिकित्सा की अनेक शाखाएँ बन गई हैं, जिनमें निम्नलिखित विशेष उल्लेखनीय हैं:-

रोगनिवारक चिकित्सा–

इसमें स्वच्छता, जलशोधन, मोरीपनाले के पानी और मल का विनाश, मक्खी, मच्छर तथा रोगवाहक अन्य कीटों का विनाश, रोगियों को अलगाया जाना, विसूचिकादि रोगों के टीके, त्रुटिजन्य रोगों के लिये त्रुटि द्रव्यों का वितरण,

यक्ष्मा, रति रोग, गर्भिणी स्त्रियों तथा बालकों के लिये निदानिकाओं (chinics), की स्थापना, बच्चों के लिये दूध के वितरणादि का समावेश होता है।

मनश्चिकित्सा (Psychotherapy)–

मानसिक विकारों से उत्पन्न शारीरिक विकारों के लिये यह चिकित्सा होती है। अनेक शारीरिक रोग मानसिक चिकित्सा से दूर हो जाते हैं। इसके लिये ईश्वर पर श्रद्धा रखना, पूजा पाठ पर विश्वास रखना, मनोरजंनार्थ गायन, वादन, रम्य-दृश्य-दर्शन आदि मन को शान्त और प्रसन्न रखने वाले उपाय अच्छे होते हैं।

औषधि चिकित्सा (Drug therapy)–

इसमें विविध औषधियों का सेवन कराया जाता है। अनेक असाध्य रोगों की अचूक औषधियाँ आज बन गई हैं और निरन्तर बन रही हैं।

आहार चिकित्सा (Dieto therapy)–

अनेक रोग, जैसे मधुमेह, बृक्कशोथ, स्थूलता, जठरव्रण इत्यादि आहार से सम्बन्ध रखते हैं। इनका निवारण खाद्यों एवं पेयों के नियंत्रण से किया जा सकता है।

रसचिकित्सा (Chemotherapy)–

इसमें ऐसे रसद्रव्यों से चिकित्सा की जाती है जो मनुष्य के लिये विषैले नहीं होते, पर रोगाणुओं के लिये घातक होते हैं।

अंतःस्रावी चिकित्सा (Endocrine therapy)–

इसमें अंतःस्राव या संश्लिष्ट अंतःस्राव द्वारा रोगों का निवारण होता है।

यांत्रिक चिकित्सा (Mechano therapy)–

इसमें मालिश, कम्पन, विविध व्यायाम, स्वीडीय अंगायाम (Swedish movement) इत्यादि द्वारा चिकित्सा होती है।

जीवचिकित्सा (Biotherapy)–

इसमें सीरम, वैक्सीन, प्रतिविष इत्यादि द्वारा चिकित्सा होती है।

अन्य चिकित्साएँ–

इनमें शल्यकर्म, दहन चिकित्सा, विद्युत द्वारा चिकित्सा (Electro shock therapy), स्नान चिकित्सा, वायुदाब चिकित्सा (Aerotherapy), सूर्यरश्मि चिकित्सा, (Helio therapy) इत्यादि आती हैं।

चिकित्सा की रीतियाँ और प्राविधिकी–

चिकित्सा की सभी क्रियाओं के आठ विभाग किए जा सकते हैं:-

प्राथमिक कृत्य–

इसमें तात्कालिक या स्थितिक निदान, प्राथमिक उपचार, चिकित्सा क्षेत्र निर्धारण, छूतहे रोगियों का पृथक्करण इत्यादि हैं।

अस्पतालीकरण-

इसमें घातक तथा कठिन रोगों के रोगियों को उचित स्थान में रखकर जीवनरक्षा के आवश्यक उपायों के प्रयोग, नियमित पर्यवेक्षण तथा प्रयोग और यंत्रों की सहायता से निदान का प्रबन्ध किया जाता है। रोगियों का अस्पतालीकरण उनके घर पर भी होता है।

विसंक्रमण-

सभी प्रकार की शल्यक्रियाओं, इंजेक्शनों तथा प्रसव कार्यों के पूर्व चिकित्सकों की त्वचा तथा हाथों को रोगाणुविहीन बनाया जाता है। कटे हुए स्थानों में श्वास तथा स्पर्श से रोगाणुओं की पहुँच रोकने के लिये शल्यकारों का विशेष पहनावा, दस्ताने इत्यादि पहनना आवश्यक होता है। लोकस्वास्थ्य के हितकारी उपचारों में भी विविध प्रकार के विसंक्रमणों का बहुत महत्त्व है।

भेषजसेवन–

शीघ्र प्रभाव के लिये विभिन्न स्थितियों में औषधियों का उचित मात्रा में तथा उचित रीति से सेवन कराया जाता है। सेवन की सात प्रचलित रीतियाँ हैं: आंत्रेतर (Parenteral) इंजेक्शन, मुख, प्राकृतिक गुहाओं, श्वसनमार्ग तथा त्वचा द्वारा और किरणों तथा विकिरण से। यांत्रिक भेषजसेवन छ: प्रकार के

होते हैं: अधिचर्मीय, अंत: चर्मीय, अधस्त्वकीय, शिरामार्गीय, माँसमार्गीय तथा अंतरंगगत। इनमें से शिरामार्गीय और अंतरंगगत रीतियाँ बहुत निकट हैं तथा असाधारण स्थितियों में प्रयुक्त होती हैं।

शस्त्रोपचार तथा हस्तकौशल–

इनके प्रयोग रुग्ण अँगों को काटकर निकालने अथवा कुरुपता को सुधारने इत्यादि में शल्यकारों द्वारा तथा प्रसवकार्यों में इसके विज्ञों द्वारा किए जाते हैं।

आरोग्यांकन–

चिकित्साधीन रोगियों की साधारण रीति से, अथवा यंत्रों या प्रयोगशाला की सहायता से, जाँच कर उनकी अवस्था का पता लगाते रहना चिकित्सा का महत्त्वपूर्ण अँग है।

पुनर्वासन–

निरोग हुए, किन्तु सीमित सामर्थ्यवाले लोगों एवं विकलांगों के लिये भविष्य में स्वास्थ्यपूर्ण जीवनयापन के उपाय निश्चित करना भी चिकित्सा का आवश्यक अँग है।

चिकित्सोपरांत संपर्कस्थापन–

आधुनिक स्तर की पूर्ण चिकित्सा में नीरोग हुए मनुष्य से संपर्क रख, उसकी अवस्था की जानकारी रखना तथा आवश्यक सावधानी के आदेश देना भी संमिलित हैं।

विशेषज्ञता और चिकित्सा परिचालन–

पहले वैद्यक, शल्यकर्म, तथा प्रसूतिविद्या पृथक-पृथक् थीं। बाद में इन्हें एक साथ सूत्रबद्ध किया गया। किन्तु ज्ञान का विस्तार और तकनीकी में आश्चर्यजनक वृद्धि होने के कारण, वर्त्तमान काल में विशिष्टकरण (स्पेशलाइजेशन) अनिवार्य हो गया। फिर भी संक्रमण तथा विंसक्रमण के विचार, अद्यतन ढगों से औषधियों के प्रयोग, विश्राम तथा व्यायाम के प्रयोग, विश्राम तथा व्यायाम के प्रयोग इत्यादि बातें सब रोगों या विकृतियों के उपचार में एक से ही सिद्धांतों पर आधारित हैं।

चिकित्सा और प्रकृति की शक्ति–

रोग दूर करने में प्रकृति की शक्ति ही मुख्य है। हिपाक्रेटीज के काल से आज तक रोगनिवारण के लिये चिकित्सक इसी शक्ति का उपयोग करते आए हैं। वे आधुनिक साधनों का तभी प्रयोग करते हैं, जब वे देखते हैं कि प्रकृति को सहारे या सहायता की आवश्यकता है।

प्राचीन भारत में शल्य चिकित्सा–

प्राचीन भारतीय चिकित्सा प्रणाली अपने समय में अपने समयानुसार अति उन्नत अवस्था में थी। भारतीय चिकित्सा के मूलतः तीन अनुशासन थे–

1. काय चिकित्सा (मेडीसिन)-जिसके मुख्य प्रतिपादक ऋषि-चरक, अत्रि, हारीति व अग्निवेश आदि थे।
2. शल्य चिकित्सा-(सर्जरी) मुख्य शल्यक थे-धन्वन्तरि, सुश्रुत, औपधेनव, पुषकलावति।
3. स्त्री एवम बाल रोग-(ओब्स. गायनिक्स एवं पीडियाट्रिक्स) जिसके मुख्य ऋषि कश्यप थे।

सुश्रुत के समय प्रयोग होने वाली शल्य-क्रिया विधियाँ

1. आहार्य–ठोस वस्तुओंको शरीर से निकालना (Extraction-foren bodies).
2. भेद्य–काटकर निकालना (Excising).
3. छेद्य–चीरना (incising)
4. एश्य शलाका डालना आदि (Probing)
5. लेख्य–स्कार, टेटू आदि बनाना (Scarifying)
6. सिव्य–सिलाई आदि करना (suturing)
7. वेध्य–छेदना आदि (puncturing etc)
8. विस्रवनिया–जलीय अप-पदार्थों को निकालना (Tapping body fluids)

शल्य क्रिया पूर्व कर्म (प्री–आपरेटिव क्रिया)–रात्रि को हलका खाना, पेट, मुख, मलद्वार की सफाई, ईश–प्रार्थना, सुगन्धित पौधे, बत्तियाँ–नीम, कपूर. लोबान आदि जलाना ताकि कीटाणु की रोकथाम हो।

शल्योपरान्त कर्म–रोगी को छोडने से पूर्व ईश–प्रार्थना, पुल्टिस लगाकर घाव को पट्टी करना, प्रतिदिन नियमित रूप से पट्टी बदलना जब तक घाव भर न जाय, अधिक दर्द होने पर गुनगुने घी में भीगा कपडा घाव पर रखा जाता था।

सुश्रुत के समय प्रयुक्त शल्य क्रिया के यन्त्र व शस्त्र - (Instuments& Equppements)–कुल 125 औजारों का सुश्रुत ने वर्णन किया है-

(अ)–यन्त्र–(अप्लायन्स)–105–स्वास्तिक (फोर्सेप्स)-24 प्रकार; सन्डसीज (टोन्स)-दो प्रकार; ताल यन्त्र (एकस्ट्रेक्सन फोर्सेप्स)-दो प्रकार; नाडी यन्त्र (केथेटर आदि)-20 प्रकार; शलाक्य (बूझी आदि)-30 प्रकार; उपयन्त्र-मरहम पट्टी आदि का सामान; कुल 104 यन्त्र; 105 वाँ यन्त्र शल्यक का हाथ।

(ब)–शस्त्र-(इन्सट्रूमेन्ट्स)–20-इन्स्ट्रूमेन्ट्स सभी परिष्क्रत लोह (स्टील के बने होते थे। किनारे तेज, धार-युक्त होते थे, वे लकडी के बक्से में, अलग-अलग भाग बनाकर सुरक्षित रखे जाते थे।

अनुशस्त्र–(सब्स्टीच्यूड शस्त्र)–बम्बू, क्रस्टल ग्लास, कोटरी, नेल, हेयर, उन्गली आदि भी घाव खोलने में प्रयुक्त करते थे।

निश्चेतना (एनस्थीसिया)–बेहोशी के लिये सम्मोहिनी नामक औषधियाँ व बेहोशी दूर करने के लिये संजीवनी नामक औषधियाँ प्रयोग की जाती थीं।

चिकित्सा विज्ञान फलसमन्वित ऐसा शास्त्र है, जिसमें ऐसे उपायों के उपयोगों का वर्णन है जो लोकस्वास्थ्य तथा वैयक्तिक स्वास्थ्य की दृष्टि से, शरीर सम्बन्धी सभी अवस्थाओं में आवश्यक होता है चिकित्सा शास्त्र के क्षेत्र में प्राचीन भारतीयों की उपलब्धियाँ उल्लेखनीय रहीं हैं।

पशु चिकित्सा शास्त्र

पशुपालन शब्द से साधारणतया स्वस्थ पशुओं के वैज्ञानिक ढँग से आहार, पोषण, प्रजनन, एवं प्रबन्ध का बोध होता है। पाश्चात्य देशों में पशुपालन एवं पशुचिकित्सा दोनों भिन्न-भिन्न माने गए हैं पर भारत में ये दोनों एक दूसरे के सूचक समझे जाते हैं।

इतिहास–

प्राचीन नगर वैशाली में अशोक स्तम्भ, जिस पर मानवों के साथ-साथ पशुओं के लिये भी चिकित्सालय बनवाने का उल्लेख है।

शालिहोत्र की पाण्डुलिपि के पन्ने–

भारत के प्राचीन ग्रन्थों से पता लगता है कि पशुपालन वैदिक आर्यों के जीवन और जीविका से पूर्णतया हिल मिल गया था। पुराणों में भी पशुओं के प्रति भारतवासियों के अगाध स्नेह का पता लगता है। अनेक पशु देवी देवताओं के वाहन माने गए हैं। इससे भी पशुओं के महत्त्व का पता लगता है। प्राचीन काव्यग्रन्थों में भी पशुव्यवसाय का वर्णन मिलता है। बड़े बड़े राजे महाराजे तक पशुओं को चराते और उनका व्यवसाय किया करते थे। ऐसा कहा जाता है कि पांडव बंधुओं में नकुल ने अश्वचिकित्सा और सहदेव ने गोशास्त्र नामक पुस्तकें लिखी थीं। ऐतिहासिक युग में आने पर अशोक द्वारा स्थापित पशुचिकित्सालय का स्पष्ट पता लगता है। कौटिल्य ने अपने अर्थशास्त्र में अश्वों एवं हाथियों के रोगों की चिकित्सा के लिए सेना में पशुचिकित्सकों की नियुक्ति का उल्लेख किया है। अश्व, हाथी एवं गौर जाति के रोगों पर विशिष्ट पुस्तकें लिखी गई थीं, जैसे जयदत्त की अश्वविद्या तथा पालकण्य की

हस्त्यायुर्वेद। पर पशुचिकित्सा के प्रशिक्षण के लिए विद्यालयों के सबंध में कोई सूचना नहीं मिलती।

विदेशों में भी पशुओं का महत्त्व बहुत प्राचीन काल में समझ लिया गया था। ईसा से 1900–1800 वर्ष पूर्व के ग्रन्थों में पशुरोगों पर प्रयुक्त होनेवाले नुसखे पाए गए हैं। यूनान में भी ईसा से 500 से 300 वर्ष पूर्व के हिप्पोक्रेटिस, जेनोफेन, अरस्तू आदि ने पशुरोगों की चिकित्सा पर विचार किया था। ईसा के बाद गेलेन नामक चिकित्सक ने पशुओं के शरीरविज्ञान के सम्बन्ध में लिखा है। बिजैटिन युग में (ईसा से 5,508 वर्ष पूर्व से) पशुचिकित्सकों का वर्णन मिलता है। 18वीं और 19वीं शती में यूरोप में संक्रामक रोगों के कारण पशुओं की जो भयानक क्षति हुई उससे यूरोप भर में पशुचिकित्साविद्यालय खोले जाने लगे। पशुचिकित्सा का सबसे पहला विद्यालय फ्रांस के लीओन में 1762 ई. में खुला था।

पशुचिकित्सा विद्यालय–

पशुचिकित्सा भारत में पहले पहल 1827 ई. में पूना में सैनिक पशुचिकित्साविद्यालय स्थापित हुआ था। फिर 1882 ई. में अजमेर में ऐसा ही दूसरा विद्यालय स्थापित हुआ। पशुरोगों के निदान के लिए सर्वप्रथम प्रयोगशाला 1890 ई. में पूना में स्थापित हुई थी, जो पीछे मुक्तेश्वर में स्थानांतरित कर दी गई। आज भी यह भारतीय पशुचिकित्साशाला के नाम से कार्य कर रही है और आज पशुचिकित्सा सम्बन्धी अनेक खोजें वहाँ हो रही हैं। फिर धीरे धीरे अनेक नगरों में पशुचिकित्साविद्यालय खुले। ये विद्यालय बम्बई, कलकत्ता, मद्रास, पटना, हैदराबाद, मथुरा, हिस्सार, गोहाटी, जबलपुर, तिरुपति, बीकानेर, मऊ, भुवनेश्वर, त्रिचूर, बंगलौर, नागपुर, रुद्रपुर और राँची में हैं। विदेशों में प्रायः सब देशों में एक या एक से अधिक पशुचिकित्सालय हैं।

भारत में सभी पशुचिकित्सा महाविद्यालय विश्वविद्यालय से सम्बद्ध हैं, जहाँ शिक्षार्थियो को उपाधियाँ दी जाती हैं। कुछ विद्यालयों में स्नातकोत्तर उपाधियाँ भी दी जाती हैं।

पशुचिकित्सा विद्यालयों में पशुचिकित्सक तैयार होते हैं। इन्हें विभिन्न वर्गों के जीवों के स्वास्थ्य और रोगों की देखभाल करनी पड़ती है। इन जीवों

की शरीररचना, पाचनतंत्र, जननेंद्रिय, इत्यादि का तथा इनके विशेष प्रकार के रोगों और औषधोपचार का अध्ययन करना पड़ता है। पहले केवल घोड़ों पर ध्यान दिया जाता था। पीछे खेती के पशुओं पर ध्यान दिया जाने लगा। फिर खाने के काम में आनेवाले, अथवा दूध देनेवाले पशुओं पर, विशेष ध्यान दिया जाने लगा है। ऐसे पशुओं में गाय, बैल, भैस, सूअर, भेड़, बकरी, कुत्ते, बिल्लियाँ और कुक्कुट हैं। मानव स्वास्थ्य की दृष्टि से माँस और दूध देनेवाले पशुओं और पक्षियों की चिकित्सा पर विशेष ध्यान दिया जा रहा है और यह अवश्य भी है क्योंकि रोगी पशुओं के माँस और दूध के सेवन से मनुष्यों के भी रोगग्रस्त होने का भय रहता है। प्राणिउद्यान तथा पशु पाकों में रखे घरेलू या जंगली पशुओं, पशुशालाओं, गोशालाओं और कुक्कुटशालाओं के पशुओं की भी देखभाल विकित्सकों को करनी पड़ती है।

पशुचिकित्सा का पाठ्यक्रम–

पशु–चिकित्सा–महाविद्यालयों की इंटरमीडिएट उत्तीर्ण छात्रों के लिए पाठ्यावधि भारत में चार वर्षों की है, जबकि अन्य देशों में मैट्रिक उत्तीण छात्रों के लिए पाँच से सात वर्षों की रखी गई है। पाठ्य विषयों को साधारणतया दो वर्गों में विभक्त किया गया है। एक पूर्वनैदानिक (pre&clinical) पाठ्यक्रम और दूसरा नैदानिक (clinical) पाठ्यक्रम।

पूर्वनैदानिक पाठ्यक्रम में जो विषय पढ़ाए जाते हैं, वे निम्नलिखित हैं–

1. **घरेलू जानवरों की सामान्य शरीररचना, ऊतिकी (histology)।**
2. **शरीर के अँगों एवं अवयवों का क्रियाविज्ञान (physiology)**
3. **औषध–प्रभाव–विज्ञान (Pharmacology)**
4. **सूक्ष्मजीवविज्ञान (Microbiology)**
5. **परजीवी विज्ञान (Parasitology)**
6. **शरीर–विकृति विज्ञान (Pathology)**
7. **पोषण (Nutrition)**
8. **आनुवंशिकी (Genetics)**

नैदानिक विषयों में हैं:

(1) भेषज विज्ञान, जिसमें नैदानिक और निवारक सभी प्रकार की औषधियाँ संमिलित हैं और इनका क्षेत्र पर्याप्त विस्तृत हैं;

(2) शल्य कार्य, जिसमें प्रसूतिविद्या, मादा-रोग-विज्ञान, घावों के उपचार, अस्थिभंग के उपचार, शरीरावयवों के उच्छेदन, एक्स किरण आदि आते हैं (कृत्रिम प्रजनन भी इसी के अंतर्गत आता है) तथा

(3) प्रसार जिसमें प्रसार के सिद्धांत और तरीके, व्यावहारिक समाजविज्ञान, अर्थशास्त्र, पशुचिकित्सा सम्बन्धी विविध विषयों की जानकारी दी जाती है।

पशुगणना–

घरेलू जानवरों के सही सही आँकड़े प्राप्त करना सर्वथा कठिन है। भारत में पशुधन और कुक्कुटों की प्रति वर्ष गणना की जाती है। सन् 1961 की गणना के अनुसार पशुओं की कुल संख्या 22.68 करोड़ है, जिसमें 17.56 करोड़ गोजातीय और 5.12 करोड़ भैंस जातीय है। संसार के समस्त गोजातीय पशुओं का लगभग छठा हिस्सा और भैंस जातियों का लगभग आधा हिस्सा भारत में है। बकरियों की संख्या छह करोड़, भेड़ों की संख्या चार करोड़, मुर्गी एवं बतखों की संख्या 12 करोड़ और घोड़ा, गधा, खच्चर, ऊँट एवं सूअर, कुल मिलाकर एक करोड़ हैं। भारत में दूध का कुल उत्पादन 50 करोड़ मन, घी का एक करोड़ मन और अण्डे का 140 करोड़ है।

हड्डी, बाल, खाल या चमड़ा, माँस तथा अंत: स्त्रावी उत्पादों का आर्थिक कई करोड़ों रुपए का हो जाता है। यदि हम इसमें पशुओं के श्रमदान का मूल्य भी जोड़ लें, तो उनका मूल्य अरबों तक पहुँच जायेगा।

पशु रोगों से होनेवाली क्षति के सही आँकड़े प्राप्त करना सम्भव नहीं है। परिमित आकलन के आधार पर भारत में इस क्षति को पशुधन के कुल मूल्य का 255 मान लें तो वह बहुत बड़ी रकम होगी। संयुक्त राज्य, अमरीका, जैसे प्रगतिशील देशों में 10 प्रतिशत के आधार पर इसका आंकलन किया गया है।

पशुरोग एवं उनका नियंत्रण–

रोगों से पशुधन की क्षति का प्रधान कारण परजीवियों का संचार है, जिससे उनमें उर्वरा शक्ति का ह्रास, दूध एव माँस के उत्पादन में कमी तथा निकृष्ट कोटि के ऊन का उत्पादन होता है। पशुरोगों में सबसे भयंकर पशुप्लेग (rinderpest), गलाघोंटू (heamoragic septicaemia), ऐंथ्रैक्स (anthrañ) तथा जहरबाद (black quarter) हैं। खुर एवं मुँह पका रोग यूरोपीय पशुओं के लिए भंयकर रोग हैं, पर भारत में नमक द्वारा उपचार से पशु प्रायः रोगमुक्त हो जाते हैं। जुताई के समय इस रोग के फैलने से काम ठप्प हो जाते हैं। ब्रूसेलोसिस (brucellosis) यक्ष्मा या क्षय रोग, जींस डिजीज, स्तनकोप या थनेजा (mastitis), नाभि रोग (navel diseases), कुछ ऐसे जीवाणु रोग हैं, जो पशुपालकों एवं पशुचिकित्सकों के लिए चिंता के कारण बन जाते हैं। परोपजीवी रोगों में फैशियोलिसिस (fasciolisis), शिस्टोसोमिएसिस (schistosomiasis), बेवेसिएसिस तथा कॉक्सिडिओसिस (coccidiosis) हैं।

उपचार न होने पर सर्रा (surra) रोग से ग्रसित पशु मर जाते हैं। अफ्रीकी अश्वरोग का प्रसार भारत में अन्य देशों से हुआ है। यह बहुत ही घातक बीमारी हैं। अश्वग्रन्थि (glanders) रोग का भारत से लगभग उन्मूलन हो चुका है। दमघोटू सामान्यतः नए कुक्कुटों की बीमारी है। यह रोग साधारणतः अच्छा हो जाता है लेकिन कभी कभी इस रोग से मुक्त हो जाने पर कुक्कुट निकम्मा हो जाता है।

भेड़ों की मृत्यु सामान्यतः गोटी और ब्रैक्सी (brañy) रोगों से हुआ करती है। भेड़ तथा अन्य मवेशियों के लिए उभयचूष रोग चिंताजनक बीमारी है। गोटी, हैजा एवं कौक्सिडिओसिस के कारण कुक्कुट पालन उद्योग को गहरी क्षति पहुँचती है। कुक्कुटों के सेलमोनेलोसिस (salmonelosis) से मनुष्यों को भी खतरा है। शूकर ज्वर या विशूचिका (Swine fever) तथा एरिसिपेलैस (erysipelas) सूअरों के प्रमुख रोग हैं। कुत्ते, बिल्लियों के रोगों में पिल्लों में भयानक संयतता, कुत्तों में रैबीज, अंकुश कृमि, पट्टकृमि, रक्तजीवरोग, लेप्टोस्पिरोसिस (leptospirosis) आदि प्रमुख रोग हैं।

रोगों के नियंत्रण के लिए स्वच्छता के नियमों का कठोर पालन, रोगग्रस्त पशुओं का पृथक्करण तथा आयात किए हुए पशुओं का संगरोधन (quarantine) आवश्यक है। रोग एवं परजीवियों से बचाव के लिए अधिक से अधिक पुष्टाहार तथा टीका एंव लसी चिकित्सा द्वारा पशुओं की प्राकृतिक तथा कृत्रिम प्रतिकार शक्ति में वृद्धि होती है। खुर एवं मुँहपका रोग, माता रोग, क्षय रोग आदि के अन्मूलन के लिए कतिपय अन्य देशों में रोगपीड़ित पशुओं का वध करने की नीति अपनाई गई है। कतिपय रोगों के लिए प्रतिजैविक पदार्थ (antibiotic) तथा रसायनचिकित्सा (chemotherapy) बहुत प्रभावकारी सिद्ध हुई है।

कतिपय पशुरोगों के लिए रोगाणुनाशक औषधियों को मिलाकर खिलाने से सूअर तथा कुक्कुट की उन रोगों से होनेवाली क्षति बहुत ही कम हो गई है।

पशु संचारित रोग–

कुछ रोग पशुओं से मनुष्यों को हो जाते हैं, ऐसे रोगों में ग्लैंडर्स, यक्ष्मा, ब्रूसेलोसिस, ऐंथ्रैक्स, प्लेग, सेलमोनेलोसिस, रैबीज (जलभीति), सिटेकोसिस, ऐस्परगिलोसिस (aspergillosis), मासिक रोग, क्यूफी वरगोटी (pox), अतिसार, लेप्टोस्पिरोसिस, आदि सामान्य रूप से पाए जानेवाले रोग हैं। दूषित माँस खाने से माँस के ऐल्कालायड विष का कुप्रभाव हो जाता है। उपभोक्ताओं के स्वास्थ्य की रक्षा के लिए पशुओं से प्राप्त होनेवाले खाद्य पदार्थों का पशुचिकित्सकों द्वारा सतत निरीक्षण सर्वथा आवश्यक है।

भारत में पशु चिकित्सा–

सम्राट अशोक ने जन साधरण के अतिरिक्त पशु पक्षियों के उपचार के लिये भी चिकित्सालयों का प्रावधान किया था। पशु पक्षियों के उपचार की राजकीय व्यवस्था की गयी थी जिस के फलस्वरुप भारत में पशु उपचार मानव उपचार की तरह ऐक स्वतन्त्र प्रणाली की तरह विकसित हुआ। पशु चिकित्सा के लिये पृथक् चिकित्सालय और विशेषज्ञ थे। अश्वों तथा हाथियों के उपचार से सम्बन्धित कई मौलिक ग्रन्थ उपलब्ध हैं–

विष्णु धर्महोत्रः महापुराण में पशुओं के उपचार में दी जाने वाली

प्राचीनत्तम औषधियों का वर्णन है। पाल्कयामुनि रचित हस्तार्यु वेद का उल्लेख यूनानी राजदूत मैगस्थनीज ने भी किया है और लिखा है कि विशेष उपचार से हाथियों की आयु भी बढायी जाती थी।

अश्व वैद्य ग्रन्थ के शालिहोत्र: उच्च कोटि के अश्वों की प्रजनन व्यवस्था के विशेषज्ञ थे।

रचिता हिप्पित्रेय जुदुदत्ता ने गऊओं के उपचार के बारे में विस्तरित विवरण दिये हैं।

भारत की उच्च चिकित्सा पद्धति की तुलना में उनके मतानुसार पक्षियों को दो श्रेणियों में विभाजित किया गया था। एक वह जिन में रक्तप्रणाली थी तथा दूसरे पक्षी रक्तहीन माने गये थे। क्या वैज्ञानिक दृष्टि से ऐसा सम्भव हो सकता है। इस की तुलना मनुस्मृति में समस्त पशु पक्षियों का उन के जन्म के आधार पर, शरीरिक अँगों के अनुसार तथा उन की प्रकृति के अनुसार विस्तरित ढँग से वर्गीकरण कर के जीवन श्रृंखला लिखी गयी है। इसके अतिरिक्त वाल्मीकि रामायण में भी समस्त प्राणियों की परिवार श्रृंखला उल्लेख की गयी है।

भारतीय ऋषियों तथा विशेषज्ञ्यों के प्राणी वर्गीकरण को केवल इसी आधार पर नकारा नहीं जा सकता कि उन का वर्गीकरण पाश्चात्य विशेषज्ञो के परिभाषिक शब्दों के अनुकूल नहीं है। भारतीय वर्गीकरण पूर्णत्या मौलिक तथा वैज्ञानिक है तथा हर प्रकार के संशय का निवारण करने पूर्णतया में सक्षम है।

प्राणी शास्त्र

भारतीय परम्परा के अनुसार सृष्टि में जीवन का विकास क्रमिक रूप से हुआ है। इसकी अभिव्यक्ति अनेक ग्रन्थों में हुई है। श्रीमद्‌भागवत पुराण में वर्णन आता है–

सृष्ट्वा पुराणि विविधान्यजयात्मशक्तया

वृक्षान् सरीसृपपशून् खगदंशमत्स्यान्।

तैस्तैर अतुष्टहृदयः पुरुषं विधाय

ब्रह्मावलोकधिषणं मुदमाप देवः ६(11-9-28 श्रीमद्‌भागवतपुराण)

विश्व की मूलभूत शक्ति सृष्टि के रूप में अभिव्यक्त हुई। इस क्रम में वृक्ष, सरीसृप, पशु, पक्षी, कीड़े मकोड़े, मत्स्य आदि अनेक रुपों में सृजन हुआ परन्तु उससे उस चेतना को पूर्ण अभिव्यक्ति नहीं हुई, अतः मनुष्य का निर्माण हुआ जो उस मूल तत्त्व का साक्षात्कार कर सकता था।

दूसरी बात, भारतीय परम्परा में जीवन के प्रारम्भ से मानव तक की यात्रा में 84 लाख योनियों के बारे में कहा गया। आधुनिक विज्ञान भी मानता है कि अमीबा से लेकर मानव तक की यात्रा में चेतना 1 करोड़ 44 लाख योनियों से गुजरी है। आज से हजारों वर्ष पूर्व हमारे पूर्वजों ने यह साक्षात्कार किया, यह आश्चर्यजनक है। अनेक आचार्यों ने इन 84 लाख योनियों का वर्गीकरण किया है।

समस्त प्राणियों को दो भागों में बाँटा गया है, योनिज तथा आयोनिज। दो के संयोग से उत्पन्न या अपने आप ही अमीबा की तरह विकसित होने वाले।

इसके अतिरिक्त स्थूल रूप से प्राणियों को तीन भागों में बांटा गया:-

1. जलचर-जल में रहने वाले सभी प्राणी।
2. थलचर-पृथ्वी पर विचरण करने वाले सभी प्राणी।
3. नभचर-आकाश में विहार करने वाले सभी प्राणी।

इसके अतिरिक्त प्राणियों की उत्पत्ति के आधार पर 84 लाख योनियों को चार प्रकार में वर्गीकृत किया गया-

1. जरायुज-माता के गर्भ से जन्म लेने वाले मनुष्य, पशु जरायुज कहलाते हैं।
2. अण्डज-अण्डों से उत्पन्न होने वाले प्राणी अण्डज कहलाये।
3. स्वदेज-मल, मूत्र, पसीना आदि से उत्पन्न क्षुद्र जन्तु स्वेदज कहलाते हैं।
4. उद्भिज-पृथ्वी से उत्पन्न प्राणियों को उद्भिज वर्ग में शामिल किया गया।

बृहत् विष्णु पुराण में संख्या के आधार पर विविध योनियों का वर्गीकरण किया गया-

1. स्थावर-20 लाख प्रकार
2. जलज-9 लाख प्रकार
3. कूर्म-भूमि व जल दोनों जगह गति ऐ 9 लाख प्रकार
4. पक्षी-10 लाख प्रकार
5. पशु-30 लाख प्रकार
6. वानर-4 लाख प्रकार
7. शेष मानव योनि में।

इसमें एक-एक योनि का भी विस्तार से विचार हुआ। पशुओं को साधारणत: दो भागों में बाँटा (1) पालतू (2) जंगली।

इसी प्रकार शरीर रचना के आधार पर भी वर्गीकरण हुआ।

इसका उल्लेख विभिन्न आचार्यों के वर्गीकरण के सहारे 'प्राचीन भारत में विज्ञान और शिल्प' ग्रन्थ में किया गया है।

इसके अनुसार

(1) एक शफ (एक खुर वाले पशु)-खर (गधा), अश्व (घोड़ा), अश्वतर (खच्चर), गौर (एक प्रकार की भैंस), हिरण इत्यादि।

(2) द्विशफ (दो खुर वाले पशु)-गाय, बकरी, भैंस, कृष्ण मृग आदि।

(3) पँच अँगुल (पाँच अँगुली) नखों (पँजों) वाले पशु-सिंह, व्याघ्र, गज, भालू, श्वान (कुत्ता), शृंगाल आदि। (प्राचीन भारत में विज्ञान और शिल्प-पृ. सं. 107-110)

डा. विद्याधर शर्मा 'गुलेरी' अपने ग्रन्थ संस्कृत में विज्ञान में चरक द्वारा किए गए प्राणियों के वर्गीकरण के बारे में बताते हैं।

चरक ने भी प्राणियों को उनके जन्म के अनुसार जरायुज, अण्डज, स्वेदज और उद्भिज वर्गों में विभाजित किया है (चरक संहिता, सूत्रस्थान, 27/35-54) उन्होंने प्राणियों के आहार-विहार के आधार पर भी निम्न प्रकार से वर्गीकरण किया है-

1. प्रसह-इस वर्ग में गौ, गदहा, खच्चर, ऊँट, घोड़ा, चीता, सिंह, रीछ, वानर, भेड़िया, व्याघ्र, पर्वतों के पास रहने वाले बहुत बालों वाले कुत्ते, बभ्रु, मार्जार, कुत्ता, चूहा, लोमड़ी, गीदड़, बाघ, बाज, कौवा, शशघ्री (ऐसे पक्षी जो शशक को भी अपने पँजों में पकड़ कर उठा ले जाते हैं) चील, भास, गिद्ध, उल्लू, सामान्य घरेलू चिड़िया (गौरेया), कुरर (वह पक्षी जो जल स्थित मछली को अपने नख से भेद कर उड़ा ले जाता है।)

2. भूमिशय-बिलों में रहने वाले जन्तु-सर्प (श्वेत-श्यामवर्ण का) चित्रपृष्ठ (जिसकी पृष्ठ चित्रित होती है), काकुली मृग-एक विशेष प्रकार का सर्प-मालुयासर्प, मण्डूक (मेंढक) गोह, सेह, गण्डक, कदली (व्याघ्र के आकार की बड़ी बिल्ली), नकुल (नेवला), श्वावित् (सेह का भेद), चूहा आदि।

3. अनूपदेश के पशु-अर्थात् जल प्रधान देश में रहने वाले प्राणी। इन में सूकर (महा शूकर), चमर (जिनकी पूँछ चँवर बनाने के काम आती है), गैण्डा, महिष (जंगली भैंसा), नीलगाय, हाथी, हिरण, वराह (सुअर) बारहसिंगा-बहुत सिंगों वाले हिरण सम्मिलित हैं।

4. वारिशय जल में रहने वाले जन्तु-कछुआ, केकड़ा, मछली, शिशुमार (घड़ियाल, नक्र की एक जाति) पक्षी। हंस, तिमिंगिल, शुक्ति (सीप का कीड़ा), शंख, ऊदबिलाव, कुम्भीर (घड़ियाल), मकर (मगरमच्छ) आदि।

5. वारिचारी-जल में संचार करने वाले पक्षी-हंस क्रौञ्च, बलाका, बगुला, कारण्डव (एक प्रकार का हँस), प्लव, शरारी, केशरी, मानतुण्डका, मृणालण्ठ, मद्‌गु (जलकाक), कादम्ब (कलहंस), काकतुण्डका (श्वेत कारण्डव-हंस की जाति) उत्क्रोश (कुरर पक्षी की जाति) पुण्डरीकाक्ष, चातक, जलमुर्गा, नन्दी मुखी, समुख, सहचारी, रोहिणी, सारस, चकवा आदि।

6. जांगल पशु-स्थल पर उत्पन्न होने वाले तथा जंगल में संचार करने वाले पशु-चीतल, हिरण, शरभ (ऊँट के सदृश बड़ा और आठ पैर वाला, जिसमें चार पैर पीठ पर होते हैं-ऐसा मृग), चारुष्क (हरिण की जाति) लाल वर्ण का हरिण, एण (काला हिरण) शम्बर (हिरण भेद) वरपोत (मृग भेद), ऋष्य आदि जंगली मृग।

7. विष्किर पक्षी-जो अपनी चोंच और पैरों से इधर-उधर बिखेर कर खाते हैं, वे विष्किर पक्षी हैं। इनमें लावा (बटेर), तीतर, श्वेत तीतर, चकोर, उपचक्र (चकोर का एक भेद), लाल वर्ग का कुक्कुभ (कुको), वर्तक, वर्तिका, मोर, मुर्गा, कंक, गिरिवर्तक, गोनर्द, क्रनर और बारट आदि।

8. प्रतुद पक्षी जो चोंच या पंजों से बार-बार चोट लगाकर आहार को खाते हैं। कठफोड़ा भृंगराज (कृष्णवर्ण का पक्षी विशेष), जीवंजीवक, (विष को देखने से ही इस पक्षी की मृत्यु हो जाती है), कोकिल, कैरात (कोकिक का भेद), गोपपुत्र-प्रियात्मज, लट्वा, बभ्रू, वटहा, डिण्डिमानक, जटायु, लौहपृष्ठ, बया, कपोत (घुग्घु), तोता, सारंग (चातक), शिरटी, शरिका (मैना) कलविंक (गृहचटक अथवा लाल सिर और काली गर्दन वाली गृहचटक सदृश चिड़ियां), चटक, बुलबुल, कबूतर आदि।

उपर्युक्त वर्गीकरण के साथ चरक ने इन प्राणियों की माँस और उसके उपयोग के साथ ही वात, पित्त और कफ पर उसके प्रभाव की भी विस्तृत विवेचना प्रस्तुत की है। चकोर, मुर्गी, मोर, बया और चिड़ियों के अंडों की भी आहार के रूप में चर्चा की गई है।

ऐसे ही सुश्रुत की सुश्रुत संहिता, पाणिनि के अष्टाध्यायी, पतञ्जलि के महाभाष्य, अमर सिंह के अमरकोष, दर्शन के प्रशस्तपादभाष्य आदि ग्रन्थों में प्राणियों के वर्गीकरण के विस्तृत विवरण मिलते हैं। (प्राचीन भारत में विज्ञान और शिल्प-पृ.सं.115-117)

पुराणों के अन्य विषयों के साथ-साथ पशु-चिकित्सा के विषय में भी उल्लेख मिलते हैं। अश्वों की चिकित्सा के लिए आयुर्वेद का एक अलग विभाग था। इसका शालिहोत्र नाम रखा गया। अश्वों के सामान्य परिचय, उनके चलने के प्रकार, उनके रोग और उपचार आदि विषय पुराणों में वर्णित हैं। अग्निपुराण में अश्वचालन और अश्वचिकित्सा का विस्तृत विवरण है। गजचिकित्सा के साथ ही गजशान्ति के उपाय भी बताये गए हैं।

गरुड़पुराण में भी पालकाप्य ऋषि के हस्तविद्या विषयक ग्रन्थ का उल्लेख है। अग्निपुराण में गायों की चिकित्सा का विस्तृत विवरण है।

मानव चिकित्सा क्षेत्र में चरक संहिता और सुश्रुतसंहिता जितनी महत्त्वपूर्ण हैं, अश्वचिकित्सा क्षेत्र में शालिहोत्र संहिता उतनी ही महत्त्वपूर्ण है। शालिहोत्र का काल ई। पू. लगभग 800 वर्ष आंका जा सकता है। उनकी संहिता 'हय आयुर्वेद' एवं 'तुरगशास्त्र' के नाम से भी प्रसिद्ध रही है। मूल ग्रन्थ में 12,000 श्लोकों का समावेश है। यह आठ भागों में विभक्त था। इस ग्रन्थ के कुछ ही भाग अब उपलब्ध हैं। इसमें अश्वों के लक्षण, उनके सभी रोग और उनके निदान, चिकित्सा, औषधियों और उनके स्वास्थ्य रक्षण के विचार विस्तार से बताए गए हैं। इस संहिता का अनुवाद अरबी, फारसी, तिब्बती एवं अंग्रेजी भाषाओं में किया गया है। पशुचिकित्सा विशेषज्ञों के अनुसार यह अश्व चिकित्सा के आधुनिक ग्रन्थ से भी उत्कृष्ट ग्रन्थ है।

सभी अठारह पुराणों की गणना में 'पदम् पुराण' को द्वितीय स्थान प्राप्त

है। श्लोक संख्या की दृष्टि से भी इसे द्वितीय स्थान रखा जा सकता है। पहला स्थान स्कंद पुराण को प्राप्त है।

महर्षि वेदव्यास महाभारत के समय अर्थात् लगभग 5000 ईसापूर्व थे अर्थात् आज से 7000 वर्ष पूर्व (लगभग)

पदम् पुराण में हमें एक श्लोक मिलता है

जलज नव लक्षाणी, स्थावर लक्ष विम्शति, कृमयो रुद्र संख्यकः

पक्षिणाम दश लक्षणं, त्रिन्शल लक्षानी पशवः, चतुर लक्षाणी मानवः-(78: 5 पदम् पुराण)

अर्थात-1. जलज / जलीय जिव/जलचर (Water based life forms)-9 लाख (0.9 million)

2. स्थिर अर्थात् पेड़ पौधे (Immobile implying plantsAnd trees)-20 लाख (2.0 million)

3. सरीसृप / कृमी / कीड़े-मकौड़े (Reptiles)- 11 लाख (1.1 million)

4. पक्षी / नभचर (Birds)-10 लाख 1.0 मिलियन

5. स्थलीय / थलचर (terrestrialAnimals)-30 लाख (3.0 million)

6. शेष मानवीय नस्ल के = 84 लाख।

कुलः

इस प्रकार हमें 7000 वर्ष पुराने मात्र एक ही श्लोक में न केवल पृथ्वी पर उपस्थित प्रजातियों की संख्या मिलती है वरन उनका वर्गीकरण भी मिलता है। उपरोक्त से स्पष्ट है की हमारे ग्रन्थों में वर्णित ये जानकरी हमारे पुरखों के सैकड़ों वर्षों की खोज है उन्होंने न केवल धरती पर चलने वाले अपितु आकाश में व् अथाह समुद्रों की गहराइयों में रहने वाले जीवों का भी अध्ययन किया। विज्ञान को नमन है।

क्रीड़ा शास्त्र

पुराणों में मौजूद है खेलों की महिमा का गुणगान

भारत में खेलों को आज से नहीं बल्कि सदियों से महत्त्व दिया जाता रहा है। हमारे पौराणिक ग्रन्थों में कई खेलों का वर्णन मिलता है। भगवान श्रीकृष्ण गेंद से खेला करते थे। यह गेंद जब यमुना में गिर जाती है तो उसे लेने वह यमुना में छलाँग लगा देते हैं। जहाँ उनका सामना कालियानाग से होता है।

हड़प्पा तथा मोहनजोदड़ो के अवशेषों से ज्ञात होता है कि ईसा से 2500-1550 वर्ष पूर्व सिन्धु घाटी सभ्यता में कई प्रकार के अस्त्र-शस्त्र और खेल के उपकरण प्रयोग किए जाते थे।

शतरंज प्राचीन खेल है, इसका आविष्कार भारत में हुआ। एक किम्वदंती के अनुसार शतरंज का आविष्कार लंका के राजा रावण की पत्नी मंदोदरी ने इस उद्देश्य से किया था कि उसका पति रावण पूरा समय युद्ध में व्यतीत न कर सके। रावण के पुत्र मेंघनाद की पत्नी ने भी इसी उद्देश्य से इस खेल का अनुकरण किया था।

प्राचीन भारतीय साहित्य में शतरंज खेल को चतुरंग कहा गया है। क्षत्रियों को शारीरिक विकास के लिए रथ दौड़, धनुर्विद्या, तलवारबाजी, घुड़सवारी, मल्ल-युद्ध, कुश्ती, तैराकी, भाला फैंक, आखेट आदि का प्रशिक्षण दिया जाता था।

भारतीय पौराणिक चरित्र बलराम, भीम, हनुमान, जामवंत और जरासंध आदि के नाम मल्ल-युद्ध में प्रख्यात थे। गौतम बुद्ध स्वयंधनुर्धर थे और रथ

दौड़, तैराकी तथा गोला फैंकने आदि की स्पर्द्धाओं में भाग ले चुके थे। 'विलास-मणि-मंजरी' ग्रन्थ में ऋटुवेदाचार्य ने इस प्रकार की घटनाओं का उल्लेख किया है।

कबड्डी खेल का उद्‌भव भारत में हुआ माना जाता है। इसे भारत का मूल खेल कहा जाता है। महाभारत काल में कबड्डी को एक श्वास नाम से भी जाना जाता था। राज्यवार इस खेल के उच्चारण बदल जाते हैं।

बंगाल और बिहार में जहाँ इस खेल में 'हु डु डु' नाम से खेला जाता है तो वहीं मध्यप्रदेश और महाराष्ट्र में इसे हु तु तु नाम से जाना जाता है। तमिलनाडु में यह खेल चंडु गुड्डु नाम से जाना जाता है। महाराष्ट्र के सुप्रसिद्ध संत तुकाराम ने अपनी साहित्यिक कृत्यों में कबड्डी को अभंग कहा है।

पोलो की उत्पत्ति भारत के मणिपुर राज्य से हुई मानी जाती है। 3100 ईपू में पोलो सगोल कांगेजेई के रूप में खेला जाता था। खेल विद्वान मानते हैं कि इसे सर्वप्रथम फारस में खेला गया था। मणिपुर के महाराजा सर चन्द्रकीर्ति सिंह ने सबसे पहले कछार में ब्रिटिश अधिकारियों से इसका परिचय करवाया था।

कोई भी कार्य जिनमें नियमों की संरचना हो और जिसको आनन्द प्राप्ति के लिये या कभी-कभी शिक्षा प्रदान करने के लिये किया जाता है, क्रीडा या खेल (game) कहलाता है। खेल की सबसे पहली विशेषता है कि खेल आमोद-प्रमोद है। खेल में मजा आता है। कोई भी ऐसा कार्यकलाप जिससे बच्चों को आनंद मिलता है, खेल है।

खेल बच्चे की स्वाभाविक क्रिया है। भिन्न-भिन्न आयु वर्ग के बच्चे विभिन्न प्रकार के खेल खेलते है ये विभिन्न प्रकार के खेल बच्चों के सम्पूर्ण विकास में सहायक होते हैं। खेलों के प्रकारों में अन्वेषणात्मक, संरचनात्मक, काल्पनिक और नियमबद्ध खेल शामिल हैं। खेलों में साँस्कृतिक विभिन्नताएं भी देखी जाती हैं। खेल से बच्चों का शारीरिक, संज्ञानात्मक, संवेगात्मक, सामाजिक एवम् नैतिक विकास को बढ़ावा मिलता हैं किन्तु अभिभावकों की खेल के प्रति नकारात्मक अभिवृत्ति एवम् क्रियाकलाप ने बुरी तरह प्रभावित

किया हैं। अतः यह अनिवार्य हैं कि शिक्षक और माता-पिता खेल के महत्त्व को समझें।

खेल के बारे में आम धारणा यह है कि यह काम का विलोम है। खेल एक ऐसी स्थिति है जिसमें लोग कोई उपयोगी या विशिष्ट काम नहीं कर रहे होते हैं। खेल के बारे में एक सोच यह भी है कि यह आनन्ददायक, मुक्त और अनायास होता है। यह दृष्टिकोण छोटे बच्चे के विकास में खेल के महत्त्व को नकारता है। कई सालों से कई मनोवैज्ञानिक सिद्धान्तकार बच्चे के विकास में खेल के महत्त्व पर जोर देने लगे हैं। इन्होंने खेल के अनेक पक्षों पर बल दिया है और बताया है कि खेल कैसे मनोवैज्ञानिक प्रक्रियाओं को प्रभावित करता है। मनोवैज्ञानिकों की दृष्टि में खेल अतीत से मुक्त और पुर्नजीवन का रास्ता है। यह खोज, पहल और स्वतंत्रता है।

खेल से मनुष्य की मनोवैज्ञानिक जरुरतें पूरी होती हैं। तथा वह मनुष्य को सामाजिक कौशलों के विकास का भी अवसर देता है। पियाजे के अनुसार खेल बच्चों की मानसिक क्षमताओं के विकास में भी एक बड़ी भूमिका निभाते हैं। पहले चरण में बच्चा वस्तुओं के साथ संवेदन प्राप्त करने व कार्य संचालन करने का प्रयास करता है। दूसरे चरण में बच्चा कल्पनाओं को रूप देने के लिए वस्तुओं को किसी के प्रतीक के रूप में उपयोग करने लगता है। अन्तिम चरण में (7 से 11 वर्ष) काल्पनिक भूमिकाओं के खेलों की तुलना में बच्चा नियमबद्ध खेल (या क्रीड़ाओं) में संलग्न रहता है। खेलों से तार्किक क्षमता व स्कूल सम्बन्धी कौशलों को विकसित होने में मदद मिलती है।

खेलों में उम्र के साथ सहज परिवर्तन हो जाता है। वे वयस्कों व सामाजिक सन्दर्भो से मिलने वाले मार्गदर्शन को इसके लिए महत्त्वपूर्ण मानते हैं। उनके अनुसार बच्चों के खेल के स्तर को वयस्क बढ़ा सकते हैं। जटिल भूमिकाओं वाले खेलों में बच्चों का अपने व्यवहार को संगठित करने का बेहतर व सुरक्षित अवसर मिलता है जो वास्तविक स्थितियों में नहीं मिलता। इस तरह खेल बच्चे के लिए निकट विकास का क्षेत्र बनाते है। स्कूली स्थिति की तुलना में खेल के दौरान बच्चों की एकाग्रता, स्मृति आदि उच्चतर स्तर पर काम करती हैं। खेल में बच्चे की नई विकासमान दक्षताएँ पहले उभर कर

आती हैं। खेल नाटकों में बच्चा अपने आन्तरिक विचार के अनुसार काम करता है और मूर्त्त रूप में दिखने वाली चीजों से बँधा नहीं रहता। यहीं से उसमें अमूर्त्त चिन्तन व विचार करने की तैयारी होने लगती है। यह लेखन की भी तैयारी होती है क्योंकि लिखित रूप में शब्द वस्तु जैसा नहीं होता, उसके विचार का प्रतीक होता है।

जितनी उम्र तक खेल में जटिल और विस्तृत भूमिकाओं व भाषा का प्रयोग होता है वह बच्चे के विकास के लिए एक प्रमुख गतिविधि बना रहता है। यह स्थिति 10–11 साल तक के बच्चों में कम रह सकती है। धीरे-धीरे इसका महत्त्व कम होने लगता है। शिक्षक बच्चों को खेलने का पर्याप्त समय व साधन देकर विषयों का सुझाव देकर, झगड़ों का समाधान करके खेल को और समृद्ध बना सकते हैं।

विकास में खेल का महत्त्व

खेल का मनोविश्लेषणात्मक दृष्टिकोण

खेल अपूर्ण रह गयी इच्छाओं का स्थानापन्न (रिप्लेसमेंन्ट) और अतीत की घातक घटनाओं से मुक्ति और पुनर्जीवन का एक रास्ता है। मनोविश्लेषणात्मक पद्धति खेल के सामाजिक संवेगात्मक पक्षों पर बल देती है। खेल के द्वारा बच्चा माता-पिता के साथ अपने मानसिक द्वन्द्वों और विवेकहीन, भयों का समाधान करता है। एक बच्ची राक्षस-राक्षस खेल कर अंधेरे के भय पर काबू पाती है, एक बच्चा अपनी गुड़िया को किसी नियम के कल्पित उल्लंघन के लिये उसी तरह सजा देता है जैसे एक माता-पिता उसको सजा देते हैं। एरिक्सन की दृष्टि में प्रीस्कूल चरण के दौरान खेल एक बच्चे के लिये खोज, पहल और स्वतंत्रता का रास्ता है। मनोवैज्ञानिक दृष्टि से खेल विरेचक अनुभव में माध्यम से आक्रामकता को दिशा देने का एक तरीका है। यह अतीत के लिये एक प्रतिक्रिया और अतीत की घटनाओं की ओर लौटने की प्रक्रिया का एक तन्त्र भी है।

खेल सामाजिक विकास का एक रूप है

सिद्धान्तकार खेल को सामाजिक आदान-प्रदान के एक रूप की तरह

देखते हैं जो सहपाठियों के साथ सहयोगी कार्यों में संलग्न होने की बच्चे की विकसित होती हुई क्षमता को उत्तम भी बनाता है और प्रतिबिम्बित भी करता है। खेल के आरंभिक चरणों में सहपाठियों के साथ आदान–प्रदान लगभग नहीं या बहुत–थोड़ा होता है और उस समय सामाजिक कौशलों के प्रयोग में असमर्थता भी दिखती है। आगे चलकर दूसरे के पक्ष से देखने की क्षमता, विभिन्न भूमिकाओं में समन्वय (जैसे एक माँ, एक बच्चा), खेल की विषयवस्तु के बारे में बातचीत और झगड़ों को सुलझाने की सामर्थ्य का विकास होता हुआ दिखाई देता है। खेल में कल्पित और नाटकीय स्थितियाँ सामान्यतः सामाजिक आदान–प्रदान की अधिक परिपक्व विधियाँ मानी जाती हैं। कुछ शोधकर्ताओं ने धक्का–मुक्की वाले खेलों को भी सामाजिक दृष्टिकोण से देखा है। धक्का–मुक्की के अन्तर्गत सब तरह के कुश्ती और 'पकड़ो तो जाने' कोटि के खेल शामिल किये जा सकते हैं। सामाजिक खेलों की तरह धक्का–मुक्की के खेलों में भी भूमिकाएँ होती हैं।

खेल संज्ञानात्मक विकास को आगे बढ़ाता है

बच्चे पाँसे का उपयोग अपनी आंकिक क्षमता के विकास के लिये करते हैं। वे तीने पांसे फैंकतें हैं, फिर उन पर आये अंकों को जोड़ते हैं और योगफल के बराबर बोर्ड पर जगह कब्जा लेते हैं।

बच्चे जिज्ञासु प्रकृति के होते हैं। खेलते हुए बच्चों को वस्तुएँ छूने, उन्हें ध्यान से देखने और आसपास के वातावरण की छानबीन करने का मौका मिलता है और इससे उन्हें अपने मन में उठते हुए अनेक प्रश्नों के उत्तर मिलते हैं। खेल क्रियाओं के माध्यम से वे आम घटनाओं के घटित होने के कारण भी समझने लगते हैं। बच्चों को इच्छानुसार खेलने के अवसर देने से हम उनकी सीखने में मदद करते हैं। खेल बच्चों को खोज करने और उसके द्वारा स्वयं सीखने का अवसर प्राप्त होता है। खोज का अर्थ है घटनाओं और वस्तुओं के बारे में स्वयं पता लगाना।

खेल में बालिका को अपनी रुचि के अनुसार क्रियाएँ चुनने की स्वतंत्रता होती है इस कारण वह ऐसे खेल चुनती है जो उसके लिए न तो बहुत सरल हों न ही बहुत कठिन परन्तु चुनौतीपूर्ण हो। इस प्रकार वह उन चीजों को

सीखती है जिन्हें सीखने के लिए वह तैयार होती हैं। इस प्रकार सीखने की प्रक्रिया बोझ न बनकर आनंददायक हो जाती है। साथ ही साथ बच्चे खेल में क्रियाकलाप द्वारा सीखते हैं। ऐसा करने से संकल्पनाओं को अधिक अच्छी तरह समझा जा सकता है। यदि बच्चों को किसी संकल्पना के बारे में केवल मौखिक रूप में बताया जाए और स्वयं करने को मौका नहीं दिया जाए तो वह उसे इतनी अच्छी तरह नहीं समझ पाएँगे।

यह तथ्य कि 'बच्चे कुछ करने से ही सीखते है' का अर्थ यह नहीं है कि पालनकर्त्ता की उसमें कोई भूमिका ही नहीं है। सबसे पहले पालनकर्ता की आवश्यकता इसलिए है कि वह बच्चों को उनकी खोज समझाने में मदद कर सके। द्वितीय, पालनकर्ता बच्चे की खोज को विस्तृत कर सकती है। बच्चे नया सीखते हैं जब उन्हें खेल सामग्री से खेलने दिया जाता है और स्वयं कुछ करने के लिए प्रोत्साहित किया जाएँ अंत में, पालनकर्त्ता को सदैव इस बात की प्रतीक्षा नहीं करनी चाहिए कि बच्चे स्वयं कुछ भी करें। उसे बच्चों के लिए ऐसी परिस्थितियों का आयोजन करना चाहिए जिनके द्वारा बच्चे नया सीख सकें। जब पालनकर्त्ता ऐसा कर रही हो तो उसे बच्चों की रूचि और संज्ञानात्मक विकास के स्तर को भी ध्यान में रखना चाहिए। इस प्रकार पालनकर्त्ता बच्चों को खेल के माध्यम से रंग, आकार, अंक, मौसम, विभिन्न प्रकार की चिड़ियों और पौधों इत्यादि के बारे में जानने में मदद कर सकती है। खेल द्वारा बच्चे छोटी, लम्बी और ठिगनी, हलकी और भारी जैसी संकल्पनाओं से भी परिचित होते हैं। जिस प्रकार ज्ञानात्मक विकास के लिए पालनकर्त्ता को क्रियाकलाप आयोजित करना है उसी प्रकार अन्य क्षेत्रों में विकास प्रोत्साहित करने के लिए भी पालनकर्ता को विकास अनुसार क्रियाकलाप आयोजित करने चाहिए।

खेल कल्पनाशीलता और सृजनात्मकता को बढ़ावा देता है

खेल में बच्चे कल्पना द्वारा अलग-अलग भूमिकाएँ निभाते हैं। ऐसा करते हुए उनकी बुद्धि और व्यवहार उसी व्यक्ति के अनुसार होता है जिनकी वह भूमिका कर रहे हैं। इस कारण वे उन व्यक्तियों के विचार और भावनाओं को भी प्रदर्शित करते हैं।

नाटक करना बच्चों के खेल का एक अभिन्न हिस्सा है। खेल में बालिका वास्तविकता से कट और बहुत कुछ सृजनात्मक करती है। एक टूटी प्लेट तीन वर्षीय बालिका के लिए टेबल बन जाती है और एक दस वर्षीय बालक के लिए अंतरिक्ष यान। माचिस के डिब्बों की पंक्ति रेलगाड़ी बन जाती है और इस रेलगाड़ी से खेलते हुए बच्चे जंगल से गुजरने नदी पार करने और डकैतों से लड़ने का नाटक करते हैं। आप यह देखकर हैरान हो जाएँगे कि रेल पटरी पर न चल सड़क पर ही चल रही है। यह आवश्यक नहीं है कि खेल यथार्थ ही दर्शाए। खेल कल्पना शक्ति को विकसित करता है और यह बच्चों को दैनिक स्थितियों से जूझने में मदद करता है।

खेल शारीरिक और क्रियात्मक विकास को बढ़ावा देता है।

शारीरिक और क्रियात्मक कौशलों का विकास अभ्यास करने पर निर्भर करता है। खेल ऐसी क्रिया है जो बच्चों को अभ्यास के पर्याप्त अवसर प्रदान करती है।

एक माँ जब चार महीने के शिशु के आगे एक झुनझुना रख देती है। शिशु का ध्यान झुनझुना की तरफ आकर्षित होता है और वह अपनी पीठ से पेट पर पलट कर उस तक पहुँचने की कोशिश करता है। यह करने के लिये माँसपेशियों का समन्वय जरुरी है। बार-बार झुनझुने तक पहुँचने के प्रयास में शिशु को मिट्टी खाने का अवसर मिलता है और धीरे-धीरे वह आसानी से कर लेता है।

बच्चे जब ईंटों की एक पंक्ति पर चलने की कोशिश करते हैं, दीवार फाँदते हैं, सीढ़ी चढ़ते हैं, झूलों में लटकते हैं, दौड़ने के खेल खेलते हैं, साइकिल की सवारी करते हैं तो उनकी बहुत माँसपेशियों का समन्वय बढ़ता है। खेल-खेल में जमीन में गड्ढे खोदने, फूलों के हार बनाने, चित्र बनाने और उनमें रंग भरने में बच्चों की लघु माँसपेशियों का विकास होता है।

खेल भाषायी विकास में सहायक होता है

बच्चे खेल-खेल में बोलना सीख जाते हैं। यह तो स्पष्ट है कि भाषा जानने के लिए उनका भाषा को सुन पाना और बोल पाना आवश्यक है।

पालनकर्ता के साथ विनोदशील क्रियाओं में बच्ची को भाषा सुनने के बहुत अवसर मिलते हैं जो उसे बोलने के लिए प्रेरित करते हैं। जब बालिका करीब नौ महीने की होती है तब वह "गा गा गा बे", "मामा मा" "मम मम", जैसे कई स्वर निकालती है। इनमें से कुछ वयस्कों की भाषा की शुरुआत हैं। इस अंत: क्रिया के दौरान बालिका विभिन्न ध्वनियों के बीच बोलना सीखती है। यह क्षमता उसे बाद में "अब्बा" और "अम्मा" जैसे शब्दों में भेद करने मदद करती है और वह उन्हें अलग-अलग शब्दों के रूप में पहचान पाती है।

बच्चे चौकोर, गोल, सीधी और वक्र रेखा जैसी विभिन्न आकृतियों को भी समझने लगते हैं जो बाद में उन्हें भिन्न अक्षरों को पहचानने में मदद करते हैं। खेलते हुए बच्चे यह देखते हैं कि काला और लाल वृत्त या छोटा और बड़ा वृत्त सभी गोलाकार हैं। इससे उन्हें समझने में मदद मिलेगी कि 'क' अक्षर 'क' ही रहता है चाहें वह शब्द के शुरु में हो या अंत में। खेल में वह पहले और बाद, बाएँ और दाएँ, ऊपर और नीचे जैसी संकल्पनाओं का अर्थ सीखती है जोकि लिखना और पढ़ना सीखने के लिए अति आवश्यक हैं। आपने यह देखा कि खेल क्रियात्मक विकास में सहायक होते हैं जोकि लिखना सीखने के लिए आवश्यक होता है।

हम जानते हैं कि बच्चे सहजता से वही सीखते हैं जिनमें उनकी रुचि होती है। यह बात लिखना और पढ़ना सीखने के लिए भी सत्य है। कहानियाँ सुनने से बच्चों में स्वयं उन्हें पढ़ने के लिए इच्छा जाग्रत होगी और वह पढ़ने और लिखने के लिए प्रेरित होंगे। अगर बालिका को लिखना नहीं आता और पालनकर्त्ता उस पर लिखने के लिए दबाव डालती है तो सम्भवत: लिखना सीखने की प्रक्रिया को यदि खेल बना दिया जाए जिसमें बालिका जमीन पर लिखे हुए 'क' पर छोटे-छोटे पत्थर रखे, उसकी रूपरेखा पर चले या 'क' अक्षर के बिन्दुओं को जोड़ कर 'क' लिखे तो वह धीरे-धीरे 'क' की रुपरेखा से परिचित हो जाएगी। इस प्रकार उसे आनन्द भी आएगा और वह बिना दबाव के लिखना सीख जाएगी।

खेल द्वारा बच्चे सामाजिक होना सीखते हैं

जब माँ शिशु को नहलाती है, कपड़े पहनाती है, सुलाती है और उसकी

अन्य सभी आवश्यकताओं का ध्यान रखती है तो इन अंतःक्रियाओं के दौरान बालिका माँ को पहचानने लगती है। उसका माँ से लगाव भी बढ़ता है। यह शिशु का पहला सामाजिक सम्बन्ध है, जिसका उसके भावी सम्बन्धों पर भी गहरा प्रभाव पड़ता है।

जीवन के प्रारम्भिक वर्षों में बच्ची अपने हाथ-पैरों से तथा आसपास की वस्तुओं से खेलती है। इससे शिशु को यह पता चलता है कि उसका शरीर आसपास की वस्तुओं से अलग है। ऐसा अनुभवों के द्वारा उसकी अपने बारे में धारणा विकसित होती है। वह यह समझने लगती है कि रोने पर माँ उसके पास आएगी, जब वह हँसेगी तो माँ भी हँसेगी और उसे गोद में उठा लेगी। जैसे-जैसे बालिका बड़ी होती है वह अन्य बच्चों के साथ खेलती है। उनके साथ खेलते हुए आपस में चीजें बाँटना, नियमों का पालन करना, अपनी बारी की प्रतीक्षा करना सीखती है। इस प्रकार वह अन्य लोगों के दृष्टिकोण को ध्यान में रखना और उनको महत्त्व देना भी सीखती है।

खेलते समय बच्चे अक्सर वयस्कों की नकल करते हैं। इस प्रकार से उपयुक्त व्यवहार और उन भूमिकाओं को सीखते हैं जो कि उन्हें बड़े होकर निभानी होंगी। खेलते हुए परस्पर क्रिया में वे विभिन्न प्रकार के कार्यों, त्यौहारों, धारणाओं के बारे में जानकारी प्राप्त करते हैं।

खेल भावात्मक विकास में सहायक होता है

खेल क्रियाएँ बच्चों को हर्ष उल्लास, क्रोध, भय और दुःख व्यक्त करने का अवसर प्रदान करती हैं। खेल में कुछ भी मनचाहा करने की छूट होती है बशर्ते कि उससे किसी को हानि न पहुँचे। खेल उन भावनाओं और संवेगों को व्यक्त करने का मौका देता है जो अन्य स्थितियों में अभिव्यक्त नहीं किए जा सकते। उदाहरणतः खेल में पिता की भूमिका का अभिनय करते हुए बालिका दूसरे बच्चे को अपनी आज्ञा का पालन करने के लिए कह सकती है। ऐसा वह अन्य स्थितियों में शायद न कर सके। लड़ाई का दृश्य खेलते समय वह जोर से चिल्ला सकती है, वस्तुएँ इधर-उधर पटक सकती है जिसकी अनुमति उसे आमतौर पर नहीं मिलती। खेल द्वारा अव्यक्त भावनाएँ उभर कर सामने आती हैं इसीलिए खेल उन बच्चों के लिए उपचार या

चिकित्सा है जो परिस्थिति के अनुसार सामान्य भावनात्मक प्रतिक्रिया नहीं दर्शाते।

खेल बच्चों के विकास में मदद करके उन्हें भविष्य की भूमिकाओं के लिए तैयार करते हैं। खेल-खेल में सीखी गई संकल्पनाएँ पढ़ने-लिखने के कौशल और समूह खेल में हिस्सा लेने की क्षमता तथा बाद में स्कूल में समायोजन में मदद करते हैं। अतः खेल औपचारिक शिक्षा की तैयारी में सहायक होता है। खेल प्रश्न पूछने और खोजबीन करने की मनोवृत्ति को भी परिपोषित करता है। जैसे-जैसे बच्चे नई चीजें सीखते हैं और उनमें निपुणता प्राप्त करते हैं वह अपने बारे में आश्वस्त होते हैं। यह बढ़ता हुआ आत्म-विश्वास उन्हें चुनौतियाँ स्वीकार करने के लिए तैयार करता है।

शतरंज

भारत में जन्में इस खेल का नाम पहले 'चतुरंग' हुआ करता था और इसको अष्टपद (8x8 खानों की तख्ती पर) पर खेल जाता था। ईरान पहुँचते-पहुँचते यह 'चतुरंग' से 'शतरंग' बन गया और फिर धीरे-धीरे शतरंज। हालाँकि खेल के नए नियम पुराने नियमों से ज्यादा अलग नहीं हैं।

राजा / बादशाह, बजीर / रानी, ऊँट, हाथी, घोड़ा, सैनिक / प्यादे आदि शतरंज के मुख्य मोहरे हैं। इनमें से हर किसी की चाल अलग तरह की होती है।

चौपड़

यह चौसर जैसा एक खेल है, जिसमें खिलाड़ी कौड़ियों को फैंकते हैं और गिट्टियों को उनके अनुरुप आगे बढ़ाते हैं। जी हाँ, वही महाभारत के समय से चला आ रहा खेल!

तैराकी

स्विमिंग पूल या प्राकृतिक जलीय संसाधनों में तैर कर खेले जाने वाले खेल को तैराकी कहते हैं। पानी के अंदर दौड़ शुरुआत करने का स्थान और अंतिम गन्तव्य खेल से पहले चुन लिया जाता है और जो गन्तव्य पर सबसे पहले पहुँचता है, उसे विजेता माना जाता है।

कुश्ती

इस खेल में दो लोग एक-दूसरे पर अपनी ताकत की आजमाइश करते हैं। खेल के कुछ नियम होते हैं जिनसे हार-जीत का फैसला लिया जाता है। यह पहलवानी या मल्लयुद्ध के नाम से भी प्रसिद्ध है।

पतंगबाजी

पतंगबाजी में दो या दो से अधिक लोग पतंग उड़ाते हुए एक-दूसरे की पतंग से पेंच लड़ाते हैं। मंजा और सद्धा बाँधकर इन रंग-बिरंगी पतंगों को आकाश में उड़ाया जाता है और इसके धागे को हाथ से ढील देकर या खींचकर नियन्त्रित किया जाता है। दक्षिण और उत्तर भारत में यह खेल खासा लोकप्रिय है। अहमदाबाद में मकर संक्रांति के दिन पतंग महोत्सव मनाया जाता है।

तीरंदाजी

धनुर्विद्या या तीरंदाजी भारत में खेला जाने वाला एक सदियों पुराना खेल है। इसमें धनुष पर प्रत्यञ्चा चढ़ाकर तीर (बाण) को निशाने की तरफ फैंका जाता है। वैदिक काल में इसको युद्ध विद्या का अँग माना जाता था और गुरुकुलों में इसका प्रशिक्षण दिया जाता था। सम्भव है कि ईरान होते हुए यह खेल अरब और पश्चिम देशों में पहुँचा हो। आजकल कई बड़ी खेल प्रतियोगिताओं में इसको शामिल किया जाता है।

नौकायन

नौकाओं यानी कि नावों की दौड़ को नौकायन कहते हैं। कुछ देशों में यह खेल बहुत उत्साह के साथ खेला जाता है। इसमें नाविक अपनी नाव चलाते हुए एक-दूसरे को पछाड़ने की कोशिश करते हैं। नौका को चप्पू से खे कर आगे की तरफ बढ़ाया जाता है।

गोला फैंक

इस खेल में धातु के बने भारी और ठोस गोल पदार्थ का प्रयोग किया जाता है, जिसे गोला कहते हैं। खिलाड़ियों को निर्धारित बार यह गोला फैंकने

का मौका दिया जाता है और सबसे अधिक दूरी तक गोला फैंकने वाले विजेता माना जाता है।

ऊपर दिए गए नामों के अलावा कुछ और खेलों के नाम

चिड़िया-बल्ला [Badminton]

भारोत्तोलन [Weightlifting]

चक्का फैंक [Discus throw]

भाला फैंक [Javelin Throw]

मुक्केबाजी [Boxing]

ऊँची कूद [High Jump] निशानेबाजी [Shooting]

लम्बी कूद [Long Jump]

रस्साकशी [Tug of War]

रस्सीकूद [Skipping]

ताश [Cards]

दौड़ [Race]

घुड़सवारी [Horse&riding]

लुका-छिपी [HideAnd Seek]

वैसे तो ऊपर बताए गए खेलों से जुड़ी वस्तुओं और शब्दों को पहले ही वर्णित किया जा चुका है, पर कुछ चीजें ऐसी हैं जो कई खेलों में और सबसे अधिक प्रयोग में लायी जाती है। उनके नाम कुछ इस तरह हैं–

गेंद [Ball]

बल्ला [Bat]

चिड़िया [Shuttle]

कंचे [Marblesa]

रस्सी [Rope]

जाल [Net]

खेल, कई नियमों एवं रिवाजों द्वारा संचालित होने वाली एक प्रतियोगी गतिविधि है। खेल सामान्य अर्थ में उन गतिविधियों को कहा जाता है, जहाँ प्रतियोगी की शारीरिक क्षमता खेल के परिणाम (जीत या हार) का एकमात्र अथवा प्राथमिक निर्धारक होती है, लेकिन यह शब्द दिमागी खेल (कुछ कार्ड खेलों और बोर्ड खेलों का सामान्य नाम, जिनमें भाग्य का तत्त्व बहुत-थोड़ा या नहीं के बराबर होता है) और मशीनी खेल जैसी गतिविधियों के लिए भी प्रयोग किया जाता है, जिसमें मानसिक तीक्ष्णता एवं उपकरण सम्बन्धी गुणवत्ता बड़े तत्त्व होते हैं। सामान्यतः खेल को एक संगठित, प्रतिस्पर्धात्मक और प्रशिक्षित शारीरिक गतिविधि के रूप में परिभाषित किया गया है, जिसमें प्रतिबद्धता तथा निष्पक्षता होती है। कुछ देखे जाने वाले खेल इस तरह के गेम से अलग होते है, क्योंकि खेल में उच्च संगठनात्मक स्तर एवं लाभ (जरुरी नहीं कि वह मौद्रिक ही हो) शामिल होता है। उच्चतम स्तर पर अधिकतर खेलों का सही विवरण रखा जाता है और साथ ही उनका अद्यतन भी किया जाता है, जबकि खेल खबरों में विफलताओं और उपलब्धियों की व्यापक रूप से घोषणा की जाती है।

खेल अक्सर केवल मनोरंजन या इसके पीछे आम तथ्य को उजागर करता है कि लोगों को शारीरिक रूप से स्वस्थ रहने के लिए व्यायाम करने की आवश्यकता है।

हालाँकि वे हमेंशा सफल नहीं होते है। खेल प्रतियोगियों से खेल भावना का प्रदर्शन करने और विरोधियों एवं अधिकारियों को सम्मान देने व हारने पर विजेता को बधाई देने जैसे व्यवहार के मानदण्ड के पालन की उम्मीद की जाती है।

योग शास्त्र

योगः कर्मशु कौशलम्

योग–

'योग' शब्द 'युज समाधौ' आत्मनेपदी दिवादिगणीय धातु में 'घं' प्रत्यय लगाने से निष्पन्न होता है। इस प्रकार 'योग' शब्द का अर्थ हुआ–समाधि अर्थात् चित्त वृत्तियों का निरोध। वैसे 'योग' शब्द 'युजिर योग' तथा 'युज संयमने' धातु से भी निष्पन्न होता है किन्तु तब इस स्थिति में योग शब्द का अर्थ क्रमशः योगफल, जोड़ तथा नियमन होगा। आगे योग में हम देखेंगे कि आत्मा और परमात्मा के विषय में भी योग कहा गया है।

गीता में श्रीकृष्ण ने एक स्थल पर कहा है 'योगः कर्मसु कौशलम्' (कर्मों में कुशलता ही योग है।) यह वाक्य योग की परिभाषा नहीं है। कुछ विद्वानों का यह मत है कि जीवात्मा और परमात्मा के मिल जाने को योग कहते हैं। इस बात को स्वीकार करने में यह बड़ी आपत्ति खड़ी होती है कि बौद्धमतावलम्बी भी, जो परमात्मा की सत्ता को स्वीकार नहीं करते, योग शब्द का व्यवहार करते और योग का समर्थन करते हैं। यही बात सांख्यवादियों के लिए भी कही जा सकती है जो ईश्वर की सत्ता को असिद्ध मानते हैं। पतञ्जलि ने योगसूत्र में, जो परिभाषा है

'योगश्चित्तवृत्तिनिरोधः', चित्त की वृत्तियों के निरोध का नाम योग है। इस वाक्य के दो अर्थ हो सकते हैं: चित्तवृत्तियों के निरोध की अवस्था का नाम योग है या इस अवस्था को लाने के उपाय को योग कहते हैं।

परिभाषा–

(1) पातञ्जलि योग दर्शन के अनुसार–योगश्चित्तवृतिनिरोधः (1/2) अर्थात् चित्त की वृत्तियों का निरोध ही योग है। (2) सांख्य दर्शन के अनुसार–पुरुषप्रकृत्योर्वियोगेपि योगइत्यमिधीयते। अर्थात् पुरुष एवं प्रकृति के पार्थक्य को स्थापित कर पुरुष का स्व स्वरुप में अवस्थित होना ही योग है।

(3) विष्णुपुराण के अनुसार–योगः संयोग इत्युक्तः जीवात्म परमात्मने अर्थात् जीवात्मा तथा परमात्मा का पूर्णतया मिलन ही योग है।

(4) भगवद्गीता के अनुसार–सिद्धासिद्धयो समोभूत्वा समत्वं योग उच्चते (2/48) अर्थात् दुःख–सुख, लाभ–अलाभ, शत्रु–मित्र, शीत और उष्ण आदि द्वन्दों में सर्वत्र समभाव रखना योग है।

(5) भगवद्गीता के अनुसार–तस्माद्द्योगाययुज्यस्व योगः कर्मसु कौशलम् अर्थात् कर्त्तव्य कर्म बन्धक न हो, इसलिए निष्काम भावना से अनुप्रेरित होकर कर्त्तव्य करने का कौशल योग है।

(6) आचार्य हरिभद्र के अनुसार–मोक्खेण जोयणाओ सव्वो वि धम्म ववहारो जोगो मोक्ष से जोड़ने वाले सभी व्यवहार योग है।

(7) बौद्ध धर्म के अनुसार कुशल चितैकग्गता योगः अर्थात् कुशल चित्त की एकाग्रता योग है।

योग के प्रकार–

योग की उच्चावस्था समाधि, मोक्ष, कैवल्य आदि तक पहुँचने के लिए अनेकों साधकों ने जो साधन अपनाये उन्हीं साधनों का वर्णन योग ग्रन्थों में समय समय पर मिलता रहा। उसी को योग के प्रकार से जाना जाने लगा। योग की प्रामाणिक पुस्तकों में शिवसंहिता तथा गोरक्षशतक में योग के चार प्रकारों का वर्णन मिलता है।

मंत्रयोगों हष्ट्चौव लययोगस्तृतीयकः।
चतुर्थो राजयोगः (शिवसंहिता, 5 / 11)

मंत्रो लयो हठो राजयोगन्तर्भूमिका क्रमात्।
एक एव चतुर्धाऽयं महायोगोभियते॥ (गोरक्षशतकम्)

उपर्युक्त दोनों श्लोकों से योग के प्रकार हुए: मंत्रयोग, हठयोग लययोग व राजयोग।

मंत्रयोग–

'मंत्र' का सामान्य अर्थ है–'मननात् त्रायते इति मन्त्र:'। मन को त्राय (पार कराने वाला) मंत्र ही है। मन्त्र योग का सम्बन्ध मन से है, मन को इस प्रकार परिभाषित किया है–मनन इति मन: जो मनन, चिन्तन करता है वही मन है। मन की चंचलता का निरोध मंत्र के द्वारा करना मंत्र योग है। मंत्र योग के बारे में योगतत्वोपनिषद में वर्णन इस प्रकार है–

योग सेवन्ते साधकाधमाः।

(अल्पबुद्धि साधक मंत्रयोग से सेवा करता है अर्थात् मंत्रयोग उन साधकों के लिए है जो अल्पबुद्धि है।)

मंत्र से ध्वनि तरंगें पैदा होती है मंत्र शरीर और मन दोनों पर प्रभाव डालता है। मंत्र में साधक जप का प्रयोग करता है मंत्र जप में तीन घटकों का काफी महत्त्व है वे घटक-उच्चारण, लय व ताल हैं। तीनों का सही अनुपात मंत्र शक्ति को बढ़ा देता है। मंत्रजप मुख्यरुप से चार प्रकार से किया जाता है–

(1) वाचिक (2) मानसिक (3) उपांशु (4) अजपा

हठयोग–

हठ का शाब्दिक अर्थ हठपूर्वक किसी कार्य को करने से लिया जाता है। हठ प्रदीपिका पुस्तक में हठ का अर्थ इस प्रकार दिया है–

हकारेणोच्यते सूर्यष्ठकार चन्द्र उच्यते।
सूर्या चन्द्रमसो र्योगाद्धठयोगोऽभिधीयते॥

ह का अर्थ सूर्य तथा ठ का अर्थ चन्द्र बताया गया है। सूर्य और चन्द्र की समान अवस्था हठयोग है। शरीर में कई हजार नाड़ियाँ है उनमें तीन प्रमुख नाड़ियों का वर्णन है, वे इस प्रकार हैं। सूर्यनाड़ी अर्थात् पिंगला जो दाहिने स्वर

का प्रतीक है। चन्द्रनाड़ी अर्थात् इड़ा जो बायें स्वर का प्रतीक है। इन दोनों के बीच तीसरी नाड़ी सुषुम्ना है। इस प्रकार हठयोग वह क्रिया है जिसमें पिंगला और इड़ा नाड़ी के सहारे प्राण को सुषुम्ना नाड़ी में प्रवेश कराकर ब्रहमरन्ध्र में समाधिस्थ किया जाता है। हठ प्रदीपिका में हठयोग के चार अँगों का वर्णन है–आसन, प्राणायाम, मुद्रा और बन्ध तथा नादानुसधान। घेरण्डसंहिता में सात अँग-षटकर्म, आसन, मुद्राबन्ध, प्राणायाम, ध्यान, समाधि जबकि योगतत्वोपनिषद में आठ अँगों का वर्णन है-यम, नियम, आसन, प्राणायाम, प्रत्याहार, धारणा, ध्यान, समाधि।

लययोग–

कुण्डलिनी योग

चित्त का अपने स्वरुप विलीन होना या चित्त की निरुद्ध अवस्था लययोग के अन्तर्गत आता है। साधक के चित्त् में जब चलते, बैठते, सोते और भोजन करते समय हर समय ब्रह्म का ध्यान रहे इसी को लययोग कहते हैं। योगत्वोपनिषद में इस प्रकार वर्णन है–

गच्छस्तिष्ठन स्वपन भुंजन् ध्यायेन्त्रिष्कलमीश्वरम् स एव लययोगः स्यात (22-23)

राजयोग

राजयोग सभी योगों का राजा कहलाया जाता है क्योंकि इसमें प्रत्येक प्रकार के योग की कुछ न कुछ सामग्री अवश्य मिल जाती है। राजयोग महर्षि पतंजलि द्वारा रचित अष्टाँग योग का वर्णन आता है। राजयोग का विषय चित्तवृत्तियों का निरोध करना है।

महर्षि पतंजलि के अनुसार समाहित चित्त वालों के लिए अभ्यास और वैराग्य तथा विक्षिप्त चित्त वालों के लिए क्रियायोग का सहारा लेकर आगे बढ़ने का रास्ता सुझाया है। इन साधनों का उपयोग करके साधक के क्लेशों का नाश होता है, चित्त प्रसन्न होकर ज्ञान का प्रकाश फैलता है और विवेक ख्याति प्राप्त होती है।

योगाडांनुष्ठानाद शुद्धिक्षये ज्ञानदीप्तिरा विवेक ख्यातेः (2/28)
राजयोग के अन्तर्गत महिर्ष पतंजलि ने अष्टांग को इस प्रकार बताया है–

यमनियमासनप्राणायामप्रत्याहारधारणाध्यानसमाधयोऽष्टांगानि।

योग के आठ अँगों में प्रथम पाँच बहिरंग तथा अन्य तीन अन्तरंग में आते हैं।

योग की उत्पत्ति–

योग का जन्म प्राचीन भारत में हजारों साल पहले हुआ था। सबसे पहले धर्म या विश्वास प्रणाली के जन्म से भी पहले। यह माना जाता है कि शिव पहले योगी या आदियोगी और पहले गुरु हैं। हजारों साल पहले हिमालय में कंटिसारोकर झील के तट पर आदियोगी ने अपने ज्ञान को महान सात ऋषियों के साथ साँझा किया था क्योंकि इतने ज्ञान को एक व्यक्ति में रखना मुश्किल था। ऋषियों ने इस शक्तिशाली योग विज्ञान को दुनिया के विभिन्न हिस्सों में फैलाया जिसमें एशिया, उत्तरी अफ्रीका, मध्य पूर्व और दक्षिण अमेंरिका शामिल हैं। भारत को अपनी पूरी अभिव्यक्ति में योग प्रणाली को प्राप्त करने का आशीष मिला हुआ है।

सिंधु–सरस्वती सभ्यता के जीवाश्म अवशेष प्राचीन भारत में योग की मौजूदगी का प्रमाण हैं। इस उपस्थिति का लोक परम्पराओं में उल्लेख है। यह सिंधु घाटी सभ्यता, बौद्ध और जैन परम्पराओं में शामिल है। अध्ययनों के अनुसार एक गुरु के प्रत्यक्ष मार्गदर्शन के तहत योग का अभ्यास किया जा रहा था और इसके आध्यात्मिक मूल्य को बहुत महत्त्व दिया गया था। सूर्य को वैदिक काल के दौरान सर्वोच्च महत्त्व दिया गया था और इसी तरह सूर्यनमस्कार का बाद में आविष्कार किया गया था।

महर्षि पतंजलि को आधुनिक योग के पिता के रूप में जाना जाता है। हालाँकि उन्होंने योग का आविष्कार नहीं किया क्योंकि यह पहले से ही विभिन्न रुपों में था। उन्होंने इसे प्रणाली में आत्मसात् कर दिया। उन्होंने देखा कि किसी को भी अर्थपूर्ण तरीके से समझने के लिए यह काफी जटिल हो

रहा है। इसलिए उन्होंने आत्मसात् किया और सभी पहलुओं को एक निश्चित प्रारुप में शामिल किया जिसे योगसूत्र कहते हैं।

आसन या योग पदों के अभ्यास में साँस की भूमिका बहुत महत्त्वपूर्ण है। साँस हमारे कार्यों के आधार पर एक महत्त्वपूर्ण बल है और ऑक्सीजन परिवर्त्तन हमारे शरीर की आवश्यकता है। अगर हम व्यायाम करते हैं तो हमें अधिक ऑक्सीजन की आवश्यकता होती है इसलिए हम साँस तेजी से लेते है और अगर हम आराम करते हैं तो हम साँस आराम से लेते हैं। योग में धीमी गति से आसन करते समय पूरा ध्यान साँस पर एकीकृत करना होता है। योग अभ्यास आराम से साँस लेने और साँस छोड़ने को बढ़ावा देता है।

योग का वर्गीकरण–

कर्म योग–यह पश्चिमी संस्कृति में 'कार्य के अनुशासन' के रूप में भी जाना जाता है। यह योग के चार महत्त्वपूर्ण भागों में से एक है। यह नि:स्वार्थ गतिविधियों और कर्तव्यों के साथ संलग्न हुए बिना तथा फल की चिंता किए बिना कोई काम करना सिखाता है। यह मुख्य पाठ है जो कर्म योगी को सिखाया जाता है। यह उन लोगों के लिए है जो आध्यात्मिक पथ की खोज करते हैं और परमेश्वर के साथ मिलना चाहते हैं। इसका अपने नियमित जीवन में ईमानदार तरीके से नतीजे की चिंता किए बिना अपने कर्त्तव्य का संचालन करके भी अभ्यास किया जा सकता है। यह आध्यात्मिक विकास का मार्ग है। असल में कर्म जो हम करते हैं वह क्रिया है और उसका नतीजा इसकी प्रतिक्रिया है। व्यक्ति का जीवन अपने कर्म चक्र द्वारा शासित होता है। अगर उस व्यक्ति के अच्छे विचार, अच्छे कार्य और अच्छी सोच है तो वह सुखी जीवन जिएगा वहीँ वह व्यक्ति अगर बुरे विचार, बुरे काम और बुरी सोच रखता है तो वह दुखी और कठिन जीवन जिएगा आज की दुनिया में ऐसे निस्वार्थ जीवन जीना बहुत मुश्किल है क्योंकि मानव कर्म करने से पहले फल की चिंता करने लगता है। यही कारण हैं कि हम उच्च तनाव, मानसिक बीमारी और अवसाद जैसी समस्याओं का सामना कर रहे हैं। कर्म योग सभी भौतिकवादी रास्तों से छुटकारा पाता है और एक खुश और सफल जीवन का नेतृत्व करता है।

ज्ञान योग–इसे 'विजडम योग' के रूप में भी जाना जाता है। यह सभी के बीच एक बहुत ही कठिन और जटिल रास्ता है। यह किसी व्यक्ति को गहरी अंतरात्मा के मन से ध्यान और आत्म-प्रश्न सत्र आयोजित करने के द्वारा विभिन्न मानसिक तकनीकों का अभ्यास करके आंतरिक आत्म में विलय करना सिखाता है। यह किसी व्यक्ति को स्थायी जागरुक और अस्थायी भौतिकवादी दुनिया के बीच अन्तर करना सिखाता है। यह पथ 6 मौलिक गुणों-शांति, नियंत्रण, बलिदान, सहिष्णुता, विश्वास और ध्यान केंद्रित करके मन और भावनाओं को स्थिर करना सिखाता है। लक्ष्य को प्राप्त करने और सर्वोत्तम तरीके से इसे करने के लिए एक सक्षम गुरु के मार्गदर्शन में ज्ञानयोग का अभ्यास करने की सलाह दी जाती है।

भक्ति योग–इसे 'आध्यात्मिक या भक्ति योग' के रूप में भी जाना जाता है। यह दिव्य प्रेम के साथ जुड़ा हुआ है क्योंकि यह प्रेम और भक्ति के माध्यम से आध्यात्मिक ज्ञान का सबसे बड़ा मार्ग है। इस योग के रास्ते में एक व्यक्ति भगवान को सर्वोच्च अभिव्यक्ति और प्यार के अवतार के रूप में देखता है। इसकी मुख्य विशेषताएँ हैं-भगवान का नाम जपना, उसकी स्तुति या भजन गाना और पूजा और अनुष्ठान में संलग्न होना। यह सबसे आसान और सबसे लोकप्रिय है। भक्ति योग मन और हृदय की शुद्धि से जुड़ा है और कई मानसिक और शारीरिक योग प्रथाओं द्वारा इसे प्राप्त किया जा सकता है। यह प्रतिकूल परिस्थितियों में भी साहस देता है। यह मूल रूप से दयालुता का एहसास कराती है और परमात्मा को दिव्य प्रेम से शुद्ध करने पर केंद्रित है।

क्रिया योग–यह शारीरिक प्रथा है जिसमें कई शरीर मुद्राएँ ऊर्जा और साँस नियंत्रण या प्राणायाम की ध्यान तकनीकों के माध्यम से की जाती हैं। इसमें शरीर, मन और आत्मा का विकास होता है। क्रिया योग का अभ्यास करके पूरे मानव प्रणाली को कम समय में सक्रिय किया जाता है। सभी आंतरिक अँग जैसे कि यकृत, अग्न्याशय आदि सक्रिय हैं। शरीर को स्वस्थ रखने के लिए आवश्यक हार्मोन और एंजाइमों को सक्रिय अवस्था में लाया जाता है। रक्त ऑक्सीजन की उच्च मात्रा को अवशोषित करता है और जल्द

डी–कार्बोनाइज हो जाता है जो आम तौर पर बीमारियों की संख्या घटाता है। सिर में अधिक परिसंचरण के माध्यम से मस्तिष्क की कोशिकाओं को सक्रिय किया जाता है जिससे मस्तिष्क की कामकाजी क्षमता बढ़ जाती है और स्मृति तेज हो जाती है और व्यक्ति जल्दी थका हुआ महसूस नहीं करता।

योग के महत्त्व–

योग–अभ्यास का एक प्राचीन रूप जो भारतीय समाज में हजारों साल पहले विकसित हुआ था और उसके बाद से लगातार इसका अभ्यास किया जा रहा है। इसमें किसी व्यक्ति को सेहतमंद रहने के लिए और विभिन्न प्रकार के रोगों और अक्षमताओं से छुटकारा पाने के लिए विभिन्न प्रकार के व्यायाम शामिल हैं। यह ध्यान लगाने के लिए एक मजबूत विधि के रूप में भी माना जाता है जो मन और शरीर को आराम देने में मदद करता है।

योग एक अभ्यास है जो मानसिक, शारीरिक, आध्यात्मिक और सामाजिक स्वास्थ्य के क्षेत्र में विकास के आठ स्तरों पर काम करता है। जब तक शारीरिक स्वास्थ्य बरकरार है तब तक मन स्पष्ट और केन्द्रित रहता है। योग के मुख्य लक्ष्यों में शामिल हैं:

योग एक कला है जो हमारे शरीर, मन और आत्मा को एक साथ जोड़ता है और हमें मजबूत और शांतिपूर्ण बनाता है। योग आवश्यक है क्योंकि यह हमें फिट रखता है, तनाव को कम करने में मदद करता है और समग्र स्वास्थ्य को बनाए रखता है और एक स्वस्थ मन ही अच्छी तरह से ध्यान केंद्रित करने में सहायता कर सकता है।

- **शारीरिक स्वास्थ्य**
- **मानसिक स्वास्थ्य**
- **आध्यात्मिक स्वास्थ्य**
- **स्वयं का अहसास**
- **सामाजिक स्वास्थ्य**

योग के लाभ

- **माँसपेशियों के लचीलेपन में सुधार**
- **शरीर के आसन और एलाइनमेंट को ठीक करता है**
- **बेहतर पाचन तन्त्र प्रदान करता है**
- **आंतरिक अँग मजबूत करता है**
- **अस्थमा का इलाज करता है**
- **मधुमेह का इलाज करता है**
- **दिल सम्बन्धी समस्याओं का इलाज करने में मदद करता है**
- **त्वचा के चमकने में मदद करता है**
- **शक्ति और सहनशक्ति को बढ़ावा देता है**
- **एकाग्रता में सुधार**
- **मन और विचार नियंत्रण में मदद करता है**
- **चिंता, तनाव और अवसाद पर काबू पाने के लिए मन शान्त रखता है**
- **तनाव कम करने में मदद करता है**
- **रक्त परिसंचरण और माँसपेशियों के विश्राम में मदद करता है**
- **वजन घटाना**
- **चोट से संरक्षण करता है**

ये सब योग के लाभ हैं। योग स्वास्थ्य और आत्म-चिकित्सा के प्रति आपके प्राकृतिक प्रवृत्ति पर ध्यान केंद्रित करता है।

योग अभ्यास करने के मुख्य लाभों में से एक यह है कि यह तनाव कम करने में मदद करता है। तनाव का होना इन दिनों एक आम बात है जिससे शरीर और मन पर विनाशकारी प्रभाव पड़ता है। तनाव के कारण लोगों को सोते समय दर्द, गर्दन का दर्द, पीठ दर्द, सिरदर्द, तेजी से दिल का धड़कना, हथेलियों में पसीने आना, असंतोष, क्रोध, अनिद्रा और ध्यान केंद्रित करने में असमर्थता जैसी गम्भीर समस्याएँ पैदा होती हैं। समय गुजरने के साथ इन

प्रकार की समस्याओं का इलाज करने में योग वास्तव में प्रभावी है। यह एक व्यक्ति को ध्यान और साँस लेने के व्यायाम से तनाव कम करने में मदद करता है और एक व्यक्ति के मानसिक कल्याण में सुधार करता है। नियमित अभ्यास मानसिक स्पष्टता और शांति बनाता है जिससे मन को आराम मिलता है।

योग का अभ्यास करके लाभ प्राप्त कर सकते हैं:

आंतरिक शांति–योग आंतरिक शांति प्राप्त करने और तनाव तथा अन्य समस्याओं के खिलाफ लड़ाई में मदद करता है। योग एक व्यक्ति में शांति के स्तर को बढ़ाता है और उसके आत्मविश्वास को और अधिक बढ़ाने तथा उसे खुश रहने में मदद करता है।

स्वास्थ्य–एक स्वस्थ व्यक्ति एक अस्वस्थ व्यक्ति की तुलना में अधिक काम कर सकता है। आजकल जीवन बहुत तनावपूर्ण है और हमारे आसपास बहुत प्रदूषण है। यह कई स्वास्थ्य समस्याओं का कारण है। सिर्फ 10–20 मिनट का योग हर दिन आपके स्वास्थ्य को अच्छा रहने में मदद कर सकता है। बेहतर स्वास्थ्य का मतलब बेहतर जीवन है।

सक्रियता–आजकल लोग आलसी, थके हुए या नींद की कमी महसूस करते हैं जिसके कारण वे अपने जीवन में अधिकतर मौज-मस्ती से चूक जाते हैं और अपने काम को सही ढँग से पूरा करने में सक्षम नहीं हैं। सक्रियता होने के नाते आप अपने आसपास होने वाली चीजों के बारे में अधिक जागरुक रहते हैं और अपने काम को अधिक कुशलतापूर्वक और जल्दी से पूरा कर पाते हैं यह सब करने का एक तरीका नियमित रूप से योग का अभ्यास करना है।

लचीलापन–लोग आजकल कई प्रकार के दर्द से ग्रस्त हैं। वे पैर की उंगलियों को छूने या नीचे की ओर झुकने के दौरान कठिनाइयों का सामना करते हैं। योग का नियमित अभ्यास इन सभी प्रकार के दर्द से राहत में मदद करता है। योग करने से इन सभी चीजों का प्रभाव कुछ दिनों में कम होता देखा जा सकता है।

रक्त प्रवाह बढ़ाएँ–योग आपके दिल को स्वस्थ बनाने में मदद करता है और यह आपके शरीर और नसों में रक्त के प्रवाह को बढ़ाकर अधिक कुशलता से काम करता है। यह आपके शरीर को ऑक्सीजन युक्त रखने में मदद करता है।

ध्यान केंद्रित करने की शक्ति–योग आपके शरीर को शान्त करने और आराम करने में मदद करता है जिसका मतलब तनाव का कम होना है और आप अपने काम पर ध्यान केंद्रित कर सकते है। यही कारण है कि बच्चों और किशोरों को योग करने के लिए प्रोत्साहित किया जाता है क्योंकि यह उनकी पढ़ाई में बेहतर तरीके से ध्यान केंद्रित करने में मदद करता है

इस प्रकार यह कहा जा सकता है कि योग एक चमत्कार है और अगर इसे किया जाए तो यह आपके पूरे जीवन का मार्गदर्शन करेगा। प्रतिदिन 20–30 मिनट योग आपके शारीरिक, मानसिक और आध्यात्मिक स्वास्थ्य के बीच संतुलन को बढ़ावा देने के द्वारा आपके जीवन को हमेंशा के लिए बदल सकता है।

प्राणायाम

प्राणायाम योग के आठ अँगों में से एक है। अष्टाँग योग में आठ प्रक्रियाएँ होती हैं–यम, नियम, आसन, प्राणायाम, प्रत्याहार, धारणा, ध्यान, तथा समाधि। प्राणायाम = प्राण + आयाम। इसका शाब्दिक अर्थ है–प्राण या श्वसन को लम्बा करना या फिर जीवनी शक्ति को लम्बा करना। प्राणायाम का अर्थ कुछ हद तक श्वास को नियन्त्रित करना हो सकता है। परन्तु श्वास को कम करना नहीं होता है। प्राण या श्वास का आयाम या विस्तार ही प्राणायाम कहलाता है।

यह प्राण–शक्ति का प्रवाह कर व्यक्ति को जीवन शक्ति प्रदान करता है।

हठयोगप्रदीपिका में कहा गया है–

चले वाते चलं चित्तं निश्चले निश्चलं भवेत्।
योगी स्थाणुत्वमाप्नोति ततो वायुं निरोधयेत्।।2।।

(अर्थात् प्राणों के चलायमान होने पर चित्त भी चलायमान हो जाता है

और प्राणों के निश्चल होने पर मन भी स्वतः निश्चल हो जाता है और योगी स्थाणु हो जाता है। अतः योगी को श्वाँसों का नियंत्रण करना चाहिये।

यह भी कहा गया है–

यावद्वायुः स्थितो देहे तावज्जीवनमुच्यते।
मरणं तस्य निष्क्रान्तिः ततो वायुं निरोधयेत्॥

(जब तक शरीर में वायु है तब तक जीवन है। वायु का निष्क्रमण (निकलना) ही मरण है। अतः वायु का निरोध करना चाहिये।)

परिचय–

प्राणायाम दो शब्दों के योग से बना है–(प्राण+आयाम) पहला शब्द "प्राण" है दूसरा "आयाम"। प्राण का अर्थ जो हमें शक्ति देता है या बल देता है। आयाम का अर्थ जानने के लिये इसका सन्धि विच्छेद करना होगा क्योंकि यह दो शब्दों के योग (आ+याम) से बना है। इसमें मूल शब्द 'श्याम' है 'आ' उपसर्ग लगा है। याम का अर्थ गमन होता है और "आ" उपसर्ग 'उलटा' के अर्थ में प्रयोग किया गया है अर्थात् आयाम का अर्थ उलटा गमन होता है। अतः प्राणायाम में आयाम को 'उलटा गमन' के अर्थ में प्रयोग किया गया है। इस प्रकार प्राणायाम का अर्थ 'प्राण' का उलटा गमन होता है। यहाँ यह ध्यान देने कि बात है कि प्राणायाम प्राण के उलटा गमन के विशेष क्रिया की संज्ञा है न कि उसका परिणाम। अर्थात् प्राणायाम शब्द से प्राण के विशेष क्रिया का बोध होना चाहिये।

प्राणायाम के बारे में बहुत से ऋषियों ने अपने-अपने ढँग से कहा है लेकिन सभी के भाव एक ही है जैसे पतन्जलि का प्राणायाम सूत्र एवं गीता में जिसमें पतन्जलि का प्राणायाम सूत्र महत्त्वपूर्ण माना जाता है जो इस प्रकार है–**तस्मिन सति श्वासप्रश्वासयोर्गतिविच्छेदः प्राणायाम।** इसका हिन्दी अनुवाद इस प्रकार होगा–श्वास प्रश्वास के गति को अलग करना प्राणायाम है। इस सूत्र के अनुसार प्राणायाम करने के लिये सबसे पहले सूत्र की सम्यक् व्याख्या होनी चाहिये लेकिन पतंजलि के प्राणायाम सूत्र की व्याख्या करने से पहले हमें इस बात का ध्यान देना चाहिये कि पतंजलि ने योग की क्रियाओं

एवं उपायें को योगसूत्र नामक पुस्तक में सूत्र रूप से संकलित किया है और सूत्र का अर्थ ही होता है–एक निश्चित नियम जो गणितीय एवं विज्ञान सम्मत हो। यदि सूत्र की सही व्याख्या नहीं हुई तो उत्तर सत्य से दूर एवं परिणाम शून्य होगा। यदि पतंजलि के प्राणायाम सूत्र के अनुसार प्राणायाम करना है तो सबसे पहले उनके प्राणायाम सूत्र **तस्मिन सति श्वासप्रश्वासयोर्गतिविच्छेदः प्राणायाम।।** की सम्यक व्याख्या होनी चाहिये जो शास्त्रानुसार, विज्ञान सम्मत, तार्किक, एवं गणितीय हो। इसी व्याख्या के अनुसार क्रिया करना होगा। इसके लिये सूत्र में प्रयुक्त शब्दों का अर्थबोध होना चाहिये तथा उसमें दी गयी गति विच्छेद की विशेष युक्ति को जानना होगा। इसके लिये पतंजलि के प्राणायाम सूत्र में प्रयुक्त शब्दो का अर्थ बोध होना चाहिये।

प्राणायाम प्राण अर्थात् साँस आयाम याने दो साँसो में दूरी बढ़ाना, श्वास और निःश्वास की गति को नियंत्रण कर रोकने व निकालने की क्रिया को कहा जाता है।

श्वास को धीमी गति से गहरी खींचकर रोकना व बाहर निकालना प्राणायाम के क्रम में आता है। श्वास खींचने के साथ भावना करें कि प्राण शक्ति, श्रेष्ठता श्वास के द्वारा अंदर खींची जा रही है, छोड़ते समय यह भावना करें कि हमारे दुर्गुण, दुष्प्रवृत्तियाँ, बुरे विचार प्रश्वास के साथ बाहर निकल रहे हैं। हम साँस लेते है तो सिर्फ हवा नहीं खीचते तो उसके साथ ब्रह्मान्ड की सारी ऊर्जा को उसमें खींचते है। अब आपको लगेगा की सिर्फ साँस खीचने से ऐसा कैसा होगा। हम जो साँस फेफड़ो में खीचते है, वो सिर्फ साँस नहीं रहती उसमें सारे ब्रह्माण्ड की सारी ऊर्जा समायी रहती है। मान लो जो साँस आपके पूरे शरीर को चलाना जनती है, वो आपके शरीर को दुरुस्त करने की भी ताकत रखती है। प्राणायाम निम्न मंत्र (गायत्री महामंत्र) के उच्चारण के साथ किया जाना चाहिये–

ॐ भूः भुवः ॐ स्वः ॐ महः, ॐ जनः ॐ तपः ॐ सत्यम्।

ॐ तत्सवितुर्वरेण्यं भर्गो देवस्य धीमहि धियो यो नः प्रचोदयात्।

ॐ आपोज्योतीरसोऽमृतं ब्रह्म भूर्भुवः स्वः ॐ।

प्राणायाम के प्रकार–

घेरन्ड संहिता के अनुसार–

सहितः सूर्यभेदश्च उज्जायी शीतली तथा।
भस्त्रिका भरमारी मूर्च्छा केवली चाष्टकुम्भकाः॥

घेरन्ड संहिता के अनुसार प्राणायाम के आठ भेद बताए गए हैं–

सहित, सूर्यभेदी, उज्जायी, शीतली, भस्त्रिका, भ्रामरी, मूर्च्छा और केवली।

हठप्रदीपिका के अनुसार–

सूर्यभेदनमुज्जायी सीत्कारी शीतली तथा।
भस्त्रिका भ्रामरी मूर्च्छा प्लाविनीत्यष्ट कुम्भकः॥

हठप्रदीपिका के अनुसार प्राणायाम के आठ भेद निम्न हैं–

सूर्यभेदन, उज्जायी, सीत्कारी, शीतली, भस्त्रिका, भ्रामरी, मूर्च्छा और प्लाविनी ये आठ प्रकार के कुम्भक (प्राणायाम) होते हैं।

महत्त्व–

प्राणायाम का योग में बहुत महत्त्व है। आदि शंकराचार्य श्वेताश्वतर उपनिषद् पर अपने भाष्य में कहते हैं, "प्राणायाम के द्वारा जिस मन का मैल धुल गया है वही मन ब्रह्म में स्थिर होता है इसलिए शास्त्रों में प्राणायाम के विषय में उल्लेख है।" स्वामी विवेकानंद इस विषय में अपना मत व्यक्त करते हैं, "इस प्राणायाम में सिद्ध होने पर हमारे लिए मानो अनंत शक्ति का द्वार खुल जाता है। मान लो, किसी व्यक्ति की समझ में यह प्राण का विषय पूरी तरह आ गया और वह उस पर विजय प्राप्त करने में भी कृत्तकार्य हो गया, तो फिर संसार में ऐसी कौन–सी शक्ति है, जो उसके अधिकार में न आए? उसकी आज्ञा से चन्द्र–सूर्य अपनी जगह से हिलने लगते हैं, क्षुद्रत्तम परमाणु से वृहत्तम सूर्य तक सभी उसके वशीभूत हो जाते हैं, क्योंकि उसने प्राण को जीत लिया है। प्रकृति को वशीभूत करने की शक्ति प्राप्त करना ही प्राणायाम की साधना का लक्ष्य है।"

सावधानियाँ–

सबसे पहले तीन बातों की आवश्यकता है, विश्वास, सत्यभावना, दृढ़ता करने से पहले हमारा शरीर से और बाहर से शुद्ध होना चाहिए। एक पंक्ति में अर्थात् सीधी होनी चाहिए।

सुखासन, सिद्धासन, पद्मासन, वज्रासन किसी भी आसन में बैठें, मगर जिसमें आप अधिक देर बैठ सकते हैं, उसी आसन में बैठें।

प्राणायाम करते समय हमारे हाथों को ज्ञान या किसी अन्य मुद्रा में होनी चाहिए।

प्राणायाम करते समय हमारे शरीर में कहीं भी किसी प्रकार का तनाव नहीं होना चाहिए, यदि तनाव में प्राणायाम करेंगे तो उसका लाभ नहीं मिलेगा।

प्राणायाम करते समय अपनी शक्ति का अतिक्रमण ना करें।

हर साँस का आना जाना बिलकुल आराम से होना चाहिए।

जिन लोगों को उच्च रक्तचाप की शिकायत है, उन्हें अपना रक्तचाप साधारण होने के बाद धीमी गति से प्राणायाम करना चाहिये।

यदि आँप्रेशन हुआ हो तो, छः महीने बाद ही प्राणायाम का धीरे धीरे अभ्यास करें।

हर साँस के आने जाने के साथ मन ही मन में ओम् का जाप

ओम् का जाप का उपचारण करने से हमारे पूरे शरीर में (सिर से ले कर पैर के अँगूठे तक) एक वाइब्रेशन होती है जो हमारे अंदर की नगेस्टिव एनर्जी को बाहर निकल के मन और आत्मा को शुद्ध करती है।

भस्त्रिका प्राणायाम–

सुखासन, सिद्धासन, पद्मासन, वज्रासन में बैठें। नाक से लम्बी साँस फेफड़ों में ही भरें, फिर लम्बी साँस फेफडों से ही छोडें। साँस लेते और छोडते समय एकसा दबाव बना रहे। हमें हमारी गलतियाँ सुधारनी है, एक तो हम पूरी साँस नहीं लेते; और दूसरा हमारी साँस पेट में चली जाती है। देखिये हमारे शरीर में दो रास्ते है– एक (नाक, श्वसन नलिका, फेफडे) और दूसरा

(मुँह, अन्ननलिका, पेट्)। जैसे फेफडो में हवा शुद्ध करने की प्रणाली है, वैसे पेट में नहीं है। उसी के कारण हमारे शरीर में आक्सीजन की कमी महसूस होती है और उसी के कारण हमारे शरीर में रोग जुड़ते है।

लाभ–

हमारा हृदय सशक्त बनाने के लिये है।

हमारे फेफड़ों को सशक्त बनाने के लिये है।

मस्तिष्क से सम्बंधित सभी व्याधिओं को मिटाने के लिये भी यह लाभदायक है।

पार्किनसन, पैरालिसिस, लूलापन इत्यादि स्नायुओं से सम्बंधित सभी व्याधिओं को मिटाने के लिये।

भगवान से नाता जोडने के लिये।

कपालभाति प्राणायाम–

सुखासन, सिद्धासन, पद्मासन, वज्रासन में बैठें और साँस को बाहर फैंकते समय पेट को अन्दर की तरफ धक्का देना है, इसमें सिर्फ साँस को छोड़ते रहना है। दो साँसों के बीच अपने आप साँस अन्दर चली जायेगी, जान–बूझ कर साँस को अन्दर नहीं लेना है। कपाल कहते है मस्तिष्क के अग्र भाग को, भाती कहते है ज्योति को, कान्ति को, तेज को; कपालभाति प्राणायाम लगातार करने से चहरे का लावण्य बढ़ता है। कपालभाति प्राणायाम धरती की सन्जीवनी कहलाता है। कपालभाती प्राणायाम करते समय मूलाधार चक्र पर ध्यान केन्द्रित करना होता है। इससे मूलाधार चक्र जाग्रत हो कर कुन्डलिनी शक्ति जाग्रत होने में मदद होती है। कपालभाति प्राणायाम करते समय ऐसा सोचना है कि, हमारे शरीर के सारे नकारात्मक तत्त्व शरीर से बाहर जा रहे हैं। खाना मिले ना मिले मगर रोज कम से कम 5 मिनिट कपालभाती प्राणायाम करना ही है, यह दृढ़ संक्लप करना है।

विशेष–

कपालभाति प्राणायाम के बाद अनुलोम विलोम प्राणायाम अवश्य करें। ऐसा करने से कपालभाति प्राणायाम के लाभ और बढ जाते हैं।

लाभ–

बालों की सारी समस्याओं का समाधान प्राप्त होता है।

चेहरे की झुरियाँ, आँखो के नीचे के डार्क सर्कल मिट जायेंगे।

थायराइड की समस्या मिट जाती है।

सभी प्रकार की चर्म समस्या मिट जाती है।

आँखों की सभी प्रकार की समस्याऐं मिट जाती है और आँखो की रोशनी लौट आती है।

दाँतों की सभी प्रकार की समस्याऐं मिट जाती हैं और दाँतों की खतरनाक पायरिया जैसी बीमारी भी ठीक हो जाती है।

कपालभाति प्राणायाम से शरीर की बढ़ी चर्बी घटती है, यह इस प्राणायाम का सबसे बड़ा फायदा है–

- कब्ज, ऐसिडिटी, गैस्ट्रिक जैसी पेट की सभी समस्याएँ मिट जाती हैं।
- यूट्रस (महिलाओं) की सभी समस्याओं का समाधान होता है।
- डायबिटीज संपूर्णतय: ठीक हो जाता है।
- कोलेस्ट्रोल को घटाने में भी सहायक है।
- सभी प्रकार की ऐलर्जियाँ मिट जाती हैं।
- सबसे खतरनाक कैन्सर रोग तक ठीक हो जाता है।
- शरीर में स्वत: हीमोग्लोबिन तैयार होता है।
- शरीर में स्वत: कैल्शियम तैयार होता है।
- किडनी स्वत: स्वच्छ होती है, डायलेसिस करने की जरुरत नहीं पड़ती।

बाह्य प्राणायाम–

सुखासन, सिद्धासन, पद्मासन, वज्रासन में बैठें। साँस को पूरी तरह बाहर निकालने के बाद साँस बाहर ही रोके रखने के बाद तीन बन्ध लगाते हैं।

(1) जालंधर बन्ध:-गले को पूरा सिकोड कर ठोड़ी को छाती से सटा कर रखना है।

(2) उड्ड्यान बन्धः-पेट को पूरी तरह अन्दर पीठ की तरफ खींचना है।

(3) मूल बन्धः-हमारी मल विसर्जन करने की जगह को पूरी तरह ऊपर की तरफ खींचना है।

लाभ–

कब्ज, ऐसिडिटी, गैस जैसी पेट की सभी समस्या मिट जाती हैं।

हर्निया पूरी तरह ठीक हो जाता है।

धातु, और पेशाब से सम्बन्धित सभी समस्याएँ मिट जाती हैं।

मन की एकाग्रता बढ़ती है।

व्यंधत्व (संतान हीनता) से छुटकारा मिलने में भी सहायक है।

अनुलोम-विलोम प्राणायाम–

सुखासन, सिद्धासन, पद्मासन या वज्रासन में बैठें। शुरुआत और अन्त हमेंशां बाँये नथूने (नोस्टिरल) से ही करनी है, नाक का दाँया नथुना बन्द करें व बाँये से लम्बी साँस लें, फिर बाँये को बन्द करके, दाँये वाले से लम्बी साँस छोड़ें... अब दाँये से लम्बी साँस लें और बाँयें वाले से छोड़ें... यानि यह दाँया-दाँया बाँया-बाँया यह क्रम रखना, यह प्रक्रिया 10-15 मिनट तक दुहराएँ। साँस लेते समय अपना ध्यान दोनों आँखों के बीच में स्थित आज्ञा चक्र पर ध्यान एकत्रित करना चाहिए। और मन ही मन में साँस लेते समय ॐ-ॐ का जाप करते रहना चाहिए। हमारे शरीर की 72,72,10,210 सूक्ष्मादी सूक्ष्म नाड़ी शुद्ध हो जाती हैं। बाँयी नाड़ी को चन्द्र (इडा, गन्गा) नाडी, और दायीं नाडी को सूर्य (पिंगला, यमुना) नाड़ी कहते हैं। चन्द्र नाडी से ठण्डी हवा अन्दर जाती है और सूर्य नाड़ी से गरम हवा अन्दर जाती है। ठण्डी और गरम हवा के उपयोग से हमारे शरीर का तापमान संतुलित रहता है। इससे हमारी रोग प्रतिकारक शक्ति बढ़ जाती है।

लाभ–

- हमारे शरीर की 72,72,10,210 सूक्ष्मादी सूक्ष्म नाड़ी शुद्ध हो जाती है।

– हार्ट की ब्लाकेज खुल जाते है।

– हाई, लो दोंनों रक्त चाप ठीक हो जायेंगे।

– आर्थराटिस, रह्यूमेंटोइड आर्थराइटिस, कालेज घिसना जैसी बीमारियाँ ठीक हो जाती है।

– टेढ़े लिगामेंट्स सीधे हो जायेंगे।

– वैरीकोस वेन्स ठीक हो जाती हैं।

– कोलेस्ट्रोल, टॉक्सिन्स, ऑक्सीडेन्ट्स जैसे विजातीय पदार्थ शरीर के बाहर निकल जाते हैं।

– सायकिक पेंशेन्ट्स को फायदा होता है।

– किडनी प्राकृतिक रूप से स्वच्छ होती है, डायलेसिस करने की जरुरत नहीं पड़ती।

– सबसे बड़ा खतरनाक कैन्सर तक ठीक हो जाता है।

– सभी प्रकार की ऐलर्जीयाँ मिट जाती है।

– मेंमरी बढ़ाने के लिये।

– सर्दी, खाँसी, नाक, गला ठीक हो जाता है।

– ब्रेन ट्यूमर भी ठीक हो जाता है।

– सभी प्रकार के चर्म समस्या मिट जाती है।

– मस्तिष्क के सम्बधित सभी व्याधिओं को मिटाने के लिये।

– पार्किनसन्स, पैरालिसिस, लूलापन इत्यादि स्नायुओं से सम्बधित सभी व्याधिओं को मिटाने के लिये।

– सायनस की व्याधि मिट जाती है।

– डायबीटीज पूरी तरह मिट जाती है।

– टॉन्सिल्स की व्याधि मिट जाती है।

भ्रामरी प्राणायाम–

सुखासन, सिद्धासन, पद्मासन, वज्रासन में बैठें। दोनो अँगूठों से कान पूरी

तरह बन्द करके, दो उँगलिओं को माथे पर रख कर, छः उंगलियों को दोनो आँखों पर रख दे। और लम्बी साँस लेते हुए कण्ठ से भवरें जैसा (म......) आवाज निकालना है।

लाभ–

– सायकीक पेंशेट्स को फायदा होता है।

– मायग्रेन पेन, डीप्रेशन, और मस्तिष्क से सम्बधित सभी व्याधिओं को मिटाने के लिये।

– मन और मस्तिष्क की शांति मिलती है।

ब्रह्मानंद की प्राप्ति करने के लिये।

मन और मस्तिष्क की एकाग्रता बढाने के लिये।

उद्गीथ प्राणायाम–

– सुखासन, सिद्धासन, पद्मासन, वज्रासन में बैठें। और लम्बी सास लेके मुँह से ओउम का जाप करना है।

लाभ–

– पॉजिटिव एनर्जी तैयार करता है।

– सायटिका पेंशेट्स को फायदा होता है।

मायग्रेन पेन, डिप्रेशन, और मस्तिष्क के सम्बधित सभी व्याधियों को मिटाने के लिये।

– मन और मस्तिष्क की शांति मिलती है।

– ब्रह्मानंद की प्राप्ति करने के लिये।

– मन और मस्तिष्क की एकाग्रता बढाने के लिये।

प्रणव प्राणायाम–

सुखासन, सिद्धासन, पद्मासन, वज्रासन में बैठें और मन ही मन में एकदम शान्त बैठ कर लम्बी साँस लेते हुए ओउम् का जाप करना है।

लाभ–

– पॉंजटिव एनर्जी तैयार करता है।

– सायटिका पेशेंट को फायदा होता है।

– मायग्रेन पेन, डिप्रेशन और मस्तिषक के सम्बधित सभी व्यधिओं को मिटाने के लिये।

– मन और मस्तिष्क की शांति मिलती है।

– ब्रह्मानंद की प्राप्ति करने के लिये।

– मन और मस्तिष्क की एकाग्रता बढाने के लिये।

अग्निसार क्रिया–

सुखासन, सिद्धासन, पद्मासन, वज्रासन में बैठें। यह क्रिया में कपालभाती प्राणायाम जैसा नहीं है, बार–बार साँस बाहर नहीं करनी है। साँस को पूरी तरह बाहर निकालने के बाद बाहर ही रोककर पेट को आगे पीछे करना है।

लाभ–

– कब्ज, ऐसिडिटी, गॅसस्टीक, जैसी पेट की सभी समस्याएँ मिट जाती हैं।

– हर्निया पूरी तरह मिट जाता है।

– धातु, और पेशाब के सम्बन्धित सभी समस्याऐं मिट जाती हैं।

– मन की एकाग्रता बढ़ेगी।

– व्यंधत्व से छुटकारा मिल जायेगा।

उज्जायी प्राणायाम–

सुखासन, सिद्धासन, पद्मासन, वज्रासन में बैठें। सिकुडे हुए गले से साँस को अन्दर लेना है।

लाभ–

– थायरॉइड की शिकायत से आराम मिलता है।

– तुतलाना, हकलाना, ये शिकायत भी दूर होती है।

- अनिद्रा, मानसिक तनाव भी कम करता है।
- टी. बी. (क्षय) को मिटाने में मदद होती है।
- गूँगे बच्चे भी बोलने लगेंगे।

सीत्कारी प्राणायाम–

सुखासन, सिद्धासन, पद्मासन, वज्रासन में बैठें। जिव्हा तालू को लगाके दोनो जबड़े बन्द करके लेना और उस छोटी सी जगह से सी–सी करते हुए हवा को अन्दर खींचना है और मुँह बन्द करके से साँस को नाक से बाहर छोड़ दे। जैसे ए. सी. के फिन्स होते है, उससे ए. सी. के कॉम्प्रेसर पर कम दबाव आता है और गरम हवा बाहर फैंकने से हमारी कक्षा की हवा ठण्डी हो जाती है। वैसे ही हमें हमारे शरीर की अतिरिक्त गर्मी कम कर सकते है।

लाभ–

- शरीर की अतिरिक्त गरमी को कम करने के लिये।
- ज्यादा पसीना आने की शिकायत से आराम मिलता है।
- पेट की गर्मी और जलन को कम करने के लिये।
- शरीर पर कहीं भी आयी हुई फोड़ी को मिटाने की लिये।

शितली प्राणायाम–

सुखासन, सिद्धासन, पद्मासन, वज्रासन में बैठें। हमारे मुँह का "0" आकार करके उससे जिह्वा को बाहर निकालना, हमरी जिह्वा भी "0" आकार की हो जायेगी, उसी भाग से हवा अन्दर खीचनी है। और मुँह बन्द करके से साँस को नाक से बाहर छोड़ दे।

लाभ–

- शरीर की अतिरिक्त गरमी को कम करने के लिये।
- ज्यादा पसीना आने की शिकायत से आराम मिलता है।
- पेट की गर्मी और जलन को कम करने के लिये।
- शरीर पर कहीं भी आई हुई फोड़ी को मिटाने की लिये।

चंदभेदी प्राणायाम–

पद्मासन या सिद्धासन में बैठें, फिर दाहिने हाथ के अँगूठे का उपयोग करके (तर्जनी और मध्यमा को एक साथ बन्द करते हुए) अपनी दाहिनी नासिका को बन्द करें और धीरे-धीरे साँस अंदर लें, फिर साँस रोककर अपने बाएँ नथुने को अनामिका से बन्द करें, धीरे-धीरे दाएँ नथुने से साँस छोड़ें।

लाभ–

जैसा कि "सूर्यभेदी प्राणायाम" अनुभाग के अन्तर्गत वर्णित है।

अन्य प्राणायाम–

इसके अलावा भी योग में अनेक प्रकार के प्राणायामों का वर्णन मिलता है जैसे–

1. अनुलोम-विलोम प्राणायाम
2. अग्नि प्रदीप्त प्राणायाम
3. अग्नि प्रसारण प्राणायाम
4. एकाण्ड स्तम्भ प्राणायाम
5. सीत्कारी प्राणायाम
6. सर्वद्वारबद्व प्राणायाम
7. सर्वांग स्तम्भ प्राणायाम
8. सम्त व्याहृति प्राणायाम
9. चतुर्मुखी प्राणायाम,
10. प्रच्छर्दन प्राणायाम
11. चन्द्रभेदन प्राणायाम
12. यन्त्रगमन प्राणायाम
13. वामरेचन प्राणायाम
14. दक्षिण रेचन प्राणायाम
15. शक्ति प्रयोग प्राणायाम

16. त्रिबन्धरेचक प्राणायाम
17. कपाल भाति प्राणायाम
18. हृदय स्तम्भ प्राणायाम
19. मध्य रेचन प्राणायाम
20. त्रिबन्ध कुम्भक प्राणायाम
21. ऊर्ध्वमुख भस्त्रिका प्राणायाम
22. मुखपूरक कुम्भक प्राणायाम
23. वायुवीय कुम्भक प्राणायाम
24. वक्षस्थल रेचन प्राणायाम
25. दीर्घ श्वास-प्रश्वास प्राणायाम
26. प्राह्याभ्वर कुम्भक प्राणायाम
27. षन्मुखी रेचन प्राणायाम
28. कण्ठ वातउदा पूरक प्राणायाम
29. सुख प्रसारण पूरक कुम्भक प्राणायाम
30. नाड़ी शोधन प्राणायाम व नाड़ी अवरोध प्राणायाम

योगासन–

योग क्या है, योग कैसे किया जाता है, योग कैसे काम करता है, विभिन्न बीमारियों को दूर करने के लिए योग कैसे करें, योग के क्या फायदे हैं, मोटापा दूर करने के लिए योग और योग के अन्य फायदों के बारे में अधिक जानकारी के लिए पूरा लेख पढ़ें।

योगासन का क्या अर्थ है? –

योग सिर्फ एक शारीरिक अभ्यास नहीं है, यह गूढ़ता पूर्ण भावनात्मक एकीकरण एवम आध्यात्मिक उन्नति का मार्ग है जिससे हमें सभी कल्पनाओं से परे स्थित आयाम की एक झलक मिलती है। 'योग' यह शब्द 19 वीं शताब्दी में संस्कृत से लिया गया है जिसका अर्थ है 'संघ' और 'आसन', या 'मुद्रा'।

योग एक पूर्ण विज्ञान है; यह शरीर, मन, आत्मा और ब्रह्मांड को एकजुट करती है। यह हर व्यक्ति को शांति और आनंद प्रदान करता है। यह एक व्यक्ति के व्यवहार, विचारों और रवैये में भी महत्त्वपूर्ण परिवर्तन लाता है। योग के दैनिक अभ्यास से हमारी अंत: शांति, संवेदनशीलता, अंतर्ज्ञान और जागरुकता बढ़ती है।

योगासन का महत्त्व–

योगा का महत्त्व योगाचार्य महर्षि पतंजली ने योगदर्शन में सूत्रों के रूप में प्रस्तुत किया है। आज वही योग दुनियाभर में प्रसिद्धि पा रहा है। योग का अर्थ है जोड़ना। जीवात्मा का परमात्मा से पूरी तरह से एक हो जाना ही योग है। योगाचार्य महर्षि पतंजली के अनुसार, अपने चित्त को एक ही जगह स्थापित करना योग है, 'योगश्च चित्तवृत्ति निरोध'।

जैसे पतंजलि के योग सूत्र में वर्णित है–'स्थिरम सुखम् आसनम्' का अर्थ है की योगासन प्रयास और विश्राम का संतुलन है। हम आसन में आने के लिए प्रयास करते हैं और फिर हम वहीं विश्रामकरते हैं। योगासन हमारे जीवन के हर पहलू में संतुलन लाती है। यह हमें प्रयास करने के लिए सिखाता है और फिर समर्पण, परिणाम से मुक्त होने का ज्ञान देता है। योगासन हमारे शारीरिक लचीलेपन को बढ़ाता है और हमारे विचारों को विकसित करता है।

योगासन साँसों के लय एवम् सजगता के साथ किया जाना चाहिए। जब हम अपने हाथों को योग के लिए उठाते हैं, तो पहले हम अपने हाथ के प्रति सजग होते हैं और फिर हम इसे धीरे-धीरे उठाते हैं, साँस के साथ लय में करते हैं। योगासन के एक मुद्रा से दूसरे मुद्रा में जाना एक नृत्य की तरह सुंदर है। प्रत्येक आसन में हम जो कुछ भी सहजता से कर सकते है, उससे थोड़ा ज्यादा करें और फिर उसी में आराम से विश्राम करे यही योगाभ्यास की कुँजी है। शरीर को अपनी स्वीकार्य सीमा से परे ले जाने पर ये आसन हमारे मन का विकास करते हैं।

महर्षि पतंजलि द्वारा एक और योग सूत्र है, **"प्रयत्न शैथिल्यानन्त समापत्तिभ्याम्"**–जो की फिर से एक ही दर्शन को दोहराता है। प्रयास करें

और समर्पित करें और ऐसा करने से हमारी जागरुकता अनन्तः को प्राप्त करती है, हमारी जागरुकता का विकास होता है।

योग एक प्राचीन भारतीय पद्धति है। जिसमें शरीर, मन और आत्मा को एक साथ लाने में (योग) का काम होता है। योग के माध्यम से शरीर, मन और मस्तिष्क को पूर्ण रूप से स्वस्थ किया जा सकता है। शरीर, मन और मस्तिष्क के स्वस्थ रहने से आप स्वयं को स्वस्थ महसूस करते हैं।

योग के द्वारा न ही सिर्फ बीमारियों का उपचार किया जाता है परन्तु इसे अपनाकर कई शारीरिक और मानसिक कमियों को भी दूर किया जा सकता है। योग हमारी प्रतिरक्षा प्रणाली को मजबूत बनाकर जीवन में नई ऊर्जा का संचार करता है। योगासन शरीर को शक्तिशाली एवं लचीला बनाए रखता है साथ ही तनाव से भी मुक्ति दिलाता है जो हमारी दैनिक जीवन के लिए आवश्यक है। योगासन और योग की मुद्राएँ तन और मन दोनों को संचालित रखती हैं।

योगासन के प्रमुख लाभ–

चिंता से मुक्ति, आपसी सम्बन्धों में सुधार, अपार शांति, शरीर की प्रतिरोधक क्षमता में सुधार, वजन में कमी, सही समय पर सही निर्णय लेने की क्षमता, मिर्गी रोग से छुटकारा, पेट सम्बन्धित रोगो से भी छुटकारा, ऊर्जा में वृद्धि।

योगासान करते समय प्रमुख सावधानियाँ–

योगासन खुली एवं ताजा हवा में करना सबसे अच्छा माना गया है। फिर भी अगर ऐसा करना सम्भव न हो तो, किसी भी खाली जगह पर आसन किया जा सकता है।

योग सीधे जमीन या फर्श पर बैठकर न करें। इसके लिए दरी या कालीन जमीन पर बिछाकर योगासन करे। योगासन करने से चेहरे पर होने वाले कील–मुँहासे से छुटकारा पाया जा सकता है।

किसी भी योगासन को झटके से न करें। योग उतना ही करें, जितना आप आसानी से कर पाएँ।

योगासन करने के तुरंत बाद स्नान न करे क्योकि व्यायाम करने के बाद शरीर गर्म हो जाता है, और अगर आप गर्म शरीर में ही स्नान करेंगे तो सर्दी-जुकाम, बदन दर्द जैसी तकलीफ हो सकती है इसलिए योग करने के एक घंटे बाद ही स्नान करना चाहिए।

योगासन करने से हमारी किड़नियाँ भी स्वस्थ रहती है।

गर्भावस्था के दौरान मुश्किल आसन और कपाल भाती नहीं करना चाहिए।

योग के प्रमुख आसान और उनके लाभ:–

अर्धमत्स्येन्द्रासन आसन को "हाफ स्पाइनल ट्विस्ट पोस" भी कहा जाता है। वैसे देखा जाए तो "अर्ध मत्स्येन्द्रासन" तीन शब्दों के मैंल से बना है: अर्ध, मत्स्य, और इंद्र। अर्ध मतलब आधा, मत्स्य यानी मछली, और इन्द्र मतलब भगवान। 'अर्धमत्स्येन्द्र' का अर्थ है शरीर को आधा मोड़ना या घुमाना। अर्धमत्स्येन्द्र आसन आपके मेंरुदण्ड (रीढ़ की हड्डी) के लिए अत्यन्त लाभकारक है। यह आसन सही मात्रा में फेफड़ों तक ऑक्सीजन पहुँचाने में मदद करता है अथवा जननांगों के लिए अत्यन्त ही लाभकारी है। यह आसन रीढ़ की हड्डी से सम्बंधित है इसीलिए इसे ध्यानपूर्वक किया जाना चाहिए।

अर्धमत्स्येन्द्रासन करने की प्रक्रिया

पैरों को सामने की ओर फैलाते हुए बैठ जाएँ, दोनों पैरों को साथ में रखें, रीढ़ की हड्डी सीधी रहे।

बाएँ पैर को मोड़ें और बाएँ पैर की एड़ी को दाहिने कूल्हे के पास रखें (या आप बाएँ पैर को सीधा भी रख सकते हैं)।

– दाहिने पैर को बाएँ घुटने के ऊपर से सामने रखें।

– बाएँ हाथ को दाहिने घुटने पर रखें और दाहिना हाथ पीछे रखें।

– कमर, कन्धों व गर्दन को दाहिनी तरफ से मोड़ते हुए दाहिने कँधे के ऊपर से देखें।

– रीढ़ की हड्डी सीधी रहे।

इसी अवस्था को बनाए रखें, लम्बी, गहरी साधारण साँस लेते रहें।

साँस छोड़ते हुए, पहले दाहिने हाथ को ढीला छोड़े, फिर कमर, फिर छाती और अंत में गर्दन को। आराम से सीधे बैठ जाएँ।

दूसरी तरफ से प्रक्रिया को दोहराएँ।

साँस छोड़ते हुए सामने की ओर वापस आ जाएँ।

अर्धमत्स्येन्द्रासन के लाभ

– मेरुदण्ड को मजबूती मिलती है।

– छाती को फैलाने से फेफड़ो को ऑक्सीजन ठीक मात्रा में मिलती है।

– अर्ध मत्स्येन्द्रासन रीढ़ की हड्डी का लचीलापन बढ़ाता है, किस से उसकी कार्यकुशलता में सुधार होता है।

– पीठ में दर्द और कठोरता से राहत दिलाता है।

– छाती को खोलता है और फेफड़ों में ऑक्सीजन की आपूर्त्ति बढ़ जाती है।

कूल्हे के जोड़ों को कम कर देता है, और उनमें कठोरता से राहत दिलाता है अर्ध मत्स्येन्द्रासन।

बाँहों, कंधों, ऊपरी पीठ और गर्दन में तनाव को कम करता है।

अर्ध मत्स्येन्द्रासन स्लिप डिस्क के लिए चिकित्सीय है (लेकिन यह आसन करने से पहले डॉक्टर से सलाह जरुर करें)।

पेट के अँगों की मालिश करता है और पाचन में सुधार लाता है जिस से कब्ज में लाभ होता है।

अग्न्याशय के लिए लाभदायक है जिससे मधुमेह रोगियों के लिए उपयोगी है अर्ध मत्स्येन्द्रासन।

डायबिटीज, कब्ज, सर्वाइकल स्पॉन्डिलाइटिस, मूत्र पथ विकारों, मासिक धर्म की परेशानियों, और अपच के लिए चिकित्सीय है अर्ध मत्स्येन्द्रासन।

अर्ध मत्स्येन्द्रासन में सावधानियाँ–

गर्भावस्था और मासिक धर्म के दौरान नहीं करना चाहिए।

जिनके दिल, पेट या मस्तिष्क का ऑपरेशन किया गया हो उन्हें इस आसन का अभ्यास नहीं करना चाहिए।

पेप्टिक अल्सर या हर्निया वाले लोगों को यह आसान बहुत सावधानी से करना चाहिए।

अगर आपको रीढ़ की हड्डी में गम्भीर चोट या समस्याएँ हैं, तो आप यह आसन ना करें।

हल्के स्लिप डिस्क में इस आसन से लाभ हो सकता है, लेकिन गम्भीर मामलों में इसे नहीं करना चाहिए।

2. बद्ध पद्मासन

बद्ध पद्मासन को अंग्रेजी भाषा में स्वबामक स्वजने च्वेम और ब्सवेमक स्वजने च्वेम भी कहा जाता है। बद्ध पद्मासन दो शब्दों से मिलकर बना है बद्ध और पद्म। जिसमें बद्ध का अर्थ होता है बाँधा हुआ और पद्म का अर्थ होता है कमल का फूल।

बद्ध पद्मासन करने का तरीका

दण्डासन में बैठ जायें। हल्का सा हाथों से जमीन को दबाते हुए, और साँस अंदर लेते हुए रीढ़ की हड्डी को लम्बा करें।

श्वास अंदर लें और अपनी दाई टाँग को उठा कर दायें पैर को बाई जाँघ पे ले आयें। और फिर दूसरे पैर के साथ भी ऐसा करें। अब आप पद्मासन में हैं। इस मुद्रा में आपके दायें कूल्हे और घुटने पर खिंचाव आएगा।

अब आपना बायाँ हाथ पीठ के पीछे से आगे की ओर ले आयें और बात्र्ए हाथ से बाँए पैर का अँगूठा पकड़ लें। यह करने के बाद इस मुद्रा में एक से दो बार साँस अंदर और बाहर लें।

– और फिर यह क्रिया दायें हाथ से भी दोहरायें।

– अब आप बद्ध पद्मासन की मुद्रा में हैं।

कुल मिला कर पाँच बार साँस अंदर लें और बाहर छोड़ें ताकि आप आसन में 30 से 60 सेकेंड तक रह सकें। धीरे धीरे जैसे आपके शरीर में ताकत और लचीलापन बढ़ने लगे, आप समय बढ़ा सकते हैं–90 सेकेंड से ज्यादा ना करें।

पाँच बार साँस लेने के बाद आप इस मुद्रा से बाहर आ सकते हैं।

बद्ध पद्मासन के लाभ

- बद्ध पद्मासन घुटनों और कूल्हों के जोड़ों का लचीलापन बढ़ाता है।
- कंधों, कलाइयों, पीठ, कोहनियों, घुटनों, और टखनों में खिचाव लाता है और उन्हे मजबूत बनाता है।
- यह पीठ की माँसपेशियों में खिचाव लाता है और रीढ़ की नसों में रक्त परिसंचरण बढ़ाता है।
- यह पाचन अँगों को उत्तेजित करता है और कब्ज से राहत दिलाता है।
- बद्ध पद्मासन का दैनिक अभ्यास गठिया में फायदेमंद है।
- बद्ध पद्मासन करने में सावधानी
- जिनके घुटनों में दर्द हो, उन्हे भी बद्ध पद्मासन नहीं करना चाहिए।
- अगर आपकी हॅम्स्ट्रिंग में चोट हो, तो बद्ध पद्मासन ना करें।
- कंधों में चोट या दर्द हो तो यह आसन ना करें।
- अपनी शारीरिक क्षमता से अधिक जोर न लगायें।

3. भद्रासन

'भद्र' का मतलब होता है 'अनुकूल' या 'सुन्दर'। यह आसन लम्बे समय तक ध्यान (मेंडीटेसन) में बैठे रहने के लिए अनुकूल है और इससे शरीर निरोग और सुंदर रहने के कारण इसे भद्रासन कहा जाता हैं। भद्रासन योग को अंग्रेजी में 'ग्रेसिऑस पोज' भी कहा जाता हैं। भद्रासन कई प्रकार से किया जाता हैं पर हम यहाँ पर भद्रासन का सबसे सरल और उपयोगी प्रकार की जानकारी दे रहे हैं।

भद्रासन करने का तरीका

– वज्रासन में बैठ जाएँ। घुटनों को जितना सम्भव हो, दूर–दूर कर लें।

– पैरों की उंगलियों का सम्पर्क जमीन से बना रहे।

– अब पंजों को एक–दूसरे से इतना अलग कर लें कि नितम्ब और मूलाधार उनके बीचे जमीन पर टिक सकें।

घुटनों को और अधिक दूर करने का प्रयास करें लेकिन दूर करते समय अधिक जोर न लगाएँ।

– हाथों को घुटनों पर रखें, हथेलियाँ नीचे की ओर रहें।

– जब शरीर आराम की स्थिति में आ जाए, तब नासिकाग्र दृष्टि (दृष्टि को नासिका के आगे वाले भाग पर ध्यान लगाना) का अभ्यास करें। जब आँखें थक जाएँ, तब उन्हें कुछ देर के लिए बन्द कर लें।

– आँखों को खोल लें और फिर से इस प्रक्रिया को दोहराएँ।

– इस प्रक्रिया को इसी प्रकार दस मिनट तक दोहराएँ।

भद्रासन में बरतने वाली सावधानियाँ

– गर्भवती महिलायें इस आसन को किसी ट्रेनर की मदद से करें।

– घुटने दर्द होने पर इस आसन को न करें।

– अगर इस आसन को करते समय कमर दर्द होती है तो इस आसन को न करें।

– पेट की समस्या में भी इस आसन को नहीं करना चाहिए।

भद्रासन के लाभ

– ध्यान में बैठने के लिए एक उपयोगी आसन हैं।

– एकाग्रता शक्ति बढ़ती हैं और दिमाग तेज होता हैं।

– मन की चंचलता कम होती हैं।

– प्रजनन शक्ति बढ़ाता हैं।

– पाचन शक्ति ठीक रहती हैं।

पैर के स्नायु मजबूत होते हैं।

सिरदर्द, कमरदर्द, आँखों की कमजोरी, अनिद्रा और हिचकी जैसे समस्या में राहत मिलती हैं।

भद्रासन, यह एक बेहद सरल और उपयोगी आसन हैं। अगर आपको कोई पेट की बीमारी है या घुटनों की तकलीफ है तो डॉक्टर या योग विशेषज्ञ की राय लेकर ही यह योग करे। योग करने पर कोई परेशानी होने पर डॉक्टर / योग विशेषज्ञ की सलाह लेना चाहिए। योग अभ्यास का समय धीरे-धीरे बढ़ाये।

4. भुजंगासन

अंग्रेजी में इसे Cobra Pose कहा जाता है। भुजंगासन फन उठाए हुएँ साँप की भाँति प्रतीत होता है, इसलिए इस आसन का नाम भुजंगासन है। भुजंगासन सूर्यनमस्कार और पद्मसाधना का एक महत्त्वपूर्ण आसन है जो हमारे शरीर के लिए अति लाभकारी है।

यह छाती और कमर की माँसपेशियों को लचीला बनाता है और कमर में आये किसी भी तनाव को दूर करता है। मेंरुदण्ड से सम्बंधित रोगियों को अवश्य ही भुजंगासन बहुत लाभकारी साबित होगा।

स्त्रियों में यह गर्भाशय में खून के दौरे को नियन्त्रित करने में सहायता करता है। गुर्दे से सम्बन्धित रोगी हो या पेट से संबंधित कोई भी परेशानी, ये आसान सा आसन सभी समस्याओं का हल है।

भुजंगासन करनें की विधि

- जमीन पर पेट के बल लेट जाएँ, पादांगुली और मस्तक जमीन पे सीधा रखें।

- पैर एकदम सीधे रखें, पाँव और एड़ियों को भी एकसाथ रखें।

- दोनों हाथ, दोनों कँधों के बराबर नीचें रखे तथा दोनों कोहनियों को शरीर के समीप और समानान्तर रखें।

- दीर्घ श्वास लेते हुए, धीरे से मस्तक, फिर छाती और बाद में पेट को उठाएँ। नाभि को जमीन पर ही रखें।

– अब शरीर को ऊपर उठाते हुए, दोनों हाथों का सहारा लेकर, कमर के पीछे की ओर खीचें।

– गौर फरमाएँ: दोनों बाजुओं पे एक समान भार बनाए रखें।

– सजगता से श्वास लेते हुए, रीढ़ के जोड़ को धीरे-धीरे और भी अधिक मोड़ते हुए दोनों हाथों को सीधा करें; गर्दन उठाते हुए ऊपर की ओर देखें।

सावधानी: क्या आपके हाथ कानों से दूर हैं? अपने कंधों को शिथिल रखें। आवश्यकता हो तो कोहनियों को मोड़ भी सकते हैं। यथा अवकाश आप अभ्यास जारी रखते हुए, कोहनियों को सीधा रखकर पीठ को और ज्यादा वक्रता देना सीख सकते हैं।

ध्यान रखें कि आप के पैर अभी तक सीधे ही हैं। हल्की मुस्कान बनाये रखें, दीर्घ श्वास लेते रहें मुस्कुराते भुजंग।

अपनी क्षमतानुसार ही शरीर को तानें, बहुत ज्यादा मोड़ना हानिप्रद हो सकता हैं।

श्वास छोड़ते हुए प्रथमत: पेट, फिर छाती और बाद में सिर को धीरे से वापस जमीन ले आयें।

भुजंगासन में सावधानियाँ

सबसे महत्त्वपूर्ण बात भुजंगासन या फिर योग का कोई और अन्य आसन भी तो उसे अपनी क्षमता के अनुसार ही करना चाहिए।

यदि इस आसन को करते वक्त आपको पेट दर्द या शरीर के किसी अन्य शरीर में अधिक दर्द हो तो इस आसन को ना करे।

जिस व्यक्ति को पेट के घाव या आंत की बीमारी है वो इस आसन को करने से पहले चिकित्सक से सलाह ले।

इस आसन का अभ्यास करते वक्त पीछे की तरफ ज्यादा ना झुकें। इससे माँस-पेशियों में खिंचाव आ सकता है जिसके चलते बाँहों और कंधों में दर्द पैदा होने की सम्भावना बढ़ती है।

भुजंगासन से होने वाले लाभ

- कंधे और गर्दन को तनाव से मुक्त कराना।
- पेट के स्नायुओं को मजबूत बनाना।
- सम्पूर्ण पीठ और कंधों को पुष्ट करना।
- रीढ़ की हड्डी का उपरवाला और मंझला हिस्सा ज्यादा लचीला बनाना।
- थकान और तनाव से मुक्ति पाना।

अस्थमा तथा अन्य श्वास प्रश्वास सम्बन्धी रोगों के लिए अति लाभदायक (जब अस्थमा का दौरा जारी हो तो इस आसन का प्रयोग ना करें)।

5. चक्रासन

चक्र का अर्थ होता है पहिया, इस आसन को करने पर शरीर की आकृति चक्र के सामान नजर आती है इसलिए इस आसन को चक्रासन कहा जाता है। धनुरासन के विपरीत होने की वजह से इसे उर्ध्व धनुरासन भी कहते है। योग शास्त्र में इस आसान को मणिपूरक चक्र कहा जाता है।

चक्रासन करने की विधि

- सबसे पहले स्वस्छ और समतल जमीन पर चटाई या आसन बिछा लें।

- अब जमीन पर पीठ के बल शवासन की स्थिति में लेट जाये।

फिर दोनों पैरो के बीच एक से डेढ़ फीट का अन्तर बनाये तथा पैरो के तलवों और एड़ियो को जमीन से लगाएँ।

- अब दोनों हाथो की कोहनियो को मोड़कर, हाथो को जमीन पर कान के पास इस प्रकार लगाएँ कि उंगलियाँ कंधों की ओर तथा हथेलिया समतल जमीन पर टिक जाये।

- अब शरीर को हल्का ढीला छोड़े और गहरी साँस लें।

- पैरों और हाथो को सीधा करते हुए, कमर, पीठ तथा छाती को ऊपर की ओर उठाएँ। सिर को कमर की ओर ले जाने का प्रयास करें तथा शरीर को ऊपर करते समय साँस रोककर रखे।

– अंतिम स्थिति में पीठ को सुविधानुसार पहिये का आकार देने की कोशिश करें।

– शुरुआत में इस आसन को 15 सेकंड तक करने का प्रयत्न करें। अभ्यास अच्छे से हो जाने पर 2 मिनट तक करे।

– कुछ समय पश्चात् शवासन की अवस्था में लोट आएँ।

– यह आसन समान्य आसनों से थोड़ा कठिन होता है इसलिए इस आसन को योगाचार्य की उपस्थिति में करें। प्रतिदिन धीरे-धीरे अभ्यास करते रहेंगे तो आप भी इसे आसानी से कर पाएँगे लेकिन प्रारम्भिक दौर में भी शरीर पर अत्यधिक दबाव डालें।

चक्रासन के लाभ

यह योग जितना कठिन है उतना ही शरीर के लिए लाभप्रद भी है। आइये जानते है चक्रासन के लाभः–

– यह आसन करने रक्त का प्रवाह तेजी से होता है।

– मेंरुदण्ड तथा शरीर की समस्त नाड़ियों का शुद्धिकरण होकर यौगिक चक्र जाग्रत होते है।

– छाती, कमर और पीठ पतली और लचीली होती है साथ ही रीढ़ की हड्डी और फेफड़ों में लचीलापन आता है।

– माँसपेशियों मजबूत होती है जिसके कारण हाथ, पैर और कंधे चुस्त दुरुस्त होते है।

– इस आसन के करने से लकवा, शारीरिक थकान, सिरदर्द, कमर दर्द तथा आन्तरिक अँगों में होने वाले दर्द से मुक्ति मिलती है।

– पाचन शक्ति बढ़ती है। पेट की अनावश्यक चर्बी कम होती है और शरीर की लम्बाई बढ़ती है।

– इस आसन को नियमित करने से वृद्धावस्था में कमर झुकती नहीं है और शारीरिक स्फूर्ति बनी रहती है साथ ही स्वप्नदोष की समस्या से भी मुक्ति मिलती है।

चक्रासन में सावधानियाँ

योग करने से लाभ तब होता है जब हम उन्हें सही तरीके और सही अवस्था में करें। थोड़ी-सी गलती हमारे शरीर के लिए बहुत ही नुकसानदेह हो सकती है। जानते है चक्रासन को करते समय किन-किन सावधानियों को रखना चाहिए–

– महिलाओं को गर्भावस्था और मासिक धर्म के समय यह आसन नहीं चाहिए।

– दिल के मरीज, कमर और गर्दन दर्द के रोगी, हाई ब्लड प्रेशर और किसी भी तरह के ऑपरेशन वाले लोगो को भी यह आसान नहीं करना चाहिए।

– योगाचार्य की उपस्थिति में ही इसका अभ्यास करें।

6. धनुरासन

धनुरासन करने पर शरीर 'धनुष' आकार की तरह दृश्यमान होता है, इसलिए यह आसन धनुरासन कहा गया है। यह आसन कमर और रीढ़ की हड्डी के लिए अति लाभदायक होता है। धनुरासन करने से गर्दन से लेकर पीठ और कमर के निचले हिस्से तक के सारे शरीर के स्नायुओं को व्यायाम मिलता है।

अगर इस आसन का अधिकतम लाभ प्राप्त करना हों तो सर्वप्रथम भुजंग आसन (Snake Pose), उसके बाद शलभासन (Locust Pose), और अंत में तीसरा धनुरासन (The Bow Pose) करना चाहिए।

कई योगी-ऋषि गण इन तीन आसनों को 'योगासन' कह कर भी पुकारते हैं। यह आसन शरीर के स्नायुओं को तो मजबूती प्रदान करता ही है, इसके साथ साथ पेट से जुड़े जटिल रोगों को दूर करने में भी सहायक होता है। वजन नियन्त्रित करना हों या शरीर सुडौल करना हो, धनुरासन एक अत्यन्त गुणकारी आसन है।

धनुरासन करने का तरीका

– पेट के बल लेटकर, पैरो में नितम्ब जितना फासला रखें और दोनों हाथ शरीर के दोनों ओर सीधे रखें।

– घुटनों को मोड़कर कमर के पास लाएँ और घुटिका को हाथों से पकड़ें।

– श्वास भरते हुए छाती को जमीन से ऊपर उठाएँ और पैरों को कमर की ओर खींचें।

– चेहरे पर मुस्कान रखते हुए सामने देखिए।

– श्वासोश्वास पर ध्यान रखे हुए, आसन में स्थिर रहें, अब आपका शरीर धनुष की तरह कसा हुआ है।

– लम्बी गहरी श्वास लेते हुए, आसन में विश्राम करें।

– सावधानी बरतें आसन आपकी क्षमता के अनुसार ही करें, जरुरत से ज्यादा शरीर को ना कसें।

– 15–20 सैकन्ड बाद, श्वास छोड़ते हुए, पैर और छाती को धीरे धीरे जमीन पर वापस लाएँ। घुटिका को छोड़ते हुए विश्राम करें।

धनुरासन के लाभ

– पीठ / रीढ़ की हड्डी और पेट के स्नायु को बल प्रदान करना।

– जननांग संतुलित रखना।

– छाती, गर्दन और कंधों की जकड़न दूर करना।

– हाथ और पेट के स्नायु को पुष्टि देना।

– रीढ़ की हड्डी को लचीला बनाना।

– तनाव और थकान से निजाद।

– मलावरोध तथा मासिक धर्म में सहजता।

– गुर्दे के कार्य में सुव्यवस्था।

धनुरासन में सावधानी

– गर्भवती महिलाओं के लिए यह आसन पूरी तरह से वर्जित है। कमर से जुड़ी गम्भीर समस्या हों उन्हें यह आसन डॉक्टर की सलाह लेने के बाद ही करना चाहिए।

– पेट में अल्सर हों, उन्हें यह आसन हानिकारक हो सकता है। उच्च रक्तचाप की समस्या वाले व्यक्ति यह आसन ना करें। सिर दर्द की शिकायत रहती हों, उन्हें भी धनुरासन नहीं करना चाहिए।

– आँतों की बीमारी हों या फिर रीढ़ की हड्डी में कोई गम्भीर समस्या हों उन्हें भी यह आसन नहीं करना चाहिए।

– गर्दन में गम्भीर चोट लगी हों, या फिर माईग्रेन की समस्या हों, तो यह आसन ना करें।

– सारण गाठ (Hernia) रोग से पीड़ित व्यक्ति को यह आसन हानिकारक होता है।

धनुरासन करने पर शरीर के किसी भी अँग में अत्यधिक पीड़ा होने लगे तो तुरंत आसन रोक कर डॉक्टर के पास जाएँ। हो सके तो यह आसन किसी योगा टीचर की निगरानी में सीख कर करें। धनुरासन की समय सीमा धीरे-धीरे बढ़ाएँ।

7. गोमुखासन

संस्कृत में 'गोमुख' का अर्थ होता है 'गाय का चेहरा' या गाय का मुख। इस आसन में पाँव की स्थिति बहुत हद तक गोमुख की आकृति जैसे होती है इसीलिए इसे गोमुखासन कहा जाता है। इसे अंग्रेजी में Cow Face Pose कहा जाता है। यह महिलाओं के लिए अत्यन्त लाभदायक आसन है। यह गठिया, साइटिका, अपचन, कब्ज, धातु रोग, मधुमेह, कमर में दर्द होने पर यह आसन बहुत अधिक लाभप्रद हैं।

गोमुखासन योग करने की विधि

पहले दण्डासन अर्थात् दोनों पैरों को सामने सीधे एड़ी-पँजों को मिलाकर बैठे। हाथ कमर से सटे हुए और हथेलियाँ भूमि टिकी हुई। नजरें सामने।

अब बाएँ पैर को मोड़कर एड़ी को दाएँ नितम्ब के पास रखें। दाहिने पैर को मोड़कर बाएँ पैर के ऊपर एक दूसरे से स्पर्श करते हुए रखें। इस स्थिति में दोनों जंघाएँ एक-दूसरे के ऊपर रखी जाएगी जो त्रिकोणाकार नजर आती है।

फिर श्वास भरते हुए दाहिने हाथ को ऊपर उठाकर दाहिने कंधे को ऊपर खींचते हुए हाथ को पीछे पीठ की ओर ले जाएँ तब बाएँ हाथ को पेट के पास से पीठ के पीछे से लेकर दाहिने हाथ के पँजें को पकड़े। गर्दन व कमर सीधी रखें।

अब एक ओर से लगभग एक मिनट तक करने के पश्चात् दूसरी ओर से इसी प्रकार करें। जब तक इस स्टेप में आराम से रहा जा सकता है तब तक रहें।

कुछ देर बाद धीरे-धीरे श्वास छोड़ते हुए हाथों के लाक को खोल दें और क्रमशः पुनः दण्डासन की स्थिति में आ जाएँ। फिर दाएँ पैर को मोड़कर तथा दाहिने हाथ को ऊपर से पीछे ले जाकर इसे करें तो एक चक्र पूरा होगा।

अवधि/ दोहराव-हाथों के पँजों को पीछे पकड़े रहने की सुविधानुसार 30 सेकंड से एक मिनट तक इसी स्थिति में रहें।

इस आसन के चक्र को दो या तीन बार दोहरा सकते हैं।

गोमुखासन योग से सावधानी

हाथ, पैर और रीढ़ की हड्डी में कोई गम्भीर रोग हो तो यह आसन न करें।

जबरदस्ती पीठ के पीछे हाथों के पँजों को पकड़ने का प्रयास न करें।

गोमुखासन से लाभ

– इससे हाथ-पैर की माँसपेशियाँ चुस्त और मजबूत बनती है।

– तनाव दूर होता है।

– कंधे और गर्दन की अकड़न को दूरकर कमर, पीठ दर्द आदि में भी लाभदायक।

– छाती को चौड़ा कर फेफड़ों की शक्ति को बढ़ाता है जिससे श्वास सम्बन्धी रोग में लाभ मिलता है।

– यह आसन सन्धिवात, गठिया, कब्ज, अंडकोषवृद्धि, हर्निया, यकृत, गुर्दे, धातु रोग, बहुमूत्र, मधुमेंह एवं स्त्री रोगों में बहुत ही लाभदायक सिद्ध होता है।

8. हलासन

इस आसन में शरीर का आकार हल जैसा बनता है। इससे इसे हलासन कहते हैं। हलासन हमारे शरीर को लचीला बनाने के लिए महत्त्वपूर्ण है। इससे हमारी रीढ़ सदा जवान बनी रहती है।

हलासन करने का तरीका

– पीठ के बल सीधे लेट जायें। बाजुओं को सीधा पीठ के बगल में जमीन पर टिका कर रखें।

– साँस अंदर लेते हुए दोनो टाँगों को उठा कर "अर्ध-हलासन" में ले आयें।

– कोहनियों को जमीन पर टिकाए हुए दोनो हाथों से पीठ को सहारा दें। इस मुद्रा में 1-2 साँस अंदर और बाहर लें और यह पक्का कर लें की आपका संतुलन सही है।

– अब टाँगों को बिल्कुल पीछे ले जायें। दृष्टि को नाक पर रखें। अगर आपको यह करने से दिक्कत होती है संतुलन बनाए रखने में तो दृष्टि को नाभि पर भी रख सकते हैं।

– अगर आपके कंधों में पर्याप्त लचीलापन हो तो हाथों को पीछे ले जा कर जोड़ लें। अगर यह सम्भव ना हो तो उन्हे पीठ को सहारा देती हुई मुद्रा में ही रखें।

– अपनी क्षमता के मुताबिक 60 से 90 सेकेंड तक इस मुद्रा में रहें और फिर धीरे से पैरों को वापिस ले आयें। शुरुआत में कम देर करें (30 सेकेंड भी पर्याप्त है) और धीरे-धीरे समय बढ़ायें।

हलासन करते समय निम्न सावधानी रखें–

– रीढ़ सम्बन्धी गम्भीर रोग अथवा गले में कोई गम्भीर रोग होने की स्थिति में यह आसन न करें।

– आसन करते वक्त ध्यान रहे कि पैर तने हुए तथा घुटने सीधे रहें।

हलासन करने से लाभ–

– रीढ़ में कठोरता होना वृद्धावस्था की निशानी है।

– हलासन से रीढ़ लचीली बनती है।

– मेंरुदण्ड सम्बन्धी नाड़ियों के स्वास्थ्य की रक्षा होकर वृद्धावस्था के लक्षण जल्दी नहीं आते।

– हलासन के नियमित अभ्यास से अजीर्ण, कब्ज, अर्श, थायराइड का अल्प विकास, अंगविकार, असमय वृद्धत्व, दमा, कफ, रक्तविकार आदि दूर होते हैं।

– सिरदर्द दूर होता है।

– नाड़ीतन्त्र शुद्ध बनता है।

– शरीर बलवान और तेजस्वी बनता है।

– लीवर और प्लीहा बढ़ गए हो तो हलासन से सामान्यावस्था में आ जाते हैं। अपानवायु का उत्थान होकर उदान रुपी अग्नि का योग होने से कुण्डलनी उर्ध्वगामी बनती है।

– विशुद्धचक्र सक्रिय होता है।

9. जानुशीर्षासन

जानुशीर्षासन योग एक संस्कृत का शब्द हैं, यह दो शब्दों से मिलकर बना हैं जिसमें पहला शब्द 'जानु' हैं जिसका अर्थ 'घुटना' हैं और दूसरा शब्द 'शीर्ष' का अर्थ 'सिर' होता हैं। जानुशीर्षासन अष्टांग योग की प्राथमिक श्रृंखला का हिस्सा है। यह एक बैठा हुआ आसन हैं। इस आसन में सिर पूरी तरह से आपके घुटनों को छूता हैं। हालांकि यह आसन देखने में शीर्षासन के समान लगता हैं पर यह उससे बहुत ही अलग हैं। इस मुद्रा का इरादा शरीर को

फोल्ड करना है ताकि आपका सिर घुटने के करीब पहुँच सके। यह योग आसन हमारे शरीर को स्वस्थ रखने में बहुत मदद करता हैं।

जानुशीर्षासन करने की प्रकिया

– पैरों को सामने की ओर सीधे फैलाते हुए बैठ जाएँ, रीढ़ की हड्डी सीधी रखें।

– बाएँ घुटने को मोड़े, बाएँ पैर के तलवे को दाहिनी जाँघ के पास रखें, बायाँ घुटना जमीन पर रहे।

– साँस भरें, दोनों हाथों को सिर से ऊपर उठाएँ, खींचे और कमर को दाहिनी तरफ घुमाएँ।

– साँस छोड़ते हुए कूल्हों के जोड़ से आगे झुकें, रीढ़ की हड्डी सीधी रखते हुए, ठुड्डी को पँजों की और बढ़ाएँ।

– अगर सम्भव हो तो अपने पैरों के अँगूठों को पकडे, कोहनी को जमीन पर लगाएँ, अँगुलियों को खींचते हुए आगे की ओर बढ़े।

– साँस रोकें। (स्थिति को बनाए रखें)

– साँस भरें, साँस छोड़ते हुए ऊपर उठें, हाथों को बगल से नीचे ले आएँ।

– पूरी प्रक्रिया को दाएँ पैर के साथ दोहराएँ।

जानुशीर्षासन के फायदे

इस आसन को करने से आपके पेट की माँसपेशियाँ मजबूत होती हैं, इसके साथ यह आसन आपके पेट के छोटी और बड़ी आँतों को फैलता हैं। जो पाचन क्रिया को मजबूत करता हैं। यह आपके पेट में कब्ज की समस्या को खत्म कर देता हैं। यह पेट फूलना और पेट की सूजन की परेशानी को भी दूर करता है।

इस आसन का अभ्यास करने से अनिद्रा, साइनसिसिटिस और उच्च रक्तचाप भी ठीक हो जाता है। जानुशीर्षासन मन को शान्त रखता हैं और हल्के तनाव से भी राहत देता हैं।

प्लीहा और पित्त मूत्राशय को मजबूत करता है और उनको स्वस्थ रखता हैं। यह यकृत और गुर्दे को उत्तेजित करता हैं और उनके कार्य को सुधरता हैं। यह पेट के क्षेत्र में रक्त प्रवाह में वृद्धि और गुर्दे की क्रिया को बढ़ावा देता है।

शरीर का तापमान हमारे शरीर से ठण्डी को कम करने में मदद करता हैं। अगर आप जानुशीर्षासन को सही ढ़ँग से करते हैं तो यह आपको बुखार होने से बचाता हैं। इसके अलावा यह आसन फ्लू के कारण ग्रन्थि में हुई सूजन को जल्दी से ठीक कर देता हैं।

इस आसन को करने से ग्रोइन, हैमस्ट्रिंग और कंधे को एक अच्छा खिंचाव मिलता है।

यह आसन प्रजनन प्रणाली के कार्य में सुधार करता है। इस आसन को करने से प्रजनन अँग भी उत्तेजित होते हैं, जिसके कारण मासिक धर्म और रजोनिवृत्ति (मासिक धर्म का बन्द होना) आदि की समस्या खत्म हो जाती हैं।

गर्भावस्था के दौरान, यह आसन पीठ की माँसपेशियों को मजबूत करने में मदद करता है लेकिन इस आसन को केवल दूसरे तिमाही तक ही अभ्यास किया जाना चाहिए।

– मोटापा कम करने के लिए जानुशीर्षासन लाभदायक हैं।

– यह हिप्स और पूरे शरीर को फैलता हैं।

– जानुशीर्षासन के लाभ यह पैरों के दर्द को कम करता हैं। जानुशीर्षासन करने में क्या सावधानी रखें

– अगर आपको घुटनों में दर्द हैं तो आप इस आसन को ना करें।

– गम्भीर पीठ दर्द से पीड़ित व्यक्ति को यह आसन नहीं करना चाहिए।

– अगर आप दस्त और अस्थमा की समस्या से परेशान हैं तो आप इस आसन को करने से बचें।

– अगर आप लम्बर डिस्क हर्नियेशन के रोगी हैं तो आप इस आसन को ना करें।

10. कर्नापीड़ासन

कर्णपीड़ासन को इयर प्रेशर पोज और नी टु इयर पोज भी कहा जाता है। कर्णपीड़ासन को कान के दबाव की मुद्रा के रूप में भी जाना जाता है। यह योग मुद्रा हलासन के समान होती है।

कर्णपीड़ासन के सबसे महत्त्वपूर्ण लाभों में से एक यह है कि सिर में खून का प्रवाह बढ़ जाता है। जो की कान और साइनस ब्लॉकेज को प्राकृतिक रूप से सही करके कानों को स्वस्थ रखता है।

कर्णपीड़ासन, कर्ना + पिडा + आसन के संयोजन से बना है, जिसमें 'कर्ण' का मतलब है कान, 'पिडा' का मतलब दर्द और आसन का मतलब है मुद्रा।

कर्णपीड़ासन कान से सम्बन्धित सभी समस्याओं को दूर करने में मदद करता है। यह हलासन और सर्वांगासन का एडवांस स्तर होता है। कर्णपीड़ासन की शुरुआत करने से पहले आपको पहले हलासन और सर्वांगासन में निपुण होना होगा।

कर्णपीड़ासन को करने की विधि

– कर्णपीड़ासन को करने के लिए सबसे पहले आसन पर लेट जाएँ।

– भुजाओं को सीधा रखते हुए हाथो को पीठ के बगल में जमीन पर टिका कर रखे।

– फिर साँसो को अंदर लेते हुए दोनों टाँगों को ऊपर उठाये और अर्ध हलासन की स्थिति में लाये।

– इसके बाद कोहनियों को जमीन पर टिकाते हुए दोनों हांथो के द्वारा पीठ को सहारा दे।

– इस मुद्रा में 1 से 2 बार साँसो को अंदर और बाहर की तरफ छोड़े, साथ ही शरीर का संतुलन बना ले।

– फिर टांगों को उठाते हुए हलासन की स्थिति में आये और घुटनो को नीचे की ओर लाये।

– यह जब तक करना है जब तक आपके घुटनो से दोनों कान बन्द न हो जाएँ।

– अपनी नजरे नाक पर रखे, यदि ऐसा करने में आपको कठिनाई आ रही है तो संतुलन बनाये रखने के लिए नाभि को भी देख सकते है।

– यदि आपके कंधो में लचीलापन है तो हाथों को पीछे ले जाए और जोड़ ले।

– यदि आपके कंधो में लचीलापन है तो हांथो को पीछे ले जाए और जोड़ ले।

– अगर इसे करने में भी कठिनाई हो रही हो तो हांथो को इस तरह रखे की पीठ को सहारा मिल सके।

– अपनी क्षमता के अनुसार 60 से 90 सेकंड तक इस मुद्रा में रहे। इसके बाद अपनी प्रारम्भिक स्थिति में आ जाये।

कर्णपीड़ासन को करने के लाभ

- यह आसन पेट के अँगो और थायरॉइड ग्रन्थि को उत्तेजित करता है।
- कर्णपीड़ासन को नियमित करने से दिमाग शान्त रहता है।
- कर्णपीड़ासन उच्च रक्तचाप को भी नियन्त्रित करता है।
- इस आसन द्वारा कंधो और रीढ़ की हड्डी में खिचाव होता है।
- जो बहुत तनावपूर्ण माहौल में रहता है उसे यह आसन जरुर करना चाहिए।
- यह आसन फेफड़े को शक्ति देता है और अस्थमा के रोगियों के लिए फायदेमंद होता है।

कर्णपीड़ासन के समय सावधानियाँ

- इस आसन को अपनी शारीरिक क्षमता से ज्यादा नहीं करना चाहिए।
- शुरुआत में यह आसन थोड़ा कठिन है इसलिए किसी प्रशिक्षक की देखरेख में ही करे।

11. मत्स्यासन

मत्स्य का अर्थ होता है मछली, इस आसन के दौरान शरीर का आकार मछली जैसा बनता है, इसलिए इस आसान को मत्स्यासन नाम दिया गया है। अंग्रेजी में इसे फिश पोज के नाम से भी जाना जाता है। जिन लोगों को कमर दर्द और गले से सम्बंधित समस्याएँ है, उन्हें यह आसन जरुर करना चाहिए।

मत्स्यासन करने की विधि

– मत्स्यासन का अभ्यास करने के लिए सर्वप्रथम पद्मासन में बैठ जाएँ

– अब पीछे की और झुके और लेट जाये।

– फिर अपने दोनों हाथो को एक-दूसरे से बाँधकर सिर के पीछे रखे और पीठ के हिस्से को ऊपर उठाकर गर्दन मोड़ते हुए सिर के ऊपरी हिस्से को जमीन पर टिकाए।

– अब अपने दोनों पैर के अँगूठे को हाथों से पकडे और ध्यान रहे की कोहनिया जमीन से सटी हुई हो।

– एक से पाँच मिनिट तक अभ्यास करे।

– इस स्थिति में कम से कम 5 सेकंड तक रुके और फिर पूर्व अवस्था में वापिस आ जाये।

– यह आसन करते समय श्वसन की गति नियमित रखे, और 5 मिनट तक इस योग क्रिया का अभ्यास कर सकते है।

- शुरुआती तौर पर कभी-कभी इस मुद्रा को करने पर गर्दन में तनाव महसूस होता है। शुरुआत में इसे करने पर हो भी सकता है की आप अपनी गर्दन या गले में असुविधा महसूस करे इसलिए आपको यदि इसे करने पर परेशानी महसूस हो रही हो तो इस Fish Yoga Pose को करते वक्त सिर के पीछे की और कम्बल रखें।

मत्स्यासन योग से मिलने वाले लाभ

– यह योग दमे के रोगियों के लिए बहुत फायदेमंद है।

– यह शुद्ध रक्त का निर्माण तथा संचार करता है।

– मधुमेंह के रोगियों के लिए यह आसान बहुत फायदेमंद है।

– इसके अभ्यास से स्त्रियों के मासिक धर्म सम्बन्धी रोग दूर होते हैं।

– मत्स्यासन योग के नियमित अभ्यास से छाती और पेट के रोग दूर होते हैं।

– इस योग के अभ्यास से खाँसी दूर होती है और पाचन तन्त्र सुधरता है।

– मत्स्यासन चेहरे और त्वचा को आकर्षक तथा शरीर को कांतिमान बना देता है।

– यह कब्ज दूर कर भूख बढ़ाता है तथा भोजन पचाता है और पेट की गैस दूर करता है।

– जो लोग अपने बड़े हुए पेट को कम करना चाहते है, उन्हें यह योग क्रिया को जरुर करना चाहिए।

– जो लोग इस आसान का अभ्यास करते है उनमें रक्ताभिसरण की गति बढ़ती है, जिससे चर्म रोग नहीं होता है।

12. मयूरासन

मयूर का अर्थ होता है– मोर। इस आसन करने से शरीर की आकृति मोर की तरह दिखाई देती है इसलिए इसका नाम मयूरासन है। इस आसन को बैठकर सावधानीपूर्वक किया जाता है। इस आसन में शरीर का पूरा भार हाथों पर टिका होता है और शरीर हवा में लहराता है।

मयूरासन करने की विधि

– दोनों हाथों को दोनों घुटने के बीच रखें। हाथ के अँगूठे और अँगुलियाँ अन्दर की ओर रखते हुए हथेली जमीन पर रखें।

– फिर दोनों हाथ की कोहनियों को नाभि केंद्र के दाएँ-बाएँ अच्छे से जमा लें।

– पैर उठाते समय दोनों हाथों पर बराबर वजन देकर धीरे-धीरे पैरों को उठाएँ।

– हाथ के पंजे और कोहनियों के बल पर धीरे-धीरे सामने की ओर झुकते हुए शरीर को आगे झुकाने के बाद पैरों को धीरे-धीरे सीधा कर दें।

– पुनः सामान्य स्थिति में आने के लिए पहले पैरों को जमीन पर ले आएँ और तब पुनः वज्रासन की स्थिति में आ जाएँ।

– जमीन पर पेट के बल लेट जाइए। दोनों पैरों के पँजों को आपस में मिलाइए।

– दोनों घुटनों के बीच एक हाथ का अन्तर रखते हुए दोनों पैरों की एड़ियों को मिलाकर गुदा को एड़ी पर रखिए। फिर दोनों हाथों को घुटनों के अंदर रखिए ताकि दोनों हाथों के बीच चार अँगुल की दूरी रहे। दोनों कोहनियों को आपस में मिला कर नाभि पर ले जाइए।

– अब पूरे शरीर का वजन कोहनियों पर दें कर घुटनों और पैरों को जमीन से उठाये रखिए। सिर को सीधा रखिए। मयूरासन करते समय ध्यान देंने योग्य बातें मयूरासन खुली हवादार जगह में करना चाहिए। इसके लिए आप सबसे पहले घुटनों के बल बैठ जाएँ और आगे की ओर झुके।

– आगे झुकते हुए दोनों हाथों की कोहनियों को मोड़कर नाभि पर लगाकर जमीन पर सटा लें। इसके बाद अपना संतुलन बनाते हुए घुटनों को धीरे-धीरे सीधा करने की कोशिश करें।

– अब आपका शरीर पूरी सीध में है और सिर्फ आपके हाथ जमीन से सटे हुए हैं।

इस आसन को करने के लिए शरीर का संतुलन बनाए रखना जरुरी है जो कि पहली बार में सम्भव नहीं। यदि आप रोजाना मयूर आसन का अभ्यास करेंगे तो आप निश्चित तौर पर आसानी से इसे कर पाएँगे।

मयूरासन के लाभ

आमतौर पर मयूरासन से गुर्दे, अग्नाश्य और आमाशय के साथ ही यकृत इत्यादि को बहुत लाभ होता है।

यह आसन फेफड़ों के लिए बहुत उपयोगी है। इस आसन से वक्षस्थल, फेफड़े, पसलियाँ और प्लीहा को शक्ति प्राप्त होती है।

तिल्ली, यकृत, गुर्दे, अग्न्याशय एवं आमाशय सभी लाभान्वित होते है।

मधुमेंह के रोगियों के लिए भी यह आसन लाभकारी है। इस आसन से क्लोम ग्रन्थि पर दबाव पड़ने के कारण मधुमेंह के रोगियों को भी लाभ मिलता है। इस आसन का अभ्यास करने वालों को मधुमेंह रोग नहीं होता। यदि यह हो भी जाए तो दूर हो जाता है।

चेहरे पर चमक लाने के लिए मयूरासन करना चाहिए। यह आसन चेहरे पर लाली प्रदान करता है तथा उसे सुंदर बनाता है।

यह आसन शरीर में रक्त संचार को नियमित करता है।

यह आसन पेट के रोगों जैसे–अफारा, पेट दर्द, कब्ज, वायु विकार और अपच को दूर करता है।

यह आसन भुजाओं और हाथों को बलवान बनाता है।

मयूरासन करने से हाथ, पैर व कंधे की माँसपेशियों में मजबूती आती है।

यदि आपको आँखों सम्बन्धी कोई समस्या है तो उसका निदान भी मयूरासन से किया जा सकता है।

पाचन क्रिया को सुचारु रूप से चलाने के लिए मयूरासन करना चाहिए। यदि आपको पेट सम्बन्धी समस्याएँ जैसे गैस बनना, पेट में दर्द रहना, पेट साफ ना होना इत्यादि होता है तो आपको मयूरासन करना चाहिए। पाचन क्रिया सुचारु रूप से कार्य करती है।

कब्जयित, गैस आदि पेट से सम्बन्धित सामान्य रोगों का निदान होता है। जिन लोगों को बहुत अधिक कब्ज रहती है उनके लिए मयूरासन से बढ़िया कोई उपाय नहीं। जठराग्नि को प्रदीप्त करता है।

सामान्य रोगों के अलावा मयूर आसन से आँतों व अन्य अँगों को मजबूती मिलती है। आँतों एवं उससे सम्बन्धित अँगों को मजबूती मिलती है एवं मयूरासन से आमाशय और मूत्राशय के दोषों से मुक्ति मिलती है।

यह आसन गर्दन और मेंरुदण्ड के लिए भी लाभदायक है।

मयूरासन करते समय सावधानी–

जिन लोगों को ब्लडप्रेशर, टीबी, हृदय रोग, अल्सर और हर्निया रोग की शिकायत हो, वे यह आसन योग चिकित्सक की सलाह के बाद ही करें।

आमतौर पर मयूरासन उन लोगों को करने के लिए मना किया जाता है जो उच्च रक्तचाप की समस्या से पीड़ित हैं।

टी.बी यानी तपेदिक के मरीजों को भी मयूरासन नहीं करना चाहिए।

हृदय रोग या हार्ट की बीमारियों से ग्रसित लोगों को भी मयूरासन नहीं करना चाहिए। अल्सर और हर्निया रोग से पीड़ित लोगों को भी मयूरासन करने से बचना चाहिए।

मयूरासन करते हुए बहुत सावधानी की जरुरत पड़ती है इसीलिए आप जब भी मयूरासन करें तो किसी योग एक्सपर्ट की देखरेख में करें या फिर पहले इस आसन को करने की विधि को अच्छी तरह से जानें। तभी आप मयूर आसन को सही तरह से कर पाएँगे और इसका भरपूर लाभ उठा पाएँगे।

13. पद्मासन

पद्मासन बैठ कर किया जाने वाला आसन है, जिसमें दोनों पैर को मोड़कर विपरीत जाँघ पर रखा जाता है और दोनों घुटने विपरीत दिशा में रहते हैं। यह एक प्रमाणित आसन है, जो की आमतौर पर ध्यान करने के लिए उपयोग किया जाता है।

पद्मासन में शरीर की गतिविधियाँ रुक जाती हैं जिससे स्थिरता आती है और आपका मन ध्यान में आसानी से लगता है। पद्मासन का अभ्यास नियमित करने से आपको शारीरिक, मानसिक एवं आध्यात्मिक रूप से सुख एवं शांति मिलती है। पद्मासन हमें स्थिर बनाकर हमारे शारीरिक और मानसिक तनाव को दूर करता है जिससे हम स्वस्थ रह सकते हैं। इसके अभ्यास से हमारी एकाग्रचित्ता बढ़ती है जिससे हम किसी भी काम को ज्यादा बेहतर ढँग से कर सकते हैं।

पद्मासन करने से शान्त मन और चित प्रसन्न रहता है और इसके अभ्यास से आपका शरीर पूर्ण कमल की तरह खिल उठता है इसलिए इस आसन को 'पदम् आसन' के नाम से जाना जाता है। हम सभी को रोजाना कम से कम 5 मिनट पद्मासन का अभ्यास करना चाहिए।

पद्मासन कैसे करें, आसान और सही विधि

– समतल धरातल पर आसन बिछा कर बैठ जाएँ, आपकी कमर और गर्दन सीधे हों तथा आपके दोनों पैर सामने की ओर सीधे खुले हों।

– धीरे से अपने दाहिने घुटने को मोड़ें और पैर को आराम से बाँयी जाँघ पर रख दें, ध्यान रखें की आपकी एड़ी पेट के पास रहे और तलवा ऊपर की तरफ हो।

– इसी तरह से बाएँ पैर को आराम से दाँयी जाँघ पर रखें।

– अगर आपको दूसरे पैर को रखने में तकलीफ हो, तो आप जल्दीबाजी या जबरदस्ती बिलकुल ना करें।

– आपके दोनों पैर मुड़े और आराम से विपरीत जाँघों पर रखे हुए हैं, अब आप अपने दोनों हाथों को किसी एक मुद्रा में अपने घुटनों पर रखें।

– ध्यान रखें आपकी कमर और गर्दन सीधे रहेंगें (आराम से सीधे रखें, तने हुए नहीं) तथा आपके कंधे तने रहेंगे।

– इसी स्थिति में रहकर गहरी साँसें लेते और छोड़ते रहें। साँसों का लेना और छोड़ना आराम से करें जबरदस्ती ना करें।

3 से 5 मिनट के बाद आप दूसरे पैर को ऊपर रखकर यही करें।

पद्मासन से पूर्ण लाभ के लिए मुद्रा का प्रयोग: किसी भी मुद्रा में बैठ कर पद्मासन करने से शरीर में ऊर्जा का सँचार बढ़ता है, सभी मुद्राएँ अलग होती हैं और इस प्रकार उनसे होने वाले लाभ भी अलग-अलग होते हैं।

पद्मासन के साथ ये कुछ मुद्राएँ बहुत कारगर हैं–चिन मुद्रा, चिन्मयी मुद्रा, आदि मुद्रा और ब्रह्म मुद्रा। इनमें से किसी मुद्रा के साथ पद्मासन में बैठ कर कुछ देर साँस लें और शरीर में होने वाली ऊर्जा सँचार को अनुभव करें।

पद्मासन अभ्यास के लाभ/फायदे–

पदमासन मानवजाति के लिए वरदान है और इसके निरन्तर अभ्यास से अनगिनत फायदे हैं, उनमें से कुछ महत्त्वपूर्ण फायदों को यहाँ जानते हैं:–

– पद्मासन माँसपेशियों के तनाव को कम करता है और रक्तचाप को नियंत्रण में लाता है।

– ये आसन आपकी पाचन शक्ति बढ़ाने में मदद करता है जिससे कब्ज दूर होती है।

– पद्मासन के अभ्यास करने से आपका मन शान्त और और स्वभाव (चित्त) प्रसन्न रहता है।

– इस आसन में आप गर्दन और कमर को सीधा रखते हो जिससे आपकी रीढ़ की हड्डी और गर्दन समय के साथ मजबूत होती है।

– पद्मासन से घुटनों और टखनों को खिचाव मिलता है जिससे वो मजबूत होते हैं और ये आसन कूल्हों को खोलता है, जिससे वे अधिक लचीले होते हैं।

– इस आसन के निरन्तर अभ्यास से मासिक चक्र सुगम होता है और गर्भवती महिलाओं को प्रसव में कम तकलीफ होती है।

– यदि इस आसन का नियमित अभ्यास किया जाए तो sciatica pain में चमत्कारी फायदा मिलता है।

– इस आसन के अभ्यास से आप अपनी चेतना और शारीरिक ऊर्जा को बढ़ा सकते हो।

– ये आसन आपके चेहरे पर चमक बढ़ाता है जिससे आपका चेहरा कमल की तरह खिल उठता है।

पद्मासन के लिए सावधानियाँ

आपको कुछ जरूरी बातों और सावधानियों को पदमासन करते समय हमेंशा ध्यान रखना चाहिए:–

– आपके घुटने या टखने में चोट या दर्द है तो इस आसन को नहीं करना चाहिए।

आपको हमेंशा किसी अनुभवी योगा टीचर की देख रेख में इस आसन का अभ्यास करना चाहिए, खास तौर पर अगर आप नौसिखिया हैं तो।

अगर आपको पद्मासन करते समय किसी भी body part में जरुरत से ज्यादा दर्द या खिचाव हो तो भी इसे ना करें।

अपनी क्षमता के अनुसार ही अभ्यास करें।

वैरिकोज नस की समस्या होने पर इसे न करें।

पद्मासन कितने समय तक करना चाहिए

शुरुआत में इसका अभ्यास 1-2 मिनट के लिए करें और धीरे-धीरे आप इसे 20-30 मिनट तक बढ़ा सकते हैं। सामान्य परिस्थितियों में यह 5 से 10 मिनट के लिए ही पर्याप्त है। नियमित इतने समय करने से आपको बहुत फायदा होगा।

14. पश्चिमोत्तानासन

पश्चिमोत्तानासन को करते समय इसका प्रभाव शरीर के पिछले भाग पर पड़ता है इसलिए इसे पश्चिमोत्तानासन कहते हैं। और यह शब्द संस्कृत से लिया गया है। यह आसन मेंरुदण्ड को लचीला बनाता है जिससे कुण्डलिनी जागरण में लाभ होता है। यह आसन आध्यात्मिक दृष्टि से अधिक महत्त्वपूर्ण है। पश्चिमोत्तानासन योगासन को शीर्षासन के बाद ही दूसरे स्थान पर लिया गया है।

पश्चिमोत्तानासन करने की विधि

- सबसे पहले किसी साफ और समतल जमीन पर दरी या कोई कपडा बिछा लें और सीधे लेट जाएँ।

- लेटते समय दोनों पेरों को आपस में परस्पर मिला कर रखें और अपने शरीर को सीधा रखें।

- अब अपने दोनों हाथों को सर के पीछे की ओर ले जाएँ।

- अब अपने दोनों हाथों को जमीन से ऊपर की और उठाते हुए तेजी से कमर के ऊपर के हिस्से को भी जमीन से उठा लें।

अब अपने दोनों हाथों को धीरे-धीरे अपने पैरों की तरफ लायें और दोनों पैरों के अँगूठों को पकड़ें। जब ये क्रिया हो रही हो तब अपने दोनों पैरों व हाथों को सीधा रखें।

पहली बार में अगर अँगूठा न पकड़ पाएँ तो जहाँ तक अपने हाथों को ले जा सके वहाँ तक ले जाएँ। बाद में धीरे-धीरे दूरी को कम करते हुए हाथों से पैरों के अँगूठे को पकड़ने की कोशिश करें।

जब आप इस क्रिया को करने में सफल हो जाएँ तो उसके बाद दोनों हाथों के बीच से सिर को नीचे करके अपनी नाक को धीरे-धीरे घुटनों में लगाने का प्रयास करें।

अँगूठा पकड़ने की स्थिति में 10 से 12 सैकेंड तक रहें।

इसके बाद अँगूठे को छोड़कर हाथों को पैरों के ऊपर रखते हुए धीरे-धीरे पीछे की ओर खींच लें। इस क्रम में दोनों हाथों से दोनों पैरों को छूते हुए रखें।

इस प्रकार यह क्रिया एक बार पूरी होने के बाद 10 सैकेंड तक आराम करें और पुनः इस क्रिया को दोहराएँ इस तरह यह आसन तीन बार ही करें।

इस आसन को करते समय साँस सामान्य रूप से ले और छोड़ें।

पश्चिमोत्तानासन करने का समय

इसका अभ्यास हर रोज करेंगे तो आपको अच्छे परिणाम मिलेंगे। सुबह के समय और शाम के समय खाली पेट इस आसन का अभ्यास करना अधिक फलदायी होता हैं। पूरी स्थिति में आ जाने के बाद 20-30 सेकंड रुकें। इस आसन को आप 4-5 मिनट तक कर सकते हैं।

पश्चिमोत्तानासन के लाभ या फायदे

तनाव कम करने और मानसिक तनाव से मुक्ति पाने के लिए पश्चिमोत्तानासन का अभ्यास करना बहुत ही जरुरी है।

पश्चिमोत्तानासन का नियमित रूप से अभ्यास करने से मेंरुदण्ड लचीला व मजबूत बनता है जिससे बुढ़ापे में भी व्यक्ति तनकर चलता है और उसकी रीढ़ की हड्डी झुकती नहीं है।

– यह आसन पेट की चर्बी को कम करने में हमारी मदद करता है।

– शुगर के रोगियों के लिए यह आसन बहुत ही लाभदायक है।

– इस आसन को करने से ब्लड सर्कयुलेसन में वृद्धि होती है।

– इस आसन के अभ्यास से शरीर की कमजोरी दूर होकर शरीर फुर्तीला बनता है।

– अगर इस आसन को नियमित रूप से किया जाए तो इससे गुर्दे की पथरी ठीक हो जाती है।

– इस आसन से होने वाले वीर्य दोष दूर होते हैं। वीर्य ही शरीर की सप्त धातुओं का राजा माना जाता है।

– इस आसन के नियमित अभ्यास से कब्ज व् एसिडिटी से मुक्ति पायी जा सकती है।

– अगर इस आसन का कोई नियमित रूप से अभ्यास करता है तो उसकी रुकी हुई height बढ़ने लगती है।

– अगर आपको नीद की समस्या है तो आप इस आसन के अभ्यास से नीद न आने की समस्या से निजात पा सकते हैं।

– इस आसन के अभ्यास से क्रोध दूर होता है क्योंकि इस आसन से दिमाग शान्त व तरोताजा बनता है।

– यह आसन पेट की माँसपेशियों को मजबूत करता है।

– इस आसन से शरीर की वायु ठीक रूप से काम करती है।

– इस आसन के नियमित अभ्यास से बौनापन दूर होता है। क्योंकि इस आसन से शरीर लचीला बनता है।

– अगर किसी गर्भवती महिलाओं को उनके गर्भाशय में समस्या है तो इस आसन को करने से गर्भाशय की समस्या में लाभ मिलता है।

– इस आसन के नियमित अभ्यास से नितम्बों का मोटापा दूर होकर सुडौल बनते है।

– इस आसन के नियमित अभ्यास से पेट के कीड़े मरते हैं और अच्छी भूख लगने लग जाती है।

पश्चिमोत्तानासन करते समय सावधानी

– इस योगासन को हमेशा खाली पेट ही करें।

– इस आसन की शुरुआती अवस्था में हाथों से अँगूठे को छूने तथा नाक से घुटनों को छूने में परेशानी आ सकती है। अत: इसके लिए जल्दबाजी या जबरदस्ती न करें तथा धीरे-धीरे अभ्यास को पूरा करने की कोशिश करें।

– इस आसन को झटके के साथ कभी भी न करें।

– आंत में सूजन या अपेंडिसाइटिस वाले रोगियों को यह आसन नहीं करना चाहिए।

– जब कमर में तकलीफ हो एवं रीढ़ की हड्डियों में परेशानी मालूम हो उस समय इस योग का अभ्यास नहीं करना चाहिए।

जिनके पेट अल्सर की शिकायत हो उन्हें यह आसन नहीं करना चाहिये।-पेट के अल्सर का इलाज प्रारम्भ में यह आसन आधा से एक मिनट तक करें, अभ्यास बढ़ने पर 15 मिनट तक करें।

15. शलभासन

शलभ का अर्थ टिड्डी (स्वबनेज) होता है। इस आसन की अंतिम मुद्रा में शरीर टिड्डी (स्वबनेज) जैसा लगता है इसलिए इसे इस नाम से जाना जाता है। इसे Locust Pose Yoga भी कहते हैं। यह कमर एवं पीठ दर्द के लिए बहुत लाभकारी आसन है। इसके नियमित अभ्यास से आप कमर दर्द पर बहुत हद तक काबू पा सकते हैं।

शलभासन की विधि

शलभासन को कैसे किया जाए ताकि इसका ज्यादा से ज्यादा फायदे मिल सके, इसको यहाँ पर बहुत सरल तरीके में बताया गया है:-

शलभासन की प्रक्रिया, तरीका

– सबसे पहले आप पेट के बल लेट जाएँ।

– अपने हथेलियों को जाँघों के नीचे रखें।

– एड़ियों को आपस में जोड़ लें।

– साँस लेते हुए अपने पैरों को यथासम्भव ऊपर ले जाएँ।

– धीरे-धीरे साँस लें और फिर धीरे-धीरे साँस छोड़े और इस अवस्था को बनाएं रखें।

– साँस छोड़ते हुए पाँव नीचे लाएँ।

– यह एक चक्र हुआ।

– इस तरह से आप 3 से 5 बार करें।

शलभासन के लाभ

– वैसे तो शलभासन के बहुत सारे लाभ है लेकिन यहाँ पर इसके कुछ महत्त्वपूर्ण फायदे के बारे में बताया जा रहा है:–

– कमर दर्द: यह कमर दर्द के लिए अति उत्तम योगाभ्यास है। इसके नियमित अभ्यास से आप पुराने से पुराने कमर दर्द से निजात पा सकते हैं।

– दमा में सहायक: इस आसन के अभ्यास से आप दमा रोग को कण्ट्रोल कर सकते हैं।

– तंत्रिका तंत्र: यह तंत्रिका तन्त्र को मजबूत बनाता है और इसके सक्रियता को बढ़ाता है।

– पेट की मालिश: यह पेट की मालिश करते हुए पाचन तन्त्र को मजबूत बनाता है।

– कब्ज दूर करने में: कब्ज से निजात पाने के लिए यह लाभकारी योग है।

– रक्त साफ करता है: यह रक्त साफ करता है तथा उसके संचार को बेहतर बनाता है।

– लचीलापन: शरीर के लचीलापन को बढ़ाता है और आपको बहुत सारी परेशानियों से दूर रखता है।

– साइटिका: यह आसन साइटिका को ठीक करने के लिए अहम भूमिका निभाता है।

– वजन कम करने में: यह पेट और कमर की अतरिक्त वसा को कम करता है, इस तरह से वजन कम करने में सहायक है।

– मधुमेह: यह पैंक्रियास को नियंत्रण करता है और मधुमेह के प्रबन्धन में सहायक है।

– गर्भाशय: इसके अभ्यास से आप गर्भाशय सम्बंधित परेशानियों को कम कर सकते हैं।

– पेट गैस: इसके अभ्यास से पेट गैस को कम किया जा सकता है।

– मणिपूर्ण चक्र: मणिपूर्ण चक्र के लिए प्रभावी योग है।

– नाभि: यह नाभि को सही जगह पर रखता है।

शलभासन की सावधानी

– इस आसन को उच्च रक्तचाप की स्थिति में नहीं करनी चाहिए।

– हृदय रोग से पीड़ित व्यक्ति को इस आसन के प्रैक्टिस से बचना चाहिए।

– दमा के रोगियों को यह आसन नहीं करना चाहिए।

– कमर दर्द: ज्यादा कमर दर्द में इसका अभ्यास न करें।

– शुरुआती दौर में इसको ज्यादा देर तक न रोकें।

– हर्निया की स्थिति में इसका अभ्यास न करें।

– मेरुदण्ड की समस्या में इसे न करें।

– पेट का ऑपरेशन होने पर इसको करने से बचें।

16. शीर्षासन

शीर्षासन का नाम 'शीर्ष' शब्द पर रखा गया है, जिसका मतलब होता है सिर। शीर्षासन को सभी आसनों का राजा माना जाता है। इसे करना शुरुआत में कठिन जरुर है लेकिन इसके लाभ अनेक हैं।

शीर्षासन करने का तरीका

शीर्षासन करने का तरीका हम यहाँ विस्तार से दे रहे हैं, इसे ध्यानपूर्वक पढ़ें:–

– शीर्षासन करने के लिए अपनी योगा मेंट या जमीन पर कम्बल या कोई मोटा तौलिया बिछाकर वज्रासन में बैठ जाएँ।

– बाद में इस पर आपको अपना सिर टिकाना है, तो यह आपके सिर को एक नरम पैड देगा।

– अब आगे की ओर झुककर दोनों हाथों की कोहनियों को जमीन पर टिका दें।

– दोनों हाथों की उँगलियों को आपस में सख्ती से जोड़ लें। इनके बीच में आपको सिर रख कर उसे सहारा देना है।

– अब सिर को दोनों हथेलियों के बीच में धीरे-से रखें। साँस सामान्य रखें।

– पैर की उँगलियों पर ऊपर आ जायें आपका शरीर त्रिकोण मुद्रा में होगा।

– धीरे से आयेज की तरफ पैरों को लेकर आयें ताकि आपकी पीठ एकदम सीधी हो जाए–जमीन और आपकी पीठ में 90 डिग्री का ऐंगल होना चाहिए।

– जब पीठ एकदम सीधी हो जाए, धीरे-धीरे शरीर का पूरा वजन बाजुओं (फोरआरम) पर डालते हुए शरीर को ऊपर की उठाना शुरु करें।

– पहले टाँगों को सिर्फ "आधा" उठायें, ताकि आपके घुटने छाती को छुँए रहे हों और पैर मुड़े हों इस मुद्रा में 1–2 मिनट रहना का अभ्यास करें और फिर ही अगला स्टेप करें (इस में आपको कुछ हफ्ते या महीने भी लग सकते हैं)।

– जब आप पिछले स्टेप में निपुण हो जायें, फिर दोनो टाँगों को सीधा ऊपर उठाने की कोशिश करें। कोशिश करें कि कम से कम भार सिर पर लें। शरीर को सीधा कर लें।

– शुरुआत में कुल मिला कर पाँच बार साँस अंदर लें और बाहर छोड़ें ताकि आप आसन में 30 सेकेंड तक रह सकें।

– धीरे-धीरे जैसे आपके शरीर में ताकत बढ़ने लगे, आप समय बढ़ा सकते हैं–5 मिनिट से ज्यादा ना करें।

– 30 सेकेंड से 5 मिनिट का सफर तय करने में आपको कुछ महीने या साल भी लग सकते हैं तो जल्दबाजी ना करें!

शीर्षासन करने का आसान तरीका

अगर आपको अपने आप को संतुलित रखने में कठिनाई आ रही हो तो दीवार का सहारा ले सकते हैं।

अगर आपको टाँगों को सीधा ऊपर रखने में कठिनाई हो तो टाँगों को ऊपर ले जायें अपनी टाँगों को मोड़ कर रखें ताकि आपके घुटने आपकी छाती को छू रहे हों।

जब आपको पूरा आत्मविश्वास हो की आपका संतुलन बना रह सकता है, तभी दोनो टाँगों को ऊपर लेकर जायें, या दीवार से हट कर अभ्यास करें।

शीर्षासन करने में क्या सावधानी बरती जाए

– आपको शीर्षासन का ज्यादा अभ्यास नहीं है, या पहली बार कर रहें हैं, तो किसी अनुभवी टीचर के साथ करें ताकि वह चोट लगने से बचा सके।

– अगर आपको पीठ या गर्दन में चोट, सिरदर्द, हृदय रोग, उच्च रक्त चाप, माहवारी, या लो बीपी हो तो शीर्षासन ना करें।

– शीर्षासन के बाद बालासन जरुर करें।

– गर्भावस्था: अगर आपको शीर्षासन करने का अनुभव है तो आप गर्भावस्था में यह जारी रख सकती हैं। मगर ध्यान रहे कि पहली बार शीर्षासन का अभ्यास गर्भवती होने के बाद ना करें।

– अपनी शारीरिक क्षमता से अधिक जोर न लगायें।

शीर्षासन के फायदे

– दिमाग को शान्त करता है और तनाव और हल्के अवसाद से राहत देने में मदद करता है।

– शीर्षासन पिट्यूटरी और पीनियल ग्रन्थियों को उत्तेजित करता है।

– हाथों, टाँगों, और रीढ़ की हड्डी को मजबूत करता है।

– शीर्षासन फेफड़ों की कार्य कौशलता बढ़ाता है।

– शीर्षासन से पाचन अँगों पर सकारात्मक असर होता है जिस से कब्ज में राहत मिलती है।

– रजोनिवृत्ति के लक्षणों से राहत देता है शीर्षासन।

– अस्थमा, बाँझपन, अनिद्रा, और साइनस के लिए चिकित्सीय है।

17. त्रिकोणासन

त्रिकोणासन संस्कृत के दो शब्दों 'त्रिकोण' और 'आसन' से मिलकर बना है। इसका मतलब त्रिकोण होता है। त्रिकोणासन स्वास्थ्य के लिए बहुत ही महत्त्वपूर्ण है, और इस आसन को करने से सेहत को कई फायदे होते हैं। यह आसन व्यक्ति को ऊर्जा से भर देता है और नियमित क्रिया से लिए अधिक स्टैमिना प्रदान करता है जिससे हम पूरे दिन ज्यादा सक्रिय होकर काम कर पाते हैं।

त्रिकोणासन शरीर के विभिन्न भागों जैसे पेट, कूल्हों और कमर से चर्बी को घटाने के लिए भी लोगों के बीच काफी लोकप्रिय है। त्रिकोणासन का सबसे बड़ा फायदा यह है कि इसे किसी भी समय किसी भी स्थान पर आसानी से किया जा सकता है। कोई भी व्यक्ति बिना किसी तैयारी के इस आसन का नियमित अभ्यास आसानी से कर सकता है।

ऑफिस में लम्बे समय तक बैठकर काम करने वाले या कारखानों में मशीन चलाने वाले ज्यादातर लोग काम के दौरान ही थोड़ी देर इस अभ्यास को करके एनर्जी प्राप्त कर लेते हैं और फिर से अधिक सक्रिय होकर काम करते हैं।

त्रिकोणासन करने का तरीका

– अपने पैरों को चौड़ा करके बिल्कुल सीधे खड़े हो जाएँ।

– अपनी लँबाई के हिसाब से दोनों पैरों के बीच कम से कम दो या तीन फीट उचित स्थान बनाकर खड़े रहें।

– अपनी रीढ़ को मोड़ें नहीं बल्कि एकदम सीधे खड़े रहें। इसके बाद अपनी भुजाओं को फर्श के समानांतर लाएँ और अपनी हथेली को नीचे की ओर ले जाते हुए साँस लें।

– अब धीरे-धीरे साँस छोड़ें और अपने शरीर को बायीं ओर मोड़ें और अपनी बायीं हाथ की उँगली से फर्श को छूए और बाएँ टखने को स्पर्श करें।

– आपका दाहिना हाथ बिल्कुल सीधे होना चाहिए। अब अपने सिर को घुमाएँ और दाहिने हाथ की उँगली की नोंक को देखें।

– इस मुद्रा को पाँच से सात बार दोहराएँ और फिर गहरी साँस लेते हुए हाथों को बिल्कुल सीधे करते हुए एकदम सीधे पहले की तरह खड़े हो जाएँ। अब कम से कम पाँच से दस बार गहरी साँस लें।

– साँस छोड़ दें और अपने कूल्हे को दाहिनी ओर झुकाएँ और दाहिने हाथ की उँगली से फर्श को छूएँ और दाहिने हाथ दाहिने पैर के टखने को जरुर छूना चाहिए।

– दस सैकण्ड के लिए इसी मुद्रा में रहें।

– उसके बाद हाथों को सीधा रख अपने स्थान पर खड़े हो जाएँ और साँस (inhale) लें।

– अगर आप दोनों तरफ से यह आसन करते हैं तो इसे त्रिकोणासन का एक राउण्ड कहा जाता है।

– जब हम इस आसन को छह राउण्ड तक करते हैं तो इसे त्रिकोणासाना कहा जाता है।

त्रिकोणासन करने के फायदे

बॉडी फैट को कम करने में त्रिकोणासन बहुत उपयोगी है। अगर किसी व्यक्ति का वजन तेजी से बढ़ रहा हो और वह मोटापे से परेशान हो तो यह आसन उसके लिए रामबाण साबित होगा।

अगर आप पीठ में दर्द की समस्या से ग्रस्त हैं तो त्रिकोणासन आपके लिए बहुत फायदेमंद साबित हो सकता है। करीब दो हफ्तों तक नियमित त्रिकोणासन करने से पीठ के दर्द से मुक्ति मिल सकती है।

– 12 वर्ष से अधिक उम्र के बच्चे यदि नियमित त्रिकोणासन करें तो यह आसन उनकी लँबाई (Height) को बढ़ाने में भी काफी सहायक होता है।

– नियमित रूप से प्रतिदिन त्रिकोणासन (Trikonasana) करने से पैरों एवं घुटनों के अलावा कूल्हों एवं गर्दन, रीढ़ और टखनों की माँसपेशियाँ मजबूत होती हैं। इसके अलावा यह आसन कँधों और सीने को चौड़ा बनाने में मदद करता है।

– रोज-रोज त्रिकोणासन करने से शरीर को स्टैमिना (stamina) और एनर्जी मिलती है इसके अलावा यह आसन नाभि को ठीक रखने में भी सहायक होता है।

त्रिकोणासन करते समय सावधानियाँ

– अगर आपको गम्भीर पीठ दर्द की समस्या या गर्दन में दर्द रहता है तो त्रिकोणासन को करने से परहेज करें।

– माइग्रेन (migrane) से पीड़ित व्यक्तियों को भी इस आसन को नहीं करना चाहिए।

– अगर किसी व्यक्ति को डायरिया, उच्च रक्तचाप की समस्या हो और पीठ में पहले कभी चोट लगी हो तो ऐसे व्यक्ति को त्रिकोणासन नहीं करना चाहिए।

– जिन लोगों को चक्कर आता हो या योगासन के दौरान बेहोशी की समस्या हो उन्हें त्रिकोणासन बिल्कुल भी नहीं करना चाहिए।

– त्रिकोणासन करते समय घुटनों का सहारा न लें और ना ही इस पर कोई दबाव दें अन्यथा इसकी वजह से आपके घुटनों में दर्द हो सकता है।

– यदि आपको हृदय (Heart) से सम्बन्धित कोई भी समस्या हो तो त्रिकोणासन को करने से बचें।

18. ऊर्ध्व सर्वांगासन

सर्व अँग एवं आसन अर्थात् सर्वांगासम। इस आसन को करने से सभी अँगों को व्यायाम मिलता है इसीलिए इसे सर्वांगासन कहते हैं।

सर्वांगासन में सावधानी–

– कोहनियाँ भूमि पर टिकी हुई हों और पैरों को मिलाकर सीधा रखें।

– पँजे ऊपर की ओर तने हुए एवं आँखें बन्द हों अथवा पैर के अँगूठों पर दृष्टि रखें।

– जिन लोगों को गर्दन या रीढ़ में शिकायत हो उन्हें यह आसन नहीं करना चाहिए।

सर्वांगासन के लाभ–

– थायराइड एवं पिच्युटरी ग्लैंड के मुख्य रूप से क्रियाशील होने से यह कद वृद्धि में लाभदायक है।

– दमा, मोटापा, दुर्बलता एवं थकानादि विकार दूर होते है।

– इस आसन का पूरक आसन मत्स्यासन है, अतः शवासन में विश्राम से पूर्व मत्स्यासन करने से इस आसन से अधिक लाभ प्राप्त होते हैं।

19. उष्ट्रासन

'उष्ट्र' एक संस्कृत भाषा का शब्द है और इसका अर्थ 'ऊँट' होता है। उष्ट्रासन को अंग्रेजी में 'Camel Pose' कहा जाता है। उष्ट्रासन एक मध्यवर्ती पीछे झुकने–योग आसन है जो अनाहत (हृदय चक्र) को खोलता है। इस आसन से शरीर में लचीलापन आता है, शरीर को ताकत मिलती है तथा पाचन शक्ति बढ़ जाती है। उष्ट्रासन करने की प्रक्रिया और उष्ट्रासन के लाभ नीचे दिए गए हैं:–

उष्ट्रासन करने की प्रक्रिया

– अपने योग मेंट पर घुटने के सहारे बैठ जाएँ और कूल्हे पर दोनों हाथों को रखें।

– घुटने कंधो के समानांतर हो तथा पैरों के तलवे आकाश की तरफ हो।

– साँस लेते हुए मेंरुदण्ड को पुरोनितम्ब की ओर खींचे जैसे कि नाभि से खींचा जा रहा है।

– गर्दन पर बिना दबाव डालें तटस्थ बैठे रहें।

– इसी स्थिति में कुछ साँसे लेते रहे।

– साँस छोड़ते हुए अपने प्रारम्भिक स्थिति में आ जाएँ।

– हाथों को वापस अपनी कमर पर लाएँ और सीधे हो जाएँ।

– शुरुआत में यह आसन किस प्रकार करें

– अपनी सुविधा के लिए आप अपने घुटनों के नीचे तकिए का प्रयोग कर सकते हैं।

उष्ट्रासन के लाभ

– पाचन शक्ति बढ़ता है।

– सीने को खोलता है और उसको मजबूत बनाता है।

– पीठ और कंधों को मजबूती देता है।

– पीठ के निचले हिस्से में दर्द से छुटकारा दिलाता है।

– रीढ़ की हड्डी में लचीलेपन एवं मुद्रा में सुधार भी लाता है।

– मासिक धर्म की परेशानी से राहत देता है।

कुछ अन्य योग के आसन–

– अधोमुखश्वानासन योग

– ताड़ासन योग

– सुखासन योग

– शवासन योग

– वीरभद्रासन योग

– वृक्षासन योग

– सेतुबंधासन योग

– बद्ध कोणासन योग

– अर्ध चन्द्रासन

– बालासन योग

– मर्जरियासन

– नटराज आसन

– कोणासन

– वज्रासन

– दण्डासन

– अधोमुखी श्वान आसन

– सिद्धासन

योग के प्रसिद्ध ग्रन्थ–

– ग्रन्थ रचयिता रचनाकाल

– योगसूत्र पतंजलि 400 ई. पूर्व

– योगभाष्य वेदव्यास द्वितीय शताब्दी

– तत्त्ववैशारदी वाचस्पति मिश्र 841 ई

– योगयाज्ञवल्क्य याज्ञवल्क्य सबसे पुरानी सँस्कृत पाण्डुलिपि 9वीं–10वीं शताब्दी की है।

– भोजवृत्ति राजा भोज 11वीं शताब्दी

– गोरक्षशतक गुरु गोरख नाथ 11वीं–12वीं शताब्दी

– योगवार्तिक विज्ञानभिक्षु 16वीं शताब्दी

– योगसारसंग्रह विज्ञानभिक्षु 16वीं शताब्दी

– हठयोगप्रदीपिका स्वामी स्वात्माराम 15वीं–16वीं शताब्दी

– सूत्रवृत्ति गणेशभावा 17वीं शताब्दी

– योगसूत्रवृत्ति नागेश भट्ट 17वीं शताब्दी

– मणिप्रभा रामानन्द यति 18वीं शताब्दी

– सूत्रार्थप्रबोधिनी नारायण तीर्थ 18वीं शताब्दी

शिवसंहिता अज्ञात–

घेरण्डसंहिता घेरण्ड मुनि–

– योगचूडामण्युपनिषद–14वीं–15वीं शताब्दी (रिचर्ड रोसेन के अनुसार)

जोगप्रदीपिका जयतराम 1737 ई. / यह हिन्दी, ब्रजभाषा, खड़ी बोली की मिलीजुली भाषा में रचित है और शब्दावली सँस्कृत के अत्यन्त निकट है।

– योगदर्शनम् स्वामी सत्यपति परिव्राजक 21वीं शताब्दी

– योग का इतिहास

– योग दर्शन

– अष्टांग योग

– योगसूत्र

वनस्पति शास्त्र

वनस्पति विज्ञान

प्राचीन भारतीय पौधों के वर्गीकरण का एक प्रारम्भिक उदाहरण ऋग्वेद में पाया जाता है, जो लगभग 3700–3100 बी.पी. से वैदिक संस्कृत भजनों का एक संग्रह है। पौधों को वस्का (पेड़), औषधि (मनुष्यों के लिए उपयोगी जड़ी-बूटियों) और विरुधा (लता) में विभाजित किया गया है, और आगे उप-विभाजनों के साथ। पवित्र हिंदू पाठ अथर्ववेद पौधों को आठ वर्गों में विभाजित करता है: विशाखा (फैली हुई शाखाएँ), मञ्जरी (लम्बे गुच्छों के साथ पत्ते। (स्पष्टीकरण की आवश्यकता), स्तंबिनी (झाड़ीदार पौधे), प्रस्थानवती (जो फैलती है); ekasrnga (के साथ उन लोगों monopodial विकास), pratanavati (रेंगने वाले पौधों), Amsumati (कई डण्ठल के साथ), और kandini (विकट जोड़ों के साथ पौधों)। तैत्रीय संहिता में संयंत्र राज्य में वर्गीकृत किया अतों, अंदं और Druma (पेड़), विशाखा (प्रसार शाखाओं के साथ झाड़ियाँ), सासा (जड़ी बूटियों), Amsumali (प्रसार संयंत्र), vratati (पर्वतारोही), stambini (जंगली संयंत्र), pratanavati (लता), और अलासाला (जमीन पर फैला हुआ)। प्रारम्भिक भारतीय वर्गीकरण के अन्य उदाहरणों में मनुस्मृति, हिंदुओं की कानून पुस्तक शामिल है, जो पौधों को आठ प्रमुख श्रेणियों में वर्गीकृत करती है। विस्तृत वर्गीकरण चरक संहिता, सुश्रुत संहिता और वैशेषिक में भी मिलता है।

परिचय–

वनस्पति विज्ञान (ग्रीक Borávn–घास, चारा; मध्यकालीन लैटिन

वनस्पति–जड़ी बूटी, पौधा) और प्राणी शास्त्र, ऐतिहासिक रूप से, जीव विज्ञान के मुख्य विषय हैं, जिनका इतिहास प्राकृतिक विज्ञान, रसायन विज्ञान, भौतिकी और भूविज्ञान के साथ निकटता से जुड़ा हुआ है। वनस्पति विज्ञान के बीच शुद्ध अर्थ में, पौधों के अध्ययन के रूप में, और वनस्पति विज्ञान के रूप में अनुप्रयुक्त विज्ञान के रूप में अन्तर किया जा सकता है, जो पौधों के मानव उपयोग का अध्ययन करता है। प्रारम्भिक प्राकृतिक इतिहास के तीन मुख्य धाराओं में शुद्ध वनस्पति विज्ञान विभाजित आकृति विज्ञान–वर्गीकरण, शरीर रचना विज्ञान और शरीर विज्ञान–यह है कि, बाह्य रूप है, आंतरिक संरचना, और कार्यात्मक आपरेशन। लागू वनस्पति विज्ञान में सबसे स्पष्ट विषय हैं बागवानी, वानिकी और कृषि यद्यपि वहाँ की तरह कई अन्य खरपतवार विज्ञान, संयंत्र विकृति, वाणिज्यिक, फार्माकोग्रॉसी, आर्थिक वनस्पति विज्ञान और ethnobotany जो वनस्पति विज्ञान में बाहर आधुनिक पाठ्यक्रमों झूठ बोलते हैं। वनस्पति विज्ञान की उत्पत्ति के बाद से विषय के दायरे में उत्तरोत्तर वृद्धि हुई है क्योंकि प्रौद्योगिकी ने नई तकनीकों और अध्ययन के क्षेत्रों को खोल दिया है। आधुनिक आणविक प्रणाली, उदाहरण के लिए, वर्गीकरण, आणविक जीव विज्ञान, कंप्यूटर विज्ञान और अधिक के सिद्धांतों और तकनीकों को शामिल करता है।

वनस्पति विज्ञान के भीतर कई उप–विषय हैं जो विशेष पौधों के समूहों पर ध्यान केंद्रित करते हैं, जिनमें से प्रत्येक का अपना सम्बन्धित अध्ययन (शरीर रचना, आकृति विज्ञान आदि) होता है। यहाँ शामिल हैं: phycology (शैवाल), pteridology (फर्न), bryology (काई और liverworts) और palaeobotany (जीवाश्म पौधों) और उनके इतिहास को कहीं और (साइड बार देखें) माना जाता है। इस सूची में माइकोलॉजी को जोड़ा जा सकता है, कवक का अध्ययन, जिसे कभी पौधों के रूप में माना जाता था, लेकिन अब इसे एक अद्वितीय साम्राज्य के रूप में स्थान दिया गया है।

वैदिक काल से ही भारत वर्ष में प्रकृति के निरीक्षण, परीक्षण एवं विश्लेषण की प्रवृत्ति रही है। इसी प्रक्रिया में वनस्पति जगत का भी विश्लेषण किया गया। प्राचीन वांङ्मय में इसके अनेक संदर्भ ज्ञात होते हैं। अथर्ववेद में

पौधों को आकृति तथा अन्य लक्षणों के आधार पर सात उपविभागों में बाँटा गया, यथा–(1) वृक्ष (2) तृण (3) औषधि (4) गुल्म (5) लता (6) अवतान (7) वनस्पति। आगे चलकर महाभारत, विष्णु पुराण, मत्स्य पुराण, शुक्रनीति, वृहत् संहिता, पाराशर, चरक, सुश्रुत, उदयन आदि द्वारा वनस्पति, उसकी उत्पत्ति, उसके अँग, क्रिया, उनके विभिन्न प्रकार, उपयोग आदि का विस्तार से वर्णन किया गया, जिसके कुछ उदाहरण हम निम्न संदर्भों में देख सकते हैं।

पौधों में जीवन–

पौधे जड़ नहीं होते अपितु उनमें जीवन होता है। वे चेतन जीव की तरह सर्दी–गर्मी के प्रति संवेदनशील रहते हैं, उन्हें भी हर्ष और शोक होता है। वे मूल से पानी पीते हैं, उन्हें भी रोग होता है इत्यादि तथ्य हजारों वर्षों से हमारे यहाँ ज्ञात थे तथा अनेक ग्रन्थों में इसका उल्लेख मिलता है।

महाभारत के शांतिपर्व के 184वें अध्याय में महर्षि भारद्वाज व भृगु का सम्वाद है। उसमें महर्षि भारद्वाज पूछते हैं कि वृक्ष चूंकि न देखते हैं, न सुनते हैं, न गन्ध व रस का अनुभव करते हैं, न ही उन्हें स्पर्श का ज्ञान होता है, फिर वे पँच भौतिक व चेतन कैसे हैं? इसका उत्तर देते हुए महर्षि भृगु कहते हैं–हे मुने, यद्यपि वृक्ष ठोस जान पड़ते हैं तो भी उनमें आकाश है, इसमें संशय नहीं है, इसी से इनमें नित्य प्रति फल–फूल आदि की उत्पत्ति सम्भव है।

वृक्षों में जो ऊष्मा या गर्मी है, उसी से उनके पत्ते, छाल, फल, फूल कुम्हलाते हैं, मुरझाकर झड़ जाते हैं। इससे उनमें स्पर्श ज्ञान का होना भी सिद्ध है। यह भी देखा जाता है कि वायु, अग्नि, बिजली की कड़क आदि होने पर वृक्षों के फल–फूल झड़कर गिर जाते हैं। इससे सिद्ध होता है कि वे सुनते भी हैं। लता वृक्ष को चारों ओर से लपेट लेती है और उसके ऊपरी भाग तक चढ़ जाती है। बिना देखे किसी को अपना मार्ग नहीं मिल सकता। अतः इससे सिद्ध है कि वृक्ष देखते भी हैं।

पवित्र और अपवित्र गन्ध से तथा नाना प्रकार के धूपों की गंध से वृक्ष निरोग होकर फूलने लगते हैं। इससे सिद्ध होता है कि वृक्ष सूंघते हैं।

वृक्ष अपनी जड़ से जल पीते हैं और कोई रोग होने पर जड़ में औषधि डालकर उनकी चिकित्सा भी की जाती है। इससे सिद्ध होता है कि वृक्ष में रसनेन्द्रिय भी हैं। जैसे मनुष्य कमल की नाल मुँह में लगाकर उसके द्वारा ऊपर को जल खींचता है, उसी प्रकार वायु की सहायता से वृक्ष जड़ों द्वारा ऊपर की ओर पानी खींचते हैं।

सुखदुःखयोश्च ग्रहणाच्छिन्नस्य च विरोहणात्।
जीवं पश्यामि वृक्षाणां चौतन्यं न विद्यते।।

वृक्ष कट जाने पर उनमें नया अंकुर उत्पन्न हो जाता है और वे सुख, दुःख को ग्रहण करते हैं। इससे मैं देखता हूँ कि कि वृक्षों में भी जीवन है। वे अचेतन नहीं हैं। वृक्ष अपनी जड़ से जो जल खींचता है, उसे उसके अंदर रहने वाली वायु और अग्नि पचाती है। आहार का परिपाक होने से वृक्ष में स्निग्धता आती है और वे बढ़ते हैं।

इसके अतिरिक्त महर्षि चरक तथा उदयन आचार्य ने भी वृक्षों में चेतना तथा चेतन होने वाली अनुभूतियों के संदर्भ में वर्णन किया है।

महर्षि चरक कहते हैं-**'तच्चेतनावद् चेतनञ्च**

अर्थात्-प्राणियों की भांति उनमें (वृक्षों में) भी चेतना होती है।

आगे कहते हैं **'अत्र सेंद्रियत्वेन वृक्षादीनामपि चेतनत्वम् बोद्धव्यम्**

अर्थात्-वृक्षों की भी इन्द्रिय है, अतः इनमें चेतना है। इसको जानना चाहिए। उसी प्रकार उदयन कहते हैं-

'वृक्षादयः प्रतिनियत भोक्तयधिष्ठिताः जीवनमरणस्वप्नजागरण रोगभेषज

प्रयोगबीजजातीयानुबन्धनुकूलोपगम प्रतिकूलापगमादिभ्यः प्रसिद्ध शरीरवत्'। (उदयन-पृथ्वीनिरुपणम्।)

अर्थात्-वृक्षों की भी मानव शरीर के समान निम्न अनुभव निश्चित होते हैं–जीवन, मरण, स्वप्न, जागरण, रोग, औषधि प्रयोग, बीज, सजातीय अनुबन्ध, अनुकूल वस्तु स्वीकार व प्रतिकूल वस्तु का अस्वीकार।

एक अद्‌भुत ग्रंथ-पाराशर वृक्ष आयुर्वेद–

बंगाल के प्रसिद्ध वनस्पति शास्त्री डॉ. गिरिजा प्रसन्न मजूमदार ने 'हिस्ट्री ऑफ साइंस' इन इंडिया में वनस्पति शास्त्र से सम्बन्धित अध्याय में महामुनि पाराशर द्वारा रचित ग्रन्थ 'वृक्ष आयुर्वेद' का वर्णन किया है। बंगाल के एन. एन. सरकार के पिता, जो आयुर्वेद के प्रसिद्ध विद्वान थे, ने इसकी पांडुलिपि खोजी थी। मजूमदार महोदय ने जब इस प्राचीन ग्रन्थ को पढ़ा तो वे आश्चर्यचकित हो गए, क्योंकि उसमें बीज से वृक्ष बनने तक का इतना वैज्ञानिक विश्लेषण था कि वह किसी भी पाठक को अभिभूत करता था। उन्होंने इस ग्रन्थ का सार अंग्रेजी में अनुवादित किया। यह ग्रन्थ हजारों वर्ष पूर्व की भारतीय प्रज्ञा की गौरवमयी गाथा कहता है। इसका विश्लेषण जबलपुर में 1992 में स्वदेशी प्राण विज्ञान पर सम्पन्न राष्ट्रीय संगोष्ठी में पूर्व केन्द्रीय मानव संसाधन विकास मंत्री डा. मुरली मनोहर जोशी ने किया। वे कहते हैं 'मैं एक पुस्तक का उल्लेख करना चाहता हूँ, वह है वृक्ष आयुर्वेद। उसके लेखक थे महामुनि पाराशर। इस ग्रन्थ में जो वैज्ञानिक विवेचन है, वह विस्मयकारी है। इस पुस्तक के 6 भाग हैं–(1) बीजोत्पत्ति काण्ड (2) वानस्पत्य काण्ड (3) गुल्म काण्ड (4) वनस्पति काण्ड (5) विरुध वल्ली काण्ड (6) चिकित्सा काण्ड। इस ग्रन्थ के प्रथम भाग बीजोत्पत्ति काण्ड में आठ अध्याय हैं जिनमें बीज के वृक्ष बनने तक की गाथा का वैज्ञानिक पद्धति से विवेचन किया गया है। इसका प्रथम अध्याय है बीजोत्पत्ति सूत्राध्याय, इसमें महर्षि पाराशर कहते हैं–

आपोहि कललं भुत्वा यत् पिण्डस्थानुकं भवेत्।
तदेवं व्यूहमानत्वात् बीजत्वमधि गच्छति॥

पहले पानी जेली जैसे पदार्थ को ग्रहण कर न्यूक्लियस बनता है और फिर वह धीरे-धीरे पृथ्वी से ऊर्जा और पोषक तत्त्व ग्रहण करता है। फिर उसका आदि बीज के रूप में विकास होता है और आगे चलकर कठोर बनकर वृक्ष का रूप धारण करता है। आदि बीज यानी प्रोटोप्लाज्म के बनने की प्रक्रिया है जिसकी अभिव्यक्ति बीजत्व अधिकरण में की गई है।

दूसरे अध्याय भूमि वर्गाध्याय में पृथ्वी का उल्लेख है। इसमें मिट्टी के प्रकार, गुण आदि का विस्तृत वर्णन है।

तीसरा अध्याय वन वर्गाध्याय का है। इसमें 14 प्रकार के वनों का उल्लेख है। चौथा अध्याय वृक्षांग सूत्राध्याय (फिजियॉलाजी) का है। इसमें प्रकाश संश्लेषण यानी फोटो सिंथेसिस की क्रिया के लिए कहा है–

'पत्राणि तु वातातपरञ्जकानि अभिगृहन्ति।

वात–क्द्2 आतप च्द्वदथ्ढ़ण्द्य, रंजक क्लोरोफिल। यह स्पष्ट है कि वात कार्बन डाय आक्साइड 'सूर्य प्रकाश' क्लोरोफिल से अपना भोजन वृक्ष बनाते हैं। इसका स्पष्ट वर्णन इस ग्रन्थ में है।

पाँचवा पुष्पांग सूत्राध्याय है। इसमें कितने प्रकार के फूल होते हैं, उनके कितने भाग होते हैं, उनका उस आधार पर वर्गीकरण किया गया है। उनमें पराग कहाँ होता है, पुष्पों के हिस्से क्या हैं आदि का उल्लेख है।

फलांग सूत्राध्याय में फलों के प्रकार, फलों के गुण और रोग का वर्गीकरण किया गया है। सातवें वृक्षांग सूत्राध्याय में वृक्ष के अँगों का वर्णन करते हुए पाराशर कहते है–पत्रं (पत्ते) पुष्प (फूल) मूलं (जड़) त्वक् (शिराओं सहित त्वचा) काण्डम् (स्टिम्) सारं (कठोर तना) सारसं (च्छ्ठद्र) र्नियासा बीजं (बीज) प्ररोहम् –इन सभी अँगों का परस्पर सम्बन्ध होता है। आठवें अध्याय में बीज से पेड़ के विकास का वर्णन किया गया है। बीज के बारे में जो कहा गया है, वह बहुत महत्त्वपूर्ण है। बीज और पत्रों की प्रक्रिया में वे कितनी गहराई में गए, यह तय करना आज के वनस्पति शास्त्र के विद्वानों का दायित्व है। पाराशर कहते हैं–

'बीज मातृका तु बीजस्यम् बीज पत्रन्तुबीजमातृकायामध्यस्थमादि
पत्रञ्च मातृकाछदस्तु तनुपत्रकवत् मातृकाछादनञ्च कञ्चुकमित्याचक्षते।।
बीजन्तु प्रकृत्या द्विविधं भवति एकमातृकं द्विमातृकञ्च। तत्रैकपत्रप्ररोहानां वृक्षाणां बीजमेकमातृकं भवति। द्वि पत्र प्ररोहानान्तु द्विमातृकञ्च।

यानी मोनोकॉटिलिडेन और डायकॉटिलिडेन। यानी एकबीजपत्री और

द्विबीजपत्री बीजों का वर्णन है। किस प्रकार बीज धीरे-धीरे रस ग्रहण करके बढ़ते हैं और वृक्ष का रूपधारण करते हैं। कौन-सा बीज कैसे उगता है, इसका वर्गीकरण के साथ उसमें स्पष्ट वर्णन है।

यह भी वर्णन है कि बीज के विभिन्न अँगों के कार्य अंकुरण (जर्मिनेशन) के समय कैसे होते हैं–

अंकुरनिर्विते बीजमात्रकाया रसः संप्लवते प्ररोहांगेषु।
यदा प्ररोहः स्वातन्त्रेन भूम्याः पार्थिवरसं गृहणाति तदा बीज मातृका प्रशोषमा पद्यमे।

(वृक्ष आयुर्वेद-द्विगणीयाध्याय)

वृक्ष के विकास की गाथा–

वृक्ष रस ग्रहण करता है, बढ़ता है। आगे कहा गया है कि जड़ बन जाने के बाद बीज मात्रिका यानी बीज पत्रों की आवश्यकता नहीं रहती, वह समाप्त हो जाती है। फिर पत्तों और फलों की संरचना के बारे में कहा है कि वृक्ष का भोजन पत्तों से बनता है। पार्थिव रस जड़ में से स्पंदिनी नामक वाहिकाओं के द्वारा ऊपर आता है, यह मानो आज के 'एसेण्ट ऑफ सैप' का वर्णन है। यह रस पत्तों में पहुँच जाता है। जहाँ पतली-पतली शिराएँ जाल की तरह फैली रहती हैं। ये शिरायें दो प्रकार की हैं–'उपसर्प' और 'अपसर्प'। वे रस प्रवाह को ऊपर भी ले जाती हैं और नीचे भी ले जाती हैं। दोनों रास्ते अलग-अलग हैं। गुरुत्वाकर्षण के विरुद्ध भी वे रस ऊपर कैसे ले जाती हैं इसके बारे में आज के विज्ञान में पूरा ज्ञान नहीं है। जब तक कैपिलरी एक्शन का ज्ञान न हो तब तक यह बताना सम्भव नहीं है और यह ज्ञान बहुत समय तक पश्चिमी देशों को नहीं था। कैपिलरी मोशन सम्बन्धी भौतिकी के सिद्धांत का ज्ञान बॉटनी के ज्ञान के साथ आवश्यक है। जब पत्तों में रस प्रवाहित होता है, तब क्या होता है इसे स्पष्ट करके ग्रन्थ में कहा गया है–

'रंजकेन पश्च्यमानात' किसी रंग देने वाली प्रक्रिया से यह पचता है यानी फोटो सिंथेसिस। यह बड़ा महत्त्वपूर्ण है। इसके पश्चात् वह कहते हैं कि 'उत्पादं विसर्जयन्ति' हम सब आज जानते हैं कि पत्तियाँ फोटो सिंथेसिस से

दिन में आक्सीजन निकालती हैं और रात में कार्बन डाय अक्साइड। दिन में कार्बन डाय आक्साइड लेकर भोजन बनाती हैं। अतिरिक्त वाष्प का विसर्जन करती हैं, जिसे ट्रांसपिरेशन कहते हैं। इस सबका वर्णन इसमें है।

आगे कहा कि जब उसमें से वाष्प का विसर्जन होता है तब उसमें ऊर्जा उत्पन्न होती है, यानी श्वसन की क्रिया का वर्णन है। संक्षेप में यह वर्णन बताता है कि किस प्रकार रस का ऊपर चढ़ना, पंक्तियों में जाना, भोजन बनाना, फिर श्वसन द्वारा ऊर्जा उत्पन्न करना होता है। इस सारी क्रमिक क्रिया से पेड़ बनता है। इसके अतिरिक्त आज भी कोई दूसरी प्रक्रिया वृक्षों के बढ़ने की ज्ञात नहीं है।

सन् 1665 में राबर्ट हुक ने माइक्रोस्कोप के द्वारा जो वर्णन किया उससे विस्तृत वर्णन महर्षि पाराशर हजारों वर्ष पूर्व करते हैं। वे कहते हैं, कोष की रचना निम्न प्रकार है-

(1) कलावेष्टन

(2) रंजकयुक्त रसाश्रय

(3) सूक्ष्मपत्रक

(4) अण्वश्च

अब यह सेल का वर्णन तो बिना माइक्रोस्कोप के सम्भव नहीं है। यानी वृक्ष आयुर्वेद के लेखक को हजारों साल पहले माईक्रोस्कोप का ज्ञान रहा होगा। तब पश्चिम में इसे कोई नहीं जनता था। यह वृक्ष आयुर्वेद की वैज्ञानिक दृष्टि थी। विचार करने की विषय यह है कि अनुसंधान की परम्परा चलते रहने और अंत में इतनी गहन वैज्ञानिक दृष्टि को पाने में कितने वर्ष लगे होंगे। क्योंकि किसी और देश में वनस्पति शास्त्र का इतना प्राचीन और गहन अध्ययन नहीं हुआ है जितना कि भारत में। परन्तु हमारे वनस्पति शास्त्र के विद्वान इन सन्दभों को पाठ्य पुस्तकों में नहीं रखते क्योंकि वे संस्कृत नहीं जानते। वे संस्कृत स्वयं पढ़ें या न पढ़ें परन्तु यदि विज्ञान के विद्यार्थी के लिए संस्कृत का ज्ञान अनिवार्य कर दें तो इस देश के ज्ञान-विज्ञान का मार्ग स्वत: प्रशस्त हो जाएगा। जिसको संस्कृत का ज्ञान नहीं है उसे वृक्ष आयुर्वेद का ज्ञान कहाँ से होगा?

इसी प्रकार-प्रसिद्ध ग्रन्थ दृढ दडल के पृष्ठ 163 में वृक्षों का विभिन्न वर्गीकरण, जो चरक, सुश्रुत, महर्षि पाराशर आदि ने किया है, उसका वर्णन है। वह भी वनस्पति विज्ञान के क्षेत्र में भारत की प्रगति को दर्शाता है।

चरक का वर्गीकरण–

चरक अपनी 'चरक संहिता' में वनस्पतियों का चार प्रकार से वर्गीकरण करते हैं:-

(1) जिनमें फूल के बिना ही फलों की उत्पत्ति होती है जैसे गूलर, कटहल आदि।

(2) वानस्पत्य–जिनमें फूल के बाद फल लगते हैं जैसे आम, अमरुद आदि।

(3) औषधि–जो फल पकने के बाद स्वयं सूखकर गिर पड़ें, उन्हें औषधि कहते हैं। जैसे गेंहू, जौ, चना आदि।

(4) वीरुध–जिनके तन्तु निकलते हैं, उन्हें वीरुध कहते हैं, जैसे लताएँ, बेल, गुल्म आदि।

इसी प्रकार वनस्पति के प्रयोग के अनुसार भी कुछ वर्गीकरण हैं-

(अ) मूलिनी–जिसका मूल अन्य अँगों की अपेक्षा प्रायोगिक दृष्टि से विशेष महत्त्वपूर्ण है। इनकी सोलह संख्या बताई है।

(ब) फलनी–जिनका फल प्रयोग की दृष्टि से महत्त्वपूर्ण है। इसमें उन्नीस प्रकार के पौधे बताये हैं। चरक ऋषि ने मानव के आहार योग्य वनस्पतियों को सात भागों में बाँटा है।

(1) शूक धान्य–जिन पर शूक (बाल) निकलते हैं जैसे गेहूँ, जौ आदि

(2) शिम्बी धान्य–फली की जाति वाले, जिन पर छिलका रहता है। जैसे सेम, मटर, मूंग, उड़द, अरहर आदि।

(3) शाक वर्ग–पालक, मेथी, बथुआ आदि।

(4) फल वर्ग–विभिन्न प्रकार के फल।

(5) हरित वर्ग–विभिन्न प्रकार की तरकारी, लौकी, तोरई आदि।

(6) आहार योनि वर्ग-तिल, मसाले आदि जिनका आहार में उपयोग होता है।

(7) इक्षु वर्ग-गन्ना और उसकी जातियाँ।

सुश्रुत का वर्गीकरणः सुश्रुत ने शाकों को दस वर्गों में बाँटा है।

(1) मूल–मूली आदि। (2) पत्र-जिनके पत्तों का उपयोग होता है। (3) करीर-जिनके अंकुर का उपयोग होता है, जैसे बास। (4) अग्र-बेंत आदि। (5) फल–सभी फलदार पौधे। (6) काण्ड–कृष्माण्ड आदि। (7) अधिरुढ़–लता आदि। (8) त्वक–मातुलुंग आदि। (9) पुष्प-कचनार आदि। (10) कवक।

महर्षि पाराशर का वर्गीकरण–

महर्षि पराशर ने सपुष्प वनस्पतियों को विविध परिवारों में बाँटा है। जैसे शमीगणीय (फलियों वाले पौधे), पिपीलिका गणीय, स्वास्तिक गणीय, त्रिपुण्डक् गणीय, मल्लिका गणीय और कूर्च गणीय। आश्चर्य की बात यह है कि जो विभाजन महर्षि पाराशर ने किया है, आधुनिक वनस्पति विज्ञान का विभाजन भी इससे मिलता–जुलता है।

उदाहरण के लिए-शमीगणीय विभाजन देखें-

सभी तु तुण्दमण्डला विषमविदलास्मृता।
पञ्चमुक्तदलैश्चौव युक्तजालकरुर्णितैः॥
सभी सिम्बिफला ज्ञेया पार्श्व बीजा भवेत् सा॥
वक्रं विकर्णिकं पुष्पं शुकाख्य पुष्पमेव च
एतैश्च पुष्पभेदैस्तु भिद्यन्ते समिजातयः॥
वृक्षायुर्वेद-पुष्पांगसूत्राध्याय

पराशर के अनुसार-आधुनिक मान्यता

तुण्डमण्डल-

- **विषम विदल-**
- **पञ्च मुक्तदल-**
- **युक्त जालिका-**
- **दश प्रिकेसर-**

इसी प्रकार अन्य विभाजन भी हैं। संस्कृत भाषा में इन नामों की उपयुक्तता और अभिव्यक्ति के कारण सर विलियम जोन्स ने कहा था यदि लिनियस (आधुनिक वर्गीकरण विज्ञान का जनक) ने संस्कृत सीख ली होती तो उसके द्वारा वह अपनी नामकरण पद्धति का और अधिक विकास कर पाता।

मूल से जल का पीना-वृक्षों द्वारा द्रव आहार लेने का ज्ञान भारतीयों को था। अतः उनका नाम पादप, जो मूल से पानी पीता है, रखा गया था। महाभारत के शांतिपर्व में वर्णन आता है-

वक्त्रेणोत्पलनालेन यथोर्ध्वं जलमाददेत।

तथा पवनसंयुक्तः पादैः पिबति पादपः।। जैसे कमल नाल को मुख में रखकर अवचूषण करने से पानी पिया जा सकता है, ठीक वैसे ही पौधे वायु की सहायता से मूलों के द्वारा पानी पीते हैं।

वनस्पतियों के रोग-वराह मिहिर की 'बृहत्संहिता में चार प्रकार के वनस्पतियों के रोगों का वर्णन है, आधुनिक विवरण भी उसकी पुष्टि करते हैं।

बृहत् संहिता आधुनिक-

(1) पाण्डु पत्रता-पर्णों की पाण्डुता

(2) प्रवाल अवृद्धि-कलियों का पतन

(3) शाखा शोष-डालियों का सूखना

(4) रस स्रुति-रस निःस्राव

बृहत् संहिता आधुनिक में दिया गया है कि दृढ चरक और सुश्रुत ने विवरण दिया है कि 'फूल के फलित अंड' में वनस्पति के सभी अँग सूक्ष्म रूप में विद्यमान रहते हैं, जो बाद में एक-एक करके प्रकट होते हैं।

जगदीश चन्द्र बसु का योगदान–

अर्वाचीन काल में भी वनस्पति शास्त्र के क्षेत्र में जिनका अप्रतिम योगदान रहा, उन महान विज्ञानी जगदीश चन्द्र बसु के बारे में देश कितना जानता है? वर्त्तमान काल में जगदीश चन्द्र बसु ने सिद्ध किया कि चेतना केवल मनुष्यों और पशुओं तक ही सीमित नहीं है, अपितु वह वृक्षों और जिन्हें निर्जीव पदार्थ माना जाता है, उनके अंदर भी समाहित है। इस प्रकार उन्होंने आधुनिक जगत् के सामने जीवन के एकत्व को प्रकट किया। उन्होंने कहा कि निर्जीव व सजीव दोनों निरपेक्ष नहीं, अपितु सापेक्ष हैं। उनमें अन्तर केवल इतना ही है कि धातुएँ थोड़ी कम संवेदनशील होती हैं, वृक्ष कुछ अधिक संवेदनशील होते हैं, पशु कुछ और अधिक तथा मनुष्य सर्वाधिक संवेदनशील होते हैं। इनमें डिग्री का अन्तर है परन्तु चेतना सभी के अंदर है।

सन् 1895 के आस-पास जगदीश चन्द्र बसु वैज्ञानिक प्रयोग कर रहे थे। उन्होंने धात्विक डिटेक्टर में तरंगे भेजीं। उसके परिणामस्वरुप डिटेक्टर पर कुछ संकेत चित्र आए। यह प्रयोग बार-बार करने पर एक अन्तर उनके ध्यान में आया कि संकेत चित्र प्रारम्भ में जितने स्पष्ट आ रहे थे, बार-बार प्रयोग दोहराने पर वे थोड़ा मन्द होने लगे। यह देखकर उन्हें आश्चर्य हुआ क्योंकि जो निर्जीव हैं, उनमें प्रतिसाद कम-ज्यादा नहीं होना चाहिए, वह तो यांत्रिक होने के कारण एक जैसा होना चाहिए। प्रतिसाद का कम-ज्यादा होना तो पेशियों का स्वभाव है। उनमें जब थकान आती है तो प्रतिसाद कम होता है तथा कुछ समय आराम मिला तो प्रतिसाद अधिक होता है। अतः डिटेक्टर में प्रतिसाद कम-अधिक देखकर उन्हें शंका हुई और उन्होंने डिटेक्टर को कुछ समय आराम देकर प्रयोग को पुनः दोहराया और वे आश्चर्यचकित हो गए। क्योंकि आराम मिलने के बाद संकेत चित्र पुनः वैसे ही आने लगे। वे सोचने लगे, यह क्यों है? अपने प्रयोग को कई बार दोहराकर उन्होंने जाँचा-परखा तथा यह सिद्धान्त प्रतिपादित किया कि निर्जीव के अंदर भी संवेदनशीलता है। अन्तर केवल इतना है कि वह निश्चेष्ट (इनर्ट) है।।

जगदीश चन्द्र बसु ने जब यह सिद्ध किया, उस समय पश्चिम के

वैज्ञानिकों की क्या हालत थी, इसका अनुभव निम्न प्रसंग से किया जा सकता है। रायल साइंटिफिक सोसायटी में जगदीश चन्द्र बसु का भाषण होने वाला था तो इंग्लैण्ड के प्रसिद्ध बायोलाजिस्ट हारटांग को हॉब्ज नामक विद्वान ने कहा, आज जगदीश चन्द्र बसु का भाषण होने वाला है जिन्होंने यह सिद्ध किया है कि वनस्पतियों और निर्जीवों में भी जीवन रहता है। आप भाषण सुनने चलेंगे? हारटांग की प्रथम प्रतिक्रिया थी मैं अभी होश में हूँ, मैंने पी नहीं रखी है। आपने कैसे समझ लिया कि मैं ऐसी वाहियात बातों पर विश्वास करूंगा। फिर भी मजा देखने की मानसिकता से वे भाषण सुनने आए। और भी लोग हंसी उड़ाने की मानसिकता से वहाँ आए। जगदीशचन्द्र बसु ने केवल मौखिक भाषण ही नहीं दिया अपितु यंत्रों के प्रत्यक्ष प्रयोगों का प्रदर्शन करते हुए जब अपनी बात सिद्ध करना प्रारम्भ किया, तो हॉल में बैठे सभी विद्वान् जो प्रारम्भ में उपेक्षा की नजर से देख रहे थे, 15 मिनट बीतते-बीतते तालियाँ बजाने लगे। सारा हाल उनकी तालियों की गड़गड़ाहट से गूँज उठा। भाषण व प्रयोगों के अंत में जब सभा के अध्यक्ष ने पूछा कि किसी को कोई शंका, कोई प्रश्न हो तो वक्ता से पूछ सकते हैं। तीन बार दोहराने पर भी जब कोई नहीं बोला, तब प्रो. हॉब्ज खड़े हुए और उन्होंने कहा कि कुछ भी पूछने लायक नहीं है। बसु महोदय ने अत्यन्त प्रामाणिकता से अपनी बात सिद्ध की है। उनके भाषण व प्रयोग को देखकर मन में शंका उठती थी, परन्तु अगले ही क्षण दूसरे प्रयोग को देखकर उस शंका का निवारण हो जाता था। रॉयल सोसायटी के अध्यक्ष ने भी जगदीशचन्द्र बसु के जीवन के एकीकरण को सिद्ध करने की दिशा के सफल प्रयत्न के प्रति विश्वास प्रकट किया। आगे चलकर बसु महोदय ने वृक्षों के ऊपर बहुत गहराई से प्रयोग किए। अपने साथ पौधों को लेकर दुनिया की यात्रा की। अनेक संवेदनशील यंत्र बनाये जिनमें वृक्षों के अन्दर होने वाले सूक्ष्मतम परिवर्तन प्रत्यक्ष देखे जा सकते थे। उन्होंने क्रेस्कोग्राफ नामक यंत्र बनाया, जो संवेदनाओं को एक करोड़ गुना अधिक बड़ा कर बताता था। जब पौधों को वे यंत्र लगा दिए जाते थे, तो पौधे दिन भर में क्या-क्या अनुभूतियाँ उन्हें हो रही हैं, इसकी कहानी मानों वे स्वयं कहने लगते थे। इस प्रकार उन्होंने अपने प्रयोगों और अनुभवों को छदत्यत्र दृढ

आदि लेखों में अभिव्यक्त किया तथा वनस्पति में, पशुओं में, पक्षियों में, कीड़े-मकोड़ों और सारी सृष्टि में चेतना है, इस प्राचीन अवधारणा को आधुनिक युग में सिद्ध किया।

पर्यावरण शास्त्र

पर्यावरण शब्द की उत्पत्ति, परि-उपसर्ग के साथ आवरण शब्द की सन्धि से होती है। पर्यावरण एक व्यापक शब्द है। यह उन सम्पूर्ण शक्तियों, परिस्थितियों एवं वस्तुओं का योग है, जो मानव जगत को परावृत्त करती हैं तथा उनके क्रियाकलापों को अनुशासित करती हैं। हमारे चारों ओर जो विराट प्राकृतिक परिवेश व्याप्त है, उसे ही हम पर्यावरण कहते हैं। परस्परावलम्बी सम्बन्ध का नाम पर्यावरण है। हमारे चारों ओर जो भी वस्तुएँ परिस्थितियाँ एवं शक्तियाँ विद्यमान हैं, वे सब हमारे क्रियाकलापों को प्रभावित करती हैं और उसके लिए एक दायरा सुनिश्चित करती हैं। इसी दायरे को हम पर्यावरण कहते हैं। यह दायरा व्यक्ति, गाँव, नगर, प्रदेश, महाद्वीप, विश्व अथवा सम्पूर्ण सौरमंडल या ब्रह्मांड हो सकता है इसीलिए वेदकालीन मनीषियों ने युलोक से लेकर व्यक्ति तक, समस्त परिवेश के लिए शांति की प्रार्थना की है। शुक्ल यजुर्वेद में ऋषि प्रार्थना करता है, 'द्योः शांतिरंतरिक्षं...' (शुक्ल यजुर्वेद, 36/17)। इसलिए वैदिक काल से आज तक चिंतकों और मनीषियों द्वारा समय-समय पर पर्यावरण के प्रति अपनी चिंता को अभिव्यक्त कर मानव-जाति को सचेष्ट करने के प्रति अपने उत्तरदायित्व का निर्वाह किया गया है।

इस प्रकार युलोक से लेकर पृथ्वी के सभी जैविक और अजैविक घटक संतुलन की अवस्था में रहें, अदृश्य आकाश (द्युलोक), नक्षत्रयुक्त दृश्य आकाश (अंतरिक्ष), पृथ्वी एवं उसके सभी घटक-जल, औषधियाँ, वनस्पतियाँ, सम्पूर्ण संसाधन (देव) एवं ज्ञान-संतुलन की अवस्था में रहें, तभी व्यक्ति और विश्व, शान्त एवं संतुलन में रह सकता है। प्रकृति ने हमें जो कुछ भी परिलक्षित होता है, सभी सम्मिलित रूप में पर्यावरण की रचना करते हैं।

जैसे-जल, वायु, मृदा, पादप और प्राणी आदि। अर्थात् जीवों की अनुक्रियाओं को प्रभावित करने वाली समस्त भौतिक और जीवीय परिस्थितियों का योग पर्यावरण है। इसलिए विद्वानों का मत है कि प्रकृति ही मानव का पर्यावरण है और यही उसके संसाधनों का भण्डार है।

वैदिक ऋषियों ने उन समस्त उपकारक तत्त्वों को देव कहकर उनके महत्त्व को प्रतिपादित तो किया ही है, साथ ही मनुष्य के जीवन में उनके पर्यावरणीय महत्त्व को भी भली-भांति स्वीकार किया है। इन देवताओं के लिए मनुष्य का जीवन ऋणी हो गया और शास्त्रीय कल्पनाओं ने मनुष्य को पितृऋण और ऋषिऋण के साथ-साथ देवऋण से भी उन्मुक्त होने की ओर संकेत किया है। वह अपने कर्त्तव्य में देवऋण से मुक्त होने के लिए भी कर्तव्य करें। ऋषियों ने उसके लिए यह मर्यादा स्थापित की है। पर्यावरण को संतुलित रखने के लिए जिन देवताओं की महत्त्वपूर्ण भूमिका है उनमें-सूर्य, वायु, वरुण (जल) एवं अग्नि देवताओं से रक्षा की कामना की गई है। ऋग्वेद (1/158/1, 7/35/11) तथा अथर्ववेद (10/9/12) में दिव्य, पार्थिव और जलीय देवों से कल्याण की कामना स्पष्ट रूप से उल्लिखित है।

स्पष्ट होता है कि प्राणि-जगत् को प्रभावित करने वाले पर्यावरणीय तत्त्व 'देव' केवल पार्थिव ही नहीं है, अपितु उनका स्थान अंतरिक्ष और युलोक भी है। वैदिक ऋषियों ने उन सभी से प्राणियों की मंगल-कामना एवं सुरक्षा चाही है। पर्यावरण को जानने के लिए अब यह जानना भी आवश्यक है कि पर्यावरण का निर्माण करने वाले समस्त तत्त्वों की सृष्टि किस क्रम में और किस प्रकार हुई और उसके कारक तत्त्व कौन से हैं, तभी पर्यावरण के समस्त रहस्यों से आवरण दूर किया जा सकता है। वैदिक ऋषियों ने ही सर्वप्रथम पर्यावरण पर चिंतन-मनन करते हुए, सृष्टि को प्रारम्भिक अवस्था में जिस रूप में देखा, उसका वर्णन ऋग्वेद की ऋचाओं 'नासदासीत्रो सदासीत्तदानी...' (ऋग्वेद, 10 / 129, 1-7) में उपलब्ध होता है। जहाँ ऋषि कहते हैं कि सृष्टि के आरम्भ में न सत् था न असत् फिर ब्राह्मण ग्रन्थों (पृ. 158) में भी पुनः शंका उठाई गई कि कौन जानता है

यह सब? और कौन उसका वर्णन ही कर सकता है? किन्तु इसके समाधान के लिए ऋग्वेद संहिता में मंत्र है, 'हिरण्यगर्भः समवर्तताग्रे...' (ऋग्वेद, 10/121 / 1) जिसमें सृष्टि के विकास क्रम को बताया गया है कि सर्वप्रथम जीवों का स्वामीभूत हिरण्यगर्भ अस्तित्व में आया और उसी से सृष्टि का अविच्छिन्न विकास हुआ आदि-आदि। विज्ञान के अनुसार प्रकृति सदैव तीन रुपों में विद्यमान रहती है-कण, प्रतिकण एवं विकिरण। चाहे वह सृष्टि उत्पत्ति का समय हो या अन्य कोई समय। वैदिक सिद्धांत के अनुसार प्रकृति में मूल तीन वर्ग, 'त्रयः कृण्वति भुवनस्य रेत' (ऋग्वेद, 7/33/7) विद्यमान हैं। ये हैं वरुण, मित्र और अर्यमा। इनकी संयुक्त सत्ता को अदिति कहा गया है, जो अनादि एवं अखण्ड सत्ता है। व्यक्तिगत रूप से ये आदित्य कहलाते हैं। ये अनादि शाश्वत सत्ता के अँगभूत हैं। अर्यमा उदासीन कण है, जो विज्ञान की विकिरण के फोटांस के अनुरुप है। वरुण और मित्र प्रकृति का द्रव्य भाग बनाते हैं तथा विज्ञान के कण-प्रतिकण का प्रतिनिधित्व करते हैं तथा वे विपरीत आवेश (चार्ज वहन करते हैं। वैदिक परिकल्पनानुसार सृष्टिकाल से दृश्य जगत तक भौतिक पदार्थ पाँच अवस्थाओं में निष्क्रमण करते हैं। वैज्ञानिक दृष्टि में महा-अग्निकाण्ड (बिग बैंग) के बाद की अवस्थाएँ क्रमशः इस प्रकार हैं-

1. आपः (क्रियाशील) अवस्था-क्वांटम या क्वार्कसू(शपतथ ब्राह्मण, 1/1/1)

2. बृहत्ती आपः-प्लाज्मा अवस्था (ऋग्वेद, 10/12/7)

3. अपानपात-नाभिक अवस्था या कॉस्मिक मैटर (ऋग्वेद, 1/35/2)

4. अर्ध गर्भ-परमाणु अवस्था (ऋग्वेद, 1/164/36)

5. पँचमहाभूतों (पृथ्वी, जल, तेज, वायु, आकाश) का दृश्य जगत्।

इसी प्रकार ब्राह्मण ग्रन्थों एवं उपनिषदों में-तैत्तिरीय ब्राह्मण (2,8,9,6 तथा 1,1,3,1), गोपथ ब्राह्मण (1,1,1,2), सामविधान ब्राह्मण 1/1), जैमिनीयोपनिषद् ब्राह्मण (7,1,1), शतपथ ब्राह्मण (6,1,1,13,19,2,2,3,28), जैमिनीय ब्राह्मण (1,68 तथा 2,146, ऐतरेय ब्राह्मण (5,5,7), ताड्य ब्राह्मण

(4,1,1), तैत्तिरीय संहिता (4,1,8,3), ऐतरेय उपनिषद् (1,1), तैत्तिरीय उपनिषद् (2,7,10) आदि में भी सृष्टि प्रक्रिया का वर्णन है जो वेदों की विशद् व्याख्या रूप हैं और उन अर्थों का पूरक भी है। इसी क्रम में दार्शनिकों एवं वेदान्त ने भी उसी प्रकार चिंतन किया है। पौराणिक दृष्टि तथा मनु का सृष्टि सिद्धांत व आयुर्वेद का चिंतन भी वैदिक विज्ञान का समर्थन करता हुआ ही प्रतीत होता है।

वस्तुतः सृष्टि की उत्पत्ति और जगत् का विकास ही पर्यावरण प्रादुर्भाव है। सृष्टि का जो प्रयोजन है वही पर्यावरण का भी है। जीवन और पर्यावरण का अन्योन्य सम्बन्ध है इसीलिए आदिकाल से मानव पर्यावरण के प्रति जागरुक रहा है, ताकि मानव दीर्घायुष्व, सुस्वास्थ्य, जीवन-शक्ति, पशु, कीर्ति, धन एवं विज्ञान को उपलब्ध हो सके। यही कामना अथर्ववेद का ऋषि, 'आयुः प्राणं प्रजां पशुं' (अथर्ववेद, 19,71,1) व 'शत जीव शरदो' ... अथर्ववेद, 3,11,4) करता है और ऋग्वेद में ऋषि, 'शतां जीवंतु शरदः ...' (ऋग्वेद 10/18/4) तथा यजुर्वेद में ऋषि, शतिमिन्नु शरदो अंति.... (यजुर्वेद, 25/22) तथा वह ऋषि का आशीर्वाद पाता है कि हे मनुष्य! बढ़ता हुआ तू सौ शरद ऋतु और सौ बसंत तक जीवित रहे। इन्द्र (विद्युत), अग्नि, सविता (सूर्य), बृहस्पति (संकल्पशक्ति) और हवन (यज्ञ) तुझे सौ वर्ष तक आयुष्य प्रदान करें (अथर्ववेद)। इतना ही नहीं कि किसी भी तरह सौ वर्ष जिएं, प्रत्युत, आरोग्यता और बल के साथ जिएं। हम सौ वर्ष पर्यंत, ज्ञानशक्ति का विकास करें, सौ वर्ष तक जीवन को ज्ञान के अनुकूल विकसित करें, सौ वर्ष तक वेद को सुने और प्रवचन करें और आयु भर किसी के पराधीन न रहें (ऋग्वेद, 7/66/16)। संतान और धन के साथ अभ्युदय को हम प्राप्त होते हुए बाहर से शुद्ध, अंदर से पवित्र तथा निरन्तर यज्ञ करने वाले हों। नृत्य, हास्य, सरलता और कल्याणमय श्रेष्ठ मार्ग के आचरण से आयु बढ़ती है (ऋग्वेद 10/18/2 तथा 10/18/3)। दीर्घायु प्राप्ति के लिए सर्वप्रथम अपने मन में श्रेष्ठ सद्गुण बढ़ाते हुए राष्ट्रीयता तथा क्षात्रतेज अपने अन्दर बढ़ाना चाहिए। प्राणशक्ति के साथ आत्मिक बल धारण करने वाले मृत्यु के वश में नहीं जाते (अथर्ववेद 10/3/12 तथा 19/27/8) इसलिए वेद की उपर्युक्त

शाश्वत् भावना के अनुरुप ही पर्यावरण शुद्धि एवं सुस्वास्थ्य मानव की एक बड़ी आवश्यकता है।

वैदिक साहित्य में प्राकृतिक पदार्थों से कल्याण की कामना को स्वस्ति कहा गया है। इस पर आचार्य सायण एवं नैरुक्त चिंतन है कि अप्राप्त वस्तु की प्राप्ति योग है एवं प्राप्ति का संरक्षण क्षेम है (ऋग्वेद, 5/51/11)। अतएव सहज-सुलभ प्राकृतिक पदार्थों का सुरक्षित रहना स्वस्ति है। इस प्रकार पर्यावरण को सुरक्षित रखने की उदात्त भावनाएँ हमें अनेक स्थलों पर देखने को मिलती हैं (ऋग्वेद, 5/51/11, 5/51/13, 5/51/14 तथा 10/7/1)।

पर्यावरणीय तत्त्वों में समन्वय होना ही सुख शांति का आधार है। दूसरे शब्दों में पदार्थों का परस्पर समन्वय ही शांति है। प्राकृतिक पदार्थों में शांति की भावनाएँ अनेक स्थलों पर हमें उपलब्ध होती हैं। जैसे-पृथ्वी हमारे लिए कंटकरहित और उत्तम बसने योग्य हो (ऋग्वेद, 7/35/3 तथा यजुर्वेद 36/13)। हमारे दर्शन के लिए अंतरिक्ष शांतिप्रद हो (ऋग्वेद, 10/35/5)। वह आकाश जिसमें बहुत पदार्थ रखे जाते हैं, हमारे लिए सुख करने वाला हो (ऋग्वेद, 7/35/2)। सूर्य, अपने विस्तीर्ण तेज के साथ हमारे लिए सुख करने वाला हो (ऋग्वेद, 10/35/8)। सूर्य, हमारे लिए सुखकारी तपे (यजुर्वेद, 36/10), चन्द्रमा हम लोगों के लिए सुखरुप हो (ऋग्वेद, 7/35/7)। नदी, समुद्र और जल हमारे लिए सुखप्रद हो (ऋग्वेद, 7/35/8)। पीने का जल और वर्षा का जल हमारे लिए कल्याणकारी हो (यजुर्वेद,36/12)। जलधाराएँ तुम्हारे लिए अमृत वस्तुए बरसाएँ (अथर्ववेद, 8 /6/5)। ज्योतिर्मय अग्नि हम लोगों के लिए सुखरुप हो (ऋग्वेद, 7/35/4)। अग्नि दु:खदायक रोगादि को और अनावृष्टि आदि दु:खों का हनन करती है (सामवेद मंत्र-4)।

पर्यावरण के संतुलन में वृक्षों के महान् योगदान एवं भूमिका को स्वीकार करते हुए मुनियों ने बृहत् चिंतन किया है। मत्स्य पुराण में उनके महत्त्व एवं महात्म्य को स्वीकार करते हुए कहा गया है कि दस कुओं के बराबर एक बावड़ी होती है, दस बावड़ियों के बराबर एक तालाब, दस तालाबों के बराबर एक पुत्र है और दस पुत्रों के बराबर एक वृक्ष होता है। इसी प्रकार अन्य पर्यावरणीय घटकों के लिए शुभकामनाएँ की गई हैं। जैसे-शीघ्र

चलने वाली वायु हम लोगों के लिए सब ओर से सुखरुप होकर बहे (ऋग्वेद, 7/35/4)। पवन हमारे लिए सुखकारी चले (यजुर्वेद, 36/10)। पूर्व आदि चारों दिशाएँ व विदिशाएँ हमारे लिए सुखरुप हों (ऋग्वेद, 7/35/8)। समस्त दिशाएँ हमें मित्रवत् सुख दें (अथर्ववेद, 19 /15/16)। विशेष दीप्ति वाली उष्माएं हमारा कल्याण करें (ऋग्वेद 7/35/10)। दिन और रात्रि हमारे लिए सुखकारी हो (यजुर्वेद 36/11)। हम दिन और रात में अभय रहें (अथर्ववेद,19 /15/16)। मेघ हम प्रजाजनों के लिए शांतिप्रद हों (ऋग्वेद,7/35/10)। बिजली और गरज के साथ शब्द करते हुए पर्जन्य (मेघ) देव की वर्षा कल्याणकारी हो (यजुर्वेद, 36/10), इसी तारतम्य में वैदिक ऋषियों ने पर्वतों, वृक्षों, वनस्पतियों एवं पशुओं को प्रजाजनों के लिए सुख स्वरुप होने की कामना की है। उदाहरणार्थ-हमारी शांति के लिए पर्वत निश्चल हों (ऋग्वेद 7/35/3 एवं 8), वनों के वृक्ष हमारे लिए सुखरुप हों (ऋग्वेद,7/35/5), हमारे लिए औषधियाँ शांतिकारक हों (यजुर्वेद,36/17), घोड़े और गायें हम लोगों के लिए सुखरुप हों (ऋग्वेद, 7/35/12)। इस प्रकार पर्यावरण के हर घट के शान्त एवं सौम्य रहने पर ही विश्व शांति का स्वप्न साकार होने की कामना वैदिक ऋषियों ने की है। उन्होंने एक सम्पूर्ण वैचारिक जगत् के साथ-साथ सांस्कृतिक जगत् पर भी अत्यन्त गहराई से विचार कर पर्यावरण के दायरे को विराटता प्रदान की है और प्राकृतिक आपदाओं से रक्षा की कामना के साथ-साथ माधुय की उदात्त भावना तथा अभय की प्रार्थना भी की है। जहाँ-जहाँ हमारे लिए जैसी परिस्थिति हों, वहाँ-वहाँ हमें हर प्रकार से अभय प्राप्त हो तथा प्रजा एवं पशुओं से भी हमें अभय मिले (यजुर्वेद, 37/12)। संसार में वायु मधुर होकर चले, नदियाँ मधुर होकर बहें, औषधियाँ मधुर उगें। रात मधुर हो प्रभात भी। पृथ्वी, द्यौ, वनस्पतियाँ, सूर्य और गौवें मधुर हों (यजुर्वेद,13/27,29)। हमें अंतरिक्ष अभय करे, द्यावा, पृथ्वी, नीचे-ऊपर, आगे-पीछे, मित्र-शत्रु, ज्ञात-अज्ञात, रात दिन और समस्त दिशाओं से अभय की प्राप्ति हो (अथर्ववेद, 1915/5/6)1

पर्यावरण के संतुलन में वृक्षों के महान् योगदान एवं भूमिका को स्वीकार करते हुए मुनियों ने बृहत् चिंतन किया है। मत्स्य पुराण में उनके

महत्त्व एवं महात्म्य को स्वीकार करते हुए कहा गया है कि दस कुँओं के बराबर एक बावड़ी होती है, दस बावड़ियों के बराबर एक तालाब, दस तालाबों के बराबर एक पुत्र है और दस पुत्रों के बराबर एक वृक्ष होता है–

दश कूप समा वापी, दशवापी समोहद्रः। दशह्रद समः पुत्रो, दशपुत्रों समो द्रुमः। प्राकृतिक शक्तियों में देवी स्वरुप की अवधारणा मात्र यह इंगित करती है कि हम इनकी रक्षा करें, इनसे अनुराग रखें और स्वस्थ, संतुलित जीवनयापन करते हुए पर्यावरण की यथाशक्ति रक्षा करें। उक्त बिंदुओं को यदि नैतिकता–अनैतिकता की सीमा रेखा में न भी बाँधे तो भी ये प्रकृति और प्राकृतिक संसाधनों के संरक्षण के संवाहक प्रतीत होते हैं। भारतीय चिंतन–धारा की यही प्रमुख विशेषता है, जो इस प्रदूषण–अभिशप्त सदी में हमें अपने अतीत की बार–बार याद दिलाती है।

प्रदूषण

पर्यावरण प्रदूषण की आज अंतरराष्ट्रीय स्तर पर चर्चा जोर–शोर से होने लगी है, लेकिन इसका यह अर्थ कदापि नहीं कि यह शब्द अंतरराष्ट्रीय स्तर पर अचानक ही दो–चार दशक पूर्व प्रकट हो गया है। इसकी अवधारणा भले ही नई लगती हो, किन्तु यह तो प्रकृति के प्रारम्भ से ही विद्यमान रहा है, क्योंकि मानव द्वारा श्वास और मल–मूत्र तथा पसीना त्यागने के साथ–ही–साथ प्रदूषण आरम्भ हो गया। महर्षि यास्क ने अपने निरुक्त में वस्तु या भाव के जो छह विकार गिनाए हैं, उनमें पर्यावरण के सम्बन्ध में अस्ति या सत्ता शब्द चिंतनीय हैं। इसकी व्याख्या में वे कहते हैं कि कोई वस्तु तभी अपनी सत्ता बनाए रख सकती है।, जब वह स्वयं को धारण करने में समर्थ हो। जब उसमें बाहरी हस्तक्षेप अधिक होता है अथवा उसकी नैसर्गिक संरचना विकृत होती है तो उसकी आत्मधारणा शक्ति नष्ट हो जाती है, यही उसका प्रदूषण है। वस्तु के निर्माण का जो अनुपात है, वह स्थित रहना चाहिए। अनुपात भंग हुआ और वस्तु का स्वास्थ्य नष्ट हो गया। वस्तु के स्वास्थ्य का विनष्ट होना ही प्रदूषण है। प्रकृति में एक का उच्छिष्ट दूसरे के लिए उपभोग्य बन जाता है। प्रकृति की संतुलन प्रक्रिया सृष्टि के आदिकाल से अनवरत एवं अविछिन्न रूप से चली आ रही है। यदि किसी कारण से इसमें कभी कोई व्यवधान पड़ता है

तो पारिवेशिक संतुलन में प्रतिकूल स्थितियाँ दृष्टिगत होने लगती हैं। वस्तुतः प्रकृति में उत्पन्न होने वाली यही प्रतिकूलता प्रदूषण है। प्रदूषण के भाव को दर्शाने वाले कुछ शब्द हमें प्राचीन संस्कृत साहित्य में उपलब्ध होते हैं। जैसे-

"रपः" शब्द वैदिक वाङ्मय में कुछ स्थलों पर आया है, जिसे शारीरिक दोष या बुराई के अर्थ में माना गया है। ऋग्वेद में प्राचीन चिकित्सक अश्विनी कुमारों से प्रार्थना की गई है कि तुम हमारे दोषों को अच्छी प्रकार शोधन करो (ऋग्वेद, 1/34/11)। इसी प्रकार रुद्रदेव को देवकृत पाप का अपहरण करने वाला तथा किए हुए अपराध को क्षमा करने वाला या विनष्ट करने वाला बताया गया है (ऋग्वेद, 2/33/7 तथा 10/97/10)। औषधियों को भी शरीर के प्रदूषण को दूर करने वाली बताया गया है और अन्यत्र वायु से व्याधि दूर कर सूख प्रदान करने और दोषों को हटाने की कामना की गई है (ऋग्वेद, 10/137/10)।

इसी प्रकार "विष" शब्द का प्रयोग शारीरिक व प्राकृतिक प्रदूषण के रूप में किया गया है। ऋग्वेद के प्रथम मण्डल के 191 वें सूक्त के मंत्रों में विष शब्द अनेक बार प्रयुक्त हुआ है। ऋषि अगस्त्य ने विष की आशंका से युक्त होकर उसके निवारण के लिए इस सूक्त का प्रयोग किया है। इसके देवता जल, तृण और सूर्य हैं तथा इसमें मधुविद्या का वर्णन है। आचार्य सायण ने इसे विषरहित करने वाली मधुविद्या कहा है कि यह विषभाव को दूर कर अमृत बनाती है। उन्होंने इसके अल्प और महाविष-दो प्रकार लिखे हैं। इकाई अथवा सामूहिक रूप से इसका प्रयोग किया जा सकता है। विष के प्रभाव से खाद्य, पेय, भक्ष्य सामग्री तथा जल एवं वायु आदि विषाक्त हो जाते हैं। इस प्रकार सभी विष क्षोभक और श्वासरोधक होकर प्राणों का नाश करते हैं। प्राचीन युग के विष चिकित्सक अपने राजा की सेना एवं जनपद की रक्षा करने में समर्थ होते थे।

एक और शब्द "पाप" भी प्रदूषण के पर्याय स्वरुप अथर्ववेद में आया है (अथर्ववेद,10/1/10)। उपनिषदों में प्रदूषण का पर्याय "पाप" शब्द आया है (महानारायणोपनिषद्,4/6)। यहाँ मिट्टी से दोष हरने की प्रार्थना है। अन्यत्र तिल को भी पापनाशक माना है। कहीं-कहीं "मल" शब्द भी प्रदूषक वाचक

माना गया है (अथर्ववेद, 6/115/3) इसमें स्नान करने से जैसे दैहिक मल दूर होता है, वैसे ही पवित्र आचरण व व्यवहार से सभी लोग प्रदूषण से बचने के लिए प्रयत्नशील हों। इसी प्रकार ऋग्वेद में पापों और हिंसकों के आने के पूर्व ही उनसे बचने के लिए प्रयत्न करने को कहा गया है (ऋग्वेद, 8/44/30 तथा 10/113/10)। इसके लिए यहाँ "दुरित" शब्द का प्रयोग हुआ है। कुछ स्थलों पर "अहः" शब्द भी पर्यावरण के लिए प्रयुक्त हुआ है (ऋग्वेद,1/106/10)। इसमें यह प्रार्थना है कि हमसे सभी दोषों को दूर कर दें। अथर्ववेद 4/27/1 से 7/11/6 तथा 6/8 एवं 10/21) के अनेक मंत्रों में मरुत देवों से पाप एवं दोषों को छुड़ाने की बार-बार प्रार्थना की गई है। वेद में एक और शब्द "एन" उन्हीं अर्थों में आया है, जिनमें अहः या अध शब्द आए हैं। यजुर्वेद के कई मंत्रों में-अग्नि, वायु और सूर्य द्वारा दिन-रात, स्वप्न अथवा जागते हुए पाप अथवा प्रदूषण से छूटने की कामना की गई है (यजुर्वेद, 20/14 से 16)।

प्रदूषण निवारण के लिए ऋग्वेद (मंडल 7,सूक्त50) में विभिन्न पदार्थों से विष आदि हरण की कामनाएँ की गई हैं। आचार्य सायण ने "विषादिहरणे विनियोग" लिखकर ही इस सूक्त का भाष्य किया है। प्रथम मंत्र में मित्र वरुण देवताओं से प्रार्थना की गई है कि विशेष रूप से बढ़े हुए विष से बचाते हुए हमारे पालना करें। "अजका" नामक रोग की तरह यह अनिष्टकारी विष समाप्त हो, जिससे हम लोग प्रदूषण के पाप से पीड़ित न हों। दूसरे मंत्र में कहा गया है कि वृक्षों की गांठ में अथवा शरीर के विभिन्न भागों में जो विष है, उसे प्रदीप्त अग्नि हमसे दूर करे। तीसरे मंत्र में, जो प्राण हरने वाला पदार्थ विष सेमर आदि वृक्षों में तथा जो नदियों के प्रवाह में होता है और जो विष, यव आदि औषधियों से उत्पन्न होता है, उस विष को विद्वान् निरन्तर दूर करें, ताकि उस पापाचरण प्रदूषण से उत्पन्न होने वाले रोग हमें प्राप्त न हों। ऋग्वेद (7/104/9) में चेतावनी दी गई है कि जो कल्याणकारक पदार्थों अथवा वचनों को अपनी क्रियाओं से दूषित करते हैं, वे राक्षस दुःख सागर में गोते खाते हैं। इस प्रकार भौतिक एवं वैचारिक प्रदूषण के प्रति भी ऋषियों ने अपनी चिंता प्रकट की है। ऋग्वेद (10/137/5) के इस मंत्र में, देवगणों से

प्रदूषण आदि दोषों से हमारे शरीर की रक्षा करने की कामना की गई है। इस लोक में सारी दिव्य शक्तियाँ सबकी रक्षा करें, मरुतों का समूह सबकी रक्षा करे, समस्त उत्पन्न पदार्थ हमारी रक्षा करें, जिससे हमारे शरीर आदि निर्दोष रहें। इसी प्रकार अथर्ववेद (8/2/19) में भी प्रदूषण मुक्ति की कामना उपलब्ध है, "हे मनुष्य! जो तू खेती का उपजा धान्य खाता है और जो तू दूध व जल पीता है, चाहे वह नया हो या पुराना, वह सब अन्नादि तेरे लिए विष रहित हों।"

प्रदूषण: सृष्टि के लिए विनाशकारी

सृष्टि की विनाश प्रक्रिया पर विचार करने पर यही निष्कर्ष निकलता है कि विनाश का मूल कारण प्रदूषण ही है क्योंकि व्यक्त पदार्थों के गुणों में विकार उत्पन्न होने पर, उनके विनष्ट होने की प्रक्रिया प्रारम्भ होती है। इसे ही वेदों में प्रतिसर्ग अथवा सर्ग कहा गया है। उक्त विकार को ही आधुनिक भाषा में प्रदूषण कहते हैं। वेदों को व्याख्यायित करते हुए वायुपुराण (62/15) में महर्षि वेदव्यास ने अपनी चिंता प्रकट करते हुए कहा है कि इस सृष्टि के अपने स्वरुप में अधिष्ठित हो जाने पर इसका अंधाधुंध दोहन न किया जाए, क्योंकि मनुष्यों के क्रियाकलापों तथा अतिशय भोगवादिता के कारण प्राकृत पदार्थों में समय पूर्व वे दोष उत्पन्न हो जाते हैं, जो कल्प के अंत में आने वाली प्रलय में उत्पन्न होते हैं, जिससे यह दृश्य प्रकृति लय की ओर अग्रसर हो दु:खद हो जाता है। ऋग्वेद (10/86/5) का ऋषि भी इसी प्रकार चिंता करते हुए कहता है कि पर्यावरण प्रदूषण द्वारा बनाए हुए व्यक्त पदार्थों को, जब मनुष्य अपनी अतिशय भोगतृष्णा से दूषित करता है, तब यह प्रकृति उसके सिर को झुका देती है। ऐसे विनाश की ओर जाने वाला विश्व के लिए यह प्रकृति सुज्ञेय एवं सुखकारी नहीं होती।

प्रदूषण का प्रभाव–

प्रदूषण के कारण अत्यधिक ताप बढ़ जाने से सूर्यादि ग्रह क्रूर हो जाते हैं और सर्य की किरणें उग्र होकर स्थावर, जंगल, नदी, पर्वत, वनस्पति आदि तीनों लोकों को जलाने लगती हैं (महाभारत, भीष्म पर्व, 77/11 तथा वायु पुराण, 7/41-421) इसी प्रकार मत्स्य पुराण में भी कहा गया है कि प्रचण्ड

सूर्य अपनी किरणों से समुद्रों को शोषित कर सम्पूर्ण नदी, कूप एवं पर्वतों के झरनों के जल को भी सूखा देता है और अंत में वह अपनी प्रलयकालीन किरणों द्वारा पृथ्वी का भेदन करता हुआ, पाताल के जल को भी अर्थात् भूगर्भ के जल को भी खींच लेता है (मत्स्यपुराण, 165/1–3)। इससे भूगर्भीय जल का स्तर निरन्तर नीचे गिरने लगता है, जिससे कुएँ और नलकूप असफल होने लगते हैं और चारों ओर विशेष रूप से ग्रीष्म ऋतु में पानी के जल का भीषण संकट ग्राम और नगर सब ओर दिखाई देने लगता है। इस भीषण अग्नि से, वन आदि जलने लगते हैं। मत्स्य पुराण (165/11/1) में इसी प्रलयकालीन सम्वर्त्तक अग्नि के विनाशक रूप का वर्णन किया गया है।

इसी प्रकार अधिक ताप उत्पन्न होने के कारण भयानक आंधियाँ चलने लगती हैं और प्रकुपित वायु के प्रकोप से विनाशकारी मेघ, सूर्य, अग्नि और आंधियों की उत्पत्ति होती है (महाभारत, शल्य पर्व, 66/6)। यह प्रकुपित वायु समुद्रों को भी सुखा देती हैं, जिससे भीषण जल-संकट उत्पन्न हो जाता है। अधिक ताप उत्पन्न होने के फलस्वरुप वृष्टि (वर्षा) असम्भव हो जाती है और अनावृष्टि से चारों ओर हाहाकार मचने लगता है। यही संकेत ब्रह्मपुराण (231/14) में भी किया गया है। इस प्रकार बढ़े हुए ताप को ही "कालाग्नि" के नाम से अभिहित किया गया है और उसके द्वारा विदग्ध हुई भूमि का भयावह चित्रण करते हुए महाभारत (शांतिपर्व, 293/4) में कहा गया है कि इससे समस्त स्थावर-जंगल प्राणियों के नष्ट होने का संकट उत्पन्न हो जाता है और अंत में समुद्रों का जल सूख जाने के कारण इस भूमि के जल और तृण आदि से रहित होने पर कछुए की पीठ की तरह स्वरुप होने की सम्भावना प्रबल हो जाती है। इस प्रकार अत्यधिक ताप और भयानक आंधियों के पश्चात उनसे भी अधिक भयंकर घने मेघ आकाश में उत्पन्न होते हैं और घनघोर वर्षा द्वारा इस संसार के जल-प्लावित होने का भय उत्पन्न हो जाता है, जिससे इस सृष्टि के डूबकर नष्ट होने की सम्भावनाएँ प्रबल हो जाती हैं (मत्स्यपुराण, 165/15)। ब्रह्मपुराम (232/14-19) में इसी प्रकृति-प्रलय की सम्भावनाओं को प्रदर्शित करते शार्दूल-मुनि ने पर्यावरण रक्षा के लिए विश्व को सचेत रहने का उपदेश किया है और भौतिक पर्यावरण में इनकी रक्षा का

उपाय बताते हुए, इनके स्थान क्रम को इस प्रकार परिगणित किया है– 1. पृथ्वी मण्डल, 2. जल मंडल, 3. तेजो मंडल, 4. वायु मंडल और 5. आकाश मंडल।

इनका संक्षिप्त वर्णन निम्न प्रकार हैं–

पृथ्वी मंडल–

इस संदर्भ में भूमि, वन, प्राणी, पर्वत, ग्रह और ऋतु आदि का समावेश किया गया है। प्राकृतिक पदार्थों का विशिष्ट उपभोक्ता मनुष्य ही है। उपभोग की अधिकांश वस्तुएँ इस प्रकृति में हैं इसलिए भौतिक पर्यावरण में प्रथम स्थान में परिगणित पृथ्वी आदि शब्द विचारणीय है। पृथ्वी के अनेक गुणों के कारण उसके अनेक पर्यायवाची शब्द उसमें अभिहित अर्थों की ओर संकेत करते हैं। उक्त नामों में से कुछ नामों पर संहिता ग्रन्थों एवं वैदिक व्याख्यापरक वाङ्मय में विवेचना की गई है। यहाँ स्थानाभाव के कारण उनके केवल संदर्भ दिए गए हैं। **यथा–**

1. **पृथ्वी (तैत्तिरीय संहिता, 2/1/2/3, निरुक्त, 1/4/5, ऋग्वेद सायण भाष्य, 5/85/1 और अमरकोश, रामाश्रमी: टीका, पृ.141) के विस्तार के कारण पृथ्वी है।**
2. **गौ: (निरुक्त 2/2/5) गति के कारण गौ है।**
3. **भूमि (रामाश्रमी टीका, अमरकोष पृ.141) निवास योग्य होने के कारण भूमि है।**
4. **वसुंधरा (वही, पृ.141 रत्न आदि धनों से युक्त होने के कारण 15. मही (वही, पृ.141) पूजनीय एवं इसमें प्राणियों के बड़े होने के कारण।**
6. **धरा (वही, पृ.141) धारण करने के कारण।**
7. **धरणी (वही, पृ.141) धारण करने के कारण।**
8. **अवनी (वही, पृ.141) प्राणियों की रक्षा एवं पालन करने के कारण।**

9. **मेदिनी (वही, पृ. 141) समस्त प्राणियों से स्नेह होने के कारण।**
10 **स्थिरा (वही, पृ. 141) अपने स्थान पर स्थित रहने के कारण।**
11. **विश्वम्भरा (वही, पृ.141) सबका भरण-पोषण होने के कारण।**
12. **रसा (वही, पृ.141) रस से परिपूर्ण होने के कारण।**
13. **क्षमा (वही, पृ.141) क्षमाशील होने के कारण।**
14. **गोत्रा (वही, पृ.142) सहनशील होने के कारण।**
15. **सर्वसहा (वही, पृ.142) सब कुछ सहने के योग्य होने के कारण।**
16. **अचल (वही, पृ.142) स्थित होने के कारण।**
17. **अनंता (वही, पृ.142) अंतिम छोर न होने के कारण।**

इसी प्रकार पृथ्वी उत्पत्ति के इतिहास पर, सृष्टि-सृजन से लेकर आज तक चिंतन करने पर, उसके स्वरुप का भी बोध होता है। यथा-

1. **मृणमयी पृथ्वी-भुवनमात्र में प्रथम उत्पन्न होने के कारण इस भूमि को मृणमयी कहा गया है (यजुर्वेद, 37/4 एवं शतपथ ब्राह्मण, 14/1/2/10)। जल प्रधान आर्द्रा पृथ्वी में अग्नि और जल के मेल से मलाई रूप झाग (फेन) उत्पन्न होकर, जब वह कुछ ठोस आकृति में परिवर्तित हो गया, तब वही मृद कहलाया। वही मृद पृथ्वी कहलाई (शतपथ ब्राह्मण, 14/1/2/9)।**
2. **अश्ममयी पृथ्वी-मृदा के तप्त होने पर सफेद और काली दो प्रकार की सिकता बनी। (शतपथ ब्राह्मण, 6/1, 3/4/7, 3/1, 4/3) और ढीली पृथ्वी को देवों ने कंकर पत्थर से दृढ़ किया (शतपथ ब्राह्मण, 6/1/3/3 तथा मैत्रयणी संहिता 1/6/3)। इस प्रकार पृथ्वी अश्ममयी हुई।**

3. **रत्नगर्भा भूमि (अथर्ववेद 12/1/26 तथा गोपथ ब्राह्मण, 2/2/7)।**
4. **अग्निगर्भा पृथ्वी (अथर्ववेद, 12/1/21, शतपथ, 14/9/4/21 तथा जैमनीय ब्राह्मण, 3/186)।**
5. **परिमंडल पृथ्वी (शतपथ ब्राह्मण, 7/1/1/37 व जैमिनीय ब्राह्मण,1/2/5/7)।**
6. **हरित भूमि (ऋग्वेद 5/84/3, 6/47/27, 7/34/23 व मैत्रायणी संहिता, 3/9/2, 4/5/5/ जैमनीय ब्राह्मण, 2/5/4 व कोषीतकी ब्राह्मण, 6/14)।**
7. **गंधवती पृथ्वी (अथर्ववेद, 12/1/23-25 तथा शतपथ ब्राह्मण,9/4/1/8,10)।**

पृथ्वी एवं पर्यावरण–

वेदों में सर्वप्रथम भूमि संस्कारवान बनाने के लिए कहा गया है। भूमि और अन्न को प्रदूषणरहित रखने के लिए मलिन अथवा विषयुक्त खाद डालकर उसे बिगाड़ने के प्रति निषेध किया गया है। यजुर्वेद में हल बैलों द्वारा खेतों को जोतकर, उत्तम अन्नों के बीज बोने का निर्देश दिया गया है। खेतों में गोबर खाद डालें और विष्ठा आदि मलिन पदार्थ न डालने के लिए कहा गया है। बीजों को सुगन्ध आदि से उपचारित करके बोएँ ताकि अन्न भी रोगरहित होकर मनुष्य की बुद्धि को बढ़ाए। वहाँ निर्देश दिया गया है कि खेतों को घी, मीठा, और जल आदि से संस्कारित करें। पृथ्वी पर्यावरण का महत्त्वपूर्ण अँग है। प्राणी जिस पर बसते हैं और जिसके आधार पर जीवन पाते हैं, वह भूमि निश्चय ही वंदनीय एवं अतिशय उपयोगी है इसीलिए पृथ्वी को माता कहकर नमन करने का संकेत वेदमंत्रों में है (अथर्ववेद, 12/1/23/2/5, ऋग्वेद, 10/18,10/11 यजुर्वेद 9/22, 13/18, 36/13 व अथर्ववेद, 12/1/1-3, 12/1/6, 10/12, 6/21/1)। पृथ्वी के अत्यधिक महत्त्व का प्रतिपादन आधुनिक पर्यावरणविदों ने भी किया है। भूमि या मिट्टी सर्वाधिक मूल्यवान संसाधन हैं, क्योंकि विश्व के 71 प्रतिशत खाद्य पदार्थ मिट्टी से ही पैदा होते

हैं। 2 प्रतिशत भाग में ही कृषि योग्य भूमि है, जो निम्न प्रकार है–

1. कृषि भूमि-भूमंडल का 2 प्रतिशत–71 प्रतिशत खाद्य पदार्थ।

2. वन भूमि-भूमंडल का 8.8 प्रतिशत–10.4 प्रतिशत खाद्य पदार्थ।

3. घास मैदान-भूमंडल का 7.2 प्रतिशत–12 प्रतिशत खाद्य पदार्थ।

4. दलदल व मरुस्थल-भूमंडल का 10.4 प्रतिशत–3.3 प्रतिशत खाद्य पदार्थ।

5. समुद्र–71.8 प्रतिशत–3.3 प्रतिशत खाद्य पदार्थ।

इस प्रकार हम देखते हैं कि भूमि या मिट्टी एक अतिसीमित किन्तु मूल्यवान संसाधन है। खाद्य पदार्थों की समुचित उपलब्धि के लिए इस सीमित संसाधन को प्रदूषण से बचाना आज की अनिवार्य आवश्यकता है।

प्रदूषण रहित भूमि एवं उसका संरक्षण–

ऋग्वेद में भूमि संरक्षण सम्बन्धी विभिन्न विचार उपलब्ध हैं। उनमें ऋषि द्वारा विद्वानों को सत्य लक्षणों से युक्त ज्ञान से प्रकाशित मंत्रों से भूमि को धारण करने का निर्देश दिया गया है (ऋग्वेद,1/67/3)। उनमें राजा को आदेश दिया गया है कि वह धन, औषधि, जल आदि को धारण करने वाली पृथ्वी की सुरक्षा करें (ऋग्वेद, 3/51/5 तथा 3/55/22)। यजुर्वेद में यह कामना करते हुए संदेश दिया गया है कि भूमि को अपने दुष्कर्मों से न बिगाड़ें, उसको प्रदूषित करना उसके प्रति हिंसा है। भूमि की हिंसा हम और हिंसा हमारी भूमि न करे (यजुर्वेद, 10/23)। अथर्ववेद में ऋषि कहते हैं कि सबका पालन करने वाली भूमि की उपजाऊ शक्ति को नष्ट न होने दें। हे भूमि, हम तेरी खुदाई करें, वह शीघ्र भर जाए, हम तेरी हिंसा न करें (अथर्ववेद, 12/1/34-35)। भूमिसूक्त के ऋषि प्रार्थना करते हुए कहते हैं कि यज्ञ भूमि में देवताओं के लिए हम अंलकृत हव्य प्रदान करें। उसी भूमि में मरणशील मनुष्य स्वधा और अन्न से जीवन धारण करते हैं। वह भूमि हमें वृद्धावस्था तक प्राणप्रद वायु प्रदान करे। पृथ्वी की गोद हमारे लिए निरोग और सब रोग से रहित हो। दीर्घकाल तक जागते हुए हम अपने जीवन को इसकी सेवा में लगाए (अथर्ववेद, 12/1/22 तथा 12/1/62)।

भूमिसूक्त का ऋषि हमें बताता है कि निवास योग्य तथा विभिन्न कार्यों में प्रयोग होने वाली भूमि का संरक्षण करने से वह सुखद होती है। हे भूमि, तुम्हारी पहाड़ियाँ, हिमाच्छादित पर्वत, वन, पुष्टि देने वाली भूरे रंग की मिट्टी, कृषि योग्य काली मिट्टी, उपजाऊ लाल रंग की मिट्टी अनेक रुपों वाली, सबका आश्रय स्थान, स्थिर भूमि पर अजेय, अवध्य और अक्षत रहकर हम निवास करें (अथर्ववेद, 12/1/11)। वेदों में मनुष्य को समृद्ध बनाने वाली उर्वरा भूमि के लिए कृषकों एवं वैज्ञानिकों की प्रेरणा दी गई है कि वे उसकी उर्वरा शक्ति बनाए रखने के लिए पर्यावरण प्रदूषित करने वाले खाद के स्थान पर, गोबर खाद प्रयुक्त खेती को ही उत्तम फलवती मानकर, मधुर अन्न उत्पन्न करने वाले खाद के स्थान पर उन्नत करें। बार-बार बुआई से भूमि की उर्वरा शक्ति नष्ट होने की ओर संकेत किया गया है कि सब कुछ देने वाली जिस विस्तृत पृथ्वी की जागरुक, विविध व्यवहारों में कुशल विद्वान प्रजाजन प्रमादरहित होकर रक्षा करते हैं, उस भूमि को हम प्रिय मधु दिया करें तथा हम उसके तेज को बढ़ाएँ (अथर्ववेद, 19/31/2 तथा 12/17)।

प्रदूषण रहित प्राचीन कृषि विज्ञान–

वेदों में सर्वप्रथम भूमि संस्कारवान बनाने के लिए कहा गया है। भूमि और अन्न को प्रदूषणरहित रखने के लिए मलिन अथवा विषयुक्त खाद डालकर उसे बिगाड़ने के प्रति निषेध किया गया है। यजुर्वेद में हल बैलों द्वारा खेतों को जोतकर, उत्तम अन्नों के बीज बोने का निर्देश दिया गया है। खेतों में गोबर खाद डालें और विष्ठा आदि मलिन पदार्थ न डालने के लिए कहा गया है। बीजों को सुगन्ध आदि से उपचारित करके बोएँ ताकि अन्न भी रोगरहित होकर मनुष्य की बुद्धि को बढ़ाएँ। वहाँ निर्देश दिया गया है कि खेतों को घी, मीठा, और जल आदि से संस्कारित करें। यहाँ मीठा का अर्थ शहद या शक्कर से लिया गया है। प्रदूषणरहित कृषि ही राष्ट्र निवासियों को बलवान बनाती है। इसलिए राजा को भी आदेश दिया गया है कि राजा हमारे लिए ऐसी खेती को सदैव बढ़ावा दें, उसे प्रोत्साहित करें। मनुष्यों में तेज और बल बढ़ने से ही उत्तम राष्ट्र उन्नतिशील होता है और यह सम्भव होता है प्रदूषणरहित

कृषि अपनाने से (ऋग्वेद, 10/101/3, 4 तथा यजुर्वेद 4/10, 12/69/70, 23/46 एवं अथर्ववेद 8/10/12 व 3/12/4)।

यज्ञ द्वारा प्रदूषण निवारण–

भूमि प्रदूषण निवारण हेतु अनेक उपाय वैदिक साहित्य में उपलब्ध हैं। उन उपायों में यज्ञ महत्त्वपूर्ण है, जिससे पृथ्वी सस्यादि से पुष्ट होकर सुख देने वाली बनती है। वैदिक ऋषि कहते हैं कि विस्तृत द्युलोक तथा भूमि हमारे इस यज्ञ का सेवन करे और वे यज्ञ से पोषण प्राप्त कर, हमारे भरण-पोषण करें क्योंकि यजमान द्वारा अनुष्ठीयमान यज्ञ वर्षाकारक इन्द्र की शक्ति को बढ़ाता है और भू-लोक को विविध अनाज आदि से पुष्ट करता है (ऋग्वेद 1/22/13 तथा 8/14/5)।

प्रदूषण से भूमि फलवती नहीं होती, जिसे आचार्य सायण ने अनृत का परिणाम लिखा है। उन्होंने कहा है कि सत्यविरोधी अधर्माचरण से भूमि में अन्नादि नहीं फलते। यजमान द्वारा यज्ञादि में दी गई आहुति से देवगण नया जीवन पाते हैं। अग्नि में घी-सामग्री को हवि देने से भूमि महती होती है और वर्षा द्वारा अनाज आदि की वृद्धि के कारण औषधि से प्रवर्द्धित पृथ्वी बलवती होती है (ऋग्वेद, 10/85/1-2)। यजुर्वेद में भी पृथ्वी को यज्ञ के द्वारा समर्थ बनाने की कामना की गई है। उसमें कहा गया है कि विस्तृत भूमि और उसमें स्थित पत्थर, हीरा आदि रत्न, मिट्टी, मेघ, छोटे-बड़े पर्वत और उसमे होने वाले पदार्थ, रेत आदि और बड़, पीपल, आम आदि वृक्ष, सोना, चाँदी, लोहा, तांबा, नीलमणि, चन्द्रमणि, सीसा और लाख, जस्ता एवं पीतल आदि-ये सब यज्ञ से समर्थ होते हैं (यजुर्वेद, 18/13/18)। इसमें पृथ्वी को भस्म से भरने का भी संकेत है, जो यज्ञ से प्राप्त होती है, चूंकि यज्ञ की भस्म द्वारा उत्तमोत्तम औषधियों का क्षारतत्व पृथ्वी को प्राप्त होता है (यजुर्वेद 6/21 तथा मैत्रायणी संहिता 3/9/4)।

यजुर्वेद में आया है कि भूमि को उपयोगी बनाते समय यज्ञ का प्रयोग करें। इससे पृथ्वी समर्थ और शक्तिशाली बनेगी। वर्षा भी यज्ञ द्वारा समर्थ होती है। वहाँ यह भी कहा गया है कि यदि उत्तान लेटी हुई भूमि का हृदय क्षतिग्रस्त हो गया है और उसकी उपजाऊ शक्ति क्षीण या समाप्तप्राय: हो गई है तो कुछ

समय उसमें खेती न करके तथा उसे खाली रखकर उसमें शुद्ध वायु, सूर्यरश्मि, वर्षा आदि द्वारा पुनः शक्ति का संधान करना चाहिए (यजुर्वेद, 18/9,11/39 एवं आर्षज्योति, पृ.261)।

पर्यावरण का संदेश–

अथर्ववेद में 'भूमि की हरेपन से रक्षा करने' का जो संदेश है, उसके द्वारा दो बातें कही गई हैं। प्रथम तो यह कि पर्यावरण तथा प्राणियों की रक्षा पृथ्वी में हरियाली के माध्यम से होती है एवं द्वितीय यह कि भूमि भी पेड़-पौधों की हरितिमा से सुरक्षित रहती है इसलिए भूमि को प्रदूषण से बचाए रखने के लिए न केवल हरियाली के प्रभाव को समझना होगा, अपितु सघन वृक्षारोपण कार्यक्रम चलाकर, धरती पर हरियाली का हर सम्भव प्रयास करना होगा। यही कारण है कि हमारे चिंतक मनीषियों ने वृक्षों एवं वनों की रक्षा करने वालों का विशेष सम्मान करने तथा उन्हें सतत् अन्न-धन देते रहने का संदेश दिया है इसीलिए अथर्ववेद के भूमिसूक्त में ऋषि ने भूमि से भी कहा है कि तेरे जंगल हमारे लिए सुखदायी हों (अथर्ववेद, 5/28/5, 12/1/11 तथा यजुर्ववेद, 16/18-20)। सुश्रुत संहिता (कल्पस्थान, 3/12) में भूमि उपचार (चिकित्सा) का वर्णन करते हुए बताया गया है कि अनंता (सारिवा) को एलादिगण (सर्वगंधा) के साथ सुरा में पीसकर दूध तथा काली मिट्टी अथवा वाल्मीकि मिट्टी मिलाकर इससे छिड़काव करें। इसके अतिरिक्त वायविडंग, कटभी (अपराजिता) आदि द्रव्यों के काढ़े से प्रदूषित भूमि में परिषेक क्रिया करें। पाठा,

पर्यावरण वानिकी–

वैदिककाल में लोकजीवन वनस्पतिमय था। वन्य प्रदेशों में तो वनस्पतियों का बाहुल्य था ही, ग्रामीण क्षेत्रों में भी उसकी अधिकता थी। इस कारण मनुष्य अपनी दैनंदिन आवश्यकताओं की पूर्त्ति उसी के माध्यम से करता था। यज्ञों में भी वनस्पतियों का विशेष उपयोग था। इन प्राकृत प्रयोजनों के अतिरिक्त विकारों के निवारण के लिए भी वनस्पतियों का प्रयोग होता था। प्राचीन मानव के योग क्षेम में वनस्पतियों का महत्त्वपूर्ण स्थान था। यही कारण है कि हमें वैदिक वाङ्मय में औषधि वनस्पतियों की स्तुति में अनेक मंत्र

उपलब्ध होते हैं। ऋग्वेद के औषधि सूक्त (1/187 तथा 10/97) तो प्रसिद्ध ही हैं, अथर्ववेद में भी ऐसे अनेक स्थल (अथर्ववेद, 8, 7, 11, 6, 19, 28, 44) तथा यजुर्वेद का 12वां अध्याय है, जहाँ मंत्रदृष्टा महर्षि वनस्पतियों की स्तुति करते नहीं अघाते।

वैदिककाल में प्रकृति के साहचर्य से भी वनस्पतियों का ज्ञान प्राप्त किया गया। सभ्यता के विकास के साथ जैसे-जैसे उसकी आवश्यकताएं बढ़ने लगीं, वैसे-वैसे वनस्पतियों का क्षेत्र विकसित होता गया। इस कार्य में उसने प्राणियों से भी सहायता ली। पशु-पक्षी अपनी आवश्यकताओं की पूर्त्ति के लिए जिन औषधियों का उपयोग करते थे, उन पर भी मनुष्य ने अपने लिए प्रयोग किए। पशुओं की प्रयोगशाला में भी उसने अनेक अनुसंधान किए (अथर्ववेद, चिकित्सा विज्ञान, पृ. 69-70)। कुछ पौधों को वराह (सूअर) जानता है और कुछ औषधियों को नेवला, कुछ को साँप और गंधर्व। कुछ आंगिरसी औषधियाँ सुपर्ण (चील, गिद्ध) जानते है

और कुछ रघट जानता है। कुछ को पक्षी एवं हँस तथा अन्य पँखवाली चिड़िया जानती हैं। कुछ औषधियाँ मृग जानते हैं। न जाने कितनी औषधियाँ गौएं खाती हैं और कितनी भेड़-बकरियाँ। ये सब औषधियाँ कल्याणकारी और पोषक हों (अथर्ववेद, 8/7/23-25)। इसी प्रकार आयुर्वेद के आचार्यों ने और भी अनेक औषधियों का आविष्कार किया, जो पर्यावरण संतुलन के लिए अत्यन्त आवश्यक थीं (वैज्ञानिक विकास की भारतीय परम्परा, डॉ. सत्यप्रकाश, पृ.219)। इसी प्रकार वैदिक ऋषि अत्रि ने वन और वर्षा का परस्पर सम्बन्ध बताते हुए कहा है कि वनों से जल फैलाया जाता है (ऋग्वेद, 5/85/2)। जंगलों से अधिक वृष्टि होने के प्रमाण भी वेदों में मिलते हैं। सूर्य की किरणें अंतरिक्ष में जल का संचय करके अवर्षण के समय में भी वर्षा को वनों के ऊपर गिरने की प्रेरणा करती हैं इसलिए जंगलों में कभी अवर्षण नहीं होता (ऋग्वेद, 1/24/7 तथा वैदिक सम्पत्ति, पं. रघुनंदन शर्मा, पृ. 654)।औषधियाँ पृथ्वी की आच्छादक होने से वस्त्र के समान हैं (ऐतरेय ब्राह्मण, 5/28)।

प्राचीन ऋषिगण, औषधियों के पर्यावरणीय महत्त्व से भलीभांति परिचित थे। वे औषधियों को प्रदूषणनाशक मानते थे। (ऋग्वेद, 1/191/2)। उन्होंने

औषधि 'अवघ्नती' को अपने गंध से अनेक विषों को नष्ट करने वाली तथा कीटों को मारने वाली बताया है। (वैदिक साहित्य में शल्य चिकित्सा एक अध्ययन, डॉ. रामजी विश्वकर्मा, पृ.105)। पर्यावरण पर औषधियों के प्रभाव को बताते हुए कहा है कि जहाँ भी प्रदूषण होता है, वे उसे बाहर निकाल देती हैं (यजुर्वेद, 12/84/91/101)। यहाँ राजा को प्राकृतिक संसाधनों को न बिगाड़ने का आदेश दिया गया है और प्रत्येक स्थान में जल और औषधियों, अन्नपान पदार्थों तथा वनज पदार्थों को न बिगाड़ने की भी व्यवस्था करें (यजुर्वेद, 12/72)।

औषधियाँ प्रदूषण हरने वाली होती हैं (अथर्ववेद, 8/7/10,13,14,17)। जितनी औषधियाँ इस पृथ्वी के ऊपर हैं, सहस्त्रों पोषण वाली, वे सब हमें प्रदूषण से बचाएं। संहिता ग्रन्थों में भी औषधियों को प्रदूषण-नाशक कहा गया है (तैत्तिरीय संहिता, 4/2/6/1, मैत्रालयी संहिता, 2/7/13, काठक संहिता, 16/13, मैत्रालयी संहिता 4/9/27)। पृथ्वी के जिस भाग में अधिक पौधे होते हैं, वह स्थान प्राणियों के लिए अतिशय जीवनोपयोगी होता है (शतपथ ब्राह्मण, 1/3/3/10)। ऋषि पुनर्वसु ने छह प्रकार के जिन पौधों को पर्यावरण को शुद्ध करने वाला माना है, वे इस प्रकार हैं–सुही (थुहर), अर्क (आकंड़ा), अश्मंतक (पथरचटा), पूतीक (करंज), कृष्णगंधा (सहजना), तिल्लक (पठानी लोध), (चरक संहिता, सूत्रस्थान, 1/76)। अथर्ववेद में जिन पर्यावरणोपयोगी पेड़-पौधों का वर्णन हैं, वे इस प्रकार हैं-1. अश्वत्थ, 2. शमी, 3.वरणवर्ती, 4. अजश्रृंगी, 5. अपामार्ग, 6. उटुंबर, 7. दर्भ, 8. जडिगड़, 9. शतावर, 10. गुग्गुल, 11. करीर, 12. पलाश। करीर की यज्ञ में आहुति देने से शीघ्र वृष्टि होती है। पलाश को ब्रह्मतुल्य कहा गया है, जो व्यापक प्रदूषणों को दूर करता है।

पर्यावरण संरक्षण और प्राणी–

प्राणी भी पर्यावरण के लिए मुख्य घटक हैं। पर्यावरण को जीवंत रखने के लिए पशु-पक्षी महत्त्वपूर्ण स्थान रखते हैं। मनुष्य, जीव तथा पेड़-पौधे परस्पर सम्बद्ध हैं इसलिए पर्यावरण संरक्षण में प्राणियों का सुरक्षित होना नितांत आवश्यक है। ये प्राणी-पर्यावरण से, पर्यावरण में और पर्यावरण के

लिए जीते हैं इसलिए प्राचीन साहित्य में पशु-पक्षियों के स्वरुप, महत्त्व एवं भेद पर हमें बहुत अधिक विवरण प्राप्त होता है। यथा-

1. अग्निमय पशु-अग्नि का तेज प्रदूषण निवारण में सक्षम है। अग्नि के तेज से उत्पन्न होने के कारण पशुओं को आग्नेय कहा गया है (कपिष्ठल संहिता 38/1, ऐतरय ब्राह्मण, 2/6, तैत्तिरीय ब्राह्मण, 1/1/4 /3)।

2. गंधमय पशु-पशु एक विशिष्ट गंध से समाविष्ट हैं, जो प्रदूषण निवारण में सक्षम है। देवताओं ने यह गंध, सोम से लेकर, पशुओं में प्रविष्ट की है, अतः इस गंध को घृणित समझकर नाक बन्द नहीं करनी चाहिए (शतपथ ब्राह्मणः एक सांस्कृतिक अध्ययन, पृ.223)।

3. मारुत पशु-पशु मरुत गुण से भी सम्बन्धित हैं, जो प्रदूषण को विनष्ट करते हैं (ऐतरेय ब्राह्मण, 3/19)।

पशुओं का पर्यावरणीय महत्त्व इसी से सिद्ध हो जाता है कि उनकी उपस्थिति मात्र से वायु और भूमि आदि में विद्यमान दोष स्वतः दूर हो जाते हैं। उनके गंध और अग्नि तेज से रोगाणु तथा विष तो नष्ट होते ही हैं, पशुओं द्वारा प्रदत्त दूध, घी एवं मल-मूत्र भी रोग तथा विषनाशक हैं। पशुओं में सर्वाधिक उपयोगी गाय है। ऋग्वेद में गाय को यज्ञपूरक तथा दुग्ध आदि से बढ़ाने वाली कहा गया है (ऋग्वेद, 10/69/3)। वैज्ञानिकों का मत है कि गाय के रोम-रोम से ऑक्सीजन निःसृत होती है। गौ घृत से तैयार यज्ञ-आहुति से ऑक्सीजन तैयार होती है। बकरियाँ क्षयरोग को विनष्ट करती हैं। अपान शुद्धि के लिए बकरी का दूध, ज्ञानयुक्त वाणी बढ़ाने के लिए भेड़ का दूध, ऐश्वर्य वृद्धि के लिए गौ-दुग्ध, रोग निवारण में औषधियों का रस तथा बल के लिए संस्कारवान अन्न का भोजन करने का परामर्श दिया गया है (यजुर्वेद, 21/59-60)। घोड़े के हिनहिनाने से ज्वर और खाँसी आदि का निवारण होता है (अथर्ववेद, 2/30/5,11/2/22)। बैल पृथ्वी को धारण करता है और परिश्रम से प्रदूषण को विनष्ट करता है (अथर्ववेद, 4/11/1,4/10)। मृग (हिरण) भी पर्यावरण प्रदूषण को दूर करने में समर्थ है। शीघ्रगामी हरिण के मस्तक के भीतर औषधि है, वह अपने सींग से क्षेत्रीय रोग और विष को नष्ट कर देता है (अथर्ववेद, 3/7/1/2)। इनकी रक्षा के लिए कठोर से कठोर दण्ड

का प्रावधान करते हुए कहा गया है कि जो पुरुष घोड़े तथा गाय आदि पशुओं की हत्या, मांसाहार के लिए करता है, वह राक्षस है। पर्यावरण के पोषक तत्त्वों को नष्ट करने वाले कठोर से कठोर दण्ड के योग्य हैं।

मनुष्य समाज में गृह-निर्माण कला का अतिशय महत्त्व है। वास्तुकला पर ऋषियों ने चिंतन करते हुए कहा है कि जब कोई मनुष्य घर बनाए तो वह सब तरह की आवश्यकताओं की पूर्त्ति करने वाला उत्तम उपमायुक्त हो, जिसे देखकर विद्वान, लोग सराहना करें उसमें एक द्वार के सामने दूसरा द्वार तथा उसके कोने एवं कक्षा भी सम्मुख हों। वह चारों ओर के परिमाण से समचौरस हो। इसी प्रकार तोता पक्षी को पीलिया (कामला) रोग को हरने वाले क्षयरोग से दूषित वायु को चीड़ के वृक्ष और बकरी बंदर आदि पशु अधिक अपनाते हैं। ऐसे ही मनुष्य के कामला रोग को दारुहल्दी के वृक्ष एवं हरे तोते अपनाते हैं (अथर्ववेद, 1/22/4 तथा अथर्ववेदीय मंत्र विद्या, स्वामी ब्रह्म मुनि परिव्राजक पृ.26)। गरुड़ और मोर तथा सर्प आदि विषभक्षक हैं (अथर्ववेद, 4/6/3-4)। इस तरह हम देखते हैं कि भूमि, वृक्ष, पशु-पक्षी तथा मनुष्य एक-दूसरे के पूरक ही नहीं अपितु अभिन्न हैं। ये पर्यावरण-चक्र के परे हैं। इनमें से किसी एक का भी अभाव सृष्टि प्रवाह में बाधक ही नहीं अपितु पर्यावरण के लिए घातक है।

पर्यावरण एवं पर्वत–

पर्वत भी पर्यावरण के महत्त्वपूर्ण भाग हैं। पृथ्वी में कील की तरह विद्यमान पर्वत, न केवल भूमि की सुरक्षा के लिए हैं, अपितु पर्यावरण संतुलन में उपयोगी भी हैं। औषधि, जल और विभिन्न रत्नों के केंद्र होने के कारण पर्वतों की उपयोगिता है। अथर्ववेद (3/21,10/8,7/17)। में उल्लेख है कि मनुष्य प्रयत्न करे कि सोम लता आदि औषधियाँ उत्पन्न करने वाले पर्वत, जल, वायु, मेघ, अग्नि आदि सब पदार्थों को शुद्ध रखकर सुखदायक हों। पर्वत शब्द के अर्थ पर चिंतन करने से भी पर्वत महत्त्व का बोध होता है। पालनार्थक और पूरणार्थक 'पृ' धातु से 'पर्व' शब्द बनता है जो पालना करे और कामनाओं की पूर्त्ति करे, वह पर्व कहा जाएगा। ऐसे पदार्थ जिसके पास हों वह पर्वत कहलाएगा। पर्वतों में हमारी पालना एवं आवश्यकताओं की पूर्त्ति

तथा प्रदूषण को विनष्ट करने वाले अनेक पदार्थ होते हैं (ऋग्वेद, 3/57/6, 6/24/6, अथर्ववेद, 20/51/2 तथा वेदों के राजनीतिक सिद्धांत, आचार्य प्रियवत, पृ. 507)।

पर्यावरण एवं निवास स्थान–

पर्यावरण में गृह का विशेष महत्त्व है। परिवेश का अपर पर्याय आवास को कहा जा सकता है। जिस आवास में हम रहते हैं, वह न केवल हमारे लिए, वरन् पशु-पक्षियों के लिए भी उपयुक्त होना चाहिए। इस दिशा में भी वैदिक ऋषियों ने पर्याप्त चिंतन किया है। ऋग्वेद में हवादार तथा प्रकाशयुक्त विशाल घर को परम्पद प्राप्ति में सहायक कहा गया है। यहाँ दीर्घतमा ऋषि ने ऐसा घर बनाने का उपदेश किया है (ऋग्वेद 1/154/6)। अथर्ववेद के शाला-देवता वाले सुक्त में भी गृह महत्त्व का प्रतिपादन है। इन मंत्रों में प्रयुक्त शाला के विशेषण, पर्यावरण की दृष्टि से विशेष महत्त्वपूर्ण एवं चिंतनीय हैं। उसमें कहा गया है स्थिरता से स्थापित घर, गाय और घोड़े से युक्त बलप्रद, दूध, घी से भरपूर, महान् सौभाग्य के लिए है। विशाल छत के नीचे शुद्ध अन्न-धन का भण्डार हो। सुख देने वाली देवी शाला, देवताओं की आश्रय स्थली है। घास-पात से ढकी हुई, घृत की अमृतधारा से सम्पृक्त शाला में अग्नि के साथ निवास करें (अथर्ववेद, 3/12/2,3/5,8/9) 1

वास्तुकला–

मनुष्य समाज में गृह निर्माण कला का अतिशय महत्त्व है। वास्तुकला पर ऋषियों ने चिंतन करते हुए कहा है कि जब कोई मनुष्य घर बनाए तो वह सब तरह की आवश्यकताओं की पूर्त्ति करने वाला उत्तम उपमायुक्त हो, जिसे देखकर विद्वान, लोग सराहना करें उसमें एक द्वार के सामने दूसरा द्वार तथा उसके कोने एवं कक्षा भी सम्मुख हों। वह चारों ओर के परिमाण से समचौरस हो। उस घर के द्वार चारों ओर के पवन को ग्रहण करने वाले हों। उसकी चिनाई एवं बंघन दृढ़ हों (अथर्ववेद, 9/3/1,7,11)। प्रत्येक घर में होम करने का स्थान एवं यज्ञीय पदार्थ रखने का स्थान होना चाहिए। इससे घर की वायु में विशेष प्रकार के पौष्टिक, सुगंधित, रोगनाशक (प्रदूषण नाशक) और आयुवर्धक तत्त्वों की उपस्थिति एवं वृद्धि बनी रहती है। इससे वायु संस्कारित

होती है। घर केवल ईंटों और पत्थरों से घिरा हुआ स्थान नहीं होता, यह वह स्थान होता है, जहाँ परिवार के लोग अपने स्वभाव को सुधारने एवं एक सीढ़ी के बाद दूसरी सीढ़ी पर चढ़कर जीवन के पुरुषार्थों को पाकर आध्यात्मिक लक्ष्य की ओर अग्रसर होते हैं।

जल मंडल–

जल भी पृथ्वी की तरह ही पर्यावरण का महत्त्वपूर्ण घटक है। जल के बिना किसी तरह का जीवन सम्भव नहीं। जल के कारण ही पृथ्वी पर जीवन प्रारम्भ हुआ। प्राचीन साहित्यकारों द्वारा इसकी अतिशय उपादेयता का ध्यान कर ही जल के अर्णः,क्षोदः,नभः,अंभः,सलिलम्, आपः,अमृतम्, इंदुः,अंब,तोयम, वारि, इदम् आदि 101 नाम गिनाए गए हैं (निघंटुकोश,1/12) अमरकोश में पानी के 27 नाम आए हैं, जिनमें 17 नाम निघंटु में वर्णित हैं (अमरकोश, 1/10/3–5)। अथर्ववेद के आपोदेवता वाले सूक्त में भी जल के कुछ नामों के निर्वचन उपलब्ध हैं (अथर्ववेद, 3/13/1–3)। जल के अनेक अभिधानों के सम्बन्ध में यह अभिमत है कि वैदिक काल में जल का नामकरण उसके गुणों के आधार पर रखा गया है, जो निश्चित रूप से पर्यावरण की रक्षा करते हैं।

अथर्ववेद में पर्यावरण को दूषित करने वालों को चेतावनी देते हुए कहा है कि वे कुएँ आदि जलस्रोतों गन्दा न करें। इस संदेश के साथ राजा को यथावत् प्रबन्ध करने के लिए कहा गया है (अथर्ववेद 5/31/8)। इन जलस्रोतों का प्राचीन साहित्य में इस प्रकार उल्लेख हुआ है–1. वर्षा जल को ऐन्द्र और दिव्य कहा गया है, 2. नदी एवं नद–गंगा आदि नदियाँ और सिंधु आदि नद कहे गए हैं, 3. समुद्र, 4. झील, 5. कुआँ–कूप तथा वापी यह दो प्रकार का होता है। 6. तालाब–(अ) पुष्करिणी (ब) पुष्कर (स) सर–जो प्राकृतिक हो और तड़ाग–जो मनुष्यकृत हो। 7. निर्झर, 8. औदिभद (सोते का जल), 9. चौड़ा जो थोड़ा गहरा हो और बंधा न हो ऐसा कुआँ, 10. विकरि–बालू के नीचे का जल, 11. क्यारी या नहर का जल, 12. पल्लव को गड़ही कहा गया है और 13. प्रपा–ऋग्वेद में प्याऊ को प्रपा कहा गया है। इसी

प्रकार जल के अनेक प्रकार वेदसंहिताओं में कहे गए हैं-ऋग्वेद एवं अथर्ववेद में 14. प्रकार के जल का उल्लेख है, जबकि (शतपथ ब्राह्मण ग्रन्थों में 17 प्रकार के जल का उल्लेख है। आचार्य सायण ने 16 नामों का भाष्य किया है। इन सब जल से पर्यावरण की शुद्धि बताई गई है।–

इसी प्रकार आयुर्वेदज्ञों ने विभिन्न जल के विज्ञान का निरूपण भेदोपभेदपूर्वक लिखा है। यथा–1. धारा जल, 2. समुद्र जल, 3. अनार्तव जल, 4. कारक जल, 5. तौषार जल, 6. हिम जल, 7. आनूप जल, 8. जांगल जल, 9. साधारण जल और 10. नादेय जल।

जल का महत्त्व–

सृष्टि निर्माण के मौलित तत्त्वों में जल मुख्य घटक है। माता के गर्भ में जिस प्रकार शिशु के चारों ओर कलल रस विद्यमान रहता है, जिससे शिशु का संवर्धन, पोषण एवं संरक्षण होता है उसी प्रकार इस महान ब्रह्मांड के भी चारों ओर रसज् या कुहूक (कोहरा) स्थिति में जल विद्यमान रहता है (वैदिक सम्पदा, पं. वीरसेन वेदश्रमी, पृ. 381)। जल उत्कृष्ट माता है, क्योंकि इससे पर्यावरण का निर्माण ही नहीं वरन् पालन भी होता है (ऋग्वेद 1,23/16,6/50,7,10,9,2,10,17,10)। जल अमृतमय है (ऋग्वेद, 1/23/19)। जल महौषध है (ऋग्वेद 1/23/19-21)। वैदिक संहिताओं में जल को दुरित निवारक एवं पाप-संशोधक कहकर, जल के पर्यावरणीय महत्त्व का प्रतिपादन किया गया है (ऋग्वेद, 1/23/22,10/9/3)। गायत्री मंत्र से अभिमंत्रित जल से राक्षसों का शासन होता है (तैत्तिरीय आरण्यक, 2/2/1)। उसी प्रकार पर्यावरणीय जलविज्ञान में पर्जन्य (बादल) बहुत महत्त्वपूर्ण है। ऋग्वेद (5/83/1 से 5,9,10/36/4) में कहा गया है कि गरजता हुआ बादल राक्षस-रोग व प्रदूषण को नष्ट करता है। इसी प्रकार नदियों के भी 24 प्रकार के भेद कहे गए हैं (ऋग्वेद 10/75/5-8)। सूर्य और वायु दोनों प्रदूषित जलों को पवित्र करते हैं (यजुर्वेद, 1/12 तथा अथर्ववेद, 4/37/8)। ऋग्वेद (7/47/3) में जल वृष्टि को यज्ञ द्वारा पवित्र करने का संकेत है। अतः घृत को यज्ञ में देवताओं के लिए प्रयुक्त करना चाहिए ताकि वृष्टिजल शुद्ध हो

सके (ऋग्वेद,9/49, 11/3), जिससे पर्यावरण पवित्र होता है। यज्ञ से संस्कारित जल का निर्माण होता है। कुशा आदि अनेक औषधियों से भी जल शुद्धि बताई गई है।

जल-निर्माण प्रक्रिया–

प्राचीन चिंतन में जल निर्माण प्रक्रिया को समझाया गया है। जीवन के देने वाले मित्र तथा वरुण (प्राण व उदान), वृष्टि का सृजन कर पृथ्वी एवं द्युलोक को धारण करते हैं (ऋग्वेद, 5/62/3,7/33,10-11)। संहिता तथा ब्राह्मण ग्रन्थों में भी यही प्रतिपादित किया गया है (तैत्तिरीय संहिता, 6/4,3/3 तथा मैत्रायणी संहिता 4/5/2)।

तेजोमंडल–

अग्नि के नाम व भेद हमें वैदिक साहित्य में इस प्रकार प्राप्त होते हैं–

अग्नि-आचार्य शाकपूणि ने अग्नि शब्द को-इण (जानना), अञ्ज (चमकना) या दह (जलाना) तथा नी (ले जाना)-इन तीन क्रियाओं से बना बताया है। 'अग्नि' शब्द के निर्माण में इसे आकार, अञ्ज या दह से गकार और नी से अंतिम वर्ण नि हुआ (निरुक्त,7/4/14)। अमरकोश के टीकाकार ने अग्नि का अर्थ-जाना, चलना किया है, जो गतिशील है वह अग्नि है (अमरकोश, रामश्री टोका, पृ. 20)1

वेदों में अग्नि के निम्न प्रकार आए हैं।

1. वैश्वानर–ऋग्वेद (1/98, 3/3,1/59,7-8,10/88)। आधुनिक वैज्ञानिक शब्दावली अर्थात् अंग्रेजी में इसका अर्थ दिया गया है (LatentHeatofFusion&Vaporisation)।

2. जातवेद–ऋग्वेद (1/19/1)। इसे अंग्रेजी में Potentional and Kinetic Energy कहा है।

3. द्रविणोदः-ऋग्वेद (1/15/7)। इसे। tomic Energy कहा गया है।

4. इध्म–ऋग्वेद (1/13/1) इसे Thermal Heat कहा गया है।

5. ruwuikR&bls Internal Combustion of Fuel Derivatives Like Ghee] Petroleum and Coal Gas etc- कहा गया है। ऋग्वेद (सायण भाष्य, 3/29/11)।

6. नराशंस–(निरुक्त, 8/2/4) इसे Chemical Energy and the Result of ChemicalAffinity in Terms of Valancy कहा गया है।

7. ईल–(निरुक्त, 8/2/5) इसे Electromagnetic Field कहा गया है।

8. बर्हि–(निरुक्त, 8/2/6) इसे Echo Resonant Energy of Use in Rectar etc. कहा गया है।

9. द्वार–(निरुक्त सम्मर्श, स्वामी ब्रह्ममुनि, पृ.628-632) इसे Electrons in Atomic Arbits कहा गया है।

10.उषासानक्ता–इसे lonsAnd chagres in electrolytes of Electrostatic And Dynamic Machines Proceeding in A current to Electrodes And Terminals As PositiveAnd Negative Charges कहा गया है।

इसी प्रकार तेज या अग्नि के 108 नाम व भेद वैदिक साहित्य में आए हैं। उनमें कहा गया है कि सर्वप्रथम अग्नि को मंथन के द्वारा अथवा ऋषि ने उत्पन्न किया (ऋग्वेद, 1/95, 3/29, 2, 6/15/17, 6/16/13) आदि। वेदों में अग्नि को 'अपां गर्भः' कहकर जल का पुत्र कहा गया है। अग्नि के अनेक भेद बताए गए हैं। अग्नि सात ज्वालाओं वाली कही गई है (ऋग्वेद, 10/8/4)। ऋग्वेद में कम-से-कम 200 सूक्तों में अग्नि का वर्णन है। पर्यावरण में अग्नि का महत्त्व सर्वोपरि है। अग्नि से ही प्रदूषण समाप्त होता है। ताप और आर्द्रता दोनों के संयोग से ही किसी भूभाग की वनस्पति तथा जीवमंडल का निर्धारण होता है (संसाधन संरक्षण, भूगोल, राजीव शर्मा, पृ. 23)। ऋग्वेद (1/160/3) में कहा है कि अग्नि यज्ञवेदी एवं शरीर के रोगाणुओं को मारती है। अग्नि को वर्षाकारक माना गया है।

प्रदूषण निवारण तथा पर्यावरण-पोषण के लिए अग्नि में ही यज्ञ पूर्ण

होते हैं। यज्ञ प्रदूषण को नष्ट करता है एवं जगत् को पुष्ट करता है। यज्ञ जगत् की नाभि है (ऋग्वेद, 1/164, 34-35)। यज्ञ प्राकृतिक शक्तियों को न केवल वहन ही करता है, अपितु उन्हें अनुकूल भी करता है इसलिए प्राचीन ऋषियों ने यज्ञ को देवरथ के रूप में प्रस्तुत किया है (एतरेय ब्राह्मण, 2/37)। यज्ञ आरोग्यप्रद है (यजुर्वेद,19/12)। प्रदूषण निवारण में वेदपारायण यज्ञों को देखा व परखा जा सकता है। संहिता तथा ब्राह्मण ग्रन्थों में घी का महत्त्व न केवल यज्ञ की अग्नि के लिए अपितु पर्यावरण-शोधन में भी महत्त्वपूर्ण द्रव के रूप में प्रतिपादित है (तैत्तरीय सं., 2/3,10/1)। यज्ञ से आणविक विकिरण का प्रभाव बहुत कम हो जाता है। गाय के गोबर से घर लीपने पर विकिरण का प्रभाव समाप्त हो जाता है।

गोघृत की आहुतियाँ अग्नि में देने से वायुमंडल सुगंधित एवं तुष्टिकारक बनता है। प्रदूषण के कारण वातावरण में समाए रसायन आदि सभी सौम्य विषयों का प्रभाव तत्काल समाप्त हो जाता है। पूना के फर्ग्युसन कॉलेज के जीवाणु शास्त्रियों ने एक प्रयोग में पाया है कि नित्य अग्निहोत्र की एक समय की आहुतियों से 36x22x10 फुट के हाल में कृत्रिम रूप से निर्मित वायु प्रदूषण समाप्त हो जाता है। इससे सिद्ध हुआ कि एक समय के अग्निहोत्र से ही 8000 घन फुट वायु का 77.5 प्रतिशत हिस्सा शुद्ध और पुष्टिकारक वायु से युक्त हो जाता है और 96 प्रतिशत कीटाणु नष्ट हो जाते हैं। वेदमंत्रों की ध्वनि शक्ति से भी पर्यावरण को शुद्ध एवं पुष्ट किया जाता है।

वायुमंडल–

पर्यावरण का चतुर्थ 'वायु' महाभूतों की उत्पत्ति के क्रम में द्वितीय तत्त्व है। वह अन्य तत्त्वों से सूक्ष्म होने के कारण बहुत शक्तिशाली होते हैं। अमरकोश में वायु के वायु, वात, प्राण आदि बीस नाम गिनाए हैं (अमर.कोश 1/1/61-63)। कहीं-कहीं इसके 150 तक नामों की गिनती भी है। वायु स्पर्श के गुण से पहचानी जाती है। पृथ्वी के जन्म से ही उसे चारों ओर से गैसों ने घेर रखा है, जिसे वायुमंडल कहते हैं। 12 मील की ऊँचाई पर कार्बन डाइऑक्साइड, 62 मील की ऊँचाई पर ऑक्सीजन तथा 80 मील की ऊँचाई पर नाइट्रोजन लुप्त हो जाती है।

विषाक्त/प्रदूषित वायु से बचने के लिए प्रतिविष के रूप में लाक्षा, हरिद्रा, अतीस, हरीतकी, मोथा, हरेणुका, इलायची, दालचीनी, तगर, कूठ और प्रियंगु आदि द्रव्यों को अग्नि में जलाकर, उससे उत्पन्न धूम के द्वारा वायु को शुद्ध करें। 400 वर्गमीटर क्षेत्र के लिए 4-5 मिनट में 16 आहुतियों द्वारा होने वाले दैनिक अग्निहोत्र से वायु प्रदूषण से मुक्त हो जाती है।

सुश्रुत संहिता (कल्पस्थान, 5/68-73) में जटामांसी, हरेणु, त्रिफला, शोभांजन, आदि चीजों को कूट-पीसकर पित तथा शहद के साथ लेप बनाकर यदि भेरी या नगाड़े पर लगा दिया जाए तो बजाने से विष शीघ्र नष्ट हो जाता है। तोरण, पताका आदि में लगाने से भी विष दूर हो जाता है।

आकाश मण्डल शब्द–

पँचमहाभूतों में आकाश अंतिम तत्त्व है, परन्तु उत्पति क्रम में प्रथम है। ऋग्वेद के मंत्रदृष्टा ऋषि वशिष्ठ ने बृहस्पति देवता युक्त मंत्र में गाया है कि आकाश का रूप नहीं है, किन्तु वायु आदि का आवासीय केंद्र है। सर्वव्यापक होने से आकाश सभी में है तथा निरुप निरवयव होने से सबका आश्रयस्थल है (ऋ.7/97/6) व्योम के यजुर्वेद में 16 प्रकार के स्तर बताए गए है (यजु. 14/2/3)। उपनिषदकार ने विद्युदाकाश आदि पाँच प्रकार के आकाश बताए हैं। आधुनिक वैज्ञानिकों ने आकाश के ट्रापोस्फियर आदि पाँच विभाजन किए हैं। वैदिक कोश निघंटु एवं अमरकोश में आकाश के 16 नाम गिनाए हैं। शब्द की सिद्धि में कणाद मुनि ने कहा है कि शब्द पृथ्वी आदि चार भूतों, आत्मा और मन का गुण न होने के कारण आकाश का चिन्ह है। निघंटु में वाणी इन्द्रिय और उसके कार्य शब्द को मिलाकर 57 नामों का उल्लेख है। अमरकोश ने शब्द के ध्वनि, निनाद आदि 17 नाम गिनाए गए हैं। प्रचण्ड वचनों को विष निवारक कहा गया है (अथर्व, 5/13/3)। सूक्ष्म ध्वनि वाला शंख रोगजनक प्रदूषण से बचाए। बाजे और ढोल-नगाड़ों से भयंकर प्रदूषण भी नष्ट हो जाते हैं (अथर्व, 5/20, 5/21) चाणक्य ने भी शत्रु द्वारा किए विष प्रयोग से बचने के उपायों में से एक उपाय औषधि लिप्त बाजे का बजाया जाना भी बताया है (कौटिल्य अर्थशास्त्र, 14/11/12)। ध्वनि के दो

भेद-नाद और शब्द हैं। नाद के पुनः दो भेद-आहत और अनाहत कहे गए हैं (संगीत रत्नाकर,1/1/3)।

ध्वनि प्रदूषण–

आधुनिक पर्यावरणविद् अवाँछित ध्वनि को ध्वनि प्रदूषण मानते हैं। इसके लिए वे उर्दू शब्द 'शोर' का प्रयोग करते हैं। शोर प्रदूषण का अर्थ है वायुमंडल में उत्पन्न की गई अवांछित ध्वनि, जिसका मानव व अन्य प्राणियों के श्रवण तन्त्र और स्वास्थ्य पर प्रतिकूल प्रभाव पड़ता है। संस्कृत के व्याकरणों ने इस पर अत्यधिक गम्भीर चिंतन किया है और उन्होंने संवृतः, एणीकृत आदि 16 प्रकार के ध्वनि प्रदूषण पर प्रकाश डाला है (व्याकरण महाभाष्य, चारुदेव शास्त्री, पृ.47)। आज प्राकृतिक स्रोतों के अतिरिक्त कृत्रिम स्रोत औद्योगीकरण और शहरीकरण के कारण यह समस्या विकाराल होती जा रही है। उद्योग-धंधे और मशीनें, स्थल तथा वायु परिवहन के सघन, तीव्र ध्वनि वाले मनोरंजन एवं सामाजिक क्रियाकलापों को अनुशासित एवं नियन्त्रित करना आवश्यक है, तभी पर्यावरण को स्वस्थ और पुष्टिकारक बनाया सकता है।

ध्वनि प्रदूषण के प्रभाव–

ध्वनि प्रदूषण हाइड्रोजन बम से भी खतरनाक है। इनमें अन्तर केवल सहसा और निरंतरता का है। 190 डेसिबल का शोर स्टील गर्डर के रिबेट तोड़ सकता है। आदमी 150 डेसिबल का शोर तनिक भी सहन नहीं कर सकता। तीव्र दर्द का शोर 130 डेसिबल होता है। हवाई जहाज की उड़ान उतार का शोर 120 डेसिबल होता है। कार-स्कूटर-बस का शोर 120 डेसिबल। खेतों की बहती हवा का शोर 10-15 डेसिबल होता है। स्वास्थ्यकर ध्वनि 30 डेसिबल होती है। सतत् शोर में काम करने वाले लोग चिड़चिडे और असामाजिक हो जाते हैं।

ध्वनि-शोधन–

ध्वनि-शोधन का अर्थ है, उसका संतुलित प्रयोग। पर्यावरण में ध्वनि प्रदूषण के प्रभाव रोकने के लिए अग्नि में सुगंधित पदार्थ आदि को होमने के

लिए कहा है (ऋग्वेद,3/30/16) द्य मौन रहकर भी उसका श्रेष्ठ उपाय किया जा सकता है (ऋग्वेद,1/162/15)। आधुनिक पर्यावरणविदों ने ध्वनि-प्रदूषण को नियन्त्रित करने के लिए हॉर्न आदि पर प्रतिबंध लगाने आदि के आठ सूत्र सुझाए हैं।

भारतीय चिन्तन परम्परा में जल को भी देवता मानते हुए नदियों को जीवनदायिनी कहकर सम्बोधित किया गया है। यही नहीं, नदियों, तालाबों एवं पोखरों में मल-मूत्र विसर्जन पर भी रोक लगायी गयी है। जैसा कि मनुस्मृति में भी कहा गया है कि-

"नात्सु मूत्रं पुरीषं वाष्टोवनं समुरसृजेत।

अमेध्यलिप्तभव्यद्वा लोहिवं वा विषाणि वा।।"

अर्थात् जल में मल-मूत्र, थूक अथवा अन्य दूषित पदार्थ, रक्त या विष का विसर्जन न करें। यही नहीं वैदिक ऋषियों द्वारा जल की प्राप्ति के लिए भी कामना की गयी है, जैसा कि अथर्ववेद के भूमि सूक्त (12/1/30) में उल्लेख आया है कि-

"शुद्धा व आपस्तन्वे क्षरन्तु...............।"

अर्थात् हमारे शरीर में शुद्ध जल प्रवाहित होता रहे। हमारी नदियों के बारे में कहा गया है कि गंगा के दर्शन मात्र से ही मुक्ति मिल जाती है। यथा-

"गंगे, तव दर्शनात मुक्तिः।"

एक अन्य स्थान पर कहा गया है कि-

"गंगे व यमुने चौव गोदावरी सरस्वती।

नर्मदे सिन्धु कावेरी जलस्मिन सन्निधि कुरू"।

भारतीय चिन्तन परम्परा में जल को इतनी महत्ता प्रदान की गयी है कि जल स्रोतों में प्रातः काल स्नान करने से पहले कंकड़ी मारकर सो रही गंगा को जगाया जाता है, तब उसमें स्नान किया जाता है और स्नान करने से पूर्व उनका चरण स्पर्श किया जाता है। इस तरह प्रत्येक जल स्रोत में गंगा का स्वरुप देखा जाता है। यही नहीं, सभी प्रकार के जल स्रोतों को देवता मानकर पूजा करने का विधान हमारी भारतीय संस्कृति में निहित है ताकि इन जल

स्रोतों का संरक्षण किया जा सके। हमारे जितने पर्व, त्यौहार, रीति-रिवाज एवं परम्पराए हैं, उन सभी में जल संरक्षण की अवधारणा छिपी हुई है। इनसे सम्बन्धित जो भी लोकोक्तियाँ, कहावतें, मुहावरे एवं लोकगीत परम्परागत रूप से हमारे समाज में प्रचलित हैं एवं गाए जाते हैं, उन सभी में जल संरक्षण की अवधारणा परिलक्षित होती है।

हमारे भारतीय मनीषियों (ऋषि-मुनियों) द्वारा प्रकृति का भरपूर गुणगान किया गया है। उन्होंने वनों एवं वन्य जीवों का गुणगान किया है एवं उनकी महिमा का वर्णन किया है। कारण कि वे प्रकृति के बीच रहते थे, सोचते, विचारते एवं प्रकृति में ही अपनी इहलीला समाप्त कर विलीन हो जाते। यही कारण है कि वे प्रकृति को जीवनदायिनी, सुषमा एवं सम्पदा का स्रोत समझते थे। यही कारण है कि हमारी भारतीय संस्कृति अरण्य संस्कृति रही है।

भारतीय मनीषियों ने सम्पूर्ण प्राकृतिक शक्तियों को ही देवता स्वरुप माना है। ऊर्जा के अजस्र स्रोत सूर्य को देवता मानते हुए सूर्य देवो भव कहा गया है। हम जानते हैं कि सूर्य के बिना इस पृथ्वी पर प्राणी जगत् का अस्तित्व सम्भव नहीं है। सम्भवतः इसी तथ्य को ध्यान में रखकर हमारे मनीषियों ने ऋग्वेद में कहा है कि सूर्य से हमारा कभी भी वियोग न हो-

"नः सूर्यस्य संदृशो मा युयोधाः" (ऋग्वेद, 2/33/1)

यही नहीं सूर्य को स्थावर-जंगम की आत्मा कहकर पुकारा गया है। यथा-

"सूर्य आत्मा जगतस्तस्थुषश्रच" (ऋग्वेद, 1/115/1)

उपनिषदों में भी सूर्य को प्राण की संज्ञा दी गयी है। यथा-

"आदित्यो ह वै प्राणः" (प्रश्नोपनिषद-1/5)

सूर्य प्रकाश हमें निरन्तर प्राप्त होता रहे एवं सूर्य रश्मियों से हमारा जीवन संचारित होता रहे, इस तथ्य को ध्यान में रखते हुए ही घर का द्वार पूरब की तरफ अथवा उत्तर की तरफ रखने का प्रावधान हमारे मनीषियों द्वारा किया गया है। कारण कि इन दिशाओं में सूर्य प्रकाश निरन्तर मिलता रहा है। यथा-

"प्राङ्गमुखमुदङ्ग मुखं वा विमुखतीर्थ कूटागारं कारयेत"

(चरक, शा.अ.14/46)

भारतीय चिन्तन परम्परा में जल संरक्षण की अवधारणा कूट-कूट कर भरी पड़ी है। भारतीय चिन्तन परम्परा में वायु को देवता माना गया है। उपनिषदों में वायु की दैवीय शक्ति की संकल्पना का वर्णन किया गया है, जिसमे कहा गया है कि वायु ही प्राण बनकर शरीर में वास करती है। यथा-

"वायुवै वै प्राणो भूत्वा शरीरमाविशत्।"

वेदों में वायु को औषधीय गुणों से युक्त माना गया है और प्रार्थना की गई है कि 'हे वायु, अपनी औषधि ले आओ एवं यहाँ से सभी दोषों को दूर करो क्योंकि तुम ही सब औषधियों से युक्त हो।' यथा–

"आ वात वाहि भेषजं विवात वाहि पटुपः"।

त्वंहि विश्वभेषजो देवानां दूत ईयसे॥ (ऋग्वेद-137/3)

भारतीय चिन्तन परम्परा में वैदिक मंत्रों के माध्यम से मानव को यह शिक्षा दी गयी है कि वह पशु-पक्षियों को अपने से हेय न समझें एवं नदियों, पर्वतों, वृक्षों तथा प्रकृति के अन्य अँगों में देवी शक्ति का दर्शन करें। इसी दृष्टि से मानव एवं पशु-पक्षी को आश्रय प्रदान करने वाली इस पृथ्वी को माता एवं अपने को उसका पुत्र माना गया है। यथा–

"माता भूमिः पुत्रों अहं पृथिव्याः।"

अर्थात् भूमि हमारी माता है एवं हम पृथ्वी की संतान हैं। यह पृथ्वी हमें अपना पुत्र मानकर उसी तरह निरन्तर अजस्र स्रोत के समान धन-धान्य प्रदान करती रहती है, जैसे कि गाय से दूध मिलता है। यथा–

"सहस्त्रं धारा द्रविणस्य मेदुहां,

ध्रवेत धेनुः अनवस्युरन्ती तथा

मणिं हिरण्यं पृथिवी ददातु में।

पृथ्वी के इस महत्त्व को समझ कर ही पृथ्वी को बार-बार प्रणाम किया गया है। यथा–

नमो मात्रे पृथिव्यैः, नमो मात्रे पृथिव्यैः।

भारतीय चिन्तन परम्परा में वृक्षों को भी देवता माना गया है। भारतीय

आयुर्विज्ञान के अनुसार विश्व में कोई भी वनस्पति ऐसी नहीं है जो औषधि न हो। सम्भवतः इसीलिए 'श्वेताश्वरोपनिषद' में वृक्षों को साक्षात् ब्रह्म के समान माना गया है। यथा–

वृक्ष इव स्तब्धो दिवि तिष्ठत्येकः।

मत्स्यपुराण में भी कहा गया है–

दशकूप समावापी दशवापी समोह्रदः।

दशह्रदः समः पुत्रो, दश पुत्रो समोवृक्षः।

अर्थात् दस कुँओं के बराबर एक बावड़ी, दस बावड़ियों के बराबर एक तालाब है, दस तालाब के बराबर एक पुत्र है एवं दस पुत्रों के बराबर एक वृक्ष है।

वृक्षों के प्रति ऐसा प्रेम एवं अनुराग शायद ही किसी अन्य देश की संस्कृति एवं चिन्तन परम्परा में मिलता हो, जहाँ वृक्ष को पुत्र से भी उच्च दर्जा दिया गया है एवं पूजा की जाती है, वहाँ वृक्षों को काटने की बात तो सोची भी नहीं जा सकती है। सम्भवतः इन्हीं तथ्यों को ध्यान में रखकर वृक्षों को पूजनीय एवं वंदनीय माना गया है एवं "भामिनी विलास" में कहा गया है कि–

"धत्ते भरं कुसुमपत्रफला वली नां धर्मव्यथाँ।

वहाति शीत भवा रुजश्च॥

यो देहमर्पयति चान्यसुखस्य हेतोस्तस्मै।

वादाव्यगुरवे तस्ये नमोस्तु॥"

अर्थात् जो वृक्ष फूल, पत्ते एवं फलों के बोझ को उठाए हुए धूप की गर्मी एवं शीत की पीड़ा को बर्दाश्त करता है एवं दूसरों के सुख के लिए अपना शरीर अर्पित कर देता है, उस वन्दनीय श्रेष्ठ वृक्ष को नमस्कार है। "नृसिंह पुराण" में भी वृक्ष को ब्रह्म स्वरुप मानकर उसे आदर प्रदान किया गया है। **यथा–**

एतद् ब्रह्म परं चौव ब्रह्म वृक्षस्य तस्य तव।

जातक कथाओं में तो वृक्षों को हमारी सभी आवश्यकताओं को पूरा करने वाले कल्पवृक्ष के रूप में कल्पना की गयी है।

सर्वकामदा वृक्षाः।

महाभारत एवं रामायण में कल्पवृक्षों का विवरण प्रस्तुत है। महाभारत के भीष्म पर्व में वृक्ष को सभी मनोरथों को पूरा करने वाला कहा गया है। **यथा–**

'सर्वकामः फलाः वृक्षा।'

महाभारत के आदि पर्व में किसी गाँव के अकेले फले-फूले वृक्ष को चौत्य के समान पूजनीय माना गया ह।

यथा–

एको वृक्षा हियो ग्रामे भवेत पर्णकलान्वितः।
चौत्यो भवति निज्ञांतिर्चनीयः सपूजितः॥

'स्कन्दपुराण' में वृक्ष में विष्णु का वास माना गया हैं–

'एको हरिः सकल वृक्षगतो विभाति।'

'अथर्ववेद' में पीपल के वृक्ष को देवसदन माना गया है–

'अश्वत्थः देवसदन।'

'विष्णु धर्म सूत्र' में कहा गया है कि प्रत्येक जन्म में लगाये गये वृक्ष अगले जन्म में संतान के रूप में प्राप्त होते हैं–

वृक्षारोपयितु वृक्षाः परलोके पुत्राः भवन्ति।

'चाणक्य नीति' में कहा गया है कि एक वृक्ष से वन उसी प्रकार सुन्दर लगता है जिस प्रकार अकेले पुत्र से कुल। यथा–

एकेनापि सुवृक्षेण पुष्पितेन सुगंधिना।
वासितं स्याद वन सर्व सुपुत्रेण कुलं यथा।

'वाराह पुराण' में उल्लेख आया है कि जो पीपल, नीम या बरगद का एक, अनार या नारंगी का दो, आम के पाँच एवं लताओं के दस वृक्ष लगाता है, वह कभी नरक में नहीं जाता।

अश्वस्थमेकं पिचुमिन्दमेकं व्यग्ग्रेषमेकं दसुपुष्पजातीं।
द्वे द्वे दाडिम मातुलुंगे पंचाभ्ररोपी, नरकं न याति॥

तुलसी के पौधे के बारे में कहा गया है जिस घर में तुलसी की नित्य पूजा होती है, उसमें यमदूत भी नहीं आते। यथा–

तुलसी यस्य भवने तत्यहं परिपूज्ये।

तद्‌गृहं नोवर्सन्ति कदाचित यमकिंकरा॥

विष्णुधर्म सूत्र, स्कंदपुराण एवं याज्ञवल्क्यस्मृति में वृक्ष को काटने को अपराध माना गया है और उसके लिए राजा द्वारा दण्ड का विधान बनाया गया है। वृक्षों की तरह ही पशु–पक्षियों की सुरक्षा की भावना भी भारतीय चिन्तन परम्परा में युगों–युगों से निहित है। यही कारण है कि हिंसक एवं अहिंसक तथा विषधर जीव जन्तुओं को भी किसी न किसी देवता का वाहन बनाकर इनकी श्रेष्ठता प्रदान करते हुए इनकी सुरक्षा एवं संरक्षण का प्रावधान किया गया है। यही कारण है कि इन पशु–पक्षियों की भी पूजा का विधान बनाया गया है। गाय एवं बैल तो भारतीय संस्कृति की पहचान हैं। 'बाघ, शेर, चीता, हाथी, चूहा, गरुड़, सर्प, कच्छप, हंस, उल्लू और आदि छोटे एवं बड़े हिंसक एवं अहिंसक सभी जीव–जन्तुओं का सम्बन्ध देवी देवताओं से उनके वाहन के रूप में जोड़कर उन्हें सुरक्षा एवं संरक्षण प्रदान करने की जो उदात्त भावना भारतीय चिन्तन परम्परा में है, वह अन्यत्र कहाँ।

पर्यावरण संरक्षण में 'यज्ञ' भी अहम् भूमिका निभाता है और भारत में 'यज्ञ' करने की परम्परा प्रागैतिहासिक काल से ही रही है। हम जानते हैं कि 'यज्ञ' में जो हवन किया जाता है, उसमें औषधीय पदार्थों का ही प्रयोग किया जाता है, जिसका धुँआ वातावरण में व्याप्त होकर पर्यावरण को शुद्ध करने में अहम भूमिका निभाता है। इन औषधियों के साथ घी आदि के धूम वायुमण्डल को संक्रमण मुक्त करते हैं। इससे पृथ्वी, जल, अग्नि, वायु एवं आकाश की शुद्धि होती है, जिससे मनुष्य की रोग प्रतिरोधक क्षमता में वृद्धि होती है। यज्ञ के दौरान आग में जो घी डाला जाता है, वह समाप्त नहीं होता, अपितु परमाणुओं के रूप में आस–पास के वातावरण में फैला जाता है। हवन में जो कुछ भी डाला जाता है, वह परमाणुओं में टूटकर सम्पूर्ण वायुमण्डल को शुद्ध कर देता है। शक्कर के धुएँ में भी वायु को शुद्ध करने की क्षमता होती है। यज्ञ से वर्षा प्रदान करने वाले बादलों की भी उत्पत्ति होती है। वेदों में भी यज्ञ

हवन क्रिया से व्याधि एवं प्रदूषण निवारण की स्पष्ट व्याख्या की गयी है। प्रकृति देवता की पूजा का एकमात्र माध्यम अग्निहोत्र को ही माना गया है। इस प्रकार स्पष्ट है कि यज्ञ द्वारा शुद्ध एवं स्वच्छ वातावरण का निर्माण होता है। यज्ञ से वातावरण संशोधित होता है एवं परिशोधन होता है।

हम भगवान की पूजा करते हैं, भगवान में भ-भूमि, ग गगन, व वायु, अ-अग्नि, एवं न-नीर की अवधारणा छिपी हुई है। अर्थात् हमारे प्रकृति के मूल पाँच तत्त्वों क्षितिज, जल, पावक, गगन एवं समीर की ही पूजा भगवान के रूप में करते हैं और इस तरह भगवान की पूजा के रूप में प्रकृति के मूलभूत पाँच तत्त्वों की रक्षा के लिए एवं संरक्षण के लिए पूजा करते हैं। पर्यावरण संरक्षण के प्रति इतनी उत्कृष्ट संकल्पना हमें कहीं नहीं दिखायी पड़ती है।

भारतीय संस्कृति में पर्यावरण संरक्षण–

भारत के सांस्कृतिक धरातल पर पर्यावरण का अत्यधिक महत्त्वपूर्ण स्थान रहा हैं। पर्यावरण के संरक्षण में प्राचीन भारतीय परम्पराओं का विशेष योगदान हैं। हमारे मनीषियों ने प्रकृति की समग्र शक्तियों को जीवन दायिनी स्वीकार करते हुए उन्हे देवत्व का स्थान प्रदान किया हैं। आज के भौतिक युग में हमारी ये प्रचीन मान्यताएँ तिरोहित हो गई हैं, जो प्रतीक रूप में हमारी सांस्कृतिक परम्पराओं में सबल आधार स्तम्भ रहे हैं। हमारे पूर्वजों को पर्यावरण में असंतुलन होने पर जगती तल पर बढ़ने वाले खतरों की पर्याप्त जानकारी रही है। वे प्रकृति को मुनष्यमात्र के लिए सर्वाधिक फलदायी मानते थे इसीलिए प्रकृति को जीवन का अभिन्न अँग मानते हुए उसकी पूजा अर्चना की व्यवस्था स्थापित की गई थी। संत पुरुषों ने इसी संस्कृति को अपने आश्रमों और बाहर पल्लवित पुष्पित किया। हमारे धर्मशास्त्रों ने मंत्रोचार से प्रकृति को" सम्बद्ध कर उसे पवित्रता प्रदान की। धरती को मातृवत् मानकर जल, हवा, नदियाँ, पर्वत, वृक्ष और जलाशयों को पूजनीय मानकर उनकी सुरक्षा एवं संरक्षण की व्यवस्था की गई। भूमि के दान से जो लोक प्राप्त होते हैं और जो गौ के दान से बतलाएं हैं, उन्ही लोकों को वृक्ष लगाने से मनुष्य प्राप्त करता हैं। वेदों का संदेश हैं कि मानव शुद्ध वायु में श्वास ले, शुद्ध

जलपान करे, शुद्ध अन्न-फल का सेवन करे, शुद्ध मिट्टी में खेले कूदें और कृषि करे, तब ही वेद प्रतिपादित उसकी आयु "शं जीवेम् शरदः शतम्" हो सकती है। वृक्ष वनस्पति भगवान नीलकंठ का रूप हैं क्योंकि वे विषेली गैसों को पीकर अमृतमयी गैस निकालते हैं। अतः वृक्षों को सींचना भगवान शिव को जल चढ़ाने के समान हैं। वेदों में इस बात का संकेत हैं कि पीपल के नीचे बैठना स्वास्थ्यप्रद हैं तथा पलाश (ढाक) के पेड़ दिन-रात सुगन्ध और प्राणवायु छोड़ते हैं। वृक्ष हमारी संस्कृति की धरोहर हैं इसीलिए अनेक वृक्ष पूज्य माने जाते हैं। तुलसी को विष्णुप्रिया माना गया हैं। विष्णु पुराण में सौ पुत्रों की प्राप्ति से बढ़कर एक वृक्ष लगाना माना गया हैं। भक्त व भगवान के तिलक लगवाने के लिए चन्दन सर्वमान्य हैं। मत्स्य पुराण में दस कुओं, बावडियो, व तालाबो से भी बढ़कर वृक्ष लगाने को विशेष मान्य किया गया हैं। पुराकाल में यदि अपरिहार्य कारणों से किसी वृक्ष को काटना पड़ता था तो वृक्ष से क्षमा माँगने का प्रावधान था। राजस्थान में विश्नोई समाज द्वारा जोधपुर जिले में खेजड़ी के वृक्ष को बचाने हेतु लोगों ने बलिदान दिए हैं। तुलसी का पौधा तो इतना पवित्र माना गया हैं कि हर भारतीय उसे घर में लगाता है तथा उसके विवाह की भी परम्परा भारतीय समाज में रही है। हमारे ऋषि महात्माओं के आश्रम वन खण्डों में स्थित है। अनेक पेड़ों के सम्बन्ध देवी देवताओं से संलग्न किये गये हैं। पीपल में विष्णु वास, नीम को नारायण कहा गया है। बरगद को भगवान शंकर से सम्बद्ध माना और तुलसी को सालिगराम की पत्नी के रूप में स्वीकार किया गया है। वैसाख में पीपल पूजा, कार्तिक में आँवला व तुलसी पूजा, मिगसर मास में कदम्ब के वृक्ष को पूजने की परम्परा रही है। पेड़ों की स्थिति पर भी विचार किया जाता है। नीम का पेड़ गाँव की चौपाल पर और पीपल का पेड़ गाँव के बाहर जलाशय के किनारे शोभायमान होता है। हमारे धार्मिक ग्रन्थों में यह भी उल्लेख हैं कि पीपल, बरगद को ब्राह्मण माना जाता था और उन्हे काटना ब्रह्म हत्या के समान माना जाता है। जिस वृक्ष पर पक्षियों के घौसलें हों तथा देवालय और श्मशान भूमि पर खड़े पेड़ों को नहीं काटना चाहिए जैसे बड़, पीपल, आक, नीम आदि। भारत में आर्यों के आगमन से पूर्व सिंधु घाटी की सभ्यता में प्राप्त मुहरों पर

अंकित चित्रों से स्पष्ट हैं कि सिन्धु घाटी के निवासी वृक्षों की पूजा किया करते थे। प्राचीनकाल से ही पेड़ो को सीचने की परम्परा चली आ रही है। वैसाख महीने में भारतीय नारियाँ व बालिकाएँ पीपल के पेड़ को सींचती हैं। इसके पीछे यही धारणा हैं कि ज्येष्ठ मास की भीषण गर्मी से इन पेड़ों को बचाया जा सकें। पेड़ों के बचाव व संरक्षण हेतु गोचर भूमि, डोली और ओरण आदि व्यवस्थाओं को क्रियान्वित किया गया। मंदिरों के पुजारी वन संरक्षण में अपनी भागीदारी का निर्वहन कर सके। वन्य जीव जन्तु भी हमारे पर्यावरण के प्रमुख अँग माने जाते हैं। इनका सही सन्तुलन होने पर पर्यावरण शुद्ध तथा स्वच्छ रहता है। इनकी सुरक्षा के लिए वन्य जीवों को पूज्य मानकर इनकी पूजा का भी प्रावधान हमारी सांस्कृतिक परम्पराओं में रखा गया है। भारतीय संस्कृति में दस अवतारों में चार अवतार पशुओं व जन्तुओं से सम्बद्ध हैं जैसे मत्स्य अवतार, वराह अवतार, कच्छप अवतार तथा नृसिंह अवतार आदि। विशेषतः गणेश, हनुमान और नागपूजा की व्यवस्था की गई हैं ताकि लोगों में पशु प्राणियों के लिए आस्था अक्षुण्य बनी रहे। गायों की महत्ता को प्रकट करने हेतु गोपाष्टमी, बछबारस का त्यौहार मनाया जाता हैं। गाय किसानों की जीवन धारा है। कृषि भूमि में उत्पादन को हानि पहुँचाने वाले चूहों पर नियन्त्रण रखने वालें सांपों के प्रति श्रद्धा सूचक नाग पंचमी व गोगानवमी का त्यौहार मनाया जाने लगा। पशु पक्षियों के संरक्षण हेतु अनेक परम्पराएँ भारतीय समाज में प्रचलित है। शनिवार के दिन 'कीड़ी नगरा' सींचने की परम्परा में उन चीटिंयों की सुरक्षा की व्यवस्था दी गई है जो हानिकारक उदई तथा बर नियन्त्रण करती है, जो नई मिट्टी बाहर निकालते है। मरे हुए जानवरों की गंदगी को दूर करने वाले कौओं के प्रति श्रद्धा स्वरुप श्राद्ध पक्ष में उनको भोजन खिलाने की परम्परा है। विवाह के समय तोरण लगाने की परम्परा में भी पक्षियों को याद किया है। तोरण पर प्रतीकात्मक रूप से पक्षियों की आकृतियाँ बनाई जाती है। भोजन से पहले एक रोटी अथवा पाँच ग्रास चींटी, कौए, कुत्ते आदि के लिए निकालकर उन्हें जीवित रखने की व्यवस्था प्रकट की गई है। "जल ही जीवन है" अतः जल के शुद्धीकरण एवं पवित्रता बनाये रखने का प्रयत्न"

प्राचीन काल से जल को भारतीय समाज में देवता माना गया है। जल संरक्षण की परम्परा से नदियों को "माता" का स्थान दिया गया है। इनकी पूजा की जाती है। गंगाजल को समस्त संस्कारों में महत्त्वपूर्ण स्थान दिया गया है। कुँआ, बावड़ी, तालाब तथा झीलों के निर्माण की धार्मिक प्रथाएँ रही है। गाँवों में आज भी जल स्त्रोतों को गंदा करने पर सामाजिक प्रतिबन्ध रहता है। लोग शिवरात्रि पर हरिद्वार से कावड़ में गंगाजल लेकर कई मीलों तक यात्रा करते हुए घर पहुँचने की प्रथा चली आ रही है। नदियाँ भूमिगत जल का स्तर ऊँचा उठाती हैं और प्राकृतिक सौन्दर्य में वृद्धि करती है। पृथ्वी पर जल का तीन चौथाई हिस्सा होते हुए भी पीने योग्य जल का हिस्सा 0.33 प्रतिशत हैं। जनसंख्या वृद्धि के साथ-साथ जल संकट बढ़ता जा रहा हैं। अतः जल संरक्षण आवश्यक हो गया है। संसार में पर्यावरण संरक्षण का कार्य सर्वप्रथम ईसा पूर्व तीसरी शताब्दी में सम्राट अशोक ने किया था। प्रकृति की महत्ता को स्वीकारते हुए वन्य जीव जन्तुओं के शिकार पर प्रतिबन्ध लगाया जो आज भी अशोक के शिलालेखों में अंकित है। जल को आदि काल से शुद्ध व पवित्र बनाए रखने का प्रयास किया जाता है। पवित्र नदियों के जल को बड़ी धूमधाम से गृह प्रवेश किया जाता है। गंगा प्रसादी के रूप में भोज का आयोजन होता है। पुरातन जल संसाधनों के रखरखाव पर बड़ा ध्यान था। कुएँ, बावड़ी, झालरों का निर्माण कराना धार्मिक कृत्य माना जाता है। जल स्त्रोतों को गंदा करने पर दण्ड का विधान था। प्राचीन काल में ऋषि आश्रमों में शिक्षा प्राप्ति के साथ साथ विभिन्न प्रकार के पेड़ लगाने तथा उन्हें सिंचित करने का पुनीत कर्म करना आवश्यक था। यदि कोई दंपति निःसंतान होता तो पेड़ लगाने या कुआँ या बावड़ी बनवाने से उससे मुक्ति मिलने की मान्यता थी। धर्मपरायण व्यक्ति जलाशय बनाकर, वृक्षारोपण कर, देवालय बनवाकर धर्म में संवर्धन करते थे। हमारे पुरातन साहित्य में पर्यावरण की महत्ता को विभिन्न प्रकरणों एवं तरीकों से समझाने का प्रयास हुआ है। पर्यावरण सुरक्षा व संवर्धन ने विभिन्न उपायों का उल्लेख हुआ है। तत्कालीन साहित्य में पर्यावरण संतुलन बनाये रखने के अनेक सुझाव प्रस्तुत हुए है। ज्ञान और नीतिपरक पंचतन्त्र की कहानियों तथा जातक कथाओं में वन्य जीवन से सम्बन्धित अनेकानेक प्रसंगों

को उद्घाटित किया गया है। सभी ग्रहों नक्षत्रों के साथ पँचतत्त्वों पृथ्वी, जल, वायु, अग्नि एवं आकाश तथा प्रकृति पर्वत तथा नदी, वन को देवता मानकर उनकी पूजा अर्चना का प्रावधान है। यजुर्वेद में भूमि प्रदूषण पर नियंत्रण हेतु उल्लेख है कि-"पृथिवी मातर्मा मा हिंसीम अहं त्वाम"-यजुर्वेद 10/23अर्थात् हे! माता तुम हमारा पालन पोषण उत्तम रीति से करती हो। हम कभी भी तुम्हारी हिंसा (दुरुपयोग) न करें। रासायनिकों व कीट नाशकों के अति प्रयोग से तुम्हारा कुपोषण न करें बल्कि फसल हेर-फेरकर बोने तथा गोबर, जल आदि से तुम्हें पोषित करें। क्षरण की रोक हेतु वृक्ष लगाये क्योंकि तुम्हारे पोषण पर ही हमारा पोषण निर्भर है। भूमि की उपजाऊ क्षमता न्यून व क्षीण हो गई है तो इस भूमि पर कुछ समय खेती बाड़ी नहीं करे, जिससे प्रकृति, वायु, सूर्य, रश्मि वर्ष भर में उन्हे उर्वरा बना देगें, ऐसे निर्देश वेदों में प्रकट हुए है। पर्यावरण संरक्षण कि दिशा में गुरू पूर्णिमा पर गायत्री परिवार द्वारा 'वृक्ष गंगा महोत्सव' का आयोजन हमारी पारम्परिक अवधारणा को पोषित करने वाला अभियान कहा जा सकता है, जिसमें तरू मित्र और तरू पुत्र यज्ञों का आयोजन प्रस्तावित हैं इस सम्बन्ध में इन सराहनीय सुझावों की क्रियान्विति से पर्यावरण संरक्षण की व्यवस्था को बल मिलेगा। 5 सूखी पहाड़ियों पर तरुपुत्र यज्ञों के माध्यम से वृक्षारोपण द्वारा स्मृति उपवन बनाना। 5 मंदिरों और उद्यानों में वृक्ष वाटिकाओं का निर्माण करना। 5 नदी किनारे खेतों की मेंड़ो आदि पर भूमि कटाव को रोकने हेतु छायादार वृक्ष लगाना। 5 मंदिर व धार्मिक स्थलों पर त्रिवेणी (पीपल, बरगद, नीम), पंचवटी (नीम, पीपल, बरगद, जामुन, आँवला), हरिशंकरी-(बरगद, पीपल, पाकड़) का वृक्षारोपण करना। 5 प्रत्येक गाँव में देवालयों व गोचर भूमि तथा बंजर भूमि में वृक्षारोपण करना।। 5 शिक्षण संस्थानों में तरुमित्र योजनान्तर्गत विद्यार्थियों से वृक्षारोपण कराना। 5 श्मशान घाटों पर धार्मिक महत्त्व के छायादार पेड़ लगाना। 5 राजमार्गों के किनारों पर छायादार वृक्ष लगाना। इस विशेष योजना की क्रियान्विती से हमारी पारम्परिक पर्यावरणीय व्यवस्था को जीवन दान मिलेगा। आज हमारी पुरातन परम्पराएँ और रीति रिवाज समाप्त प्राय: हो गये है। वर्त्तमान सभ्यता और भौतिकता विषबैल इतनी फलित हो गई हैं कि समग्र

संस्कृति को पाला मार गया है। तुलनात्मक दृष्टि से यह देखा जाए तो आज के इस भौतिक युग में मनुष्य अपने व्यक्गित स्वार्थ में अंधा हो गया हैं और हमारी प्राचीन धार्मिक, सामाजिक एवं सांस्कृतिक परम्पराओं की मान मर्यादाओं और भावनाओं को जीवन से तिरोहित करता जा रहा है। पूर्व की हमारी प्रकृति-उपासना की-आस्थाएँ समाप्त हो गई है। जिस श्रद्धा और आस्था के साथ हम प्रकृति की पूजा करते थे, आज वह भावना समाप्त हो गई है। प्रकृति के दोहन से अधिकाधिक अर्थलाभ की भावना में वृद्धि हो गई हैं। वृक्ष पूजा केवल प्रतीकात्मक रह गई है। आज बरगद, पीपल, नीम, आँवला आदि का महत्त्व कम होता जा रहा है। गोचर भूमि पर अत्यधिक अतिक्रमण हो रहे है। वहाँ आवासीय भवन खड़े किए जा रहे है। पशु पक्षियों की जातियाँ लुप्त होती जा रही हैं। हमारे जल स्त्रोत अब बस्ती के कचरादान बनते जा रहे है। जिन नदियों को हम मातृवत् पूजते रहे हैं, अब उनमें कल-कारखानों का प्रदूषित जल प्रवाहित हो रहा है। आज भी हमारी पुरातन पर्यावरण संरक्षण की प्रथाओं को सामाजिक स्तर पर प्रधानता देते हुए, इन परम्पराओं का अनुगमन दृढ़ इच्छाशक्ति के साथ किया जाए तो पर्यावरण संतुलन तथा संरक्षण को प्रगाढ़ता मिलेगी। हिंदू मान्यताओं के अनुसार प्रकृति एवं पुरुष के संयोग से जीवन विकसित हुआ। प्रकृति को माँ एवं पुरुष को पिता माना गया है। संतानोत्पति में पिता का योग तो होता है, किन्तु उसे गर्भ में एवं बाद में भी पालने का कार्य माँ अर्थात् प्रकृति करती है। इस कारण प्राणीजगत् चर एवं अचर सभी की मां पृथ्वी है। पूरे विश्व का लालन-पालन करने के लिए पृथ्वी पर प्रकृति-जन्य वे सभी चीजें, जो उसमें जीवन के लिए आवश्यक हैं, पृथ्वी पर मनुष्य, पशु-पक्षी, पेड़ पौधे एवं अन्य सभी जीव-जंतु एक ऐसे प्रकृति प्रदत्त चक्र से बँधे हुए हैं, जिसमें वे अपने जीवन को सफलतापूर्वक चला सकें। कभी-कभी, दैविक आपदाओं, प्रकृति-जन्य बदलाव के कारण या कभी मानवीय क्रिया-कलापों के कारण प्रकृति-चक्र टूटते हैं, जिससे पर्यावरण असंतुलित होता है और सभी प्राणी असंतुलन से प्रभावित होते हैं। इस असंतुलन से पैदा हुई विषमताओं के कारण बड़ी-बड़ी सभ्यताएँ समाप्त हो गई पशु-पक्षियों, पेड़-पौधों एवं अन्य जीवों की पूरी जाति समाप्त हो चुकी

हैं। वर्त्तमान में भी, पेड़-पौधों एवं पशु-पक्षियों की कई प्रजातियाँ समाप्त हो चुकी हैं। या समाप्त होने के कगार पर हैं और इसमें बहुत बड़ा योगदान मानव जाति के क्रिया-कलापों का है।

गीता का यह 'लोकांश' अश्वत्थ: सर्ववृक्षाणाम्... वृक्षों की पर्यावरण को संतुलित रखने की महती भूमिका को रेखांकित करने का सजीव उदाहरण है कि वृक्षों में भी जीवन है।

गीता में भगवान् कृष्ण का कथन है कि वृक्षों में मैं पीपल हूँ और मत्स्य पुराण में पेड़ों को पुत्रों की संख्या से अभिहित करना पेड़ों के महत्त्व को स्पष्ट करते हैं। हमारी संस्कृति में नीम को पूर्ण चिकित्सक, आँवले को पूर्ण भोजन, पीपल को शुद्ध वायुदात्री, पाकड़ और वट के युग्म वृक्षों को जल संग्राहक एवं वट को पूर्ण घर माना गया है। भारतीय संस्कृति में त्योहारों का विशेष महत्त्व है। अपनी प्राचीन एवं पारम्परिक संस्कृति को जानने के साथ-साथ विभिन्न त्योहारों में वट, पीपल, नीम, आम के पेड़ों, केला एवं तुलसी के पौधे की पूजा तथा गाय, कुत्ता, चिड़ियों यहाँ तक कि कौवों आदि को भोजन खिलाना हमारी संस्कृति का अँग है। यह हमारी प्रकृति एवं मनुष्य के विभिन्न सहभागियों के प्रति जागरुकता का द्योतक है। नदियों एवं पहाड़ों का मानवीयकरण करके हमने उसमें जीवंतता ही नहीं पैदा की वरन् उन्हें अपना हिस्सा बनाया।-

प्रकृति से सामंजस्य स्थापित कर जीवनयापन करने के लिए आध्यात्मिकता को अपने जीवन का अँग बनाकर प्रकृति से केवल आवश्यकता भर प्राप्त करने का मूल मंत्र हमने सीखा है। इस कारण विभिन्न धर्मों-सनातन, जैन एवं बौद्ध धर्म में अन्न को बर्बाद होने से रोकना, अधिक अन्न का संग्रह न करना, अपने शरीर को प्रकृति के अनुरुप ढालना, स्वस्थ शरीर के लिए शुद्ध जल एवं वायु पर निर्भर रहना, पशु-पक्षियों के साथ रहना एवं उनवके प्रति करुणा का भाव रखना आदि पर विशेष जोर दिया गया।

भारतीय संस्कृति में पर्यावरण और वनों की उपयोगिता-

मनुष्य तथा उसके पर्यावरण दोनों परस्पर एक-दूसरे से इतने सम्बन्धित हैं कि उन्हें अलग करना कठिन है। एक प्रकार से मनुष्य प्राकृतिक पर्यावरण

का महत्त्वपूर्ण घटक है। 'ऋग्वेद' चारों वेदों में सबसे प्राचीन है, जिसमें सबसे अधिक मनुष्य तथा उसके पर्यावरण को महत्त्व दिया गया है। 'ऋग्वेद' में 10,427 सूक्त तथा ऋक हैं, जो पद्य के रूप में निहित हैं। इसमें जो ऋचाएँ हैं, वे सभी ईश्वर की स्तुति के लिए हैं। इसमें देवताओं को तीन वर्गों में विभाजित किया गया है। भारतीय संस्कृति मूलतः अरण्यक संस्कृति रही है, अरण्य अर्थात् वन। जन्म से ही मनुष्य का नाता प्रकृति से जुड़ा जाता है। इसी कारण प्रकृति की आराधना तथा पर्यावरण का संरक्षण करना हमारा पुरातन भारतीय चिंतन है। प्रकृति के साथ सह-अस्तित्व की भावना से युक्त जीवन व्यतीत करने वाले वैदिक ऋषियों ने प्राकृतिक शक्तियों वसुंधरा, सूर्य, वायु, जल आदि की भावपूर्ण स्तुति की है।

अथर्ववेद के भूमिसूक्त के स्रष्टा वैदिक ऋषि ने सहस्त्रों वर्ष पूर्व उद्घोषित किया था, 'माता भूमिः पुत्रोऽहं पृथिव्याः' अर्थात् वसुंधरा जननी है, हम सब उसके पुत्र हैं। विश्व में विद्यमान प्रत्येक प्राणी, प्रत्येक वनस्पति एवं प्रत्येक स्पंदनशील प्रजाति पर प्रकृति का बराबर स्नेह है। शायद यही प्रमुख कारण है कि वनों में निवास करने वाले वनवासी-आदिवासी लोगों का पर्यावरण के प्रति आदर व स्नेह सभ्यता की शुरुआत से रहा है।

मनुष्य तथा उसके पर्यावरण दोनों परस्पर एक-दूसरे से इतने सम्बन्धित हैं कि उन्हें अलग करना कठिन है। एक प्रकार से मनुष्य प्राकृतिक पर्यावरण का महत्त्वपूर्ण घटक है। 'ऋग्वेद' चारों वेदों में सबसे प्राचीन है, जिसमें सबसे अधिक मनुष्य तथा उसके पर्यावरण को महत्त्व दिया गया है। 'ऋग्वेद' में 10,427 सूक्त तथा ऋक हैं, जो पद्य के रूप में निहित हैं। इसमें जो ऋचाएँ हैं, वे सभी ईश्वर की स्तुति के लिए हैं। इसमें देवताओं को तीन वर्गों में विभाजित किया गया है–जल, वायु और भूमि देवता। पृथ्वी का अर्थ होता है–पहाड़, पौधे, मरुस्थल, पर्वत, महासागर, नदियाँ, झीलें, वृक्ष, जीव-जंतु, चट्टानें, खनिज पदार्थ, जलवायु, मौसम और ऋतुएँ आदि। स्थली-खण्ड को भूमि अर्थात् सर्वव्यापी मातृभूमि या माँ कहते हैं। यह मनुष्य के कल्याण के लिए सभी प्रकार की चीजें हमें देती हैं। इसे मानव जीवन का अत्यन्त महत्त्वपूर्ण पक्ष माना जाता है। एक प्रकार से मनुष्य पृथ्वी की देन है, परन्तु

वह उसके बिना जीवित भी नहीं रह सकता। एक ओर पृथ्वी मनुष्य की माँ है तो दूसरी ओर वह उसका स्वामी भी है। वैदिक युग में मनुष्य कार्य और मनोरंजन पृथ्वी की शुभकामनाओं एवं आशीर्वाद प्राप्ति के लिए किया करता था, क्योंकि वह उसे अपना घर, परिवार तथा अपना शरीर मानता था। पौधे और वन मनुष्य के जीवन के लिए अत्यन्त उपयोगी हैं, जिनका उपयोग वह आदिकाल से करता आ रहा है। हमारे ऋषियों तथा मुनियों को वृक्षों और वनों के महत्त्व की अनुभूति थी, जिसके कारण उन्होंने उसे धर्म में सम्मिलित करके मनुष्य द्वारा उनके संरक्षण पर बल दिया। अनेक पौधे, वृक्ष तथा वन्य जीव मनुष्य-जीवन के लिए कितने उपयोगी एवं महत्त्वपूर्ण हैं, इसे 'ऋग्वेद' के ऋषियों ने ज्ञान के रूप में हमारे समक्ष रखा है। वे यह जानते थे कि प्राकृतिक स्रोतों का मनुष्य के स्वास्थ्य के लिए अत्यन्त महत्त्व है। यदि इन्हें कोई हानि पहुँचती है तो एक तरह से मानव समाज का ही अहित होगा। शायद यही कारण है कि हिंदू परिवारों में पौधे उनके जीवन के आवश्यक अँग के रूप में स्वीकार किए गए, जिसके अंतर्गत अनेक वृक्षों की पूजा के साथ-साथ उनको पूजा की सामग्री के रूप में भी प्रयुक्त किया गया। कुछ पौधों को औषधि कहकर उन्हें बीमारियों के उपचार हेतु काम में लिया गया। 'ऋग्वेद' में पौधों को लगाना एक नियमित कार्य बताया गया है, जिससे पृथ्वी पर स्वर्ग बनता है। पौधों को देवी-देवताओं से भी सम्बन्धित किया गया, जिससे उपयोगी पौधों तथा वृक्षों का संरक्षण हो सके। 'तुलसी' को भगवान राम, शिव, विष्णु, कृष्ण, लक्ष्मी तथा जगन्नाथ से जोड़कर उसे महाऔषधि बताया गया। इसे को ब्रह्मा, विष्णु, महेश तथा काल के रूप में माना गया। 'अशोक वृक्ष' को बुध, इंद्र, आदित्य और विष्णु के रूप में अभिहित किया गया। 'पीपल' को विष्णु, लक्ष्मी, दुर्गा आदि के रूप में मानकर औषधि के रूप में उसको प्रयुक्त किया गया। इसी तरह 'आम' को गोवर्धन, लक्ष्मी तथा बुध के रूप स्वीकार करके इसके पत्तों को पूजा में रखने का प्रावधान और हवन में समिधा के रूप में इसका प्रयोग किया गया। 'कदम्ब' वृक्षको कृष्ण से और 'बेल' को शिव, महेश्वर, दुर्गा, सूर्य और लक्ष्मी से जोड़ा गया। इस औषधि के रूप में भी प्रयुक्त किया गया। पौधों और वृक्षों की धार्मिक रूप

से पवित्रता और उसकी उपयोगिता को देखकर उसके संरक्षण पर भी महत्त्व दिया गया। प्राचीन काल में हरे वृक्षों को काटना वर्जित था। उस समय का समाज यह भलीभाँति जानता था कि पौधों को काटना और वनों को नष्ट करना, मनुष्य जीवन के लिए अत्यन्त हानिकारक है क्योंकि इनके अभाव में बीमारियाँ फैलती हैं और पर्यावरण प्रदूषित होता है।

वन–ह्रास को रोका जाना चाहिए। इसके लिए हर तरफ से पहल जरुरी है। इसे रोकने के लिए कुछ प्रमुख उपाय निम्न प्रकार हैं–

1. ईंधन की लकड़ी के स्थान पर रसोई घरों में वैकल्पिक ऊर्जा का प्रबन्धन हो।
2. इमारती लकड़ी के फर्नीचर के स्थान पर लोहे या अन्य धातुओं से फर्नीचर सामग्री का निर्माण किया जाए।
3. पर्यावरण की सुरक्षा की दृष्टि से दुर्लभ किस्म के वृक्षों की कटाई पर प्रतिबंध हो?
4. वनों पर आधारित उद्योग–धंधों में कच्चे माल की पूर्त्ति के लिए सामाजिक वानिकी योजनाओं को क्रियान्वित करना।
5. सामाजिक वानिकी, कृषि वानिकी तथा वन खेती से वनों के क्षेत्रफल की आपूर्त्ति की जाए।
6. स्थानांतरणशील कृषि (झूमिंग कृषि) पर प्रतिबंध लगाया जाए।
7. चरागाहों के क्षेत्र संकुचन पर रोक लगाई जाए।
8. शवों की दाह–क्रिया में प्रयोग की जाने वाली लकड़ी के विकल्प के रूप में विद्युत या सी. एन. जी. शवदाह गृहों का निर्माण करके लोगों में आधुनिक चेतना की संवृद्धि की जाए।।
9. होली, लोहड़ी, तथा अन्य त्योहारों के समय लकड़ी को व्यर्थ न जलाया जाए। इसके लिए लोगों की धार्मिक भावनाओं व सांस्कृतिक मान्यताओं को बदलने के लिये पहल की जाए।
10. पशु संख्या नियन्त्रित की जाए और वन्य जीवों के संरक्षण के लिए अभ्यारण्यों का विकास कर दोहरा लाभ प्राप्त किया जाए।

11. ढालू भूमि पर वृक्षों की कटाई को रोका जाए।
12. कृषि योग्य भूमि के विस्तार के लिए अनावश्यक तौर पर वनों के ह्रास को रोका जाए। इसके लिए कड़े कानून बनाकर उनका सख्ती से पालन भी किया जाए।
13. ऐसी नदी घाटी परियोजनाओं तथा बाँध-पुलों आदि की अनुमति नहीं दी जानी चाहिए जिनके कारण वन क्षेत्र डूब जाता है।।
14. वृक्षों की चयनात्मक कटाई तथा शेष रहे जंगलों की रक्षार्थ वनों के ह्रास को रोका जाए।
15. प्राकृतिक वन क्षेत्रों के स्थान पर वृक्ष तथा फलों के उद्यान लगाने से भी वन-विनाश पर अँकुश लगाया जा सकेगा और मानव को रसीले व स्वास्थ्यवर्धक फलों की प्राप्ति भी होगी। हिमाचल प्रदेश में सेब की खेती से वनों के ह्रास में वृद्धि और सेबों की पैकिंग करने के लिए वृक्षों की कटाई की जाती है, जिस पर रोक लगे तथा उसके अन्य विकल्प ढूँढे जाएँ।
16. वनों की रक्षा के लिए सामाजिक आंदोलनों को संगठित रूप से चलाया जाए। गढ़वाल, हिमाचल में श्री सुंदरलाल बहुगुणा द्वारा चलाया गया 'चिपको आंदोलन' एक ऐसा ही जन आंदोलन है, जिसकी महत्ता को हर कोण से समझा जाना चाहिए।–
17. वनों के महत्त्व और उसकी उपयोगिता बताने के लिए जनसाधारण में विज्ञापनों एवं जन-संचार माध्यमों द्वारा जागृति और चेतना का प्रादुर्भाव किया जाए। 'तरु देवो भव' जैसी उक्तियों का सहारा लेकर हम निश्चित ही वन ह्रास को रोकने में कुछ सफलता अवश्य ही प्राप्त कर सकेंगे।

मनुष्य जन्म से ही प्रकृति की गोद में अपना विकास व जीवन व्यतीत करता रहा है। वन और धरती पर चारों तरफ फैली हरियाली मानव के जीवन को न केवल प्रफुल्लित करती है, अपितु उसे सुख-समद्धि से संपन्न करके उसे स्वास्थ्य भी प्रदान करती है। वनों का संरक्षण किया ही जाना चाहिए, इसी

में पूरी मानव जाति का हित निहित है। वन संरक्षण के लिए सरकारी स्तर पर किए जा रहे कार्यों एवं उद्देश्यों की पूर्त्ति के लिए जरुरी है कि देश के आम नागरिक भी आगे बढ़कर इसमें अपनी अहम् भूमिका का निर्वहन करें, जिससे हमारी आने वाली संततियाँ शुद्ध वातावरण में खुशहाल जीवन व्यतीत कर सकें। हमारे चारों ओर दिखाई देने वाले वातावरण को भौतिक पर्यावरण कहते हैं। यह कई बार बहुत मनोहारी दृश्यों, मंदिरों के भवनों एवं इसके आस पास के हरियाली भरे वातावरण के माध्यम से हमारे सामने रहता है। यह हरियाली भरा वातावरण एवं मंदिर के विशाल भवनों की अनूठी कला इतनी मनमोहक रहती है कि हम लोग उन्हें बार-बार देखने के लिए लालायित हो उठते हैं एवं ऐसे स्थान पर्यटन के केंद्र के रूप में उभर कर सामने आ जाते हैं। जैसे भारत में केदारनाथ, बद्रीनाथ, वैष्णोदेवी, हरिद्वार, काशी, अयोध्या, कन्याकुमारी, मीनाक्षी मंदिर, तिरुपति बालाजी, जगननाथ पुरी, आदि। प्राचीन काल में ऐसे केंद्रो को विकसित करने में भारतीय बहुत रुचि लेते थे और भौतिक पर्यावरण को उच्च श्रेणी का बनाए रखकर अन्य स्थानों से लोगों को आकर्षित करते थे। भारतीय संस्कृति में पर्यावरण को विशेष महत्त्व दिया गया है। प्राचीन काल से ही भारत में पर्यावरण के विविध स्वरुपों को "देवताओं" के समकक्ष मानकर उनकी पूजा अर्चना की जाती है। पृथ्वी को तो "माता" का दर्जा दिया गया है। "माता भूमिः पुत्रो अहं पृथिव्या" अर्थात् पृथ्वी हमारी माता है एवं हम सभी देशवासी इस धरा की संतान हैं। इसी प्रकार पर्यावरण के अनेक अन्य घटकों यथा पीपल, तुलसी, वट के वृक्षों को पवित्र मानकर पूजा जाता है। अग्नि, जल एवं वायु को भी देवता मानकर उन्हें पूजा जाता है। समुद्र, नदी को भी पूजन करने योग्य माना गया है। गंगा, यमुना, कावेरी, गोदावरी, सिंधु एवं सरस्वती आदि नदियों को पवित्र मानकर पूजा जाता है। हमें, हमारे पूर्वजों द्वारा पशु एवं पक्षियों का भी आदर करना सिखाया जाता है। इसी क्रम में गाय को भी माता कहा जाता है।

उक्त वर्णन के अनुसार भारतीय संस्कृति में तो पर्यावरण एवं मानवीय जीवन में चोली दामन का साथ दिखाई देता है। उचित पर्यावरण के अभाव में तो मानव जीवन ही सम्भव नहीं है। अतः मानव जीवन के अस्तित्व के

लिये उचित प्राकृतिक परिवेश का होना अति आवश्यक है। भारतीय समाज आदिकाल से पर्यावरण संरक्षक की भूमिका निभाता रहा है। भारतीय संस्कृति में हमारे पूर्वजों द्वारा प्रकृति प्रेम को सर्वोपरि रखा गया है। इसके पीछे मुख्य कारण यह है कि हमारे वेदों, उपनिषदों, पुराणों एवं धार्मिक ग्रन्थों में पेड़-पौधों एवं अन्य जीव-जंतुओं के सामाजिक महत्त्व को बताते हुए उनको परिस्थिति से जोड़ा जाता है। प्राचीन युग में विभिन्न दार्शनिकों, शासकों और राजनेताओं ने प्रकृति के प्रति जागरुकता दिखाई है।

"द्यौः शान्तिरन्तरिक्षं शान्तिः पृथिवी शान्ति रापः शान्ति रौषधयः शान्ति। वनस्पतयः शान्तिर्विश्वेदेवा शान्तिर्ब्रह्मं शान्तिः सर्वशान्तिदेव शान्तिः सामा शान्तिरेधि। 2।"

यजुर्वेदः (वैदिक शान्ति पाठ)–

भारतीय संस्कृति व चिन्तन में पर्यावरण का वह महत्त्व है जो मानवीय शरीर में आत्मा का होता है। प्रकृति ने ही भारतीय संस्कृति को नया आयाम दिया है। चूँकि संस्कृति के सरोकार माने जाने वाले सभी धार्मिक व लौकिक पर्व प्रकृति से जुड़े हुए है। वैदिक काल से उत्तर वैदिक काल तक प्रकृति के महत्त्व को देखें तो स्पष्ट होता है कि तब मूर्त्तिपूजा का महत्त्व नहीं था। वैदिक कालीन मानव प्रकृति को जीवनदात्री समझता था। तथा उसके सभी घटकों जैसे-अग्नि, वायु व जल इत्यादि को सुरसम्य मानकर पूजता था। क्योंकि वह इसके हितसाधन का माध्यम बन चुकी थी। कृषि से लेकर सभी जीवकोपार्जन की सामग्री व वस्तुओं को वह प्रकृति से प्राप्त करता था। इसका तात्पर्य यह नहीं कि वैदिक कालीन मानव स्वार्थता से लिप्त था अपितु उसका उद्देश्य पर्यावरण संरक्षण भी होता था। जब वैदिक कालीन समाज पर्वों व शुभ अवसरों पर प्रकृति का पूजन करता था। तो इससे प्रकृति प्रेम का भाव स्फुटित होता था। यह भाव ही पर्यावरण संरक्षण का बुनियादी आधार बनता था।

अनादिकाल से पर्यावरण संरक्षण का भाव भारतीय चिन्तन के केन्द्र में रहा है। चाहे वह पौराणिक हो या मध्यकाल हो या आधुनिक काल। बल्कि पौराणिक काल में हमें यह भी देखनें को मिलता है कि भारतीय वैदिक

साहित्य में कुछ पुराण प्राकृतिक घटकों जैसे–अग्नि, वायु व वरुण इत्यादि के नाम पर रखे गये हैं। जिनका उद्देश्य अग्नि, वायु व वरुण का उल्लेख करना ही नहीं बल्कि उसके महत्त्व को रेखांकित करते हुए घटक की पवित्रता सर्व स्थापित करना। ताकि समाज पर्यावरण संरक्षण को धर्म की आज्ञा माने और इसमें अपने योगदान को ईश्वरीय सेवा के समान मानें।

पर्यावरण को संरक्षित करने के लिए यह जानना भी आवश्यक है कि पर्यावरण के निर्माणकारी समस्त तत्त्वों की सृष्टि किस क्रम में और किस प्रकार हुई और उसके कारक तत्त्व कौन से हैं, तभी पर्यावरण के समस्त रहस्यों को समझा जा सकता है। वैदिक ऋषियों ने ही सर्वप्रथम पर्यावरण पर चिंतन करते हुए, सृष्टि को प्रारम्भिक अवस्था में जिस रूप में देखा, उसका वर्णन ऋग्वेद की ऋचाओं 'नासदासीत्रो सदासीत्तदानी...' (ऋग्वेद,10/129,1–7) में उपलब्ध होता है। जहाँ ऋषि कहते हैं कि सृष्टि के आरम्भ में न सत् था न असत् फिर ब्राह्मण ग्रन्थों (पृ.158) में भी पुनः प्रश्न उठाया गया कि कौन जानता है यह सब ? और कौन उसका वर्णन ही कर सकता है? किन्तु इसके सम्पूर्ण समाधान के लिए ऋग्वेद संहिता में मंत्र है, 'हिरण्यगर्भः समवर्तताग्रे' (ऋग्वेद, 10/121/1) जिसमें सृष्टि के विकास–क्रम को बताया गया है कि सर्वप्रथम जीवों का स्वामीभूत हिरण्यगर्भ अस्तित्व में आया और उसी से सृष्टि का अविच्छिन्न विकास हुआ आदि–आदि। विज्ञान के अनुसार प्रकृति सदैव तीन रुपों में विद्यमान रहती है–कण, प्रतिकण एवं विकिरण। चाहे वह सृष्टि उत्पत्ति का समय हो या अन्य कोई समय। वैदिक सिद्धांत के अनुसार प्रकृति में मूल तीन वर्ग, 'त्रयः कृण्वति भुवनस्य रेत' (ऋग्वेद, 7/33/7) विद्यमान हैं। ये हैं वरुण, मित्र और अर्यमा। इनकी संयुक्त सत्ता को अदिति कहा गया है,जो अनादि एवं अखंड सत्ता है। व्यक्तिगत रूप से ये आदित्य कहलाते हैं। ये अनादि शाश्वत सत्ता के अँगभूत हैं। अर्यमा उदासीन कण है, जो विज्ञान की विकिरण के फोटांस के अनुसार है। वरुण और मित्र प्रकृति का द्रव्य भाग बनाते हैं तथा विज्ञान के कण–प्रतिकण का प्रतिनिधित्व करते हैं तथा वे विपरीत आवेश (चार्ज वहन करते हैं। वैदिक अवधारणाओं के अनुसार सृष्टिकाल से दृश्य जगत् तक भौतिक पदार्थ पाँच अवस्थाओं में निष्क्रमण करते हैं।

भारतीय वैदिक व पौराणिक साहित्य-चिन्तन में प्राकृतिक घटकों से कल्याण की अभिलाषा को स्वस्ति कहा गया है। इस पर आचार्य सायण एवं नैरुक्त विचार है कि अप्राप्य वस्तु की प्राप्ति योग है एवं प्राप्ति का संरक्षण क्षेम है (ऋग्वेद, 5/51/11)। अतएव सहज-सुलभ व सरल प्राकृतिक घटकों का सुरक्षित रहना स्वस्ति है। इस प्रकार पर्यावरण को संरक्षित रखने की उदात्त भावनाएँ हमें अनेक स्थलों पर देखने को मिलती हैं (ऋग्वेद, 5/51/11, 5/51/13, 5/51/14 तथा 10/7/1)।।

प्राचीन वैदिक ऋषियों व विद्वानों ने उन समस्त पर्यावरणीय उपकारक तत्त्वों को देवसम्य बताकर उनके महात्म्य को अभिव्यिक्त तो किया ही है, साथ ही साथ मानवीय जीवन में उनके पर्यावरणीय महत्त्व को भी स्वीकार किया है। इन देवताओं के लिए मनुष्य का जीवन ऋणी हो गया और वैदिक व शास्त्रीय परिकल्पनाओं व अवधारणाओं ने मानव को पितृऋण और ऋषिऋण के साथ-साथ देवऋण से भी उन्मुक्त होने की ओर संकेत किया है। वह देवऋण से मुक्त होने के लिए भी कर्त्तव्य करें। ऋषियों ने उसके लिए यह मर्यादा व सीमाएँ स्थापित की है। पर्यावरण को संतुलित रखने के लिए जिन देवताओं की महत्त्वपूर्ण भूमिका है उनमें-सूर्य, वायु, वरुण (जल) एवं अग्नि देवताओं से रक्षा की कामना की गई है। ऋग्वेद (1/158/1,7/35/11) तथा अथर्ववेद (10/9/12) में दिव्य, पार्थिव और जलीय देवों से कल्याण व मंगल की कामेच्छा स्पष्ट रूप से उल्लिखित है।

पर्यावरण के घटकों में समन्वय होना ही सुख, शांति व समृद्धि का आधार है। दूसरे शब्दों में कहें तो पदार्थों का परस्पर सामंजस्य ही शांति है। प्राकृतिक घटकों में सुख, शांति, वैभव व समृद्धि की भावनाएँ अनेक स्थलों पर हमें उपलब्ध होती हैं। जैसे-पृथ्वी हमारे लिए कंटकहीन और उत्तम रहने योग्य हो (ऋग्वेद,7/35/3 तथा यजुर्वेद 36/13)। हमारे दर्शन के लिए अंतरिक्ष शांतिप्रिय हो (ऋग्वेद,10/35/5)। वह आकाश जिसमें बहुत पदार्थ रखे जाते हैं, हमारे लिए सुखगामी हो (ऋग्वेद, 7/35/2)। भास्कर अपने विस्तृत तेज के साथ हमारे लिए सुख करने वाला हो (ऋग्वेद, 10/35/8)। सूर्य, हमारे लिए सुखकारी तपे (यजुर्वेद, 36/10), चन्द्रमा हम लोगों के लिए

सुखरुप हो (ऋग्वेद, 7/35/7)। नदी, समुद्र और जल हमारे लिए सुखगामी हो (ऋग्वेद, 7/35/8)। पीने का जल और वर्षा का जल हमारे लिए कल्याणकारी हो (यजुर्वेद, 36/ 12)। जलधाराएं तुम्हारे लिए अमृत वस्तुएँ बरसाएँ (अथर्ववेद, 8/6/5)। ज्योतिर्मय अग्नि हम लोगों के लिए सुखमयी हो (ऋग्वेद, 7/35/4)। अग्नि दु:खदायक रोगादि को और अनावृष्टि आदि दु:खों का शमन व भंजित करती है (सामवेद मंत्र-4)।

इसी प्रकार पर्यावरण के विभिन्न घटकों के लिए शुभ आकाँक्षाएं की गई हैं। जैसे-शीघ्र चलने वाली वायु हम लोगों के लिए सब ओर से सुखरुप होकर बहे (ऋग्वेद, 7/35/4)। पवन हमारे लिए सुखकारी चले (यजुर्वेद, 36/10)। पूर्व आदि चारों दिशाएँ व विदिशाएँ हमारे लिए सुखरुप हों (ऋग्वेद,7/35/8)। समस्त दिशाएं हमें मित्रवत सुख दें (अथर्ववेद, 19 / 15 / 16)। विशेष दीप्ति वाली उष्माएँ हमारा कल्याण करें (ऋग्वेद 7/35/10) दिन और रात्रि हमारे लिए सुखकारी हो (यजुर्वेद 36/11)। हम दिन और रात में अभय रहें (अथर्ववेद, 19/15/16)। मेघ हम प्रजाजनों के लिए शांतिप्रद हों (ऋग्वेद, 7/35/10)। बिजली और गरज के साथ शब्द करते हुए पर्जन्य (मेघ) देव की वर्षा कल्याणकारी हो (यजुर्वेद, 36/10),

पर्यावरण,प्रकृति व प्रगति के मध्य अन्त:सम्बन्ध है जिनके प्रति मानवीय दृष्टिकोण साँस्कृतिक विरासत से विकसित होता है और इस सन्दर्भ में भारतीय संस्कृति की वैश्विक भूमिका प्राचीन काल से मानी गई हैं। पर्यावरण अध्ययन व पर्यावरण संरक्षण भारतीय संस्कृति के अभिन्न अँग रहे हैं। बाल्मीकि रचित रामायण से लेकर विश्वकवि तुलसीदास कृत श्री रामचरितमानस ग्रन्थ में पर्यावरण संरक्षण का विस्तृत उल्लेख मिलता है। यह तुलसीदास द्वारा रचित दोहे में स्पष्ट दिखाई पड़ता है–

"रीझि-खीझी गुरुदेव सिष सखा सुविहित साधू।
तोरि खाहु फल होई भलु तरु काटे अपराधू॥"

अर्थात्

तुलसीदास ने वृक्ष से फल खाना तो उचित माना बस वृक्ष को काटना

अपराध माना है। त्रेतायुग में भी श्रीराम ने भी चौदह वर्ष का वनवास अपने सौभाग्य के कारण माना जो उनके प्रकृति प्रेम को इंगित करता है। तभी वो मर्यादा पुरुषोत्तम की पदवी को पाए। साथ ही साथ उन्होंनें वनवास अवधि के मध्य स्थानीय राजाओं के प्रलोभनों अर्थात् रात्रि विश्राम के प्रस्तावों को ठुकराया और अपनी इस अवधि में प्रकृति की गोद में बैठना स्वीकार किया। पर्यावरण संरक्षण व प्रकृति प्रेम का संदेश श्री राम ने अपने वन प्रवास के समय सीता जी व लखन जी के साथ विस्तृत पौधारोपण करके दिया–

"तुलसी तरुवर विविध सुहाये।
कहुँ कहुँ सिएँ कहुँ लखन लगाये।।"

द्वापर युग में तो भगवान श्री वासुदेव का बाल्यकाल प्रकृति की गोद में बीता। उन्होंनें तो पग–पग पर पर्यावरण संरक्षण के संकेत दिए। उनका बचपन का कालखण्ड कदम्ब का वृक्ष, यमुना, धेनु व लताओं को केन्द्र में रहकर गुजरा जो कहीं न कहीं भारतीय चिन्तन का केन्द्र बन गया। आगामी युग पूर्व मध्यकाल के कृष्ण भक्त कवियों ने राधा–कृष्ण के सौन्दर्य चित्रण के साथ–साथ प्रकृति व पर्यावरण की रुपरेखा को जोड़ा जिससे माधुर्यता का समावेश सौन्दर्य में हो गया। काव्य की माधुर्यता व सौष्ठवता प्रकृति चित्रण के बिना अकल्पनीय है। परवर्ती साहित्य तक कृष्ण भक्ति काव्य का प्रभाव परिलक्षित होता है। जो आज भी हमें कवि व साहित्यकारों के साहित्य में दिखाई देता है। कृष्ण कवियो के इस प्रकृति चित्रण ने पर्यावरण संरक्षण की नींव रखी। उनके काव्य में वर्णित काव्य पंक्तियों में प्रकृति उल्लेख से प्रभावित होकर सामान्य जन ने पर्यावरण के महत्त्व को समझा। एक कृष्ण भक्त कवि की पंक्ति में यह स्पष्ट होता है।

"तब ये लगति अति सीतल।
अब भई विषम ज्वाल की पुंजें।।"

अर्थात–

कवि को वृक्षों की लताएँ बहुत ही सुन्दर व शीतल लगती हैं।

550 ई0पू0 के लगभग महाराज सिद्धार्थ के पुत्र वर्धमान ने भी प्रकृति को ईश्वर का साकार प्रतिबिम्ब माना। उन्होंनें कहा है कि प्रकृति बिना किसी स्वार्थ व भेदभाव के सृष्टि के समस्त प्राणियों की जीवकोपार्जन व सभी मूलभूत आवश्यकताओं की पूर्त्ति करती है। ये वर्धमान ही अपने इस प्रकृति प्रेम व प्रकृति के प्रति वचनवद्धता के कारण महावीर स्वामी बनें। इन्होनें अपने मत जैन मत की पूजा पद्धति में पवित्र साल वृक्ष को जोड़ा और महावीर स्वामी बनकर जैन मत के मूलभूत सिद्धान्तों को प्रतिपादित किया। जैन धर्म में साल वृक्ष को ज्ञान प्राप्ति का प्रतीक माना जाता है।

600 ई0पू0 के लगभग महाराज शुद्धोधन के पुत्र सिद्धार्थ को जब वास्तविक जीवन का बोध हुआ तो ये ब्रह्मज्ञान की प्राप्ति के लिए निकल पड़े लेकिन इन्होनें आश्रय एक वृक्ष के ही नीचे लिया और यहीं से इन्हें ज्ञान की प्राप्ति हुई। बाद में यही सिद्धार्थ बौद्ध धर्म के संस्थापक गौतम बुद्ध बने। अपितु यह वृक्ष आगे चलकर ज्ञान का प्रतीक समझा जाने लगा। वह वृक्ष पीपल वृक्ष था जिसे बोधिवृक्ष भी कहा जाता है। इस वृक्ष की बुद्धदर्शन में बड़ी मान्यता है। बुद्ध मत में न केवल इसकी आस्थात्मक व भावात्मक मान्यता है बल्कि इसका वैज्ञानिक व तार्किक महत्त्व भी अभिव्यिक्त किया गया है। इस प्रकार विभिन्न मत-मतान्तर में होने वाली वृक्षों की आध्यात्मिक व्याख्या पर्यावरण के लिए लाभदायी सिद्ध हुई। कालान्तर में बौद्ध मतावलम्बियों नें पर्यावरण संरक्षण का वीड़ा उठाया व इसके लिए सभी को प्रेरित भी किया। भारत की रज में पल्लवित हुए विभिन्न मतों में प्रकृति प्रेम स्वाभाविक समाया हुआ है। जो अपने-अपने मतावलम्बियों को पर्यावरण संरक्षण के लिए प्रेरित करता है-

भारतीय संस्कृति का एक-एक पर्व पर्यावरण संरक्षण व प्रकृति प्रेम की ओर संकेत करता है। चाहे वो रक्षाबन्धन हो या मकर संक्रांति या हरियाली तीज हो। जैसे-एक उत्तर भारत का प्रसिद्ध लोकपर्व 'वट अमावस्या' है। जिसमें सुहागिन माताएँ वटवृक्ष की आराधना व पूजन करती हैं। तथापि इसका आध्यात्मिक आधार तो यह है कि अपने पति की आयु को माँगना अर्थात् दीर्घायु की कामना करना। परन्तु इसका मौलिक व भारतीय चिन्तन तो कुछ

और है। वट पूजन से हमारी माताएँ यह आस्थावादी संकेत सम्पूर्ण जगत् को देती है कि इस वृक्ष के पूजन से पति परमेश्वर की दीर्घायु मिलेगी इसलिये वृक्षोन्मूलन मत करो। इसका पौराणिक महत्त्व है। यही कारण है कि भारतीय चिन्तन के प्रमुख केन्द्र प्रकृति व पर्यावरण रहे हैं।

प्राकृतिक घटकों में ईश्वर के साकार स्वरुप की अवधारणा मात्र इस ओर संकेत करती है कि हम इनकी रक्षा करें, इनसे स्नेह रखें और स्वस्थ, सुव्यवस्थित जीवनयापन करते हुए पर्यावरण की यथाशक्ति रक्षा करें। उक्त बिंदुओं को यदि हम नैतिकता-अनैतिकता के बन्धन में न भी बाँधें तो भी ये प्रकृति और प्राकृतिक संसाधनों के संरक्षण के संवाहक से प्रतीत होते हैं। भारतीय वैदिक व पौराणिक चिंतन-धारा की यही महत्त्वपूर्ण विशेषता है, जो इस प्रदूषण-अभिशप्त सदी में हमें अपने गौरवशाली अतीत की ओर बार-बार सम्मोहित करती है।

अन्ततः पर्यावरण संरक्षण के लिए भारतीय संस्कृति अनादिकाल से ही कटिबद्ध रही है। और भारतीय चिन्तकों का पर्यावरण संरक्षण के लिए जो योगदान रहा है वह बहुत ही सराहनीय है। यहाँ तो हर चीज पूजनीय थी, पेड़, नदी, पर्वत, पशु, पक्षी, मेघ, सूर्य, बस नई सोच और वेस्टर्न शिक्षा ने सब बदल दिया।

उपसंहार–

वैदिक संस्कृति में प्रकृति प्रेम और उसका संरक्षण एक महत्त्वपूर्ण कार्य है। भूमि को प्रदूषण से बचाने के लिए हरियाली के प्रयोग की ओर संकेत किया गया है। नदियाँ प्रदूषणरहित हों, ऐसी उदात्त कामना की गई है। जल और वायु शुद्धि के लिए वनौषधि और यज्ञ को उपयुक्त माना है। आकाशीय शब्द की तारता, तीव्रता अथवा मंदता का प्रभाव पर्यावरण पर पड़ता है। संतुलित प्रयोग एवं मौन साधना तथा वाणी के संयम से किसी भी प्रकार की तीव्र ध्वनि का विस्तार रोका जाना चाहिए।

निष्कर्षतः क्रियात्मक-अध्यात्म का परिपालन, विरासत की सुरक्षा और तृष्णा पर अंकुश लगाकर ही पर्यावरण को बचाया जा सकता है। आज जरुरत

है। प्रदूषण रहित तकनीक की। विवादहीन प्रगति ही सही विकास है। आज पूरा विश्व पर्यावरण प्रदूषण पर चिंतन कर रहा है। हम आशा करते हैं कि आने वाली सदी प्रदूषणरहित पर्यावरण की सदी होगी। प्राचीन काल में मानव जब प्रकृति के संरक्षण में रहता था और प्रकृति के साथ सामंजस्य बनाकर रहता था, पर्यावरण प्रदूषण एवं पारिस्थितिकी असंतुलन सम्बन्धी कोई भी समस्या नहीं थी। किन्तु जैसे-जैसे मानव विकास की दौड़ में आगे बढ़ता गया, प्राकृतिक संसाधनों का दोहन एवं शोषण तीव्र गति से बढ़ता गया, जिससे एक तरफ जहाँ पारिस्थितिकी असंतुलन में वृद्धि हुई, वहीं दूसरी तरफ मानव की भोगवादी प्रवृत्ति एवं विलासितापूर्ण जीवन में पर्यावरण के प्रत्येक पक्ष को प्रदूषित करने में अहम् भूमिका निभाई, जिससे अब मानव का अस्तित्व ही संकट में पड़ता नजर आ रहा है, क्योंकि प्रकृति ने मानव के कुकृत्यों का बदला लेना प्रारम्भ कर दिया है और हम ही शिकारी, हम ही शिकार वाली कहावत चरितार्थ हो रही है। किन्तु प्रश्न यह उठता है कि इस बढ़ते पर्यावरण प्रदूषण एवं पारिस्थिति के असंतुलन को कैसे दूर किया जाये एवं किस तरह से पर्यावरण एवं पारिस्थितिकी की सुरक्षा की जाये। वैसे तो हमारी भारतीय चिन्तन परम्परा में पर्यावरण संरक्षण की अवधारणा अनादि काल से चली आ रही है और सम्भवत: यही कारण है कि अपने देश में पर्यावरण प्रदूषण एवं पारिस्थितिकी असंतुलन की समस्या अन्य देशों से कम है। हमारी भारतीय संस्कृति प्राकृतिक अनुराग एवं प्रकृति संरक्षण की चिन्तन धारा है। हमारी भारतीय चिन्तन परम्परा में प्रकृति प्रेम इस तरह समाया एवं रचा-बसा हुआ है कि प्रकृति से जुदा अस्तित्व की बात सोच भी नहीं सकते हैं। हमारे भारतीय ऋषि-मुनि इतने उच्च कोटि के वैज्ञानिक थे कि उन्होंने जड़-चेतन सभी तत्त्वों की सुरक्षा एवं संरक्षण के लिए विधान बनाये हैं। यही कारण है कि पर्यावरण संरक्षण एवं पारिस्थितिकी संतुलन की बात हमारे प्राचीन भारतीय साहित्य में कूट-कूट कर भरी पड़ी है। चूँकि अपने देश की जनता धार्मिक एवं आध्यात्मिक प्रकृति की रही है इसीलिए प्रकृति के सभी अँगों (तत्वों) में किसी न किसी देवी-देवता का अंश मानकर उनकी सुरक्षा एवं संरक्षण हेतु पूजा का विधान बना दिया गया। हमारे भारतीय मनीषियों ने सम्पूर्ण प्राकृतिक

शक्तियों को आराध्य माना है और उनके संरक्षण की अवधारणा को प्रस्तुत किया है।

इस प्रकार स्पष्ट है कि भारतीय चिन्तन परम्परा में जल एवं पर्यावरण संरक्षण की अवधारणा कूट-कूट कर भरी पड़ी है। किन्तु अफसोस तो इस बात का है कि आज हम अपनी इस विरासत को भूलते जा रहे हैं, जो कि हमारे जीवन में रचा-बसा था एवं हमारे जीवन का क्रम था। यदि आज पुनः हम भारतीय चिन्तन परम्परा का अनुशीलन करते हुए अपना जीवन निर्वाह करें, तो निश्चित है कि पर्यावरण संरक्षण को बल मिलेगा एवं पारिस्थितिकी संतुलन बना रहेगा। प्राचीन काल से ही पर्यावरण का बहुत महत्त्व रहा है, वास्तव में प्रकृति का संरक्षण ही उसका पूजन है। हमारे भारत में पर्वत, नदियां, वायु, आग, ग्रह नक्षत्र, पेड़ पौधे आदि सभी से मानवीय सम्बन्ध जोड़े गए हैं।

वृक्षों को संतान स्वरुप और नदियों को माँ स्वरुप माना गया है। हमारे ऋषि मुनियों को ज्ञात था कि मानव स्वभाव कैसा होता है, मानव अपने लालच में किसी भी हद तक जा सकते हैं इसलिए उन्होंने प्रकृति के साथ मानवीय सम्बन्धों को विकसित किया।

वे जानते थे कि पर्यावरण ही पृथ्वी पर जीवन का आधार है। अतः उन्होंने अपने ग्रंथो में प्रकृति और पर्यावरण के संरक्षण की ही बात कही। वेदों में भी कहा गया है-

'पूर्णमदः पूर्णामिदं पूर्णात्पूर्णमुदच्यते।
पूर्णस्य पूर्णमादाय पूर्णमेवावशिष्यते॥'-

अर्थात् हमें प्रकृति से उतना ही ग्रहण करना चाहिए, जितना की आवश्यक है। प्रकृति को पूर्णता से नुकसान नहीं पहुँचना चाहिए। हमारी माता और दादी इसी भावना से बिना पौधों को नुकसान पहुँचाए तुलसी की पत्तियाँ तोड़ती हैं। कुछ ऐसा ही संदेश वेदों में भी दिया गया है।

पर्यावरण संरक्षण के लिए हमें सर्वप्रथम इस धरती को प्रदूषण रहित करना होगा। जनसंख्या वृद्धि के कारण प्रदूषण भी बढ़ता जा रहा है जिसे

नियंत्रण में लाना आवश्यक है तभी हमारे पर्यावरण का संरक्षण हो पाएगा। पर्यावरण को सुरक्षित रखना जरुरी है पर्यावरण ही जीवन है क्योंकि पर्यावरण से पृथ्वी पर जीवन है अगर ये ही नहीं रहेगा तो हम कैसे जीवित रहेंगे इसलिए जितना ख्याल हम अपने शरीर करते है उतना ही हमे पर्यावरण का ख्याल रखना होगा जब पर्यावरण ने वो सब कुछ दिया है जो हमारे लिए जरुरी है तो हम पर्यावरण को सुरक्षित रखने का एक छोटा-सा काम क्यों नहीं कर सकते है अगर जीवित रहना है तो हमे पर्यावरण को सुरक्षित रखना होगा तभी हम आगे का आराम और सुखदायी जीवन व्यतीत कर सकते हैं।

पर्यावरण संरक्षण हमारा धर्म है और इसकी जिम्मेदारी हम सभी की है।

कृषि शास्त्र

भारत में 9000 पूर्व तक पौधे उगाने, फसल व्यवस्थित जीवन जीना शुरु किया और कृषि के लिए औजार तथा तकनीकें विकसित कर लीं। दोहरा मानसून होने के कारण एक ही वर्ष में दो फसलें ली जाने लगीं। इसके फलस्वरुप भारतीय कृषि उत्पाद तत्कालीन वाणिज्य व्यवस्था के द्वारा विश्व बाजार में पहुँचना शुरु हो गया। दूसरे देशों से भी कुछ फसलें भारत में आयीं। पादप एवं पशु की पूजा भी की जाने लगी क्योंकि जीवन के लिए उनका महत्त्व समझा गया।

परिचय–

भारत में पाषाण युग में कृषि का विकास कितना और किस प्रकार हुआ था इसकी सम्प्रति कोई जानकारी नहीं है। किन्तु सिंधुनदी के काँठे के पुरावशेषों के उत्खनन के इस बात के प्रचुर प्रमाण मिले है कि आज से पाँच हजार वर्ष पूर्व कृषि अत्युन्नत अवस्था में थी और लोग राजस्व अनाज के रूप में चुकाते थे, ऐसा अनुमान पुरातत्वविद् मोहनजोदड़ो में मिले बड़े बड़े कोठरों के आधार पर करते हैं। वहाँ से उत्खनन में मिले गेहूँ और जौ के नमूनों से उस प्रदेश में उन दिनों इनके बोए जाने का प्रमाण मिलता है। वहाँ से मिले गेहूँ के दाने ट्रिटिकम कंपैक्टम (Triticum Compactum) अथवा ट्रिटिकम स्फीरौकोकम (Triticum sphaerococcum) जाति के हैं। इन दोनो ही जाति के गेहूँ की खेती आज भी पंजाब में होती है। यहाँ से मिला जौं हाडियम बलगेयर (Hordeum Vulgare) जाति का है। उसी जाति के जौ मिश्र के पिरामिडो में भी मिलते है। कपास जिसके लिए सिंध की आज भी ख्याति है उन दिनों भी प्रचुर मात्रा में पैदा होता था।

भारत के निवासी आर्य कृषि कार्य से पूर्णतः परिचित थे, यह वैदिक साहित्य से स्पष्ट परिलक्षित होता है। ऋग्वेद और अर्थर्ववेद में कृषि सम्बन्धी अनेक ऋचाएँ है जिनमे कृषि सम्बन्धी उपकरणों का उल्लेख तथा कृषि विधा का परिचय है। ऋग्वेद में क्षेत्रपति, सीता और शुनासीर को लक्ष्य कर रची गई एक ऋचा (4.57-8) जिससे वैदिक आर्यों के कृषि विषयक के ज्ञान का बोध होता है-

शुनं वाहाः शुनं नरः शुनं कृषतु लांगलम्।

शनुं वरत्रा बध्यंतां शुनमष्टामुदिंग।।

शुनासीराविमां वाचं जुषेथां यद् दिवि चक्रयुः पयः। तेने मामुप सिंचतं।

अर्वाची सभुगे भव सीते वंदामहे त्वा।

यथा नः सुभगासिस यथा नः सुफलासिस।।

इन्द्रः सीतां निगृह्णातु तां पूषानु यच्छत।

सानः पयस्वती दुहामुत्तरामुत्तरां समाम्।।

शुनं नः फाला वि कृषन्तु भूमिं।। शुनं कीनाशा अभियन्तु वाहैः।।

शुनं पर्जन्यो मधुना पयोभिः।

शुनासीरा शुनमस्मासु धत्तम्

एक अन्य ऋचा से प्रकट होता है कि उस समय जौ हल से जुताई करके उपजाया जाता था-

एवं वृकेणश्विना वपन्तेषं

दुहंता मनुषाय दस्त्रा। अभिदस्युं वकुरेणा धमन्तोरू

ज्योतिश्चक्रथुरार्याय।।

अथर्ववेद से ज्ञात होता है कि जौ, धान, दाल और तिल तत्कालीन मुख्य शस्य थे-

व्राहीमतं यव मत्त मथो

माषमथों विलम्।

एष वां भागो निहितो रन्नधेयाय

दन्तौ माहिसिष्टं पितरं मातरंच॥

अथर्ववेद में खाद का भी संकेत मिलता है जिससे प्रकट है कि अधिक अन्न पैदा करने के लिए लोग खाद का भी उपयोग करते थे-

संजग्माना अबिभ्युषीरस्मिन्

गोष्ठं करिषिणी।

बिभ्रंती सोभ्यं।

मध्वनमीवा उपेतन॥

गृह्य एवं श्रौत सूत्रों में कृषि से सम्बन्धित धार्मिक कृत्यों का विस्तार के साथ उल्लेख हुआ है। उसमें वर्षा के निमित्त विधिविधान की तो चर्चा है ही, इस बात का भी उल्लेख है कि चूहों और पक्षियों से खेत में लगे अन्न की रक्षा कैसे की जाए। पाणिनि की 'अष्टाध्यायी' में कृषि सम्बन्धी अनेक शब्दों की चर्चा है जिससे तत्कालीन कृषि व्यवस्था की जानकारी प्राप्त होती है।

भारत में ऋग्वैदिक काल से ही कृषि पारिवारिक उद्योग रहा है और बहुत कुछ आज भी उसका रूप है। लोगों को कृषि सम्बन्धी जो अनुभव होते रहें हैं उन्हें वे अपने बच्चों को बताते रहे हैं और उनके अनुभव लोगों में प्रचलित होते रहे। उन अनुभवों ने कालांतर में लोकोक्तियों और कहावतों का रूप धारण कर लिया जो विविध भाषा-भाषियों के बीच किसी न किसी कृषि पंडित के नाम प्रचलित है और किसानों जिह्वा पर बने हुए हैं। हिंदी भाषा भाषियों के बीच ये घाघ और भड्डरी के नाम से प्रसिद्ध है। उनके ये अनुभव आधुनिक वैज्ञानिक अनुसंधानों के परिप्रेक्ष्य में खरे उतरे हैं।

प्राचीन भारत में कृषि विज्ञानः

विश्व के प्राचीनतम ग्रन्थ ऋग्वेद में कृषि का गौरवपूर्ण उल्लेख मिलता है।

अक्षैर्मा दीव्यः कृषिमित् कृषस्व वित्ते रमस्व बहुमन्यमानः।

ऋग्वेद-34-13

अर्थात् जुआ मत खेलो, कृषि करो और सम्मान के साथ धन पाओ।

कृषिर्धन्या कृषिर्मेध्या जन्तूनां जीवनं कृषिः।

(कृषि पाराशर-श्लोक-8)

अर्थात् कृषि सम्पत्ति और मेधा प्रदान करती है और कृषि ही मानव जीवन का आधार है।

वैदिक काल में ही बीजवपन, कटाई आदि क्रियाएँ, हल, हंसिया, चलनी आदि उपकरण तथा गेहूँ, धान, जौ आदि अनेक धान्यों का उत्पादन होता था। चक्रीय परती के द्वारा मिट्टी की उर्वरता बढ़ाने की परम्परा के निर्माण का श्रेय उस समय के कृषकों को जाता है। यूरोपीय वनस्पति विज्ञान के जनक रोम्सबर्ग के अनुसार इस पद्धति को पश्चिम ने बाद के दिनों में अपनाया। कौटिल्य अर्थशास्त्र में मौर्य राजाओं के काल में कृषि, कृषि उत्पादन आदि को बढ़ावा देने हेतु कृषि अधिकारी की नियुक्ति का वर्णन मिलता है।

कृषि हेतु सिंचाई की व्यवस्था विकसित की गई। यूनानी यात्री मेगस्थनीज ने लिखा है कि मुख्य नाले और उसकी शाखाओं में जल के समान वितरण को निश्चित करने व नदी और कुओं के निरीक्षण के लिए राजा द्वारा अधिकारियों की नियुक्ति की जाती थी।

कृषि के संदर्भ में नारदस्मृति, विष्णु धर्मोत्तर, अग्निपुराण आदि में उल्लेख मिलते हैं। कृषि पाराशर, कृषि के संदर्भ में एक संदर्भ ग्रन्थ बन गया। इस ग्रन्थ में कुछ विशेष बातें कृषि के संदर्भ में कही गई हैं।

जुताई-इसमें कितने क्षेत्र की जुताई करना, उस हेतु हल, उसके अंक आदि का वर्णन है। इसी प्रकार जोतने वाले बैल, उनका रंग, प्रकृति तथा कृषि कार्य करवाते समय उनके प्रति मानवीय दृष्टिकोण रखने का वर्णन भी इस ग्रन्थ में मिलता है।

वर्षा के बारे में भविष्यवाणी-प्रकृति का सूक्ष्म निरीक्षण, ग्रहों की गति तथा प्रकृति में होने वाले परिवर्तनों का गहरा अभ्यास प्राचीन काल के व्यक्तियों ने किया था, उसी आधार पर वे वर्षा की भविष्यवाणियाँ करते थे। जिस वर्ष में जो ग्रह प्रमुखता में रहेगा उस आधार पर क्या-क्या परिणाम होते हैं, इसका वर्णन करते हुए पाराशर ऋषि कहते है-

'जिस वर्ष सूर्य अधिपति होगा उस वर्ष में वर्षा कम होगी और मानवों को कष्ट सहन करना पड़ेगा। जिस वर्ष का अधिपति चन्द्र होगा, उस वर्ष अच्छी वर्षा और वनस्पति की वृद्धि होगी। लोग स्वस्थ रहेंगे। उसी प्रकार बुध, बृहस्पति और शुक्र की वर्षाधिपति होने पर भी स्थिति ठीक रहेगी। परन्तु जिस वर्ष शनि वर्षाधिपति होगा, हर जगह विपत्ति होगी। जुताई का समय-नक्षत्र तथा काल के निरीक्षण के आधार पर जुताई के लिए कौन-सा समय उपयुक्त रहेगा, इसका निर्धारण उन्होंने किया। बीजवपन-उत्तम बीज संग्रह हेतु पाराशर ऋषि, गर्ग ऋषि का मत प्रकट करते हुए कहते हैं कि बीज को माघ (जनवरी-फरवरी) या फाल्गुन (फरवरी-मार्च) माह में संग्रहित करके धूप में सुखाना चाहिए तथा उन बीजों को बाद में अच्छी और सुरक्षित जगह रखना चाहिए।

वर्षा मापन-'कृषि पाराशर' में वर्षा को मापने का भी वर्णन मिलता है।

अथ जलाढक निर्णयः-.

शतयोजनविस्तीर्णं त्रिंशद्योजनमुच्छ्रितम्।

अढकस्य भवेन्मानं मुनिभिः परिकीर्तितम्।।

(कृषि पाराशर)–

अर्थात-पूर्व में ऋषियों ने वर्षा को मापने का पैमाना तय किया है। अढक यानी सौ योजन विस्तीर्ण तथा 300 योजन ऊँचाई में वर्षा के पानी की मात्रा।

योजन उ 1 अंगुली की चौड़ाई

1 द्रोण उ 4 अढक उ 6.4 से.मी.

आजकल का वर्षा मापन भी इतना ही आता है।

कौटिल्य के अर्थशास्त्र में द्रोण के आधार पर वर्षा मापने का उल्लेख तथा देश में कहाँ-कहाँ कितनी वर्षा होती है, इसका भी उल्लेख मिलता है।

उपरोपण (ग्राफ्टिंग)-वराहमिहिर अपनी बृहत् संहिता में उपरोपण की दो विधियाँ बताते हैं।

– जड़ से पेड़ को काटना और दूसरे को तने से काटकर सन्निविष्ट करना।

– जहाँ दोनों जुड़ेंगे, वहाँ मिट्टी और गोबर से उनको बन्द कर आच्छादित करना। इसी के साथ वराहमिहिर किस मौसम में किस प्रकार के पौधे की उपरोपण (ग्राफ्टिंग) करना, इसका भी उल्लेख करते हैं। वे कहते हैं-शिशिर ऋतु (फरवरी-मार्च) में उन पौधों का उपरोपण करना चाहिए जिनकी शाखाएँ नहीं हैं।

हेमन्त ऋतु (दिसम्बर-जनवरी) तथा शरद ऋतु (अगस्त-सितम्बर) में उनका उपरोपण करना चाहिए जिनकी शाखाएँ बहुत हैं।

किस मौसम में कितना पानी प्रतिरोपण किए पौधों को देना, इसका उल्लेख करते हुए वराहमिहिर कहते हैं गरमी में प्रतिरोपण किए पौधे को प्रतिदिन सुबह तथा शाम को पानी दिया जाए। शीत ऋतु में एक दिन छोड़कर तथा वर्षाकाल में जब-जब मिट्टी सूखी हो।

इस प्रकार हम देखते हैं कि प्राचीन काल से भारत में कृषि एक विज्ञान के रूप में विकसित हुई। जिसके कारण हजारों वर्ष बीतने के बाद भी हमारे यहाँ भूमि की उर्वरा शक्ति अक्षुण्ण बनी रही जबकि कुछ दशाब्दियों में ही अमरीका में लाखों हेक्टेयर भूमि बंजर हो गई है।

भारतीय कृषि पद्धति की सराहना करते हुए सर वाकर लिखते हैं-'भारत में शायद विश्व के किसी भी देश से अधिक किस्मों का अनाज बोया जाता है और तरह-तरह की पौष्टिक जड़ों वाली फसलों का भी यहाँ प्रचलन है। मेरी समझ में नहीं आता कि हम भारत को क्या दे सकते हैं क्योंकि जो खाद्यान्न हमारे यहाँ हैं, वे तो वहाँ हैं ही, और भी अनेक विशेष प्रकार के अन्न वहाँ हैं।

पाराशर ऋषि एक कृषि वैज्ञानिक थे और उन्होंने कृषि की बारीकियों को अपने ग्रन्थों के जरिए रखा है। वहीं आचार्य चाणक्य अर्थशास्त्र के महान ज्ञाता थे उन्होंने कृषि उत्पादों और पशु धन प्रबन्धन पर जो नियम बनाए थे वो आज भी कारगर हैं। आज हम सस्टेनेबल और ऑर्गेनिक खेती की बात करते हैं जो हजारों साल से भारत की परम्परा रही है।

कृषि विज्ञान और भारत

पुरातन भारत की समृध्दि का आधार कृषि ही थी। विश्व के प्राचीनतम ग्रन्थ ऋग्वेद में कृषि का गौरवपूर्ण उल्लेख मिलता है। अक्षैर्मा दीव्यः कृषिमित् कृषस्व वित्ते रमस्व बहुमन्यमानः। ऋग्वेद-34-13 अर्थात् जुआ मत खेलो, कृषि करो और सम्मान के साथ धन पाओ। कृषिर्धन्या कृषिर्मेध्या जन्तूनां जीवनं कृषिः। (कृषि पाराशर-श्लोक-8) अर्थात् कृषि सम्पत्ति और मेधा प्रदान करती है और कृषि ही मानव जीवन का आधार है।।।

इन ग्रन्थों में विस्तार से कृषि उपज की बारीकियों को बताने से लेकर कृषि के लिए उपयोगी औजारों को भी समझाया गया है। किस किस्म की फसलें कहाँ होती है और उनकी पैदावार को बेहतर करने का क्या तरीका है भी इन महान ग्रन्थों में है। कृषि विज्ञान के क्षेत्र में आज भी भारत का पुरातन साहित्य आधुनिक विज्ञान से कहीं आगे है।

वैदिक विज्ञान में कृषि की संकल्पना एक चक्र के रूप में दिखाई गई है। इसमें कृषि और पशुपालन को बराबर का महत्त्व दिया गया है। इस चक्र में भूमि, पशु और मनुष्य तीनों एक दूसरे के पूरक के रूप में कार्य करते थे और इन तीनों से यह कृषि चक्र पूरा होता था। इस चक्र में मनुष्य पशु का पालन करता था। पशु भूमि का पालन करते थे और वह भूमि मनुष्य का पालन करती थी। यही वजह है कि वैदिक वाङ्मय में पशु पालन को लेकर भी विस्तृत साहित्य मिलता है। कृषि के संदर्भ में नारदस्मृति, विष्णु धर्मोत्तर, अग्नि पुराण आदि में भी उल्लेख मिलते हैं।

कृषि के संदर्भ में नारदस्मृति, विष्णु धर्मोत्तर, अग्नि पुराण आदि में भी उल्लेख मिलते हैं।

भारत में कृषि परम्परा

भारत में कृषि परम्परा के लिखित साक्ष्य ही हजारों साल पुराने हैं निश्चित तौर पर इससे बहुत पहले ही कृषि विषयक अनुसंधान भारत में होते रहे हैं। कृषि पाराशर पुस्तक में कुल 243 श्लोक हैं और कृषि के सभी पहलुओं का विस्तार से विवरण दिया गया है। एक श्लोक में इतने तथ्य

समाविष्ट हैं कि उन्हें समझने और व्यवहार में लाने से कृषि उपज कई गुना बढ़ जाएगी। ये भी सच है कि आधुनिक कृषि विज्ञान आज के दौर की आवश्यकताओं के हिसाब से बना। मुझे आचार्य चाणक्य का अर्थशास्त्र पढ़ते हुए ये बात याद आई। करीब 2500 वर्ष पहले भारत में जो व्यवस्था थी वो भी अपने आप में आधुनिक व्यवस्था से कहीं आगे दिखाई देती है। उपभोक्ता पदार्थों जैसे गन्ने से गुड़, खांड, शक्कर आदि, सेंधा और समुद्री नमक, शहद, फलों का रस, इमली, आँवला, नींबू, दही, मठ्ठा, मिर्च मसाले, गेंहू, दालें, धान, तिलहन आदि के त्पादन, भण्डारण और विज्ञापन व्यवस्था का उल्लेख भी अर्थशास्त्र में मिलता है।

कृषि के संदर्भ में नारदस्मृति, विष्णु धर्मोत्तर, अग्नि पुराण आदि में भी उल्लेख मिलते हैं। आज भारत एक स्वतन्त्र राष्ट्र है। अपने प्राचीन ग्रन्थों और ज्ञान विज्ञान की पुनर्स्थापना करने के प्रयास बहुत गम्भीरता से होने चाहिए। अन्य ज्ञान-विज्ञान की तरह पुरातन विज्ञान को भी लोकप्रिय साहित्य और एकेडमिक्स में शामिल किए जाने की आवश्यकता है।

कृण्वन्तो विश्वमार्यम्-

कृषि-विज्ञान मानव जीवन से साक्षात् रूप से जुड़ा हुआ है। कृषि के द्वारा ही अन्न की प्राप्ति होती है। अथर्ववेदद के अनुसार अन्न ही सभी प्राणियों के जीवन का आधार है। इसके बिना प्राणी जीवित नहीं रह सकता है।

जीवन्ति स्वधयाऽन्नेन मर्त्याः। अथर्व 12.1.22

सृष्टि की उत्पत्ति के साथ ही अन्न की समस्या हुई इसलिए वेदों में अन्न को विश्व की प्रमुख समस्या बताया गया है। इसके निवारण के लिए कृषि का आविष्कार हुआ।

अन्ने समस्य यदसन् मनीषाः। अथर्व 20.76.4

कृषि कार्य को गौरव का कार्य माना जाता था इसलिए इन्द्र और पूषा देवताओं को इसमें लगाया गया।

इन्द्रः सीतां निगृहणातुव। अथर्व 3.17.4

कवि और विद्वान भी कृषि करते थे। कृषि ओर अन्न से ही मनुष्य का जीवन था।

ते कृषिं च सस्यं च मनुष्या उपजीवन्ती। अथर्व 8.10.24

जो कृषि विद्या में निपुण होते थे, उन्हें कृष्टराधि और उपजीवनीय (सफल जीविका वाला) कहा जाता था।

कृष्टराधिरुप जीवनीयो भवति अथर्व 8.10.24

कृषि विशेषज्ञों को 'अन्नविद्' नाम दिया गया था। सर्वप्रथम उन्होंने ही कृषि के नियम बनाए थे।

यद् यामं चक्रुः-अन्नविदः। अथर्व 6.116.1

कृषि के आविष्कारक राजा पृथी (प्रभु) थे।

ऋग्वेद और अथर्ववेद से ज्ञान होता है कि राजा वेन के पुत्र राजा पृथी; प्रयुद्ध कृषि विद्या के प्रथम आविष्कारक थे।

उन्होंने ही सर्वप्रथम कृषि विद्या के द्वारा विविध प्रकार के अन्नों के उत्पादन का रहस्य ज्ञात किया। अथर्ववेद के अनुसार वैवस्वत मनु की परम्परा में वेन का पुत्र पृथी राजा हुए। उन्होंने कृषि की और अन्न उत्पन्न किए।

कृषि और अन्न पर सभी मनुष्यों का जीवन निर्भर है इसलिए कृषिविद्यावित् की शरण में सभी लोग जाते थे।

कृषिं च सस्यं च मनुष्या उपजीवन्ति,

कृष्टराधिरुप जीवनीयो भवति॥ अथर्व. 8.10; 4,12

अथर्ववेद के कृषिज्ञ सूक्त में विद्वानों और तत्त्ववेत्ताओं द्वारा करने का उल्लेख मिलता है।

सीरयु जन्ति कवयो युगा वितन्वते पृथक्।

धीरा देवेषु सुम्नयो॥ अथर्व .3.17.1

अर्थात् बुद्धिमान, ज्ञानी व क्रान्तदृष्टा लोग दैवी सुख प्राप्त करने के लिए हलों का जोतते हैं अर्थात् कृषि करते हैं तथा हल व जुओं व विविध रूप से विस्तार है। खेती करने को विराज अर्थात् विशेष रूप से शोभित होने वाले कहा गया है।

विराजः श्रुष्टिः सभरा असन्नो नेदीय इत्सृण्यः षक्कमा यवन। अथर्व. 3.17.2

किसान–

अथर्ववेद में कहा गया है कि देवताओं ने जल से युक्त उत्तम भूमि में मधुर अन्न–जौ, चावल आदि की खेती की, उस समय इन्द्र हलों का रक्षक (सीरपति) था और उत्तमदाता मरुत गण 'कीनाश' (किसान) थे।

'कीनाश' शब्द खेती और खेती करने वाले किसान की महत्ता व गरिमा का परिचायक है। कुत्सितः नाशयति इति की नाशः अर्थात् दुखस्था का, हीनदशा का व बुराई का नाश करता है वह 'कीनाश' है। दुरवस्था व दुर्भिक्ष की स्थिति का नाश अन्नादि की उपलब्धि से होता है। अन्न का उत्पादन करके कुत्सित (दुरवस्था) का नाश करने वाला ही कीनाश; किसानद्ध है। अन्न उत्पादन द्वारा अभाव तथा दारिद्रय को दूर करके राष्ट्र व समाज को समृद्धि प्रदान करने के कारण ही वेद में कृषक को अन्नपति और क्षेत्रपति कहकर उसकी स्तुति की है।

अन्नानां पतये नमः क्षेत्राणां पतये नमः। यजुर्वेद 16.18

खेती सर्वोत्तम काम–

खेती को सर्वोत्तम कार्य माना गया है। व्यापार को मध्यम और नौकरी को नीच का दर्जा दिया गया है इसीलिए कहा गया है–उत्तम खेती, मध्यम बान अधम चाकरी भीख निदान। कृषि को मानव कल्याण का साधन माना गया है। यजुर्वेद में राजा का मुख्य कर्त्तव्य कृषि की उन्नति, जन कल्याण और धन–धान्य की वृद्धि करे माना गया है।

कृष्यै त्वा क्षेमाय त्वा रय्यै त्वा पोषाय त्वा। यजु. 9.22

अथर्ववेद के अनुसार हमारा राजा कृषि को विशेष रीति से बढ़ावे अर्थात्

जो पदार्थ मनुष्य के आरोग्य के लिए लाभदायक होते हैं, उन पदार्थों की खेती बढ़ाने का उत्साह राजा अपनी प्रजा में उत्पन्न करे। धान्यादि पदार्थ ही मनुष्य का जीवन है इसलिए जीवन को बढ़ाने वाले पदार्थ ही फल-फूल, कंद-मूल, धान्य आदि ही बढ़ाने चाहिए।

नो राजा नि कृषि तनोति। अथर्व. 3. 12.4

मनुष्यों ने (इरा-वति) अन्न युक्त शक्तियों से कहा और पुकारा कि आप हमारे पास आओ। मनुष्यों को धान्यादि को जड़ दृष्टि से न देखें परन्तु उसके अन्दर परमात्मा की जीवनशक्ति है उसको देखें और उसी दृष्टि से धान्यादि उत्पन्न करें। उसी दृष्टि से धान्यादि का सेवन करें। यदि यह दृष्टि मनुष्यों में जीवित और जागृत हो जायेगी तब तमाखू, भांग, अफीम, गाँजा आदि क्यों उत्पन्न करेगा। इन पदार्थों से सदा अमंल ही होता है जो इन पदार्थों का सेवन करता है वह अपनी सन्तान के साथ क्षीण और रोगी होता है और अनेक रोग उत्पन्न होते हैं।

कृषि योग्य भूमि-

कृषि के लिए सबसे पहली आवश्यकता भूमि की है। यजुर्वेद के अनुसार बीज बोने का सर्वोत्तम स्थान भूमि को बताया है।

किं वावपनं महत्। भूमिरावपनं महत्। यजुर्वेद 23.45-46

भूमि सब लोगों की माता है। उस माता की उपासना करने का नाम खेती है। किसान साल भर अपनी मातृभूमि की सेवा करता है इसलिए माता प्रसन्न होकर, उसको विविध प्रकार के अन्न व पेय देती है। उसका माता के तुल्य आदर करो। अथर्ववेद भूमि को माता और मैं उसका पुत्र हूँ- कहा है-

3. कीनाशा आसन् मरुतः सुदानवः। अथर्व 6.30.1

घृतेन सीता मधुना समक्ता, विश्वैर्देवैरनुमता मरुद्भिः।

सा नः सीते पयसाऽभयाववृत्स्व, ऊर्जस्वती धृतवत् पिनवमान॥ अर्थव. 3.17.9. यजुर्वेद 12. 70

जब जुती हुई भूमि घी और शहद से सींची जाती है और जलवायु आदि

देव अनुकूल होते हैं, वत वह भूमि रसयुक्त उत्तम धन देती है। इससे ऐसा प्रतीत होता है कि घी, दूध एवं शहद का वैज्ञानिक रीति से प्रयोग किया जाता था।

यजुर्वेद में "मधुमतीर्न इषस्कृधि"

कह कर माधुर्यगुण युक् अन्नों के उत्पादन का स्पष्ट वर्णन है।

अथर्ववेद के भूमि सूक्त में पृथिवी को विश्व का भरण-पोषण करने वाली, समस्त ऐश्वर्यों को धारण करने वाली, सबकी आधारशिला, सुवर्णादि को अपने वक्षस्थल में धारण करने वाली, शक्तिशाली सम्राट बाली, अग्नि को धारण करने वाली आदि विशेषणों से विभूषित किया गया है।

विश्वम्भरा वसुधानी प्रतिष्ठा हिरण्यवक्षा जगतो निवेशनी। वैश्वानरं विभ्रती भूमिरग्निमिन्द्र ऋषभा द्रविणे नो दधातु।। अथर्व. 12. 1.6

यजुर्वेद में कहा है कि पृथ्वी माता, हम कृषि के लिए, कल्याण के लिए, रक्षा के लिए, ऐश्वर्य के लिए तुम्हारा नमन करते हैं।

नमो मात्रे पृथिव्यै नमो मात्रे पृथिव्या इयं ते राड्...

कृष्यै त्वा क्षेमाय त्वा रय्यै त्वा पोषाय त्वा।। यजुर्वेद 9.22

भूमि के भेद–

ऋग्वेद में भूमि के तीन भेद बताए गए है–

1. आर्तना भूमिः–जो भूमि पथरीली, जलहीन ओर उपजाऊ नहीं है। जिसमें कृषि करते-करते किसान बहुत दुःखी होते हैं।

2. अप्नस्वतीः–जो भूमि अत्यन्त उपजाऊ होती है। थोड़े परिश्रम से जिसमें बहुत धान्य उत्पन्न होता है। यह भूमि सबसे श्रेष्ठ होती है।

3. उर्वराः–जिसमें प्रतिवर्ष हल चलाया जाता है और जो प्रति वर्ष धान्य देती है। उर्वरा भूमि से उत्पन्न अन्न को उर्वर्य कहते हैं।

जिस भूमि पर अन्न नहीं बोते हैं उसे 'खल' कहते हैं। यह भूमि खलिहान का काम करती है। इसमें कृषि से उत्पन्न अन्न को साफ किया जाता है। भूसी आदि हटाकर भण्डारण के योग्य बनाया जाता है। खलिहान में रखे हुए अन्न को 'खल्य' कहते हैं। खलिहान में नमी के कारण कुछ कीड़े भी अन्न में लग जाते

हैं। उन्हें 'खलज' कहा जाता है। इनको मारने का भी विधान है। जो भूमि कृषि के योग्य नहीं है उसे ऊषर या इरिण; ऊसरद्ध कहते हैं। इसमें क्षारमृतिका; खारी-मिट्टी होती हैं। शतपथ ब्राह्मण में इसे उसर सिक्ता कहा गया है। वेदों में एक प्रकार की भूमि और कही गई है जिसे खिल या खिल्य कहा गया है। यह भूमि गौ और पशुओं के चारे और चराने के लिए रखी जाती है। अथर्ववेद में अनुसार खेती करने वालों को इसका अवश्य ध्यान करना चाहिए कि गाँव में ऐसी भूमि गौवों के नाम से चराई के लिए रखी जाय जहाँ गौवें दिन भर घास खाती रहें और आनन्द से पुष्ट होती रहें।

खिले गा विष्ठिता इव। अथर्व. 7.11.4

वर्षा, जल-

कृषि के लिए जल अति आवश्यक है। यजुर्वेद में वर्षा के लिए प्रार्थना की गई है। अथर्ववेद में अन्न के लिए उत्तमभूमि और वर्षा की आवश्यकता बताई गई है। वर्षा से पृथ्वी की उर्वरा शक्ति बढ़ती है। भूमि को पर्जन्य की पत्नी अर्थात् वर्षा द्वारा पालित और वर्षमेदस अर्थात् वर्षा से उर्वराशक्ति की वृद्धि का उल्लेख है।

यजुर्वेद में कृषि के साथ ही वृष्टि का उल्लेख है। बिना वर्षा के कृषि सफल नहीं हो सकती है। उत्तम कृषि के लिए जल और औषधियों के उपयोग का वर्णन है।

सं मा सृजामि पयसा पृथिव्याः सं मा सृजामि* अद्भिरोषधीभिः। यजुर्वेद 18.35**

जहाँ पर पर्याप्त वृष्टि नहीं होती है वहाँ अन्य स्थानों से नहरों द्वारा जल लाकर कृषि करनी चाहिए।

ऋग्वेद और यजुर्वेद में अनेकप्रकार के जलों का वर्णन मिलता है। 18 अर्थवेद में आठ प्रकार के जलों का वर्णन है। 19

1. हैमवतीः-हिमालय पर वर्फ के रूप में पिघलकर प्राप्त

2. उत्स्याः-स्रोतों के रूप में-झरनों का जल।

3. सनिष्यदा:-सदा बहने वाले नदियों का जल। (1)

4. वर्ष्या:-(दिव्या: आप:) आकाश से वृष्टि द्वारा प्राप्त जल (2)

5. धन्वन्या आप:-जो मरुस्थल में जल है।

6. अनूप्या आप:-जो जल तालाब में होता है। (3)

7. खनित्रिमा आप:-भूमि खोदकर जैसे कुँए व नहरों का जल

8. कुम्भे आमृता:-जो घड़े में भर कर रखे गए।

सभी जल मेरे लिए कल्याण कारक हों।

वेदों के अनुसार हमें वर्षा पर ही निर्भर नहीं रहना चाहिए अपितु ऊपर बताए गए किसी भी जल से सिंचाई का प्रबन्ध करके अन्न उत्पन्न करना चाहिए। विषक्त व प्रदूषित जल से सिंचाई नहीं करनी चाहिए। ऋग्वेद में इस प्रदूषण को दूर करने के लिए भी निर्देश दिया गया है।

यन्नदीषु यदोषधीभ्य: परिजायते विषम्। विश्वे देवा निरितस्तत् सुवन्तु। ऋग्वेद 7.50.3

सर्वा नद्यो अशिमिदा भवन्तु। ऋग्वेद 7.50.4

वस्तुत: सुसस्या: कृषीस्कृधि की सार्थकता तभी सम्भव है जब खेतों में बोए हुए अन्न को उत्तम खाद और स्वच्छ जल से बढ़ाया जाय और इस प्रकार उत्तम अन्न ही स्वास्थ्यप्रद व प्राणदायक सिद्ध होता है। वेदों में यथोचित् वर्षा की कामना की गई है।

निकामे निकामे न: पर्जन्यो वर्षतु फलवत्यो न ओषधय: पच्यन्ताम्। यजुर्वेद 22.22

जल की श्रेष्ठता का प्रतिपादन करते हुए उन्हें माता कह कर महिमामण्डित किया गया है।

आपो अस्मिन्यातर: शुन्ध्यन्तु। यजुर्वेद 4.2

बीज–

जैसा बीज होगा वैसी ही फसल होगी। ऋग्वेद के अनुसार उत्कृष्ट अन्न के लिए उत्तम कोटि का बीज बोना चाहिए।

येन तोकाय तनयाय धान्यं बीजं वहध्वे अक्षितम्। ऋग्वेद 5.53.13

यजुर्वेद के अनुसार भूपरिस्कार के बाद ही बीज बोना चाहिए।

कृते योनौ वपतेह बीजम्। यजुर्वेद 12.68

उत्तम खेती के लिए यजुर्वेद में औषधियों के जल एवं उनके मधुर रसों के साथ बीज बोने का वर्णन है जिससे बीजों में औषधियों की शक्ति और गुणवत्ता बढ़ जाती है।

सं वपामि समाप औषधीभिः समोषधयो रसेन। सं मधुमतीर्मधुमतीभिः पृच्यन्ताम्। यजुर्वेद 1.21

वैदिक ऋषियों का विश्वास था कि उत्तम खेती के लिए कृषक स्वयं ही अपनी भूमि में बीज बोए और वह बीज भी स्वदेशी ही होना चाहिए इसलिए कहा गया है–

मा वः क्षेत्रे पखी जान्य-वाप्सु।

अर्थात् अपने खेत में पराए बीज एवं पराए लोगों द्वारा बीज न बोए जाएँ इसीलिए कहा जाता है जैसा अन्न होगा वैसा ही मन होगा।

वायु–

कृषि के लिए वायु की अत्यधिक आवश्यकता होती है। विशेष रूप से कार्बन डाई ऑक्साईड (Co_2) कीं। यजुर्वेद में कृषि के लिए जल और वायु का एक साथ उल्लेख है। मन्त्र में समुद्र और वायु तथा जल और वायु का उल्लेख है।

समुद्राय त्वा वाताय स्वाहा। सरिराय त्वा वाताय स्वाहा। यजुर्वेद387

यजुर्वेद में कृषि के लिए वर्षा इन्द्रद्ध और मरुत् (वायु) का एक साथ उललेख है।

इन्द्रश्च मे मरुतश्च मे। यजुर्वेद 18.17

अथर्ववेद में अस्तित्त्व; रक्षक तत्त्व, Cdhlorohyll का उल्लेख है। इसके कारण ही वृक्षों और वनस्पतियों में हरियाली है।

अविर्वै नाम देवता ऋतेनास्ते परीवृता। तस्या रूपेणेमे वृक्षा हरिता हरितस्रजः॥ अथर्व. 10.8.31

धूप–

कृषि के लिए धूप की अत्यधिक आवश्यकता है। यदि पेड़-पौधों को धूप नहीं मिलती है तो वे बढ़ते नहीं हैं। सूर्य की किरणों से ही पेड़ों में ऊर्जा आती है और उन्हें ग्लुकोस के रूप में भोजन मिलता हैं यजुर्वेद के अनुसार सूर्य की किरणें बीजों की उत्पत्ति और उनकी वृद्धि में कारण हैं–

तस्याँ नो देवः सविता धर्म सविषत्। यजुर्वेद 18.30

सभी अग्नियों का सहयोग कृषि को प्राप्त हो।

विश्वे भवन्त्वग्नयः समिद्धाः। यजुर्वेद 18.31

सूर्य की किरणों से न केवल ऊर्जा मिलती है अपितु कृषि के लिए वृष्टि का भी कारण है।

सूर्यस्य रश्मये वृष्ठिवनये। यजुर्वेद 38.6

खाद–

भूमि को उपजाऊ बनाने के लिए खाद का उपयोग होता था। खाद को कृषि भूमि का भोजन कहा जाता है। यजुर्वेद में भूमि को उत्तम खाद आदि द्वारा दृढ एवं परिपुष्ट करने तथा पृथिवी की हिंसा न करने का आदेश दिया है।

पृथिवीं यच्छ पृथिवीं दृंह पृथिवीं मा हिंसीः। यजुर्वेद 13.18

आज कल रासायनिक खादों के अन्धाधुन्ध प्रयोग द्वारा वर्ष में अनेक फसल उपजाकर भूमि की उर्वराशक्ति को क्षीण करना, कीटनाशक दवाओं का अनुचित प्रयोग करना, भूमि पर औद्योगिक कचरे, कूड़ा कर्कट तथामल-मूत्र का अनुचित रीति से विसर्जन करना, अनुचित रीति से भूमि का काटन व भूमि पर पैदा होने वाले उसके पुत्र तुल्य वृक्षों और वनों को काटना भी वस्तुतः पृथ्वी की हिंसा है। जिसका निषेध उपर्युक्त मन्त्र में किया गया है।

'आधुनिक रासायनिक खादों के अत्यधिक प्रयोग के दुष्परिणाम की बात भारतीय अनुसंधान परिषद् के महानिदेशक एवं वरिष्ठ, कृषि वैज्ञानिक

श्री मंगलाराय का कथन है' 'यहाँ फर्टिलाइजर के असंतुलित प्रयोग से उत्पादकता घटी है। खेतों में कार्बन समेत अन्य माइक्रो पोषक तत्त्वों की कमी हो गई है। पहले सनई व ढैचा की हरी खाद और गोबर की कम्पोस्ट खाद का प्रयोग कर इन पोषक तत्त्वों को पूरा किया जाता था लेकिन अब ऐसा नहीं हो पा रहा है।'

आजकल के रासायनिक खाद से यद्यपि धान्य अधिक प्रमाण में पैदा होता है तथापि निःसत्व होने के कारण मनुष्य के शरीर के लिए हानिकारक ही है, जिसके कारण कैंसर आदि अनेक भयानक रोग पैदा हो रहे हैं।

हरी खाद–

आजकल के कृषि वैज्ञानिक सनई व ढेंचा जैसी औषधियों और वनस्पति से तैयार की जाने वाली जिस हरी खाद को महत्त्व दे रहे हैं उसके प्रयोग का उल्लेख हजारों साल पहले यजुर्वेद में किया है।

सं मा सृजामि पयसा पृथिव्याः सं मा सृजाम्यद्भिरोषधीभिः। सोऽहं वाजं सनेयमग्ने। यजुर्वेद 18.35

अर्थात् मैं पृथिवी को शु(जल से अपने खेतों को भलीभाँति सींचता हूँ मैं जलों व औषाधियों के रस से अपनी कृषिभूमि को संयुक्त करता हूँ। इस प्रकार है अग्नि (सबके अग्रणी व प्रकाशक परमात्मन्) मैं उक्त प्रकार से उत्पन्न बलदायक अन्न के सेवन से बलवान बनूँ।

गोबर की खाद–

वेदों में कृषि को उपजाऊ बनाने के लिए हरी खाद के अतिरिक्त गोबर की खाद का उल्लेख है क्योंकि उसी के प्रयोग से स्वास्थ्यप्रद एवं बलवर्धक अन्न उत्पन्न किया जा सकता है। अथर्ववेद में गोशाला में निर्भय होकर एवं परस्पर मिलकर रहती हुई तथा श्रेष्ठ (गोबर) का खाद उत्पन्न करने वाली और शान्त व मधुर रस (दूध) को धारण करती हुई गौएं निरोग स्थिति में हमारे पास रहें।

सं जग्माना अबिभ्युषीरस्मिन् गोष्ठे करीषिणी। विभ्रतीः सोम्यं मध्वनमीवा उपेतन।। अथर्व. 3.14.3

खाद के लिए करीष, शकन् और शकृत् ; गोबरद्ध शब्दों का प्रयोग है। खाद के लिए वेदों में अनेक मन्त्र हैं।

1. शकमयं धूमम्- ऋग्वेद 1.64.43 अथर्व 6.128.3

2. शकृम्। ऋग्वेद 1.161.10

3. इहैव गाव एतने हो शकेव पुष्यत- अथर्व 3.14.5

4. शिवो वो गोष्ठा भवतु शारीशाके व पुष्यत- अर्थव. 3.14.5

5. यदस्याः पल्पूलनं शकृद् दासी समस्यति- अथर्व. 12.4.9

6. आ निभ्रुचः शकृदेको अपाभरत्- ऋग्वेद 1.18.61.10

1. गोशाला में गौवें (करीषिणी) खाद उत्पन्न करने वाली हैं।

2. गायें यहाँ आ जायें और (शकेव) खाद से खेत जैसे पुष्ट होते हैं वैसे गाए भी पुष्ट हों।

3. हमें गौशाला लाभदायक होवे और गौवें ऐसी पुष्ट हां कि जैसा (शारिशाकेव) शालिका खेत खाद से पुष्ट होता है।

4. इसका पोषक गोबर दासी दूर फैंकती है।

5. इसका गोबर एक उठाता है।

अथर्ववेद में खाद को फलवती कहा है।.

करीषिणीं फलवतीं स्वधाम्। अथर्व. 19.31.3

घी-दूध एवं शहद का प्रयोग

कृषि को उपजाऊ बनाने के लिए घी-दूध एवं शहद का वैज्ञानिक रीति से प्रयोग किया जाता था। विशेष प्रकार के अन्नों तथा फलदार वृक्षों वनस्पतियों को उगाने के लिए इस विधि को अपनाया जाता था। यजुर्वेद में माधुर्य गुण युक्त अन्नों के उत्पादन का वर्णन है।

1. मधुमतीर्न इषस्कृधि। यजुर्वेद 7.2

2. धृतेन सीता मधुनासम्ज्यताम्। ... पयसा पिन्वमाना।। यजुर्वेद1270

3. सं वपामि समाप ओषधीभिः समोषधयो रसेन। यजुर्वेद 1.21

धृतेन सीता मधुना समज्यताम् विश्वैर्देवैरनुमता मरुद्भिः।

ऊर्जस्वती पयसा पिन्वमानास्मान्त्सीते पयसाभ्यावववृत्स्व।। यजुर्वेद 12.70

सुरक्षा एवं कृमिनाशक–

उत्तम भूमि और अच्छे बीज आदि के होने पर भी यदि खेत की सुरक्षा नहीं की जाएगी तो कृषि उत्पाद ठीक नहीं होगा। अतः सुरक्षा अत्यधिक आवश्यक है। यजुर्वेद में कहा गया है कि हमारी कृषि उत्तम फल से युक्त हो।

फलवत्यो न ओषाधयः पच्यन्ताम्- यजुर्वेद 22.22

यजुर्वेद में चार शब्दों से कृषि की प्रक्रिया को स्पष्ट किया गया है–

सूश्च में प्रसूश्च में सीरं च मे लयश्च मे- यजुर्वेद 18.7

1. सू का अर्थ है उत्पादन की क्षमता बाला अर्थात् उत्तम बीज।

2. प्रसू का अर्थ है प्रसव, उत्पादन और फलयुक्त अर्थात् उत्तम उत्पादन।

3. सीर का अर्थ है हल अर्थात् हल के प्रयोग से उत्तर अन्न।

4. लय का अर्थ है कृषि नाशक तत्त्वों को नष्ट करना।

इस प्रकार कृषि के लिए आवश्यक है उत्तम बीज, उत्तम उत्पाद, सफल कृषि और कृमि–कीट आदि का नाशन।

कृषि नाशक तत्त्व (इति)

कृषि को हानि पहुँचाने वाले तत्त्वों को ईति कहते हैं। अथर्ववेद में कृषि नाशक तत्त्वों को सर्वथा नष्ट करने का विधान है। मन्त्र में कहा गया है कि तर्द (कृषि ने नाशक कीट पतंगों) को नष्ट करो। बिल में रहने वाले चूहों को नष्ट करो। उनका सिर और उनकी पीड तोड़ दो। उनका मुँह बाँध दो जिससे ये जौ को न खा सकें। इस प्रकार धान्य की रक्षा करनी चाहिए।

हतं तर्द समङ्कमाखुम् अश्विना छिन्तं शिरः। अथाभयं कृणुतं धान्याय। अथर्व. 6.50.1

पतंग और वधापति शब्दों से कीड़ों और टिड्डियों को नष्ट करने का विधान है। जिससे ये जौ आदि की खेती को हानि न पहुँचा सकें। 'व्यद्वर'

शब्द से हानि पहुँचाने वाले कीट आदि का उल्लेख है। 'सर्वान् जम्भयामसि' इन सबको पूर्णतया नष्ट कर देना चाहिए।

तर्द है पतंग है जम्य हा उपक्वस- अथर्व 6.50.2

तर्दापते वघापते.... सर्वान् जम्भयामसि- अथर्व. 6.50.3

इस प्रकार इन मन्त्रों में तर्द, आखु, पतंग, जम्य, उपक्वस, तर्दापति, वधापति आदि शब्दों से चूहा, कीट, पतंगों और टिड्डी आदि सभी कीट नाशक तत्त्वों को नष्ट करने की शिक्षा दी गई है।

इसके अतिरिक्त अतिवृष्टि ओर अनावृष्टि को भी खेती के लिए हानिकारक माना गया है।

खेत पर बिजली न गिरे और सूर्य की तीव्र किरणें हिमपात; पालाद्ध खेती को नष्ट न करें।

मा नो वधीर्विताः। अथर्व. 7.11.1

एक मन्त्र में अवृष्टिको दूर करने की प्रार्थना की गई है। 1

अन्न के प्रकार

यजुर्वेद में दो प्रकार के अन्नों का वर्णन मिलता है।

1. कृष्टपच्य-जो कृषि से उत्पन्न होता है, गेहूँ, धान आदि।

2. अकृष्टपच्य-जो बिना कृषि के उत्पन्न होता है। जैसे जंगली धान्य।

वर्ण्य-वर्षा से उत्पन्न होने वाले।

अवर्ष्य-जो कुएँ, नहर आदि की सिंचाई से होते हैं। 3

यजुर्वेद में बाहर अनाजों के नाम प्राप्त होते हैं। 1. व्रीहि (धान) 2. यव (जौ) 3 माष (उड़द), 4. तिल 5. मुद्ग (मूंग) 6. खल्व (चना) 7. प्रियंगु (कंगुनी) 8. अणु (पतला या छोटा चावल) 9. श्यामाक (सांवा) 10. नीवार (कोदों या तिन्नी धान) 11. गोधूम (गेहूँ) 12. मसूर (मसूर)।

ब्रीह्यश्च में यवाश्च मे भाषाश्च मे तिलाश्च मे मूद्गाश्च मे खल्वाश्च मे प्रियंगवश्च मेऽणवश्च मे श्यांमाकाश्च मे नीवाराश्च मे गोधूमाश्च मे मसूराश्च मे यज्ञेन कल्पन्ताम्। यजुर्वेद 18.12

ऋग्वेद और अथर्ववेद में धन्य और यव का उल्लेख है। 4–

वेदों में अन्नों के अतिरिक्त वृक्षों और वनस्पतियों फलवाली, फूलवाली, बिना फूलवाली औषधियों जड़ी-बूटियों का विस्तृत वर्णन मिलता है।

वेदों में वस्त्रों के बुनने का भी वर्णन मिलता है।

खेती के साधन–

उस समय खेती बैलों द्वारा होती थी। और आठ बैलों से चलने वाले हलों का वर्णन है।

इसके अलावा हाथ से खुदाई करने के लिए कुदार, बेलचा फावड़ा और खुरपा होता था। जिन्हें वेद में खनित्र कहा जाता था। धान्यादि उत्पन्न होने के बाद उसको काटने के लिए हंसिया तथा दाँती चाहिए वेदों में इसे दात्र, सृणि कहा गया है। फसल काटने के बाद भूषा आदि अलग करने के लिए छज (शूर्प), तिलक (छननी) का प्रयोग किया जाता था। इस प्रकार धान्य को साफ करके सुरक्षित रखा जाता था।

पशु पालन–

पशु पालन का भी कृषि के लिए उपयोग होता था इसलिए वेदों में पशुओं के सम्वर्धन आदि का भी विस्तृत वर्णन मिलता है। गाय को अधन्या अर्थात् अवध्य कहा गया है। गाय को विराट् ब्रह्म का प्रतीक बताते हुए उसकी हत्या का निषेध किया गया है। इसमें सभी देवताओं का निवास बताया गया है। गावो भगः कह कर गाय को सौभाग्य का रूप बताया गया है। जहाँ गाय का पशुओं का संरक्षण होता है, वहाँ धन धान्य की वृद्धि होती है। जहाँ गाय का संरक्षण होता है वहाँ सौभाग्य की वृ(होती है। यजुर्वेद के अनुसार गाय, नील गाय, ऊँट, भेड़, श्रभ; आठ पैर वाला विशाल पशु, गौर; भैंसाद्ध दो पैर और चार पैर वाले पशुओं, घोड़े की हत्या न करो।

कृषि और यज्ञ–

वेदों में उत्तम खेती का आधार यज्ञ को बताया गया है। 'कृषिश्च में.. यज्ञेन कल्पान्ताम।' परमात्मा का रूप माना गया है। यज्ञों वै विष्णुः उसे संसार का केन्द्र या नाभि कहा गया है।

यजुर्वेद 18.9 यज्ञ को

यज्ञो वै भुवनस्य नाभिः। तैत्ति. ब्राह्मण 3.9.5.5

सारा सृष्टि चक्र यज्ञ के द्वारा चल रहा है। यह यज्ञ प्रकृति में स्वाभाविक रूप से चल रहा है। इसमें बसन्त ऋतु घी का, ग्रीष्म ऋतु समिधा का और शरद् ऋतु सामग्रीहविद्ध का कार्य कर रहा है।

वसन्तोऽस्यासीदाजयं ग्रीष्म इध्मः शरद् हविः। यजुर्वेद 31.14

यजुर्वेद में यज्ञ से होने वाले लाभों का विस्तृत वर्णन है।

1. यज्ञ से अन्न और फल-फूल की वृद्धि।

2. बीज का अंकुरित होना और फल धारण करना। हल से धान्य की उत्पत्ति, अच्छी फसल के बाधक तत्त्वों का विनाश।

3. उत्तम कृषि और वृष्टि का होना।

4. अक्षय अन्न और धान्य आदि की प्राप्ति।

5. जल और अग्नि की प्राप्ति। वृक्ष-वनस्पतियों की वृत्ति।

6. यज्ञ के द्वारा इन्द्र; वर्षाद्ध और मरुत; वायुद्ध का होना।

7. यज्ञ के द्वारा अग्नि की ऊष्मा, सूर्य की ऊष्मा, सूर्य की किरणों का प्रकाश, उत्तम भूमि को प्राप्त होना।

ऋग्वेद के अनुसार यज्ञ से मेघ बनते हैं और वर्षा के रूप में पृथ्वी पर लौटते हैं। अग्नि देव इन्द्र; मेघ को बढ़ाते हैं अर्थात् यज्ञ से मेघ बनते हैं। गीता में कहा गया है यज्ञ से बादल बनते हैं। बादलों से वृष्टि और उससे अन्न होता है। अन्न से ही प्राणीमात्र की उत्पत्ति होती है।

कृषि भूमि तथा विशाल कृषि क्षेत्रों के आसपास विशेष अवसरों पर अर्थात् फसल की बुआई और वृद्धि के समय वैदिक यज्ञ विज्ञान के अनुसार निर्मित हवन सामग्री के द्वारा विशाल यज्ञ किए जायें। जिससे कृषि भूमि तथा उसके निकट का समस्त वातावरण तथा जलवायु आदि परिशुद्ध परिपुष्ट व रोगाणुओं से रहित होकर पर्याप्त स्वास्थ्यप्रद अन्न की उत्पत्ति हेतु बन जाए। साथ ही यज्ञ कुण्ड की राख तथा गौ आदि पशुओं से निर्मित खाद को

कृषि भूमि व उसमें उगी फसल में विखेरा जाए। आजकल जर्मन व अनेक देशों में यज्ञ व यज्ञ के धुएँ, सामग्री आदि पर अनेक सफल प्रयोग किए जा रहे हैं।

जब यज्ञ से परिपूरित पृथ्वी पर यज्ञ सं परिशुद्ध मेघ बरसेंगे, यज्ञ से सुगन्धित वायु प्रभावित होगी, यज्ञ में उच्चरित वेद मन्त्रों की ध्वनि एवं विश्व कल्याण की भावनाओं से भावित परिश्त व परिपुष्ट पृथ्वी जल व वायु के सम्पर्क से उत्पन्न अन्न व फल प्राणीमात्र के लिए सुखदायक, मन और बुद्धि को सशक्त व शुद्ध बनाने में समर्थ हांगे। जिससे समूचे समाज का वातावरण सौहार्दमय, शान्तिमय तथा आनन्दमय बन जाएगा।

अन्त में यही कहा जा सकता है कि यदि इस यज्ञीय वैदिक विधि को वैज्ञानिक रीति से विकसित करके कृषि हेतु उपयोग में लाया जाए तो उससे कृषि के क्षेत्र में एक नई क्रान्ति को जन्म दिया जा सकता हैं इस प्रकार अन्न को विषाक्त करने वाले तथा भूमि की शक्ति को क्षीण करने वाले, कृत्रिम एवं महँगे रासायनिक खादों से बचा जा सकता है।

आयुषे त्वा वर्चसे त्वा कृष्यै त्वा क्षेमाय त्वा। यजुर्वेद 14.21

कृष्यै त्वा क्षेमाय त्वा रय्यै त्वा पोषाय त्वा। यजुर्वेद 9.22

हे भूमि हम सब तुझे प्राप्त करके जो कृषि कर रहे हैं वह दीर्घ आयुष्य, तेज, क्षेम अर्थात् सुख, पुष्टि और धन प्राप्त करने के लिए है। कृषि के द्वारा प्राप्त अन्न से हमें सब प्रकार के ऐश्वर्यों की प्राप्ति हो यही कामना की गई है। यह पद्धति यदि प्रारम्भ से ही सिखाई जाए तो देश में गणित के अभ्यास में रुचि बढ़ सकती है।

भारत के मसाले एवं उनकी खेती

प्राचीन समय से ही हमारा भारत अपने उच्च गुणवत्ता वाले मसालों के उत्पादन के लिए विश्व में प्रसिद्ध है। अतः हमारे भारत को 'मसालों की धरती' के नाम से जाना जाता है। भारत विश्व में मसालों का सबसे बड़ा उत्पादक देश है। इसके साथ ही यह मसालों का सबसे बड़ा उपभोक्ता और

निर्यातक भी है। भारत से यूरोप तथा मध्य पूर्व के कई देशों को बड़े पैमाने पर मसालों का निर्यात होता है। भारत के प्रमुख मसाले निम्नलिखित हैं–

1. काली मिर्च (Black pepper)–यह मूल रूप से पश्चिमी घाट की पहाड़ियों से उत्पन्न मसाले हैं। भारत के अतिरिक्त इनका उत्पादन मलेशिया, इंडोनेशिया, चीन, थाईलैंड, कंबोडिया, ब्राजील आदि देशों में भी होता है। इस मसाले की कृषि के लिए 10°C से 40°C तापमान की जरुरत होती है। इसके लिए वार्षिक वर्षा 125 से 200 सेंटीमीटर होनी चाहिए। काली मिर्च मसाले बनाने के लिए इनके पौधों से कच्चे फलों को तोड़कर धूप में सूखने के लिए रख दिया जाता है। जब फल सूख जाते हैं तब उन्हें मसालों के रूप में उपयोग किया जाता है। भारत में काली मिर्च का सबसे अधिक उत्पादन 'केरल' में होता है। इसके अलावा तमिलनाडु, कर्नाटक, गोवा तथा अंडमान निकोबार द्वीप समूह में भी काली मिर्च का उत्पादन होता है। काली मिर्च में औषधीय गुण भी होते हैं। अत: यह एक प्रकार की औषधि के रूप में भी प्रयोग की जाती है। काली मिर्च में परिरक्षक गुण होते हैं इसलिए इसका प्रयोग अचार, मीट पैकिंग आदि में भी किया जाता है। प्राचीन समय में काली मिर्च को 'काला सोना' के नाम से भी जाना जाता था।

2. लाल मिर्च (Red chilli)–सम्पूर्ण विश्व में बड़े पैमाने पर इस मसाले का प्रयोग किया जाता है। यह वाणिज्यिक रूप से एक महत्त्वपूर्ण मसाला है। इसे 'अद्‌भुत मसाला' भी कहा जाता है। विश्व के कुल लाल मिर्च उत्पादन का लगभग आधा उत्पादन भारत में ही होता है। इसके उत्पादन के लिए 10°C से 30°C तापमान की जरुरत होती है। इसके साथ ही वार्षिक वर्षा 60 से 120 सेंटीमीटर होनी चाहिए। इसका उत्पादन लाल दोमट मिट्टी में होता है। भारत में लाल मिर्च का उत्पादन मुख्य रूप से आंध्र प्रदेश, तेलंगाना, कर्नाटक, उड़ीसा तथा पश्चिम बंगाल में होता है।

3. हल्दी (turmeric)–यह मूल रूप से भारतीय उपमहाद्वीप तथा दक्षिण पूर्व एशिया का पौधा है। हल्दी उष्णकटिबंधीय फसल है। इसके उत्पादन के लिए लाल मृदा की आवश्यकता होती है। यह सिंचित प्रदेश में ही उगाई जा सकती है। इस मसाले में औषधीय गुण होते हैं। इसे 'पूर्त्तिरोधी'

के रूप में प्रयोग किया जाता है। इसकी जड़ों को उबालकर और सुखाकर बाजार में बेचा जाता है। इसका प्रयोग भोजन तथा प्राकृतिक रँगों के निर्माण के लिए भी होता है। भारत में इसका उत्पादन मुख्य रूप से तेलंगाना, आंध्र प्रदेश, तमिलनाडु, महाराष्ट्र, कर्नाटक तथा गुजरात में होता है।

4. इलायची (Cardamom)–विश्व में इलायची के सर्वाधिक उत्पादन में ग्वाटेमाला के बाद भारत का दूसरा स्थान है। इलायची के उत्पादन के लिए 14°C से 32°C तापमान की आवश्यकता होती है। इसके उत्पादन के लिए वार्षिक वर्षा 150 सेंटीमीटर से अधिक होनी चाहिए। इलायची का उपयोग भोजन तथा दवाओं में किया जाता है। इसके अलावा इसका प्रयोग इत्र बनाने में भी होता है। इसे मुख्य रूप से पश्चिमी घाट के क्षेत्रों में लगाया जाता है। भारत में इलायची का उत्पादन कर्नाटक, केरल तथा तमिलनाडु में होता है।

5. लौंग (Cloves)–यह मुख्य रूप से इंडोनेशिया में लगाया जाता है। वर्त्तमान में इससे इंडोनेशिया के अतिरिक्त मेडागास्कर, जांजिबार, श्रीलंका, मलेशिया तथा भारत में भी उत्पादित किया जाता है। इसके उत्पादन के लिए 35°C तापमान की आवश्यकता होती है। इसके साथ ही वार्षिक वर्षा 150 सेंटीमीटर से अधिक होनी चाहिए। इसमें औषधीय गुण भी होते हैं। इसमें एंटीबायोटिक के गुण होते हैं। भारत में मुख्य रूप से इसका उत्पादन तमिलनाडु और केरल में होता है।

6. दालचीनी (Cinnamon)–दालचीनी मूल रूप से श्रीलंका की मध्य पहाड़ियों से उद्भूत हुई है। भारत में इसका उत्पादन नीलगिरी तथा मालाबार की पहाड़ी क्षेत्रों में होता है। इसके उत्पादन के लिए 20°C से 30°C तापमान की आवश्यकता होती है। इसके साथ ही वार्षिक वर्षा 120 से 250 सेंटीमीटर होनी चाहिए। दालचीनी 'सिनामोमम वीरम' नाम के पेड़ की छाल होती है। इस छाल को सुखाकर भोजन मे मसाले के रूप में प्रयोग किया जाता है। इसमें औषधीय गुण भी होते हैं।

उपरोक्त के अलावा और भी मसालों की खेती भारत में होती है। यहाँ पर महत्त्वपूर्ण मसालों के बारे में आपको जानकारी प्रदान की गई है। भारत और वैदिक विज्ञान: भारत का प्राचीन कृषि विज्ञान और कृषि वैज्ञानिक पाराशर।

सार-

भारतीय कृषि विज्ञान दुनिया मे सबसे पुरातन है। इसके लिखित साक्ष्य कई ग्रन्थों के जरिए मौजूद हैं। कृषि विज्ञान के सिद्धांत आज भी उतने ही लाभकारी हैं जितने हजारों वर्ष पहले थे।

पाराशर ऋषि एक कृषि वैज्ञानिक थे और उन्होंने कृषि की बारीकियों को अपने ग्रन्थों के जरिए रखा है।

वहीं आचार्य चाणक्य अर्थशास्त्र के महान ज्ञाता थे उन्होंने कृषि उत्पादों और पशु धन प्रबन्धन पर जो नियम बनाए थे वो आज भी कारगर हैं। आज हम स्थायी और ऑर्गेनिक खेती की बात करते हैं जो हजारों साल से भारत की परम्परा रही है।

कृषि विज्ञान में आधुनिकता ने हमें नुकसान पहुँचाया है और हमने जमीनों को बर्बाद किया है। किसानों की वर्त्तमान स्थिति के लिए कृषि व्यवस्था की आधुनिक अनियमितताएँ ही जिम्मेदार हैं।

कृषि विज्ञान से हमें अन्य विषयों के पुरातन विज्ञान का भी महत्त्व समझ में आता है। भारतीय पुरातन विज्ञान खास तौर पर कृषि विज्ञान और इससे सम्बन्धित ग्रन्थों पर विस्तार से बात कही गई है।

पुरातन कृषि विज्ञान को पुनः स्थापित करने की आवश्यकता है।

विस्तार–

भारत कृषि प्रधान देश रहा है। दुनिया को कृषि कर्म सिखाने वाली भी यही पावन धरा है। इसकी पुष्टि हजारों वर्ष पहले लिखे गए कृषि विज्ञान से होती है। एशियन एग्रो हिस्ट्री फाउंडेशन ने एक संस्कृत पुस्तक का अनुवाद कर उसे पुनः प्रकाशित किया। इस पुस्तक में पाराशर नामक एक कृषि वैज्ञानिक ने करीब दो हजार वर्ष पहले कृषि पाराशर पुस्तक लिखकर उस समय के किसानों को सही तरीके और सही समय पर बीज रोपण, सिंचाई इत्यादि प्रक्रिया अपनाकर कैसे अच्छी उपज ली जाए, इसकी जानकारी दी थी।

पुरातन भारत की समृध्दि का आधार कृषि ही थी। विश्व के प्राचीनतम ग्रन्थ ऋग्वेद में कृषि का गौरवपूर्ण उल्लेख मिलता है। अक्षैर्मा दीव्यः कृषिमित्

कृषस्व वित्ते रमस्व बहुमन्यमानः। ऋग्वेद-34-13 अर्थात् जुआ मत खेलो, कृषि करो और सम्मान के साथ धन पाओ। कृषिर्धन्या कृषिर्मेध्या जन्तूनां जीवनं कृषिः। (कृषि पाराशर-श्लोक-4) अर्थात् कृषि सम्पत्ति और मेधा प्रदान करती है और कृषि ही मानव जीवन का आधार है।

इन ग्रन्थों में विस्तार से कृषि उपज की बारीकियों को बताने से लेकर कृषि के लिए उपयोगी औजारों को भी समझाया गया है। किस किस्म की फसलें कहाँ होती है और उनकी पैदावार को बेहतर करने का क्या तरीका है भी इन महान ग्रन्थों में है। कृषि विज्ञान के क्षेत्र में आज भी भारत का पुरातन साहित्य आधुनिक विज्ञान से कहीं आगे है।

वैदिक विज्ञान में कृषि की संकल्पना एक चक्र के रूप में दिखाई गई है। इसमें कृषि और पशुपालन को बराबर का महत्त्व दिया गया है। इस चक्र में भूमि, पशु और मनुष्य तीनों एक दूसरे के पूरक के रूप में कार्य करते थे और इन तीनों से यह कृषि चक्र पूरा होता था। इस चक्र में मनुष्य पशु का पालन करता था। पशु भूमि का पालन करते थे और वह भूमि मनुष्य का पालन करती थी। यही वजह है कि वैदिक वाङ्मय में पशु पालन को लेकर भी विस्तृत साहित्य मिलता है।

भारत में इसे गोवंश कहा जाता है। यही वजह है कि गोवंश से परम्परागत तौर पर धार्मिक आस्थाएँ आज भी जुड़ी हुई हैं। हालांकि आधुनिक और जहरीले तरीकों ने लोगों को अपनी जड़ों से ही काट दिया है। रासायनिक उर्वरकों से मिट्टी को हो रहे नुकसान के बारे में सब जानते हैं और आज पूरी दुनिया में ऑर्गेनिक खेती पर बड़े बड़े व्याख्यान हो रहे हैं। लौट के बुध्दू घर को आ रहे हैं, तो उन्हें अपने पुरातन कृषि विज्ञान को पुनः स्थापित करने की आवश्यकता है।

कृषि विज्ञान के बारे में लिखने के दो महत्त्व हैं। पहला ये कि आधुनिक विज्ञान को भी घूम फिरकर यहीं आना है, दूसरा ये कि इसी तरह भारत के प्राचीन विज्ञान के कई तथ्यों और रहस्यों को पाश्चात्य देशों ने या तो तोड़ मरोड़कर समझाया खुद का बताकर भारतीय वेदाँत दर्शन को खारिज करने का प्रयास किया। हांलाकि ये भी सच है कि पाश्चात्त्य देशों के ही कई दार्शनिकों

ने पूरी ईमानदारी से भारतीय वैदिक वाङ्मय के महत्त्व को अपने अपने तरीके से दुनिया के सामने रखने का प्रयास किया है।

भारत में कृषि परम्परा के लिखित साक्ष्य ही हजारों साल पुराने हैं निश्चित तौर पर इससे बहुत पहले ही कृषि विषयक अनुसंधान भारत में होते रहे हैं। कृषि पाराशर पुस्तक में कुल 243 श्लोक हैं और कृषि के सभी पहलुओं का विस्तार से विवरण दिया गया है। एक श्लोक में इतने तथ्य समाविष्ट हैं कि उन्हें समझने और व्यवहार में लाने से कृषि उपज कई गुना बढ़ जाएगी।

पैदावार को बढ़ाने का एक दबाव भी रहा है। ऐसे में पुरातन कृषि विज्ञान और आधुनिक कृषि विज्ञान को समानांतर रखने की आवश्यकता है। पुरातन कृषि विज्ञान का सबसे सकारात्मक पहलू ये है कि इसने भूमि और पशुधन को प्रमुखता दी ना कि पैदावार को। निश्चित तौर पर जिस तरह सोने का अंडा देने वाली मुर्गी को काट कर सोना नहीं निकाला जा सकता। इसी तरह जमीन और पशुधन को नजरअंदाज कर पैदावार को बढ़ाना भी मूर्खता है। परम्परागत वैदिक कृषि विज्ञान को भूलकर हमने वही गलती की है।

मुझे आचार्य चाणक्य का अर्थशास्त्र पढ़ते हुए ये बात याद आई। करीब 2500 वर्ष पहले भारत में जो व्यवस्था थी वो भी अपने आप में आधुनिक व्यवस्था से कहीं आगे दिखाई देती है। उपभोक्ता पदार्थों जैसे गन्ने से गुड़, खाण्ड, शक्कर आदि, सेंधा और समुद्री नमक, शहद, फलों का रस, इमली, आँवला, नींबू, दही, मठ्ठा, मिर्च मसाले, गेंहू, दालें, धान, तिलहन आदि के उत्पादन, भण्डारण और विज्ञापन व्यवस्था का उल्लेख भी अर्थशास्त्र में मिलता है।

कृषि हेतु सिंचाई की व्यवस्था भी विकसित की गई थी। चन्द्रगुप्त मौर्य के दरबार में लम्बे समय तक रहे यूनानी यात्री मेगस्थनीज ने लिखा है कि मुख्य नाले और उसकी शाखाओं में जल के समान वितरण को सुनिश्चित करने व नदी और कुँओं के निरीक्षण के लिए राजा द्वारा अधिकारियों की नियुक्ति की जाती थी।

कृषि के संदर्भ में नारदस्मृति, विष्णु धर्मोत्तर, अग्नि पुराण आदि में भी उल्लेख मिलते हैं। आज भारत एक स्वतन्त्र राष्ट्र है। अपने प्राचीन ग्रन्थों और ज्ञान विज्ञान की पुनर्स्थापना करने के प्रयास बहुत गम्भीरता से होने चाहिए। अन्य ज्ञान विज्ञान की तरह पुरातन विज्ञान को भी लोकप्रिय साहित्य और एकेडमिक्स में शामिल किए जाने की आवश्यकता है।

नौका शास्त्र

वेद से लेकर अनेक भारतीय पौराणिक ग्रन्थों में महासागर, समुद्र और नदियों से जुडी ऐसी अनेकानेक घटनाओं का उल्लेख है, जिससे यह पता चलता है कि भारतीयों को नौकायान का ज्ञान आदिकाल से ही रहा है। भारतीय साहित्यकला, मूर्तिकला, चित्रकला और पुरातत्व-विज्ञान से प्राप्त अनेक साक्ष्यों से भारत की समुद्री परम्पराओं का अस्तित्व प्रमाणित होता है।

समुद्र यात्रा भारतवर्ष में प्राचीन काल से प्रचलित रही है। महर्षि अगस्त्य समुद्री द्वीप द्वीपान्तरों की यात्रा करने वाले महापुरुष थे। इसी कारण अगस्त्य ने समुद्र को पी डाला, यह कथा प्रचलित हुई होगी। संस्कृति के प्रचार के निमित्त या नए स्थानों पर व्यापार के निमित्त दुनिया के देशों में भारतीयों का आना-जाना था।

कौण्डिन्य समुद्र पार कर दक्षिण पूर्व एशिया पहुँचे।

मैक्सिको के यूकाटान प्रांत में जवातुको नामक स्थान पर प्राप्त सूर्य मंदिर के शिलालेख में महानाविक वुसुलिन के शक संवत् 885 में पहुँचने का उल्लेख मिलता है।

गुजरात के लोथल में हुई खुदाई में ध्यान में आता है कि ई. पूर्व 2450 के आस-पास बने बंदरगाह द्वारा इजिप्त के साथ सीधा सामुद्रिक व्यापार होता था। 2450 ई.पू. से 2350 ई.पू. तक छोटी नावें इस बंदरगाह पर आती थीं। बाद में बड़े जहाजों के लिए आवश्यक रचनाएँ खड़ी की गएं तथा नगर रचना भी हुई। प्राचीन काल से अर्वाचीन काल तक के नौ निर्माण कला का उल्लेख प्रख्यात बौद्ध संशोधक भिक्षु चमनलाल ने अपनी पुस्तक 'हिन्दू अमेरिका में

किया है। इसी प्रकार सन् 1950 में कल्याण के हिन्दू संस्कृति अंक में गंगा शंकर मिश्र ने भी विस्तार से इस इतिहास को लिखा है।

4 भारतवर्ष के प्राचीन वाङ्गमय वेद, रामायण, महाभारत, पुराण आदि में जहाजों का उल्लेख आता है। जैसे बाल्मीकि रामायण के अयोध्या काण्ड में ऐसी बड़ी नावों का उल्लेख आता है जिसमें सैकड़ों योद्धा सवार रहते थे।

नावां शतानां पञ्चानांकैवर्तानां शतं शतम। सन्नद्धानां तथा यूनान्तिष्ठत्क्त्वत्यभ्यचोदयत्॥

अर्थात् सैकड़ों सन्नद्ध जवानों से भरी पाँच सौ नावों को सैकड़ों धीवर प्रेरित करते हैं।

इसी प्रकार महाभारत में यंत्र चालित नाव का वर्णन मिलता है।

सर्ववातसहां नावं यंत्रयुक्तां पताकिनीम्।

अर्थात्-यंत्र पताका युक्त नाव, जो सभी प्रकार की हवाओं को सहने वाली है।

कौटिलीय अर्थशास्त्र में राज्य की ओर से नावों के पूरे प्रबन्ध के संदर्भ में जानकारी मिलती है।

5वीं सदी में हुए वारहमिहिर कृत 'बृहत् संहिता' तथा 11वीं सदी के राजा भोज कृत युक्ति कल्पतरु में जहाज निर्माण पर प्रकाश डाला गया है। नौका विशेषज्ञ भोज चेतावनी देते हैं कि नौका में लोहे का प्रयोग न किया जाए, क्योंकि सम्भव है समुद्री चट्टानों में कहीं चुम्बकीय शक्ति हो। तब वह उसे अपनी ओर खींचेगी, जिससे जहाज को खतरा हो सकता है। नौकाओं के प्रकार-'हिन्दू अमेरिका' (पृ. 357) के अनुसार युक्ति कल्पतरु ग्रन्थ में नौका शास्त्र का विस्तार से वर्णन है। नौकाओं के प्रकार, उनका आकार, नाम आदि का विश्लेषण किया गया है। **(1) सामान्य**-वे नौकाएँ, जो साधारण नदियों में चल सकें। **(2) विशेष**-जिनके द्वारा समुद्र यात्रा की जा सके। उत्कृष्ट निर्माण-कल्याण (हिन्दू संस्कृति अंक-1950) में नौका की सजावट का सुंदर वर्णन आता है। चार श्रंग (मस्तूल) वाली नौका सफेद, तीन श्रृग वाली लाल, दो शृंग वाली

पीली तथा एक शृंग वाली को नीला रंगना चाहिए। नौका मुख-नौका की आगे की आकृति यानी नौका का मुख सिंह, महिष, सर्प, हाथी, व्याघ्र, पक्षी, मेढ़क आदि विविध आकृतियों के आधार पर बनाने का वर्णन है।

भारत पर मुस्लिम आक्रमण 7वीं सदी में प्रारम्भ हुआ। उस काल में भी भारत में बड़े-बड़े जहाज बनते थे। मार्कोपोलो तेरहवीं सदी में भारत में आया। वह लिखता है 'जहाजों में दोहरे तख्तों की जुड़ाई होती थी, लोहे की कीलों से उनको मजबूत बनाया जाता था और उनके सुराखों को एक प्रकार की गोंद में भरा जाता था। इतने बड़े जहाज होते थे कि उनमें तीन-तीन सौ मल्लाह लगते थे। एक-एक जहाज पर 3 से 4 हजार तक बोरे माल लादा जा सकता था। इनमें रहने के लिए ऊपर कई कोठरियाँ बनी रहती थीं, जिनमें सब तरह के आराम का प्रबन्ध रहता था। जब पेंदा खराब होने लगता तब उस पर लकड़ी की एक नयी तह को जड़ लिया जाता था। इस तरह कभी-कभी एक के ऊपर एक 6 तह तक लगायी जाती थी।' 15वीं सदी में निकोली कांटी नामक यात्री भारत आया। उसने लिखा कि भारतीय जहाज हमारे जहाजों से बहुत बड़े होते हैं। इनका पेंदा तिहरे तख्तों का इस प्रकार बना होता है कि वह भयानक तूफानों का सामना कर सकता है। कुछ जहाज ऐसे बने होते हैं कि उनका एक भाग बेकार हो जाने पर बाकी से काम चल जाता है।

बर्थमा नामक यात्री लिखता है लकड़ी के तख्तों की जुड़ाई ऐसी होती है कि उनमें जरा-सा भी पानी नहीं आता। जहाजों में कभी दो पाल सूती कपड़े के लगाए जाते हैं, जिनमें हवा खूब भर सके। लंगर कभी-कभी पत्थर के होते थे। ईरान से कन्याकुमारी तक आने में आठ दिन का समय लग जाता था। समुद्र के तटवर्ती राजाओं के पास जहाजों के बड़े-बड़े बेड़े रहते थे।

डा. राधा कुमुद मुकर्जी ने अपनी 'इंडियन शिपिंग' नामक पुस्तक में भारतीय जहाजों का बड़ा रोचक एवं सप्रमाण इतिहास दिया है। क्या वास्कोडिगामा ने भारत आने का मार्ग खोजा: अंग्रेजों ने एक भ्रम और व्याप्त किया कि वास्कोडिगामा ने समुद्र मार्ग से भारत आने का मार्ग खोजा। यह सत्य है कि वास्कोडिगामा भारत आया था, पर वह कैसे आया इसके यथार्थ को हम जानेंगे तो स्पष्ट होगा कि वास्तविकता क्या है? प्रसिद्ध पुरातत्ववेता पद्मश्री

डा. विष्णु श्रीधर वाकणकर ने बताया कि मैं अभ्यास के लिए इंग्लैण्ड गया था। वहाँ एक संग्रहालय में मुझे वास्कोडिगामा की डायरी के संदर्भ में बताया गया। इस डायरी में वास्कोडिगामा ने वह भारत कैसे आया, इसका वर्णन किया है। वह लिखता है, जब उसका जहाज अफ्रीका में जंजीबार के निकट आया तो मेरे से तीन गुना बड़ा जहाज मैंने देखा। तब एक अफ्रीकन दुभाषिया लेकर वह उस जहाज के मालिक से मिलने गया। जहाज का मालिक चंदन नाम का एक गुजराती व्यापारी था, जो भारतवर्ष से चीड़ व सागवान की लकड़ी तथा मसाले लेकर वहाँ गया था और उसके बदले में हीरे लेकर वह कोचीन के बंदरगाह आकार व्यापार करता था। वास्कोडिगामा जब उससे मिलने पहुँचा तब वह चंदन नाम का व्यापारी सामान्य वेष में एक खटिया पर बैठा था। उस व्यापारी ने वास्कोडिगामा से पूछा, कहाँ जा रहे हो? वास्कोडिगामा ने कहा–हिन्दुस्थान घूमने जा रहा हूँ। तो व्यापारी ने कहा मैं कल जा रहा हूँ, मेरे पीछे–पीछे आ जाओ। इस प्रकार उस व्यापारी के जहाज का अनुगमन करते हुए वास्कोडिगामा भारत पहुँचा। स्वतन्त्र देश में यह यथार्थ नयी पीढ़ी को बताया जाना चाहिए था परन्तु दुर्भाग्य से यह नहीं हुआ। (उदयन इंदुरकर–दृष्टकला साधक–पृ.32)

उपर्युक्त वर्णन पढ़कर मन में विचार आ सकता है कि नौका निर्माण में भारत इतना प्रगत देश था तो फिर आगे चलकर यह विद्या लुप्त क्यों हुई? इस दृष्टि से अंग्रेजों के भारत में आने और उनके राज्य काल में योजनापूर्वक भारतीय नौका उद्योग को नष्ट करने के इतिहास के बारे में जानना जरुरी है। उस इतिहास का वर्णन करते हुए श्री गंगाशंकर मिश्र कल्याण के हिन्दू संस्कृति अंक (1950) में लिखते हैं–'पाश्चात्यों का जब भारत से सम्पर्क हुआ तब वे यहाँ के जहाजों को देखकर चकित रह गए। सत्रहवीं शताब्दी तक यूरोपीय जहाज अधिक से अधिक 6 सौ टन के थे परन्तु भारत में उन्होंने गोघा' नामक ऐसे बड़े–बड़े जहाज देखे जो 15 सौ टन से भी अधिक के होते थे। यूरोपीय कम्पनियाँ इन जहाजों को काम में लाने लगीं और हिन्दुस्थानी कारीगरों द्वारा जहाज बनवाने के लिए उन्होंने कई कारखाने खोल लिए। सन् 1811 में लेफ्टिनेंट वाकर लिखता है कि 'ब्रिटिश जहाजी बेड़े के जहाजों की

हर बारहवें वर्ष मरम्मत करानी पड़ती थी परन्तु सागौन के बने हुए भारतीय जहाज पचास वर्षों से अधिक समय तक बिना किसी मरम्मत के काम देते थे।' 'ईस्ट इण्डिया कम्पनी' के पास 'दरिया दौलत' नामक एक जहाज था, जो 87 वर्षों तक बिना किसी मरम्मत के काम देता रहा। जहाजों को बनाने में शीशम, साल और सागौन-तीनों लकड़ियाँ काम में लायी जाती थीं। सन् 1811 में एक फ्रांसीसी यात्री वाल्टजर सालविन्स अपनी 'ले हिन्दू' नामक पुस्तक में लिखता है कि 'प्राचीन समय में नौ-निर्माण कला में हिन्दू सबसे आगे थे और आज भी वे इसमें यूरोप को पाठ पढ़ा सकते हैं। अंग्रेजों ने, जो कलाओं के सीखने में बड़े चतुर होते हैं, हिन्दुओं से जहाज बनाने की कई बातें सीखीं। भारतीय जहाजों में सुन्दरता तथा उपयोगिता का बड़ा अच्छा योग है और वे हिन्दुस्थानियों की कारीगरी और उनके धैर्य के नमूने हैं। 'बम्बई के कारखाने में 1736 से 1863 तक 300 जहाज तैयार हुए, जिनमें बहुत से इंग्लैण्ड के' शाही बेड़े में शामिल कर लिए गए। इनमें एशिया नामक जहाज 2289 टन का था और उसमें 84 तोपें लगी थीं। बंगाल में हुगली, सिल्हट, चटगाँव और ढाका आदि स्थानों पर जहाज बनाने के कारखाने थे। सन् 1781 से 1821 तक 1,22,693 टन के 272 जहाज केवल हुगली में तैयार हुए थे। अंग्रेजों की कुटिलता-ब्रिटेन के जहाजी व्यापारी भारतीय नौ-निर्माण कला का यह उत्कर्ष सहन न कर सके और वे 'ईस्ट इण्डिया कम्पनी' पर भारतीय जहाजों का उपयोग न करने के लिए दबाने बनाने लगे। सन् 1811 में कर्नल वाकर ने आँकड़े देकर यह सिद्ध किया कि 'भारतीय जहाजों में बहुत कम खर्च पड़ता है और वे बड़े मजबूत होते हैं। यदि ब्रिटिश बेड़े में केवल भारतीय जहाज ही रखे जाएं तो बहुत बचत हो सकती है।' जहाज बनाने वाले अंग्रेज कारीगरों तथा व्यापारियों को यह बात बहुत खटकी। डाक्टर टेलर लिखता है कि 'जब हिन्दुस्थानी माल से लदा हुआ हिन्दुस्थानी जहाज लंदन के बंदरगाह पर पहुँचा, तब जहाजों के अंग्रेज व्यापारियों में ऐसी घबराहट मची जैसा कि आक्रमण करने के लिए टेम्स नदी में शत्रुपक्ष के जहाजी बेड़े को देखकर भी न मचती।' लंदन बंदरगाह के कारीगरों ने सबसे पहले हो-हल्ला मचाया और कहा कि 'हमारा सब काम चौपट हो जाएगा और हमारे कुटुम्ब भूखों मर जाएँगे।' 'ईस्ट इण्डिया कम्पनी' के 'बोर्ड ऑफ डायरेक्टर्स' (निदेशक

मण्डल) ने लिखा कि हिन्दुस्थानी खलासियों ने यहाँ आने पर जो हमारा सामाजिक जीवन देखा, उससे भारत में यूरोपीय आचरण के प्रति जो आदर और भय था, नष्ट हो गया। अपने देश लौटने पर हमारे सम्बंध में वे जो बुरी बातें फैलाएंगे, उसमें एशिया निवासियों में हमारे आचरण के प्रति जो आदर है तथा जिसके बल पर ही हम" अपना प्रभुत्व जमाए बैठे हैं, नष्ट हो जाएगा और उसका प्रभाव बड़ा हानिकर होगा। 'इस पर ब्रिटिश संसद ने सर राबर्ट पील की अध्यक्षता में एक समिति नियुक्त की। काला कानून-समिति के सदस्यों में परस्पर मतभेद होने पर भी इस रपट के आधार पर सन् 1814 में एक कानून पास किया, जिसके अनुसार भारतीय खलासियों को ब्रिटिश नाविक बनने का अधिकार नहीं रहा। ब्रिटिश जहाजों पर भी कम से कम तीन चौथाई अंग्रेज खलासी रखना अनिवार्य कर दिया गया। लंदन के बंदरगाह में किसी ऐसे जहाज को घुसने का अधिकार नहीं रहा, जिसका स्वामी कोई ब्रिटिश न हो और यह नियम बना दिया गया कि इंग्लैण्ड में अंग्रेजों द्वारा बनाए हुए जहाजों में ही बाहर से माल इंग्लैण्ड आ सकेगा।' कई कारणों से इस कानून को कार्यान्वित करने में ढिलाई हुई, पर सन् 1863 से इसकी पूरी पाबंदी होने लगी। भारत में भी ऐसे कायदे-कानून बनाए गए जिससे यहाँ की प्राचीन नौ-निर्माण कला का अन्त हो जाए। भारतीय जहाजों पर लदे हुए माल की चुंगी बढ़ा दी गई और इस तरह उनको व्यापार से अलग करने का प्रयत्न किया गया। सर विलियम डिग्वी ने ठीक ही लिखा है कि पाश्चात्य संसार की रानी ने इस तरह प्राप्च्च सागर की रानी का वध कर डाला। संक्षेप में भारतीय नौ-निर्माण कला को नष्ट करने की यही कहानी है।

नौकाओं के प्रकार–

'हिन्दू अमेरिका' (पृ. 357) के अनुसार 'युक्ति कल्पतरु' ग्रन्थ में नौका शास्त्र का विस्तार से वर्णन है। नौकाओं के प्रकार, उनका आकार, नाम आदि का विश्लेषण किया गया है।

(1) सामान्य-वे नौकाएँ, जो साधारण नदियों में चल सकें।

(2) विशेष-जिनके द्वारा समुद्र यात्रा की जा सके।

उत्कृष्ट निर्माण-कल्याण (हिन्दू संस्कृति अंक-1950) में नौका की सजावट का सुंदर वर्णन आता है। चार श्रृंग (मस्तूल) वाली नौका सफेद, तीन श्रृंग वाली लाल, दो श्रृंग वाली पीली तथा एक श्रृंग वाली को नीला रंगना चाहिए। नौका मुख-नौका की आगे की आकृति यानी नौका का मुख सिंह, महिष, सर्प, हाथी, व्याघ्र, पक्षी, मेढ़क आदि विविध आकृतियों के आधार पर बनाने का वर्णन है।

उस काल में भी भारत में बड़े-बड़े जहाज बनते थे। मार्कपोलो तेरहवीं सदी में भारत में आया। वह लिखता जहाजों में दोहरे तख्तों की जुड़ाई होती थी, लोहे की कीलों से उनको मजबूत बनाया जाता था और उनके सुराखों को एक प्रकार की गोंद में भरा जाता था। इतने बड़े जहाज होते थे कि उनमें तीन-तीन सौ मल्लाह लगते थे। एक-एक जहाज पर 3 से 4 हजार तक बोरे माल लादा जा सकता था। इनमें रहने के लिए ऊपर कई कोठरियाँ बनी रहती थीं, जिनमें सब तरह के आराम का प्रबन्ध रहता था। जब पेंदा खराब होने लगता तब उस पर लकड़ी की एक नयी तह को जड़ लिया जाता था। इस तरह कभी-कभी एक के ऊपर एक 6 तह तक लगायी जाती थी।

15वीं सदी में निकोली कांटी नामक यात्री भारत आया। उसने लिखा कि भारतीय जहाज हमारे जहाजों से बहुत बड़े होते हैं। इनका पेंदा तिहरे तख्तों का इस प्रकार बना होता है कि वह भयानक तूफानों का सामना कर सकता है। कुछ जहाज ऐसे बने होते हैं कि उनका एक भाग बेकार हो जाने पर बाकी से काम चल जाता है।

बर्थमा नामक यात्री लिखता है 'लकड़ी के तख्तों की जुड़ाई ऐसी होती है कि उनमें जरा-सा भी पानी नहीं आता। जहाजों में कभी दो पाल सूती कपड़े के लगाए जाते हैं, जिनमें हवा खूब भर सके। लंगर कभी-कभी पत्थर के होते थे। ईरान से कन्याकुमारी तक आने में आठ दिन का समय लग जाता था। समुद्र के तटवर्ती राजाओं के पास जहाजों के बड़े-बड़े बेड़े रहते थे। डा. राधा कुमुद मुकर्जी' ने अपनी 'इंडियन शिपिंग' नामक पुस्तक में भारतीय जहाजों का बड़ा रोचक एवं सप्रमाण इतिहास दिया है।

4 थे और 5 वें शतक में आर्यभट्ट एक गणितज्ञ थे, 5 वें और 6 वें शतक में वराहमिहिर एक ज्योतिषतज्ञ थे। आर्यभट्ट और वराह मिहिर इन दो विद्वानों ने नक्षत्रों की पहचान कर सागर यात्रा के मानचित्रों का (नक्शे का) निर्माण किया था। इन मानचित्रों के लिए एक मत्स्य यंत्र का प्रयोग किया जाता था। जिसे हम आधुनिक काल के 'मैगनेटिक कम्पास' का प्रारम्भिक रूप कह सकते हैं। इस यंत्र में लोहे की एक मछली तेल जैसे द्रव्य पर तैरती रहती थी और वह सदैव उत्तर दिशा की तरफ मुँह किए रहती थी। इसका अर्थ वह उत्तर दिशा दिखाने वाली दिशादर्शक थी।।।

राजा भोज नौका शास्त्र के सखोल अभ्यासी 11 वीं सदी इस्लामिक आक्रमण आरम्भ होने का कालखंड था। इस समय मालवा के राजा भोज ने ज्ञान-विज्ञान के संदर्भ में अनेक ग्रन्थ लिखे। वे नौका विशेषज्ञ भी थे, उनके ग्रन्थों में वर्णित उल्लेखों से ऐसा पता चलता है। उन्होंने ही 'युक्तिकल्पतरु' ग्रन्थ का निर्माण किया जिसमें नौका शास्त्र की विस्तृत जानकारी है।

1. 'युक्तिकल्पतरु' में नौका के प्रकार बताए गए हैं। एक, सामान्य नौकाएँ वे नौकाएँ, जो साधारण नदियों में चल सकें और दूसरी विशेष नौकाएँ जिनके द्वारा समुद्र यात्रा की जा सके, इसका वर्णन इसमें है। छोटी एवं लम्बी यात्राओं के लिए छोटे और बडे, अलग अलग क्षमतावाले जहाजों का निर्माण कैसे किया जाता है, इसका वर्णन इस ग्रन्थ में है। जहाज निर्माण के विषय पर प्राचीन ग्रन्थों में इस ग्रन्थ को प्रमाण माना जाता है। अलग-अलग प्रकार के जहाजों के लिए भिन्न-भिन्न प्रकार की लकड़ियों का चयन कैसे किया जाए, इससे प्रारम्भ करते हुए विशिष्ट क्षमतावाले जहाज एवं उनका पूरा ढाँचा कैसे निर्मित किया जाए, इसका सारा गणित इस ग्रन्थ से प्राप्त होता है।

2. इसी ग्रन्थ में उन्होंने चेतावनी भी दी है कि नौका में लोहे का प्रयोग न किया जाए, क्योंकि सम्भव है कि समुद्री चट्टानों में कहीं चुम्बकीय शक्ति हो। तब वह उसे अपनी ओर खींचेगी, जिससे जहाज को संकट हो सकता है।

3. इस ग्रन्थ के लिखे जाने से डेढ सहस्र वर्ष पूर्व भी भारतीय जहाज पूरे विश्व में भ्रमण करते थे। अर्थात् यह 'युक्तिकल्पतरु' ग्रन्थ कुछ नया शोध

नहीं करता; परन्तु जो ज्ञान पहले से भारतीयों के पास था, उसे लिपिबद्ध करता है क्योंकि भारतीयों को नौका शास्त्र का ज्ञान प्राचीन काल से ही था।

4. कथा सरित-सागर नामक ग्रन्थ में उच्च कोटि के श्रमिकों का उल्लेख किया गया है। उससे पता चलता है, कि काष्ठ का काम करनेवालों को राज्यधर और प्राणधर कहा जाता था। ये समुद्र पार करने के लिए रथों का निर्माण करते थे तथा एक सहस्र यात्रियों को ले कर उडनेवाले विमान भी बना सकते थे।

5. ईसा पूर्व चौथी शताब्दी में कौटिल्य अर्थशास्त्र में राज्य की ओर से नाव के पूरे प्रबन्ध के संदर्भ में जानकारी मिलती है। ईसा पूर्व तीसरी शताब्दी में चन्द्रगुप्त मौर्य के कालखण्ड में भारत के जहाज विश्वप्रसिद्ध थे। इन जहाजों द्वारा पूरे विश्व में भारत का व्यापार चलता था। इस विषय में अनेक ताम्रपत्र और शिलालेख प्राप्त हुए हैं। बौद्ध प्रभाववाले कालखंड में, बंगाल में सिंहबाहू नामक राजा के शासनकाल में सात सौ यात्रियों को लेकर एक जहाज के श्रीलंका प्रवास पर जाने का उल्लेख मिलता है। ईसा पूर्व दूसरी शताब्दी में कुषाण काल एवं हर्षवर्धन काल में भी समुद्री व्यापार की समृद्ध परम्परा का उल्लेख मिलता है। कुछ समय पश्चात 5 वीं सदी में हुए वराहमिहिर कृत बृहत्संहिता मे भी इसकी जानकारी मिलती है। इससे हमें प्राचीन भारत की नौकायान परम्परा की समृद्धि की जानकारी मिलती है।।।

भारत तीन ओर से सागर से घिरा है। इन सागरों में अनेक बंदरगाह हैं। वहाँ चारों ओर हिन्दू संस्कृति के प्रमाण मिलते हैं। क्या इसका अर्थ यह है, कि भारत की संस्कृति नौकानयन संस्कृति के सहारे ही वहाँ पहुँची।

1. थाईलैंड देश के बैंकाक हवाई अड्डा अर्थात् सुवर्णभूमि विमानतल पर समुद्रमंथन की प्रसिद्ध प्रतिकृति है। वहीं एक बड़ा-सा मानचित्र लगा है। लगभग डेढ सहस्र वर्ष पूर्व के इस मानचित्र में 'पुरुषपुर' (पेशावर) से लेकर 'पापुआ न्यू गिनी' तक का भूभाग दर्शाया गया है, जिसके मध्य भाग में बडे और मोटे अक्षरों में लिखा है, 'इण्डिया। इसी मानचित्र में 'सयाम' लैंड) को भी गाढे रंग से दर्शाया गया है। अर्थात् यह विशालकाय मानचित्र ऊँचे स्वरों

में दुनिया को बता रहा है कि 'किसी समय पर सयाम अर्थात् थाईलैंड पूरे विश्व में फैली हुई भारतीय संस्कृति का ही एक भाग था, और हमें इस बात पर गर्व है।'

2. कम्बोडिया ने अपने देश के राष्ट्रध्वज पर अंकोरवट मंदिर का चित्र अंकित किया है और उसके ब्रुनेई देश ने अपनी राजधानी का नाम 'बन्दर सेरी भगवान' अर्थात् 'देवताओं की आभा' रखा है, इस नाम की राजधानी वाला देश आज इस्लामिक देश है। यह जानकर आपको आश्चर्य होगा।।

3. जावा, सुमात्रा, मलय, सिंहपुर, सयाम, यवद्वीप इत्यादि सभी तत्कालीन देश, जो वर्त्तमान में इंडोनेशिया, मलेशिया, सिंगापुर, थाईलैंड, कम्बोडिया, विएतनाम आदि नामों से जाने जाते हैं, इन सभी देशों पर प्राचीन हिन्दू संस्कृति के चिह्न आज भी विद्यमान हैं। दो-ढाई सहस्र वर्ष पूर्व दक्षिण भारत के राजा इन प्रदेशों में गए थे। एक समय ये भारत के ही द्वीप थे।

4. विजय नगर साम्राज्य स्थापित होने के उपरान्त उस राज्य ने दक्षिण भारत में अनेक विशाल और सुंदर बंदरगाहों का निर्माण किया तथा पूर्व एवं पश्चिम दोनों ही दिशाओं में व्यापार आरम्भ किया। शांतिपूर्ण और समृद्ध संस्कृति के बल पर पूरा दक्षिण-पूर्व एशिया धीरे-धीरे हिन्दू विचारों को अपना मानने लगा था। अब एक स्वाभाविक प्रश्न उठता है कि जब बडे स्तर पर हिन्दू राजा आंध्र प्रदेश, तमिलनाडु इत्यादि राज्यों से दक्षिण-पूर्व एशिया के देशों में गए, तो वे कैसे गए होंगे ? स्वाभाविक है कि समुद्र मार्ग से ही गए होंगे। इसका अर्थ प्राचीन काल से अब तक व्यापार के लिए भारतीय समुद्री रास्तों का प्रयोग करते थे। अर्थात् उस कालखंड में भारत में नौकायन शास्त्र अत्यन्त उन्नत स्थिति में था। सागर की यह यात्रा प्रगत नौकानयन का ही उदाहरण है।

5. उस कालखंड की भारतीय नौकाओं एवं नाविकों के अनेक चित्र एवं मूर्तियाँ कम्बोडिया, जावा, सुमात्रा, बाली जैसे स्थानों पर दिखाई देती हैं। उस काल में भी कम से कम पाँच सौ यात्रियों को ले जाने की क्षमतावाली नौकाओं का निर्माण भारत में होता था।

6. उस समय उफनते समुद्र में, आज जैसे आधुनिक मौसम यंत्र एवं यात्रा सम्बन्धी विभिन्न साधनों के न होने के पश्चात् भी इतनी दूर के देशों

तक पहुँचना, उन देशों से सम्बन्ध बनाना, वहाँ पर व्यापार करना, उन देशों से निरन्तर सम्पर्क बनाए रखना, इससे सिद्ध होता है कि भारतीयों का नौकायन शास्त्र उन दिनों अत्यधिक प्रगत और विकसित रहा होगा।।

गुजरात में पुरातत्व विभाग ने प्राचीन काल में बंदरगाह होने की जानकारी खोज निकाली थी। क्या यह सच है ? जी, यह सच है। गुजरात के 'लोथल' में पुरातत्व विभाग द्वारा उत्खनन किया गया था। लोथल भले ही एकदम समुद्र के किनारे पर स्थित नहीं है, परन्तु समुद्र की एक छोटी पट्टी लोथल तक आई हुई है। पुरातत्व विभाग के उत्खनन में यह सामने आया कि लगभग साढे तीन सहस्र वर्ष पूर्व लोथल एक वैभवशाली बंदरगाह था। इस स्थान पर अत्यन्त उन्नत एवं स्वच्छ उत्तम नगर संरचना स्थित थी परन्तु उत्खनन से प्राप्त अवशेषों में इससे भी अधिक महत्त्वपूर्ण बातें ये निकलकर आई कि लोथल में जहाज निर्माण का कारखाना था। लोथल से अरब देशों एवं इजिप्त देश में बड़े स्तर पर व्यापारिक गतिविधियों के भी प्रमाण मिले। वर्ष 1955 में लोथल में किए उत्खनन के कारण विश्व के सामने इस ज्ञान के द्वार खुल गए। इस खुदाई से पता चला कि समुद्र के किनारे स्थित न होने के पश्चात् भी लोथल में नौकायन विज्ञान इतना समृद्ध था कि वहाँ नौकायन से सम्बन्धित इतनी गतिविधियाँ निरन्तर चलती रहती थीं, तो गुजरात, महाराष्ट्र, कर्नाटक और केरल जैसे दूसरे पश्चिमी राज्यों के समुद्र किनारों पर, इस बंदरगाह से भी अधिक कितनी सरस एवं समृद्ध संरचनाएँ रही होंगी। आज मुम्बई से निकट थाने जिले में 'नालासोपारा शहर है वहाँ पर लगभग डेढ सहस्र वर्ष पूर्व 'शुर्पारक' नामक वैभवशाली बंदरगाह था। इस स्थान पर भारत के जहाजों के अतिरिक्त अनेक देशों के जहाज व्यापार करने आते थे। इसी प्रकार महाराष्ट्र के दाभोल और गुजरात के सूरत में भी था।

प्राचीन काल से अर्वाचीन काल तक के नौ निर्माण कला का उल्लेख प्रख्यात बौद्ध संशोधक भिक्षु चमनलाल ने अपनी पुस्तक "हिन्दू अमेरिका" में किया है। इसी प्रकार सन् 1950 में 'कल्याण' के हिन्दू संस्कृति अंक में गंगा शंकर मिश्र ने भी विस्तार से इस इतिहास को लिखा है।

उपर्युक्त वर्णन पढ़कर मन में विचार आ सकता है कि नौका निर्माण में भारत इतना प्रगत देश था तो फिर आगे चलकर यह विद्या लुप्त क्यों हुई? इस दृष्टि से अंग्रेजों के भारत में आने और उनके राज्य काल में योजनापूर्वक भारतीय नौका उद्योग को नष्ट करने के इतिहास के बारे में जानना जरुरी है। उस इतिहास का वर्णन करते हुए श्री गंगा शंकर मिश्र 'कल्याण' के हिन्दू संस्कृति अंक (1950) में लिखते हैं-

"पाश्चात्त्यों का जब भारत से सम्पर्क हुआ तब वे यहाँ के जहाजों को देखकर चकित रह गए। सत्रहवीं शताब्दी तक यूरोपीय जहाज अधिक से अधिक 6 सौ टन के थे परन्तु भारत में उन्होंने "गोघा" नामक ऐसे बड़े-बड़े जहाज देखे जो 15 सौ टन से भी अधिक के होते थे। यूरोपीय कम्पनियाँ इन जहाजों को काम में लाने लगीं और हिन्दुस्थानी कारीगरों द्वारा जहाज बनवाने के लिए उन्होंने कई कारखाने खोल लिए। सन् 1811 में लेफ्टिनेंट वाकर लिखता है कि "ब्रिटिश जहाजी बेड़े के जहाजों की हर बारहवें वर्ष मरम्मत करानी पड़ती थी परन्तु सागौन के बने हुए भारतीय जहाज पचास वर्षों से अधिक समय तक बिना किसी मरम्मत के काम देते थे।" "ईस्ट इण्डिया कम्पनी" के पास "दरिया दौलत" नामक एक जहाज था, जो 87 वर्षों तक बिना किसी मरम्मत के काम देता रहा। जहाजों को बनाने में शीशम, साल और सागौन-तीनों लकड़ियाँ काम में लायी जाती थीं।

जो सन् 1811 में एक फ्राँसीसी यात्री वाल्टजर सालविन्स अपनी 'ले हिन्दू' नामक पुस्तक में लिखता है कि "प्राचीन समय में नौ-निर्माण कला में हिन्दू सबसे आगे थे और आज भी वे इसमें यूरोप को पाठ पढ़ा सकते हैं। अंग्रेजों ने, कलाओं के सीखने में बड़े चतुर होते हैं, हिन्दुओं से जहाज बनाने की कई बातें सीखीं। भारतीय जहाजों में सुन्दरता तथा उपयोगिता का बड़ा अच्छा योग है और वे हिन्दुस्थानियों की कारीगरी और उनके धैर्य के नमूने हैं।" बम्बई के कारखाने में 1736 से 1863 तक 300 जहाज तैयार हुए, जिनमें बहुत से इंग्लैण्ड के "शाही बेड़े" में शामिल कर लिए गए। इनमें "एशिया" नामक जहाज 2289 टन का था और उसमें 84 तोपें लगी थीं। बंगाल में हुगली, सिल्हट, चटगाँव और ढाका आदि स्थानों पर जहाज बनाने

के कारखाने थे। सन् 1781 से 1821 तक 1,22,693 टन के 272 जहाज केवल हुगली में तैयार हुए थे।

अंग्रेजों की कुटिलता-ब्रिटेन के जहाजी व्यापारी भारतीय नौ-निर्माण कला का यह उत्कर्ष सहन न कर सके और वे "ईस्ट इण्डिया कम्पनी" पर भारतीय जहाजों का उपयोग न करने के लिए दबाने बनाने लगे। सन् 1811 में कर्नल वाकर ने आँकड़े देकर यह सिद्ध किया कि "भारतीय जहाजों" में बहुत कम खर्च पड़ता है और वे बड़े मजबूत होते हैं। यदि ब्रिटिश बेड़े में केवल भारतीय जहाज ही रखे जाएँ तो बहुत बचत हो सकती है। "जहाज बनाने वाले अंग्रेज कारीगरों तथा व्यापारियों को यह बात बहुत खटकी"। डाक्टर टेलर लिखता है कि "जब हिन्दुस्थानी माल से लदा हुआ हिन्दुस्थानी जहाज लंदन के बंदरगाह पर पहुँचा, तब जहाजों के अंग्रेज व्यापारियों में ऐसी घबराहट मची जैसा कि आक्रमण करने के लिए टेम्स नदी में शत्रुपक्ष के जहाजी बेड़े को देखकर भी न मचती। लंदन बंदरगाह के कारीगरों ने सबसे पहले हो-हल्ला मचाया और कहा कि "हमारा सब काम चौपट हो जाएगा और हमारे कुटुम्ब भूखों मर जाएँगे।" "ईस्ट इण्डिया कम्पनी" के "बोर्ड ऑफ डायरेक्टर्स" (निदेशक मण्डल) ने लिखा कि हिन्दुस्थानी खलासियों ने यहाँ आने पर जो हमारा सामाजिक जीवन देखा, उससे भारत में यूरोपीय आचरण के प्रति जो आदर और भय था, नष्ट हो गया। अपने देश लौटने पर हमारे सम्बंध में वे जो बुरी बातें फैलाएंगे, उसमें एशिया निवासियों में हमारे आचरण के प्रति जो आदर है तथा जिसके बल पर ही हम अपना प्रभुत्व जमाए बैठे हैं, नष्ट हो जाएगा और उसका प्रभाव बड़ा हानिकर होगा। "इस पर ब्रिटिश संसद ने सर राबर्ट पील की अध्यक्षता में एक समिति नियुक्त की।

समुद्री इतिहास शास्त्र

प्राचीन काल के हिन्दू व्यापार, धर्म-प्रचार, युद्ध या उपनिवेश स्थापना आदि के लिए, जल-स्थल दोनो के द्वारा, नाना देशो में गमन करते थे; उनके पास जहाज थे; दुनिया का भौगोलिक वृत्तान्त भी वे बहुत कुछ जानते थे। वे सभ्य, साहसी, उदार, व्यापार-कुशल, शिल्पकलानिपुण, वीर और अध्यवसायशील थे। उस समय के प्रायः सभी सभ्य और अर्द्ध-सभ्य देशो से उनका सम्बन्ध था। वैदिक और लौकिक संस्कृत भाषा के कितने ही ग्रन्थों में इस बात के अनेक प्रमाण पाये जाते हैं।

संसार में ऋग्वेद सबसे अधिक पुराना ग्रन्थ है। उसके भिन्न भिन्न 5 मन्त्रों से यह सिद्ध होता है कि प्राचीन आर्य्य, व्यापार आदि के लिए, समुद्र की राह, अन्य देशों को जाते थे। उसमें एक जगह (1-25-7) लिखा है कि समुद्र में जिस रास्ते जहाज, चलते हैं उसका पूर्ण ज्ञान वरुण को है। दूसरी जगह (1-48-6) लिखा है कि लोभ के वशीभूत होकर व्यापारी लोग अपने अपने जहाज, विदेशो को ले जाते हैं। तीसरी जगह (1-56-2) लिखा है कि व्यापारी बड़े ही कर्मशील हैं; वे अपने लाभ के लिए सब जगह जाते हैं; समुद्र का ऐसा कोई भी हिस्सा नहीं जहाँ वे न गये हों। चौथी जगह (7-88-3,4) लिखा है कि एक जहाज के बनाने में बड़ी कारीगरी की गई थी। उस पर सवार होकर।

ऊपर जिन मन्त्रों का हवाला दिया गया है वे ये हैं–

(1) वेदा यो वीना यदमन्तारक्षेण पतताम्।

वेद नावः समुद्रियः (1-25-7)

(2) उवासोषा उच्छाच्च भु देवी जीरा स्थानाम्।
ये अस्या आदरणेषु दघ्रिरे न श्रवस्य वः (1-48-3)

(3) तं गूर्तयो नेमन्त्रिषः परीणसः
समुद्रं न संचरणे सनिप्यवः
पति दक्षस्य विदमस्य नू सहो
गिरिं न वेना अधिरोह तेजसा। (1-56-2) [33]

(4) आ यद्रुहाव वरुणश्च नाव
प्रयत् समुद्रभीरयाव मध्यमम्।
अधियदपा स्त्रुभिश्चराव
प्रप्रेख ईखयावहै शुभे कम्॥
वशिष्टं ह वरुणो नाव्याद्या दृषि चकार स्वपामहोभिः।
स्तोतारं विप्रः सुदिनत्वे अन्हा षानुद्यावस्ततनन्यादुषासः
(7-88-3, 4)

(5) तग्रो ह भुज्युभिश्चिनोदमेंघ
रयिं न कश्चिन्ममृवा अवाहाः।
तमूहथु नौभिरात्मन्वतीभिरन्तरिक्ष
प्रद्भिरपोदकाभिः॥ (1-116-3)

वशिष्ठ और वरुण समुद्र-यात्रा करने गये थे। उन्हें उसके हिलने से बडा आनन्द आया था। पाँचवीं जगह (1-116-3) लिखा है कि राजर्षि तुग्र ने, सुदृर-द्वीप-निवासी अपने कुछ शत्रुओ पर आक्रमण करने के लिए, अपने पुत्र भुज्यु को जल-सेना के साथ, भेजा था। रास्ते में तूफान आ जाने से जहाज टूट गया। इस कारण भुज्यु, अपने साथियों समेंत, समुद्र में डूबने लगा। वहाँ, उस समय, उसे उस विपत्ति से बचानेवाला कोई न था परन्तु दैव-योग से अश्विन नाम के दो जोड़िया भाइयो ने आकर उसकी रक्षा की और वह डूबने से बच गया।

रामायण में ऐसे कितने ही श्लोक हैं जिनसे प्रकट होता है कि भारतवासी समुद्र की राह अन्यान्य देशों को जाते थे। जब वानरेन्द्र सुग्रीव बड़े बड़े वानरों को, सीताजी का पता लगाने के लिए, भेजने लगे तब उन्होंने उनको उन स्थानो के भी नाम बताये जहाँ सीता के मिलने की सम्भावना थी। जिन श्लोकों या श्लोक-खण्डों में उन नामों का उल्लेख है उन्हें हम यहाँ पर उद्धृत करते हैं–

"समुद्रमवगाढाँश्च पर्वतान् पत्तनानि च।
भूमिञ्च कोपकाराणां भूमिञ्च रजताकराम्।
यत्नवन्तो यवद्वीपं सप्तराज्योपशोभितम्।
सुवर्णरूप्यकद्वीपं सुवर्णकरमण्डितम्।
ततो रक्तजलं भीमं लोहितं नाम सागरम्।"

इनमें से पहले श्लोकखण्ड में समुद्र के द्वीपों के पहाड़ों और नगरों का और दूसरे में कोषकारों की भूमि का उल्लेख है। कोषकारों की भूमि से मतलब वर्त्तमान चीन से है। तीसरे में यवद्वीप और सुवर्ण-द्वीप का नाम आया है। उन्हें आज-कल जावा और सुमात्रा टापू कहते हैं। चौथे में रक्त सागर का उल्लेख है। वही वर्त्तमान लाल समुद्र (Red Sea) है। रामायण के अयोध्याकाण्ड में एक श्लोक है, जिसमें जलयुद्ध की तैयारी का इशारा है। इससे मालूम होता है कि उस समय के लोग जङ्गी जहाज बनाना और समुद्र में युद्ध करना अच्छी तरह जानते थे। इसके सिवा रामायण में उन व्यापारियो का भी जिक्र है जो समुद्र पार के देशों में जाकर व्यापार करते और वहाँ से अपने राजा को भेंट करने के लिए अच्छी अच्छी चीजें लाते थे।

महाभारत में भी कितने ही श्लोक भारतवर्ष तथा अन्य देशों के परस्पर सम्बन्धः को प्रकट करते हैं। अर्जुन के दिग्विजय और राजसूय यज्ञ के प्रसङ्ग में ऐसे कितने ही देशों के नाम आये हैं जो हिन्दुस्तान से बहुत दूर स्थित हैं। उस समय इस देश से उनका घनिष्ठ सम्बन्ध था–

"नावां शतानां पञ्चानां कैवर्तीनां शतं शतम्।
सन्नद्धानां तथा यूनान्तिष्ठन्तीत्यभ्यचोदयत्॥"

अथवा उन्हें पाण्डवों ने जीत लिया था। सभापर्व में लिखा है–

"सागरद्वीपवासश्च नृपतीन् म्लेच्छयोनिजान्।

निपादान् पुरुषाढॉश्च कर्णप्राधरणानपि॥

द्वीपं नाम्नाह्वयञ्चौव वशे कृत्वा महामतिः"

इससे सिद्ध है कि महामति सहदेव ने सागरद्वीप-वासी म्लेच्छनरेशों और निषाद तथा कर्ण-जाति के लोगों को परास्त और वशीभूत किया था। उनमें ताम्रद्वीप का राजा भी शामिल था।

रामायण और महाभारत ही में नहीं, सूत्र ग्रन्थों में भी इस बात का प्रमाण पाया जाता है कि प्राचीन भारतवासी समुद्र की राह अन्य देशो से व्यापार करते थे। इस विषय में प्रसिद्ध जर्मन-विद्वान् अध्यापक बूलर ने लिखा है–

"दो अत्यन्त प्राचीन धर्मसूत्रों में भी समुद्र-यात्रा का उल्लेख पाया जाता है। बौधायन-धर्मसूत्रों में एक जगह (2-2-2 में) लिखा है कि ब्राहाणों को समुद्रयात्रा न करनी चाहिए। परन्तु दूसरी जगह (1-2-4 में) लिखा है कि आर्य्य देश के निवासी धड़ाधड़ समुद्र-यात्रा करते हैं। अन्यत्र लिखा है कि वे ऊन और पशुओं का व्यापार भी करते हैं। जहाजों के मालिकों को जो महसूल राजा को देना पड़ता था उसका उल्लेख भी बौधा।

"यन-धर्मसूत्र (1-18-14) और गौतमीय-सूत्र (10-33) में पाया जाता है।"

स्मृतियों में भी सामुद्रिक व्यापार के हवाले हैं। मनुस्मृति में एक जगह (3-158) लिखा है कि वह ब्राह्मण जिसने समुद्र-यात्रा की हो श्राद्ध में बुलाये जाने का पात्र नहीं। एक श्लोक में लिखा है कि जो लोग समुद्रयान में कुशल और देशकालार्थदशी हैं वे जहाज बनाने के लिए दिये हुए रुपये का जो सूद निश्चित करेंगे वही प्रामाणिक माना जायगा। एक और श्लोक में नदी और समुद्र में चलने वाले जलयानों के किराये का जिक्र है। एक और जगह लिखा है कि समुद्र में जहाज चलानेवालों के दोष से यात्रियों के माल की जो हानि होगी उसके जिम्मेंदार जहाज चलानेवाले ही होगे–

“समुद्रयानकुशला देशकालार्थदर्शिनः।
स्थापयन्ति तु या वृद्धिं सा तत्राधिगमं प्रति॥
दीर्घाध्वनि यथादेशं यथाकालं तरी भवेत्।
नदीतीरेषु तद्विद्यात् समुद्रे नास्ति लक्षणम्॥
यन्नावि किञ्चिद्दाशाना विशीर्य्यतापराधतः।
तद्दाशैरेव दातव्यं समागम्य स्वतेऽशतः॥
एष नौयायिनामुक्तो व्यवहारस्य निर्णयः।
दाशापराधतस्तोये दैविके नास्ति निग्रहः॥”

दैवी दुर्घटना के कारण होगी उसके लिए वे उत्तरदाता न होगे। याज्ञवल्क्य स्मृति के व्यवहाराध्याय में लिखा है–“ये समुद्रगा वृद्धया धनं गृहीत्वा अधिलाभार्थ प्राणधनविनाशशङ्कास्थानं समुद्रं गच्छन्ति ते विंश शतं मासि मासि दधः।” इससे साफ जाहिर है कि हिन्दू–लोग धन प्राप्ति की इच्छा से समुद्र के बड़े बड़े भयङ्कर स्थानो तक की यात्रा करते थे।

पुराणों में भी उन व्यापारियों का जिक्र है जो समुद्र की राह व्यापार करते थे। वाराहपुराण में गोकर्ण–नामक एक निःसन्तान व्यापारी का उल्लेख है। वह समुद्र–पार व्यापार करने गया था परन्तु तूफान अजाने से वह समुद्र में डूब गया। इसी पुराण में एक जगह लिखा है कि एक व्यापारी ने कुछ रत्नपरीक्षकों के साथ मोतियों की तलाश में समुद्र–यात्रा की थी–

“पुनस्तत्रैव गमने वणिग्भावे मतिर्गता।
समुद्र–याने रत्नानि महास्थौल्यानि साधुभिः॥
रत्नपरीक्षकैः सार्धमानयिष्ये बहूनि च।
एवं निश्चित्य मनसा महासार्थपुरःसरः॥
समुद्रयायिभिर्लोकैः सविदं सूच्य निर्गतः।
शुकेन सह सम्प्राप्तो महान्तं लवणार्णवम्॥
पोतारूढास्ततः सर्वे पोतवाहैरुपोषिताः।”

वेद, रामायण, महाभारत, सूत्र-ग्रंथ, पुराण आदि के सिवा संस्कृत के गद्य-पद्य-काव्यों तथा अन्य ग्रन्थों में भी इस बात के प्रमाण मौजूद हैं कि प्राचीन आर्य्य व्यापार, धर्म-प्रचार या जल-युद्ध आदि के लिए समुद्रयात्रा करते थे। महाकवि कालिदास के रघुवंश में एक जगह (4-36) लिखा है कि महाराज रघु ने एक बड़े ही विकट जल-युद्ध में वङ्ग-नरेश को परास्त किया था और गङ्गा के बीचोंबीच अपना जयस्तम्भ गाड़ा था। इसी ग्रन्थ के एक अन्य स्थान में लिखा है कि महाराज रघु ने फारिस पर आक्रमण किया था, यद्यपि यह चढ़ाई स्थल ही की राह हुई थी। कविवर श्रीहर्ष की प्रसिद्ध नाटिका रत्नावली में सिंहलेश्वर विक्रमबाहु की एक कन्या का उल्लेख है, जो जहाज टूट जाने से बीच समुद्र में डूब गई थी और जिसे कौशाम्बी के कुछ-

"वङ्गानुत्खाय तरसा नेता नौसाधनोधतान्।

निचखान जयस्तम्भ गङ्गास्रोतोऽन्तरेषु च।।

पारसीकान् ततो जेतुं प्रतस्थे स्थलवर्त्मना।"

अन्यथा क सिद्धादेशजनितप्रत्ययमप्रार्थितायाः सिहलेश्वरदुहितुः समुद्रेयानभनन्गनिमन्गयाः फलकमादानं कच कौशाम्बीयेन वणिजा सिहलेभ्यः प्रत्यागच्छता तदवस्थायाः सम्भावनम्।"

व्यापारियों ने बचाया था। 'कविश्रेष्ट दण्डी के दशकुमारचरित' में लिखा है कि रत्नद्भव नामक एक व्यापारी कालयवन नामक टापू में गया। वहाँ उसने एक सुन्दरी का पाणिग्रहण किया परन्तु घर लौटते समय, जहाज समेंत, समुद्र-गर्भ में निमग्न हो गया। इसी ग्रन्थ में मित्र-गुप्त का भी हाल है जो एक यवन जलयान द्वारा कही गया था परन्तु रास्ता भूल जाने के कारण, एक अन्य अज्ञात टापू में जा पहुँचा था। महाकवि माघ के शिशुपालवध में एक श्लोक है जिसमें लिखा है कि जब श्रीकृष्ण द्वारका से हस्तिनापुर जाते थे तब उन्होंने देखा था कि कुछ व्यापारी विक्रयार्थ माल से भरे हुए जहाज अन्य देशों से लिये आ रहे थे तथा भारतवर्ष का माल-

"ततः सोदरविलोकनकुतूहलेन रत्नोद्भवः

कथञ्चिच्छ्वशुरमनुनीय चपललोचनयानया

सह प्रवहणमारुह्य पुरुषपुरमभिप्रतस्थे।

कलपोल-मालिकाभिहतः पोतः समुद्राम्भस्यमज्जत्।

अस्मिन्नेव क्षणे नैकनौकापरिवृतः

केऽपि मद्गुः अभ्यधावत्। अभिभयुर्यवनाः।

तावद-तिजवा नौकाः श्वान इव वराहमस्मत्पोत पर्यरुत्सत।

विक्रीय दिश्यानि धनान्युरूणि द्वैप्यानसावतुमलाभभाजः।

तरीषु तत्रत्यमफल्गुभाण्ड स यात्रिकानावतोऽभ्यनन्दत्।।"

अन्य देशों में बेचने के लिए यहाँ से जहाजों में लिये जा रहे थे।

काश्मीरक कवि सोमदेव के "कथा-सरित्सागर" में तो समुद्र यात्रा और अन्य देशों में आने-जाने के सैकड़ों हवाले पाये जाते हैं। नवें लम्बक के पहले तरङ्ग में लिखा है कि पृथ्वीराज नामक राजा किसी चित्रकार के साथ एक जहाज से मुक्तिपुर-टापू को गया था। दूसरे तरङ्ग में लिखा है कि एक व्यापारी अपनी स्त्री के साथ किसी टापू को जा रहा था। राह में तूफान आजाने से जहाज टूट गया और दोनों का चिरवियोग हो गया। चौथे तरङ्ग में समुद्र-सूर तथा एक अन्य व्यापारी का उल्लेख है जो सुवर्ण-द्वीप (सुमात्रा नाम के टापू) में व्यापार करने गये थे। छठे तरङ्ग में लिखा है कि चन्द्रस्वामी नाम का एक व्यापारी जहाज पर चढ़ कर लङ्का आदि कितने ही टापुओं में अपने पुत्र को खोजने गया था। हितोपदेश नामक पुस्तक में भी कन्दर्पकेतु नाम के एक व्यापारी का उल्लेख है जिसने समुद्र-यात्रा की थी। राजतरङ्गिणी में एक श्लोक है जिसमें लिखा है कि एक राजदूत को समुद्र में बड़ी ही भयङ्कर विपत्ति का सामना करना पड़ा था-

"सन्धिविग्रहिकः सोऽथ गच्छन् पोतच्युतोऽम्बुधौ।

प्राप पारं तिमिग्रासात्तिमिमुत्पाट्य निर्गतः।।"

इस तरह वेद, रामायण, महाभारत, सूत्र-ग्रन्थ, पुराण, काव्य, नाटक, उपाख्यान आदि संस्कृत भाषा के सभी तरह के ग्रन्थों में भारत के सामुद्रिक व्यापार के हवाले भरे पड़े है। अधिक प्रमाण देने की आवश्यकता नही। जो

प्रमाण दिये गये है उन्ही से यह अच्छी तरह सिद्ध होता है कि प्राचीन काल में भारतवासी हिन्दू व्यापार या जलयुद्ध के लिए निःसङ्कोच समुद्र-यात्रा करते थे और अन्य देशों तथा टापुओं में जाते-आते तथा कभी कभी वहाँ बस भी जाते थे।

जो प्रमाण अब तक दिये गये वे सब हिन्दुओं के ग्रन्थों से दिये गये है। अब हम अपने कथन की पुष्टि के लिए कुछ प्रमाण बौद्धों के भी साहित्य से देना चाहते है।

महाराज विजय को समुद्र यात्रा का वर्णन महावंश आदि कितने ही बौद्ध-ग्रन्थों में पाया जाता है। राजा-पली में लिखा है कि वङ्ग-नरेश महाराज सिंहवाहु ने राज-कुमार विजय और उनके सात सौ साथियों को देश से। निकाल दिया था। बात यह हुई कि उन्होंने प्रजा पर बहुत अत्याचार किया था। वे लोग, अपने बालबच्चों समेत, तीन जहाजों पर चढ़ कर चले। जहाज सिहपुर नामक नगर के निकट से रवाना हुए थे। राह में वे सपारा नाम के बन्दरगाह में, कुछ समय तक, ठहरे थे।

भारत का अपना एक समृद्ध समुद्री इतिहास रहा है और समुद्री क्रियाकलापों सम्बन्धी बातों का उल्लेख सर्वप्रथम ऋग्वेद में मिलता है। भारतीय पुराणों में महासागर, समुद्र और नदियों से जुड़ी हुई ऐसी कई घटनाएँ मिलती हैं जिससे इस बात का पता चलता है कि मानव को समुद्र और महासागर रुपी संपदा से काफी फायदा हुआ है। भारतीय साहित्यकला, मूर्त्तिकला, चित्रकला और पुरातत्व-विज्ञान से प्राप्त कई साक्ष्यों से भारत की समुद्री परम्पराओं का अस्तित्व प्रमाणित होता है।

हमारे देश के समुद्री इतिहास का अध्ययन करने से इस बात का पता चलता है कि प्राचीन काल से लेकर 13 वीं शताब्दी तक हिंद महासागर पर भारतीय उप महाद्वीप का वर्चस्व कायम रहा। राजनीतिक कारणों से अधिक व्यापार के लिए भारतीय समुद्री रास्तों का प्रयोग करते थे। इस प्रकार 16 वीं शताब्दी तक का काल देशों के मध्य समुद्र के रास्ते होने वाले व्यापार, संस्कृति और परम्परागत लेन-देन का गवाह रहा है। हिंद महासागर को हमेंशा

एक विशेष महत्त्व का क्षेत्र माना जाता रहा है और भारत का इस महासागर में केंद्रीय महत्त्व है।

प्राचीन काल (3000–2000 ई. पू.)–

भारत के समुद्री इतिहास का आरम्भ 3000 ई. पू. से होता है। इस दौरान, सिंधु घाटी सभ्यता के निवासियों का समुद्री व्यापार मेंसोपोटामिया के साथ होता था। मोहनजोदड़ो और हड़प्पा की खुदाई से प्राप्त साक्ष्यों से यह बात सामने आई है कि इस काल में समुद्री गतिविधियों में अच्छी प्रगति हुई।

लोथल (अहमदाबाद से लगभग 400 कि.मी. दक्षिण पश्चिम दिशा में स्थित) में शुष्क गोदी (ड्राई-डॉक) की खोज से यह पता चला है कि ज्वार भाटा, पवनों और अन्य समुद्री कारक उस काल में भी विद्यमान थे। लोथल से प्राप्त ड्राई-डॉक 2400 ई. पू. का है और इसे विश्व की प्रथम ऐसी सुविधा माना जाता है जिस पर पोतों के आश्रय और उनकी मरम्मत की सुविधा थी।

वैदिक काल (2000–500 ई. पू.)–

वैदिक साहित्य में नौकाओं पोतों और समुद्री यात्राओं का उल्लेख कई बार आया है। अभिलेख की बात करें तो ऋग्वेद वह सबसे पुराना साक्ष्य है जिसके अनुसार वरुण समुद्र के देवता हैं और पोतों द्वारा प्रयोग किए जाने वाले महासागरीय मार्गों का उन्हें ज्ञान था। ऋग्वेद में इस बात का उल्लेख है कि व्यापार और धन की खोज में व्यापारी महासागर के रास्ते दूसरे देश में जाया करते थे। महाकाव्य रामायण और महाभारत में भी पोतों और समुद्री यात्राओं का वर्णन है। यहाँ तक कि पुराणों में भी समुद्री यात्राओं की कथाएँ वर्णित हैं।

नंद और मौर्य काल (500–200 ई. पू.)–

नंद और मौर्य काल में बड़े पैमाने पर समुद्री व्यापार गतिविधियाँ हुई जिनसे अनेक राष्ट्र और भारत के बीच नजदीकियाँ बढ़ीं। इससे भारत की संस्कृति और धार्मिक विश्वासों का प्रचार-प्रसार अन्य देशों में हुआ। मौर्य वंश की समुद्री गतिविधियों के चलते भारतीय इंडोनेशिया और आस-पास के द्वीपों पर जाने का मार्ग प्रशस्त हुआ। इस काल में, भारत पर सिकंदर ने आक्रमण

किया। यूनान और रोम के साहित्यिक अभिलेखों से नंद और मौर्य साम्राज्यों के दौरान समुद्री व्यापार होने के पर्याप्त प्रमाण मिलते हैं। यूनान के मानव विज्ञानी और चन्द्रगुप्त मौर्य के दरबार में मकदूनिया के दूत रहे मेंगस्थनीज ने उस दौरान पाटलिपुत्र में सशस्त्र सेनाओं के प्रशासन का वर्णन किया है। और एक विशेष समूह के होने की बात कही है जो समुद्री-युद्ध के विभिन्न पहलुओं को देखा करता था यही कारण है कि मगध साम्राज्य की जल सेना को साक्ष्य के आधार पर विश्व की प्रथम जल सेना होने की संज्ञा दी जाती है। चन्द्रगुप्त के मंत्री चाणक्य ने अर्थशास्त्र की रचना इसी कल में की जिसमें एक नवध्यक्ष (पोतों के अधीक्षक के अधीन जलमार्ग विभाग के कार्य करने सम्बन्धी ब्यौरे उपलब्ध हैं। अर्थशास्त्र में 'युद्ध कार्यालय' के रूप में स्थापित एडमिरल्टी डिवीजन का भी उल्लेख है जिसे महासागरों, झीलों और समुद्रों में नौचालन की जिम्मेंदारी सौंपी गई थी। मौर्य शासन के दौरान रखी जाने वाले विभिन्न प्रकार की नौकाओं और उनके प्रयोजन की विस्तृत जानकारी भी इस पुस्तक में उपलब्ध है।

सम्राट अशोक–

अशोक महान के शासन काल में मौर्य साम्राज्य लगभग पूरे भारतीय उपमहाद्वीप तक फैला था और उसके व्यापारिक सम्बन्ध श्री लंका, मिस्र, सीरिया और मकदूनिया के साथ थे। अशोक के प्रिय कार्यों में से एक था–बोध धर्म का व्यापक प्रचार-प्रसार। इस बात के प्रमाण हैं कि अशोक के पुत्र महेंद्र और पुत्री संघमित्रा बौध धर्म के प्रचार के लिए पश्चिम बंगाल के ताम्रलिटित से समुद्र के रास्ते सिलोन जाते समय उपहार के तौर पर अपने साथ पवित्र बरगद वृक्ष का एक पौधा ले गए थे। अशोक ने दक्षिण-पूर्व एशिया में समुद्र के रास्ते कई साम्राज्यों में अपने दूत भी भेजे थे।

सातवाहन वंश (200 ई. पू. 200 ई.)–

सातवाहनों (200 ई.पू.-.200 ई.) ने दक्कन क्षेत्र में शासन किया और उनका साम्राज्य आज के कर्नाटक, मध्य प्रदेश, छत्तीसगढ़ और गुजरात के सौराष्ट्र के हिस्सों तक फैला हुआ था। बंगाल की खाड़ी से लगे भारत के पूर्वी तट पर उनका नियंत्रण था और रोम साम्राज्य के साथ उनके व्यापारिक

सम्बन्ध काफी अच्छे थे। सातवाहन भारतीय मूल के प्रथम शासक हुए जिन्होनें अपने सिक्कों पर पोत अंकित किए दक्षिण-पूर्व एशिया के विभिन्न भागों में समुद्र के रास्ते संस्कृति, भाषा और हिंदू धर्म के प्रचार किए जाने के भी साक्ष्य मिलते हैं।

गुप्त वंश (320-500 ई.) स्वर्ण युग–

320-500 ई. के बीच गुप्त साम्राज्य उत्तर, मध्य और दक्षिण भारत के भागों तक फैल चुका था। इस काल को 'भारत का स्वर्ण युग' कहा जाता है चन्द्रगुप्त प्रथम, समुद्रगुप्त और चन्द्रगुप्त द्वितीय गुप्त वंश के सर्वाधिक प्रसिद्ध शासक थे। बोधगया, सारनाथ और वाराणसी में बौध धर्म का अध्ययन करने के उद्देश्य से 399 ई. में भारत आए चीन के संन्यासी फाह्यान ने गुप्त साम्राज्य के बारे में आँखों देखा वर्णन किया है। विदेशी व्यापार में विस्तार होने के साथ ही गुप्तकाल में सामान्य समृद्धि, आर्थिक प्रगति, साँस्कृतिक अभिवृद्धि कलात्मक विकास और स्थापत्य कला के क्षेत्र में उल्लेखनीय प्रगति देखने को मिली। 413 ई. में फाह्यान अपनी मात्रभूमि लौटते समय बंगाल में ताम्रलिटित से जलमार्ग के रास्ते रवाना हुआ और 14 दिनों के बाद सिलोन पहुँचकर जावा के लिए पोत द्वारा निकोबार और मलक्का के जलडमरुमध्य को पार करते हुए प्रशान्त महासागर पहुँचा। फाह्यान की रचनाओं से यह प्रमाणित होता है कि ईसा काल के आरंभिक वर्षों में महासागरीय नौचालन भलीभाँति विकसित था। 633-645 ई. के बीच भारत का भ्रमण करने वाले एक अन्य चीनी यात्री ह्वेनसांग ने भी इस बात का आँखों देखा वर्णन किया है कि गुप्त काल के दौरान अन्य देशों के साथ हमारा व्यापार बड़े पैमाने पर हो रहा था। इस काल के दौरान खगोल विज्ञान के क्षेत्र में भी उल्लेखनीय प्रगति हुई। इतिहास में महान खगोलविद के रूप में प्रसिद्ध आर्यभट्ट और वराहमिहिर जैसे विद्वानों का सम्बन्ध भी इसी काल से था। खगोलीय पिंडों की माप इस काल में सही ढँग से होने लगी और ज्ञात तारों की मदद से स्थिति के अनुमानित आकलन के आधार पर महासागरीय नौचालन कला की शुरुआत हो गई। इस काल के दौरान, पूर्व और पश्चिम में कई पत्तनो का निर्माण किया गया जिनसे यूरोप और अफ्रीका के देशों के साथ हमारे समुद्री व्यापार बड़े पैमाने पर पुनः शुरु हुए।

दक्षिणी राजवंश–

चोल, चेर और पांड्य भारतीय प्रायद्वीप की बड़ी शक्तियाँ थीं। इन शासकों ने सुमात्रा, जावा, मलय प्रायद्वीप, थाईलैंड और चीन के स्थानीय शासकों के साथ समुद्री व्यापारिक रिश्ते मजबूत कर लिए थे। समुद्री यात्राओं के दौरान मौसमी पावनों का ज्ञान भी विकसित हुआ। चोल राजवंश (3 ई. –13 वीं शताब्दी) शासन कल में समुद्री व्यापार विस्तृत पैमाने पर होता था और इस काल में आवास भंडार ग्रहों और वर्कशॉप वाले नए पत्तनो की स्थापना हुई। अपने व्यापारिक पोतों की सुरक्षा में लगी शक्तिशाली नौसेना की सहायता के लिए भारतीय तटों के किनारे पोतों की मरम्मत के लिए यार्ड, गोदी और लाइट हाउस बनाए गए थे। भारत के पूर्वी समुद्र तटीय भाग और सुदूर पूर्व के बीच फैले श्री विजय नगर साम्राज्य के दौरान 5 वीं से 12 वीं शताब्दी के बीच हिंदू धर्म और भारतीय संस्कृति का प्रचार प्रसार हुआ। श्री विजय साम्राज्य, साँस्कृतिक और व्यापारिक अभियान का परिणाम यह हुआ कि वे सुमात्रा, बर्मा, मलय प्रायद्वीप, जावा, थाईलैंड, और इंडोनेशिया जैसे सुदूरवर्ती देशों के संपर्क में आएँ भारत, अरब और चीन के व्यापारी वर्ग उत्कृष्ट सुविधाओं वाले पत्तनो की ओर आकर्षित हुए। चोलों, तमिल राजाओं और श्री विजय साम्राज्य के बीच आपसी मतभेदों के कारण 10 वीं शताब्दी के अंत में उनकी जलसेनाओं के मध्य कई समुद्री लड़ाइयाँ लड़ी गई और नतीजतन ये साम्राज्य कमजोर हो गए तथा इस क्षेत्र में अरबों को अपना प्रभुत्व स्थापित करने का मौका मिला। 1007 ई. में चोलों ने श्री विजय नगर को हराकर मलय प्रायद्वीप, जावा, सुमात्रा और कुछ पड़ोसी द्वीपों पर शासन किया। पांड्य राजवंश (6 ठीं–16 वीं शताब्दी) प्रसिद्ध नाविक और समुद्री व्यापारी थे जिनके सम्बन्ध रोम साम्राज्य और पश्चिम में मिश्र से लेकर पूर्व में चीन तक फैले थे भारत की दक्षिणी तटरेखा पर किए जाने वाले मोती के उत्पादन उनके नियंत्रण में थी जिसमें उस समय के सबसे उत्कृष्ट मोती का उत्पादन किया गया।

यूनान और रोम के साथ चेर साम्राज्य (12 वीं शताब्दी) के व्यापारिक सम्बन्ध बहुत फले फूले। वे अपना नौचालन अरब सागर से मिलने वाली

नदियों के जरिए करते थे। वे टिडीज (कोच्चि के नजदीक आज के पेटीयापत्तनम) और मुजरिस (कोच्चि के ही नजदीक आज के पत्तनम) से अरब के पतनों तक सीधा अपने पोतों को ले जाने के लिए मानसूनी पवनों का प्रयोग करते थे।

विजयनगर साम्राज्य (1336–1646 ई.) ने दक्षिण पूर्व एशिया के विभिन्न भागों के साथ मजबूत रिश्ते बना लिए और इस प्रकार भारत की संस्कृति और परम्परा को फैलाया। दक्षिण पूर्व एशिया में आज भी इसका प्रभाव देखने को मिलता है जहाँ अनेक स्थानों और लोगों के नाम भारतीय मूल के हैं इस क्षेत्र में हिंदू और बौद्ध दोनों धर्मों, संस्कृतियों और वास्तुकला को फैलने में भी इन साम्राज्यों ने महत्त्वपूर्ण भूमिका निभाई।

विजय नगर साम्राज्य–

13 वीं और 15 वीं शताब्दी के बीच उत्तर भारत के अधिकांश भागों पर जहाँ दिल्ली सल्तनत का प्रभुत्व कायम था वहीं दक्षिण भारत के अधिकांश हिस्सों पर विजय नगर साम्राज्य का नियंत्रण था।

अरबों का आगमन–

8 वीं शताब्दी तक अरब लोग व्यापारी वर्ग के रूप में समुद्र के रास्ते बड़ी संख्या में भारत आने लगे थे। कुछ समय के बाद, आज के पश्चिम एशिया के कई भाग यूरोप, दक्षिण पूर्व एशिया और भारत के बीच व्यापार के केन्द्र बिन्दु बन शीघ्र ही, अरबों ने व्यापार मार्गों पर नियंत्रण रखना शुरु कर दिया और पश्चिम तथा पूर्व के बीच मध्यस्थ की भूमिका निभाने लगे। 900 ई. से 1300 ई. तक के काल को दक्षिण पूर्व एशिया में समुद्री व्यापार का आरंभिक युग माना जाता है।

समुद्री भारत और यूरोपियन–

मुगल वंश ने 1526 ई. से 1707 ई. तक उत्तर भारत के अधिकांश भागों पर शासन किया। भू-संसाधनों से पर्याप्त राजस्व प्राप्त होने के कारण उन्होंने समुद्री मामलों पर विशेष ध्यान नहीं दिया। इसका परिणाम यह हुआ कि अरबों का हिंद महासागर में व्यापार पर एकाधिकार स्थापित हो गया। पूरब

में हिन्दुस्तान के नाम से प्रसिद्ध समृद्ध भूमि के बारे में सुनकर यूरोप के कई देशों को यह लगा कि व्यापार के लिए उन्हें किसी सीधे समुद्री मार्ग की तलाश करनी चाहिए। इसमें सबसे पहले पुर्तगाल को सफलता मिली और भारतीय तटों पर पहुँचने वाला वह प्रथम यूरोपियन देश बन गया।

पुर्तगालियों का आगमन–

16 वीं शताब्दी को एक महत्त्वपूर्ण सदी माना जाता है। इस शताब्दी से पहले, हिंद महासागर के शान्त जल में संक्रिय और समृद्ध वाणिज्यिक व्यापार होता था जिसमें पूर्व अफ्रीका के अधिकतर तटीय और समुद्री समुदायों से लेकर मलेशिया और इंडोनेशिया द्वीप तक के लोग सक्रिय रूप से भाग लेते थे। वास्कोडीगामा (1400–1524) पुर्तगाल का अन्वेषक था। जिसने पुर्तगाल से भारत तक के महासागरीय मार्ग की खोज की। पुर्तगाल से जलयात्रा शुरु कर उसने अफ्रीका के 'केप ऑफ गुड होप' का चक्कर लगाया और तब जाकर मई 1498 में वह केरल के कालिक पहुँचा। उसके आगमन से भारत के समुद्री इतिहास में एक नए अध्याय की शुरुआत हुई। पूरे हिन्द महासागर पर नियंत्रण रखने की रणनीति बनाने वाले पुर्तगाली व्यापारियों के आगमन से शांतिपूर्ण ढ़ंग से हो रहे समुद्री व्यापार में बाधा उत्पन्न हुई।

पुर्तगालियों ने कालिकट, कोचीन, गोवा, सूरत और पश्चिमी तट पर स्थित अन्य पत्तनों के समीप कारखानें स्थापित किए उन्होंने हर्मुज, सोकोट्रा अदन और मलक्का जैसे महत्त्वपूर्ण पत्तनों का नियंत्रण अपने हाथों में ले लिया। ऐसा उन्होंने हिन्द महासागर से हो रहे व्यापार पर अपना नियंत्रण स्थापित करने के लिए किया। इससे हिन्द महासागर क्षेत्र में होने वाले व्यापार पर अरबों के एकाधिकार समाप्त हो गया।

जमोटिन, जिनकी राजधानी कालिकट थी, एक बहुत बड़ा व्यापार पत्तन था जहाँ से जमीन और समुद्र के रास्ते बड़े पैमाने पर व्यापार होता था। जब वास्को डी गामा कालिकट पहुँचा तो जमोटिन के शासक ने पुर्तगालियों को व्यापार करने की अनुमति दे दी। यह बात अरब के उन व्यापारियों को पसंद नहीं आई जो जमोटिन के साथ पहले से व्यापार कर रहे थे। जब जमोटिन के राजा ने उनसे सामान्य सीमाशुल्क की माँग की तब वास्कोडीगामा ने शुल्क

चुकाने से मना कर दिया और यूरोप वापस जाने हेतु कालिकट से निकला। इसके बाद कोच्चि और कन्नानूर के राजाओं के साथ पुर्तगालियों के मैत्रीपूर्ण सम्बन्ध स्थापित हो गए और इन सब ने मिलकर जमोटिन पत्तनों पर कई आक्रमण किए। जमोटिन ने एक शताब्दी से अधिक समय तक पुर्तगालियों का मुकाबला किया। इस संघर्ष के दौरान, उस समय के नेवल कमाण्डर कुंजाली मरक्कारों ने कई अवसरों पर अपनी सामरिक कुशलता और पराक्रम को साबित किया। कुंजाली मरक्कार की उपाधि जमोटिन के राजा के नेवल प्रमुख को दी गई थी। 1502 और 1600 के बीच पुर्तगालियों और जमोटिन की नौसेनाओं के बीच हुए जल युद्ध में चार प्रमुख कुंजालियों ने भाग लिया। चार मरक्कारों में, कुंजाली मरक्कार द्वितीय सर्वाधिक प्रसिद्ध हुआ। भारतीय तटों की नेवल सुरक्षा का संगठन प्रथम बार करने का श्रेय कुंजाली मरक्कार को ही दिया जाता है। कुंजाली शब्द 'कुञ्ज और अली' से मिलकर बना है जिसका अर्थ मलयालम में 'प्रिय अली' होता है। कुंजाली मरक्कारों के पास भले ही गोला-बारुद और विशाल पुर्तगाली जलयान जैसे संसाधनों का अभाव रहा हो, उन्होंने 90 वर्ष से अधिक समय तक पुर्तगालियों को मलाबार तट पर पाँव जमाने नहीं दिया।

1509 में अल्फासों डी अल्बुकर्क कोच्चि में पुर्तगाली गवर्नर बनकर आया। जमोटिन को हटाने में नाकाम रहने के उपरांत अल्बुकर्क ने 1510 ई. में बीजापुर (आज के कर्नाटक) के सुल्तान को हटाकर गोवा और इसके आस-पास के इलाकों को अपने अधिकार में ले लिया। इसके बाद से गोवा पुर्तगाली भारत का मुख्यालय और पुर्तगाली वायसराय का निवास स्थान बन गया

डच–

नीदरलैंड्स के एम्सटर्डम में 1592 ई. में स्थापित डच ईस्ट इंडिया कम्पनी ने अपने पहले व्यापारिक बेड़े को रवाना किया जो 1595 ई. में भारत पहुँचा। हिन्द महासागरीय क्षेत्र में प्रथम डच बेस की स्थापना बटाविया (वर्त्तमान में जकार्ता, इंडोनेशिया के रूप में प्रसिद्ध) में की गई। उन्होंने पुर्तगालियों को चुनौती नहीं दी और उन्हें 1608 ई. में पुलिकट में व्यापार केन्द्र

स्थापित करने की अनुमति दे दी गई। जिससे डच कोरोमंडल का निर्माण हुआ। बाद में, डच सूरत और डच बंगाल की स्थापना क्रमश: 1616 और 1627 ई. में हुई। डचों ने 1661 के आस-पास मालाबार तट के किलों आर विजय प्राप्त की और सिलोन को पुर्तगाली आक्रमण से बचाने के लिए डच मालाबार की नींव रखी। वस्त्रों के अतिरिक्त, डच जिन चीजों का व्यापार करते थे। उनमें कीमती रत्न, नील, रेशम, अफी, दालचीनी और कालीमिर्च शामिल थे।

अंग्रेज–

ईस्ट इंडिया कम्पनी की स्थापना 31 दिसंबर 1600 को इंग्लैंड में हुई। कैप्टन विलियम हॉकिन्स के नेतृत्व में कम्पनी का एक पोत 'हेक्टर' सूरत पहुँचा। कैप्टन विलियम हॉकिन्स अपने साथ सम्राट जहाँगीर के लिए एक पत्र लाए थे जिसमें मुगल के अधिकार वाले क्षेत्रों के साथ व्यापार करने का अनुरोध किया गया था। सम्राट जहाँगीर ने व्यापार करने की अनुमति दे दी और अन्य व्यापारिक सुविधाएँ प्रदान करने का वादा भी किया। उस समय भारत में यूरोपियन शक्ति के रूप में पुर्तगालियों का वर्चस्व कायम था और यह सोचकर कि अंग्रेजों के आगमन से उनका व्यापार प्रभावित हो सकता है, पुर्तगालियों को भारत में अंग्रेजों का आगमन अच्छा नहीं लगा।

फ्रांसीसी

हिन्द महासागरीय क्षेत्र में फ्रांसीसियों का आगमन 1740 ई. में हुआ और उन्होंने मॉरीशस में एक सुदृढ़ बेस की स्थापना की। आखिरकार, वे सूरत और पांडिचेरी पहुँचे जहाँ उन्होंने व्यापारिक केन्द्रों की स्थापना की। बाद के वर्षों में फ्रांसीसी प्रतिष्ठानों की स्थापना कराईकल, याना ओन, माहे और चन्द्रनागोर आज बंगाल में चंदननगर के रूप में प्रसिद्ध में हुई। 18 वीं शताब्दी के दौरान, हिन्द महासागर में अंग्रेजों के आधिपत्य को मुख्य चुनौती फ्रांसीसियों से मिल रही थी। 1744 और 1760 के बीच दक्षिण भारत और बंगाल के पूर्वी तट के किनारे किलों और शहरों पर विजय प्राप्त करने के लिए अंग्रेजों और फ्रांसीसियों ने लगातार एक दूसरे पर आक्रमण किए। फ्रांसीसियों को आरम्भ

में कुछ सफलता मिली परन्तु 1760 में तमिलनाडु के वॉडीवाश के युद्ध में अंग्रेजों ने फ्रांसीसियों पर निर्णायक विजय प्राप्त की।

अंग्रेज समुद्र के महत्त्व को जानते थे। प्रांतों की भूमि को अधिकार में लेने के अतिरिक्त उन्होंने एक नौसेना की स्थापना की जो उनके समुद्री व्यापार की सुरक्षा करने के साथ शत्रुओं को दूर रखने का कार्य करती थी। इस प्रकार एक बलशाली नौसेना ने भारत पर शासन करने में भी अंग्रेजों की सहायता की।

मराठों का समुद्री पराक्रम–

भारतीय तटों पर नियंत्रण करने अंग्रेजों के प्रयासों का मराठो ने डटकर सामना किया। मुगलों के लगातार आक्रमण का सामना कर रहे मराठो के पास आरम्भ में कोई नौसेना नहीं थी। शिवाजी वे प्रथम योद्धा थे जिन्हें एक मजबूत नौसेना की आवश्यकता महसूस हुई। सिद्दियों (जिनके बेस मुरुद जंजीरा में थे) से लड़ने के क्रम में और कोंकण तट पर पुर्तगालियों की नौसैन्य शक्ति को देखकर शिवाजी को कुशल पत्तन प्रणाली और मजबूत नौसेना के महत्त्व का पता चला। शिवाजी का दुर्गों में विश्वास था और उन्होंने विजयदुर्ग, सिन्धुदुर्ग और अन्य स्थानों की तरह कोंकण तट पर कई तटीय दुर्गों का निर्माण करवाया। उन्होंने तटों की अपेक्षा छोटी पहाड़ियों पर किलों का निर्माण करवाया ताकि किलों की ठोस सुरक्षा सुनिश्चित की जा सके।

मराठो की नौसेना शीघ्र ही बलशाली हो गई और उसने कोलाबा, सिन्धुदुर्ग, विजयदुर्ग और रत्नागिरी स्थित दुर्गों पर अपना वर्चस्व स्थापित कर लिया। मराठो ने 40 वर्ष से अधिक तक अपने दम पर पुर्तगालियों और अंग्रेजों को रोक कर रखा। शिवाजी के समय में मराठो की नौसेना एक प्रबल सेना के रूप में विकसित हो गई थी। जिसमें 500 से अधिक पोत थे लेकिन 1680 ई. में शिवाजी की मृत्यु के उपरांत मराठों की नौसेना कमजोर हो गई।

कान्होजी आंग्रे की कहानी–

कन्होजी आंग्रे 1699 ई. में मराठा बेड़े सारकेल (एडमिरल) के रूप में शामिल हुए। पहले तो कान्होजी का पूरा ध्यान अपने बेड़े में पोतों की संख्या

10 से बढ़ाकर लगभग 50 गलबट और 10 जुटाव करने पर केंद्रित रहा। ऐसा करने से उसकी सेना एक विशाल नौसेन्य बल में तब्दील हो गई। उन्होंने उन किलों को पुनः अधिकार में लिया जिन्हे मराठो की नौसेना सिद्दियों के हाथों गँवा चुकी थी। सिद्दियों पर निर्णायक विजय प्राप्त करने के उपरांत उनका ध्यान पुर्तगालियों की ओर गया।

कान्होजी ने उन पुर्तगाली व्यापारिक पोतों आक्रमण करना तथा उन्हें कब्जे में लेना शुरु किया जिन्होंने कान्होजी का पासपोर्ट खरीदने से इनकार कर दिया। पुर्तगालियों ने इन आक्रमणों का प्रतिकार तो किया परन्तु मराठो की संख्या के आगे टिक न सके और पराजित हुए। अंततः पुर्तगालियों और मराठो के बीच शांति समझौता हुआ। पुर्तगाल के मामले को निपटने और अपने पक्ष में करने के बाद कान्होजी ने अपना ध्यान अंग्रेजों पर केंद्रित किया। मुंबई में अंग्रेजों का पत्तन कान्होजी के कोलाबा के किले से काफी नजदीक अंग्रेजों ने कान्होजी को अपने लिए खतरा मानते हुए सभी शत्रुओं को अपने पक्ष में करना शुरु किया। ब्रिटिश गवर्नर चार्ल्स बून और विख्यात सारकेल कान्होजी के बीच 10 वर्षों से भी अधिक समय तक कई लड़ाइयाँ लड़ी गई। जिनमें दोनों को भारी नुकसान हुआ। आखिरकार, 1724 में सारकेल कान्होजी ने ब्रिटिश गवर्नर विलियम फिपस के पास शांति का प्रस्ताव भेजा। किसी प्रकार का औपचारिक समझौता न होने और दोनों के किन्हीं गतिविधियों में भाग न लेने से युद्ध विराम के भंग होने का खघ्तरा बना रहा। कान्होजी इस प्रकार समुद्र में किसी से नहीं हारे। कुछ वर्षों बाद, कान्होजी आंग्रे की मृत्यु हो गई और अंग्रेजों ने आखिरकार 1756 में मराठा के गढ़ माने जाने वाले घेरिया के किले (विजयदुर्ग) को अपने अधिकार में ले लिया और इस प्रकार मराठो के पतन की शुरुआत हो गई।

अँग्रेजी हुकूमत में समुद्री भारत–

ईस्ट इंडिया कम्पनी 01 मई 1830 को ब्रिटिश क्राउन के अधीन आई और इसे योधी का दर्जा मिल गया। तब इस सर्विस को इंडियन नेवी नाम दिया गया। 1858 में पुनः नामकरण करते हुए इसे 'हर मेंजेस्टीज इंडियन नेवी' अभिहित किया गया। 1863 में इसका पुनर्गठन करते हुए इसे दो शाखाओं में

बाँटा गया। बॉम्बे स्थित शाखा को बॉम्बे मरीन और कलकत्ता स्थित शाखा को बंगाल मरीन कहा गया। भारतीय जलराशि की सुरक्षा करने का कार्य रॉयल नेवी के सुपुर्द किया गया।

द रॉयल इंडियन मरीन (आर आई एम) का गठन 1892 में हुआ। प्रथम विश्व युद्ध के दौरान रॉयल इंडियन मरीन को समुद्री सर्वेक्षण, लाइट हाउसों के रख-रखाव और सैनिकों को लाने ले जाने जैसे कार्य सौंपे गए थे। 1918 में प्रथम विश्व युद्ध की समाप्ति के उपरांत शीघ्र ही ब्रिटिश सरकार ने भारत में रॉयल इंडियन मरीन की नफरी को कम कर दिया। 02 अक्तूबर, 1934 को इस सर्विस का नाम पुनः बदलकर रॉयल इंडियन नेवी (आर आई एन) किया गया। जिसका मुख्यालय बम्बई में था।

जब 1939 में द्वितीय विश्व युद्ध की शुरुआत हुई तब रॉयल इंडियन नेवी में अफसरों की संख्या 114 और नाविकों की संख्या 1732 थी। उस समय बम्बई के नेवल डॉकयार्ड के भीतर स्थित नेवल हेडक्वार्टर्स में केवल 16 अफसर तैनात थे। चूंकि, युद्ध के दौरान कमान और नियंत्रण का केंद्र बिंदु नई दिल्ली हुआ करता था, एक नेवल सम्पर्क अफसर के अक्तूबर 1939 में नई दिल्ली में तैनात किया गया। ऐसा करने का उद्देश्य महत्त्वपूर्ण कागजातों पर होने वाली कार्रवाई में लगने वाले समय को कम करना था लेकिन जब यह भी असंतोषजनक प्रतीत हुआ तो मार्च 1941 में नौसेना मुख्यालय को बम्बई से नई दिल्ली स्थानांतरित कर दिया गया।

द्वितीय विश्व युद्ध के आरंभिक चरण में रॉयल नेवी की सहायता के लिए रॉयल इंडियन नेवी के पास छः मार्ग रक्षी जलयानों वाला एक स्क्वाड्रन था। जो समुद्र में गश्त लगाया करता था और स्थानीय नेवल परीक्षा का दायित्व निभाता था। व्यापारिक पोतों को हथियार उपलब्ध कराए गए और भारतीय पत्तनो और उन तक जाने वाले समुद्री मार्गों की सुरक्षा के लिए बेड़े में नए प्रकार के जलयान शामिल किए गए। रॉयल नेवी का पूर्वी बेड़ा पृष्टभूमि में अवश्य था लेकिन स्थानीय नेवल प्रतिरक्षा की जिम्मेदारी रॉयल इंडियन नेवी (आर आई एन) की थी। रॉयल इंडियन नेवी ने समाघात ड्यूटियों का निर्वाह करते हुए मध्य पूर्व और बंगाल की खाड़ी में सराहनीय

कार्य किया। उसके जलयानों ने भूमध्य और अटलांटिक दोनों यूरोपीय महासागरों में ऑपरेशन किए और शायद इसे इसका सर्वप्रथम और सर्वाधिक महत्त्वपूर्ण समाघात दायित्व लाल सागर में सौंपा गया। जहाँ भारतीय पोतों ने इटली से मसावा को छीनकर उसपर अधिकार करने और सोमाली लैंड के अपतट पर इटली की नौसेना का मुकाबला करने में सक्रिय भूमिका निभाई। फ्रांस की खाड़ी में उनकी ड्यूटियाँ विशेषकर तटों की निगरानी करने और आपूर्त्ति करने वाले पोतों को सुरक्षा प्रदान करने की थी, वहाँ भी उन्होने सफलतापूर्वक आपरेट किया। जापान के युद्ध में शामिल होने के उपरांत, रॉयल इंडियन नेवी (आर आई एन) के लिए बर्मा के पास की जलराशि मुख्य कार्य क्षेत्र बन गया। बहादुरी और कौशल का शानदार परिचय देते हुए, उसने गश्ती कार्य और संयुक्त ओपरेशनों में कारगर ढँग से सहयोग किया।

1924 में, किंग जॉर्ज ने ब्रिटिश नेवी को अपना ध्वज प्रदान किया। 1935 में रॉयल इंडियन नेवी को 'राजा का ध्वज' प्रदान किया गया। हमारा देश भारत 26 जनवरी, 1950 को गणतन्त्र बना और इससे एक दिन पहले 25 जनवरी को रॉयल इंडियन नेवी, रॉयल इंडियन आर्मी और रॉयल इंडियन एयर फोर्स और उनकी सम्बन्धित कमानों को भेंट किए गए सभी 33 राजा के ध्वजों की देहरादून स्थित भारतीय सैन्य अकादमी में प्रदर्शनी लगाई गई।

भारत के तत्कालीन राष्ट्रपति, डा. राजेंद्र प्रसाद ने 27 मई, 1951 को भारतीय नौसेना (इंडियन नेवी) को ध्वज प्रदान किया। 21 अक्तूबर, 1944 को पहली बार नौसेना दिवस मनाया गया। इस समारोह को उल्लेखनीय सफलता मिली और इससे उत्साह का संचार हुआ। इस समारोह की सफलता के बाद इस प्रकार के कई कार्यक्रमों का और बड़े स्तर आयोजन प्रति वर्ष और सर्दी के मौसम में किया गया।

प्रथम मार्ग उत्तरापथ–

प्राचीन भारत में उत्तरापथ के व्यापारिक महत्त्व–

मनुष्य एक सामाजिक प्राणी है और उसकी जरुरत ही उसे कुछ करने के लिए प्रेरित करती है। पूर्व-पाषाण युग से लेकर आज तक के प्रमाणों के आधार पर यह संकेत मिलता है कि पाषाण युग में मनुष्यों के पास शिकार

की गतिविधियाँ, शिकार के दृश्य पशुपालन (भीमबेटका) कृषि और उत्पादन अधिशेष (कालीबंगा, ब्लूचिस्तान) कैसे थे? (मेंहरगढ़) धीरे-धीरे शहरीकरण और व्यापार की ओर अग्रसर हुए। तब व्यापारिक मार्गों की आवश्यकता महसूस की गई ताकि व्यापार प्रणाली एक-दूसरे के बाजारों और माल तक आसानी से पहुँच जाए, धीरे-धीरे व्यापार और व्यापारिक शहर ऐसे प्राचीन काल में विकसित हुए। व्यापार मार्गों और केंद्रों ने प्राचीन भारतीय अर्थव्यवस्था में महत्त्वपूर्ण भूमिका निभाई।

नवपाषाण काल के दौरान, आग के उपयोग से परिचित होने के कारण मनुष्य का जीवन अधिक सुरक्षित हो गया। इस युग के लोग जानवरों की खाल को सिलाई करके वस्त्र बनाना जानते थे। जैसे-जैसे सभ्यता का विकास शुरु हुआ, व्यावसायिक गतिविधियाँ बढ़ने लगीं। शुरु में आदमी नदियों के पास बसना पसंद करता था, यानी पानी और इसके कारण व्यापार मार्गों और शहरों का विकास नदियों के करीब था। संधव सभ्यता के अधिकांश शहर भी नदियों के किनारे विकसित हुए। उस समय के प्रमुख व्यापारिक शहर मोहनजोदडों (सिंधु), कालीबंगा (सरस्वती), हड़प्पा (रवि), लोथल (भोगवा) और रंगपुर (मदार) थे। सिंधु सभ्यता के पतन के बाद, एक ग्रामीण सभ्यता वैदिक सभ्यता (1500 ईसा पूर्व-600 ईसा पूर्व) तक अस्तित्व में आई। उस समय भारत में एक गाँव बहुल अर्थव्यवस्था विकसित हुई।

600 ईसा पूर्व जब तक हम आते हैं, हम उत्तर भारत की राजनीति में चार शक्तिशाली राज्यों का प्रभुत्व देखते हैं। ऐसा लगता है कि सोलह महाजन पदों की पारस्परिक प्रतिबद्धता और संघर्ष के परिणामस्वरुप, कई छोटे जिलों को बड़े राज्यों में मिला दिया गया था। ये चार शक्तिशाली राज्य हैं—कोसल, वत्स, अवंती, मगध। मगध में, लोहे के प्रचुर भंडार और अपनी भौगोलिक स्थिति को मजबूत करने के कारण, उन्होंने अपने साम्राज्य को केंद्रीकृत और मजबूत किया। जिसके कारण व्यापार मार्गों का विकास हुआ और व्यापारिक मार्गों और बंदरगाहों के माध्यम से व्यापार शुरु किया गया। मगध साम्राज्य के उदय के बाद, मौर्य, सुंगा, कुषाण, सातवाहन आदि साम्राज्यों के उदय ने व्यापार और अर्थव्यवस्था में मजबूती लाई।

उत्तरापथ भारत के प्राचीन ग्रन्थों में जम्बूद्वीप के उत्तरी भाग का नाम है। लेकिन पहले 'उत्तरापथ' को उत्तरी राजपथ कहा जाता था, जो पूर्व में ताम्रलिप्तिका (ताम्रलुक) से पश्चिम में तक्षशिला तक और उसके बाद मध्य एशिया के बल्ख तक जाता था और एक अत्यधिक महत्त्वपूर्ण व्यापारिक मार्ग था। ये दो मार्ग देश के विभिन्न क्षेत्रों में पत्थर, मोती, खोल, सोना, सूती कपड़े और मसालों के विस्तार के कारण हैं और अन्य क्षेत्रों के ग्रन्थों में भी इसका उल्लेख है। मदुरै के कपड़े उपमहाद्वीप में प्रसिद्ध थे। प्राचीन भारतीय इतिहास की खोज की यात्रा यहीं समाप्त नहीं होती है। आगे के शोध को जारी रखा जाना चाहिए ताकि प्राचीन भारत के छिपे हुए इतिहास को सभी के सामने प्रकट किया जा सके। भारत के पूर्वी तट पर समुद्री बंदरगाहों के साथ समुद्री संपर्क बढ़ने के कारण मौर्य साम्राज्य के दौरान इस मार्ग का महत्त्व बढ़ गया और इसका इस्तेमाल व्यापार के लिए किया गया। बाद में, उत्तरापथ शब्द का इस्तेमाल पूरे उत्तर क्षेत्र को दर्शाने के लिए किया जाने लगा।

मौर्योत्तर कालीन उत्तरापथ व्यापारिक मार्ग–

इस समय के प्रमुख व्यापार मार्ग उत्तर से दक्षिण (श्रावस्ती से प्रतिष्ठान) उत्तर से दक्षिण पूर्व (श्रावस्ती से राजगृह) और गंगा यमुना नदियों के प्रवाह की दिशा के साथ-साथ पूर्व से पश्चिम तक के मार्ग थे। बौद्ध तीर्थयात्रियों ने धम्म यात्रा पर ध्यान दिया जिससे मार्गों की देखभाल में मदद मिली और इसके साथ अच्छा संचार अनिवार्य हो गया। सम्राट अशोक के पाँचवें लम्बे शिलालेख ने इस पर अपना विशेष ध्यान आकर्षित किया और सड़कों की देखभाल और सुरक्षा के लिए कर्मचारियों को नियुक्त किया। मेंगस्थनीज उन्हें "आगोर-नोमोह" कहता है।

मौर्य काल से पहले और बाद में एक महत्त्वपूर्ण मार्ग था जो उत्तर पश्चिम (तक्षशिला के क्षेत्र में) से पाटलिपुत्र तक जाता था जिसे उत्तरापथ के रूप में जाना जाता था, साथ ही इस मार्ग की आर्थिक और सामाजिक और राजनीतिक जीवन में भी महत्त्वपूर्ण भूमिका थी। तक्षशिला उत्तरपथ मार्ग पर विनिमय का केंद्र था और हस्तिनापुर केंद्र में स्थित था। यह मार्ग इतना महत्त्वपूर्ण था कि इसका उपयोग अंतर्राष्ट्रीय व्यापार के लिए किया जाता था।

उत्तरापथ तक्षशिला से शुरु होता था। और इस मार्ग के प्रमुख व्यापारिक शहर वैशाली, राजगृह, गया, काशी, तक्षशिला, कान्यकुब्ज आदि थे। श्रावस्ती और वाराणसी के शहरों का भी तक्षशिला से सम्पर्क था। प्राचीन भारत का राजपथ तक्षशिला से शुरु होकर आगे सकाल ऑडुम्बर से होते हुए मथुरा तक पहुँचा। तक्षशिला के बाद यह मार्ग झेलम-सतलुज-चिनाब आदि को पार करके सांकल की ओर चला गया। सकाल से, यह मार्ग औदुम्बर जिले से दक्षिण की ओर जाता है और रोहतक तक पहुँचता है। यहाँ से यमुना के किनारे यह मार्ग मथुरा जाता था। यद्यपि यह मार्ग उत्तरापथ के हिस्से का एक उल्लेखनीय हिस्सा था, लेकिन बौद्ध ग्रन्थ इस सम्बन्ध के बारे में पूरी तरह से चुप है।

एक मार्ग मथुरा से वैरगंज की ओर जाता था। विनयपिटक से ज्ञात होता है कि बुद्ध ने भी यहाँ यात्रा की थी। बुद्धघोष कहता है कि यह वरंज और वाराणसी के बीच की सबसे छोटी दूरी है।

काम्पिल्य, जो एक मार्ग था, यह कान्यकुब्ज से सौरय के रास्ते में पड़ता है। प्राचीन साक्ष्यों से स्पष्ट है कि उस समय कौशाम्बी का भारतीय व्यापार में महत्त्वपूर्ण स्थान था। विनयपिटक के अनुसार, कौशाम्बी सारतो का प्रमुख केंद्र था।

गोदावरी के तट पर अस्माक को एक राजपथ उत्तरी कौशल। जिले में जाते थे, बाबरी नामक एक ब्राह्मण के 16 शिष्यों को गोदावरी के अलक से श्रावस्ती लाया गया था। यमुना के किनारे से कौशाम्बी और वाराणसी के बीच की दूरी तीस योजन थी (उस समय यह दूरी योजन में मापी गई थी।) बुद्ध के समय में वाराणसी का राजनीतिक महत्त्व कम हो गया था। बनारस का सम्बन्ध इतना घनिष्ठ था कि यहाँ के कुम्हार अपने बर्तन तक्षशिला ले जाते थे। वाराणसी में स्थिति ऐसी थी कि इसका चम्पा, राजगृह और मिथिला के साथ व्यावसायिक सम्बन्ध था, जो प्रमुख शहरों का मार्ग था। जातक कथाओं से ज्ञात होता है कि विदेह का गांधार जिले के साथ व्यावसायिक सम्बन्ध था, वाराणसी का सड़क मार्ग से उज्जयिनी के साथ व्यावसायिक सम्बन्ध था और यह मार्ग राजगृह तक जाता था। वाराणसी का अधिकांश व्यवसाय गंगा नदी

के माध्यम से होता था। वाराणसी और वैशाली के बीच का मार्ग गंगा नदी के किनारे से था।

उत्रपत के प्रमुख शहरों में से एक साकेत था जो कौशल की दूसरी राजधानी थी। ये शहर अमीर व्यापारियों के व्यापार मार्ग से आते थे जो फिर से पैदा हुए और पं. भारत के प्रमुख शहरों से जुड़ने के लिए उपयोग किया जाता है।

प्रमुख व्यापार मार्गों में वैशाली का स्थान भी बहुत महत्त्वपूर्ण था। विदेह और गांधार के बीच का मार्ग वैशाली से होकर जाता था। नालंदा, पाटलिपुत्र आदि को वैशाली से पाटलिपुत्र से राजगृह तक के मार्ग पर होना था। श्रावस्ती का मार्ग वैशाली तक और पूर्व में भदिया तक और फिर चम्पा के प्रसिद्ध व्यापारिक शहर तक पहुँच गया। चम्पा से सिंधु सौवीर को अपने साथ ले जाने के दौरान वाराणसी कौशाम्बी और मथुरा से होकर जाती थी। चम्पा-सिंधु-सौवीर का व्यापार काफी समृद्ध था और मगध के व्यापारी भी इसमें शामिल थे।

सम्भवत:, उत्तरी भारत का बड़ा मार्ग, जिसे उत्तरापथ कहा जाता था, अपने व्यावसायिक यातायात के कारण एक महत्त्वपूर्ण स्थान होता, तब मेंगास्थनीज ने इस समय के बारे में लिखा है कि यह मौर्य शासन के तहत वन पथ था। मेंगस्थनीज ने आठ स्तरों में इस मार्ग का वर्णन किया है और अपनी विस्तृत जानकारी दी है जो निम्नलिखित है और मेंगास्थनीज ने स्टैडिया में वह दूरी दी है

जिसकी मीलों में दूरी इस प्रकार है-

1. **पुष्कलावती से तक्षशिला**

   60 मील

   96 किमी.

2. **पुष्कलावती से झेलम**

   120 मील

   192 किमी.

3. **पुष्कलावती से थास**

290 मील

624 किमी.

4. **व्यास से सतलुज**

168 मील

268.80 किमी.

5. **सतलुज से यमुना**

168 मील

268.80 किमी.

6. **यमुना से गंगा**

112 मील

179.20 किमी.

7. **गंगा से रोडोफ**

119 मील

190.40 किमी.

8. **रोडोफ से कान्यकुब्ज**

167.5 मील

267.50 किमी.

इस मार्ग को यूनानियों ने भी वर्णित किया है और इसे राजपथ कहा है और यह पता चला है कि पुष्कलावती विद्रोह से तक्षशिला तक पहुँचने के बाद। आधुनिक ओहिंद से उमानंद शहर की पहचान की जा सकती है। तक्षशिला से पहले यह रास्ता झेलम व्यास और सतलुज को पार करते हुए यमुना तक पहुँचा। रोडोफ की पहचान वीएस अग्रवाल राम गंगा से की जाती है। इस प्रकार उत्तपथ प्राचीन भारत का एक महत्त्वपूर्ण मार्ग था।

विदेशी व्यापार में उत्तरापथ की भूमिकाः

मौर्यों के बाद के समय का एक उज्ज्वल पक्ष है, मौर्यों ने वाणिज्य के विकास और प्रगति और व्यापार की प्रगति के लिए प्रारम्भिक आधार प्रदान किया, जिसने आंतरिक यातायात के साधनों और मार्गों को काफी विकसित किया। पाटलिपुत्र को तक्षशिला से जोड़ने वाला मार्ग मौर्यों द्वारा दिया गया था। भूमि मार्ग पाटलिपुत्र ताम्रलिप्ति से जुड़ा था जो वर्मा और श्रीलंका के जहाजों के लिए एक प्रमुख बंदरगाह था। दक्षिण भारत के भूमि मार्ग मौर्यों के बाद विकसित हुए। मार्गों को नदी घाटियों के साथ या तटीय क्षेत्रों में या पहाड़ी दर्रे में विकसित किया गया था। इसके अलावा, देश के विभिन्न हिस्से अब व्यापार मार्गों से जुड़े हुए थे, जिनमें से कुछ मध्य एशिया और पश्चिम एशिया में चले गए। काबुल के साथ तक्षशिला से एक भूमि मार्ग जुड़ा हुआ था, जहाँ से मार्ग अलग-अलग दिशाओं में जाते थे। पूर्ववर्ती मार्ग कैस्पियन सागर से कृष्णा सागर होते हुए बैक्ट्रिया तक जाता था। एक मार्ग कंधार से हेरात तक ईरान तक जाता था। यहाँ से, व्यापारियों ने पूर्वी भूमध्य सागर में मानसूनी हवाओं के बारे में एक मोटे मार्ग से जानकारी दी, जो अरब सागर के माध्यम से यात्रा कर सकता था और इस प्रकार भारत और पश्चिमी एशिया के बंदरगाहों के बीच कम समय था। पश्चिम और मध्य एशिया में पश्चिमी भारत के इंडो ग्रीक कुषाण और साका विजेताओं द्वारा घनिष्ठ सम्बन्ध स्थापित किए गए थे। मध्य एशिया से गुजरने वाले व्यापार मार्ग ने चीन को रोमन साम्राज्य के पश्चिमी प्रांतों से जोड़ा। जिसे 'सिल्क रुट' कहा जाता था, क्योंकि चीन से रेशम का पूरा व्यापार ज्यादातर इसी मार्ग से होता था। भारतीय व्यापारियों ने बिचौलियों के रूप में इस चीनी रेशम व्यापार में भाग लेना शुरु कर दिया। अधिकांश पश्चिमी व्यापारियों ने इन क्षेत्रों से गुजरने वाले व्यापार में भाग लिया। पश्चिमी और दक्षिण भारत के व्यापारी दक्षिण अरब के लाल सागर और अलेक्जेंड्रिया के क्षेत्रों से जुड़े थे। रोमन साम्राज्य से व्यापार का एक बड़ा हिस्सा भी इन क्षेत्रों से होकर गुजरता था। रोमन साम्राज्य के एक सर्वशक्तिमान साम्राज्य के रूप में उदय के साथ, ईसा पूर्व पहली शताब्दी ने भारतीय व्यापार को काफी प्रोत्साहन दिया क्योंकि इस साम्राज्य का पूर्वी भाग भारत में निर्मित

लक्जरी वस्तुओं का एक प्रमुख ग्राहक बन गया। पहली शताब्दी में, एक अनाम यूनानी नाविक, ने अपने पेरिप्लस ऑफ एरीथियन सी नाम में, भारत द्वारा रोम के साम्राज्य को निर्यात किए गए सामानों का विवरण दिया, जिनमें मुख्य मोती, हाथी दाँत आदि थे। भारतीय व्यापारियों ने चीन से रेशम खरीदा और लाया। रोमन व्यापारियों के लिए और यह एक बहुत ही महत्त्वपूर्ण वस्तु थी। रोमन साम्राज्य के मसालों की आवश्यकता भारतीय सामग्रियों के वितरण से पूरी हुई, इसलिए भारतीय व्यापारियों ने दक्षिण पूर्व एशिया के साथ सम्पर्क बढ़ाना शुरु कर दिया। उनके निर्यात के बदले में, रोम से भारत तक सोने और चाँदी के सिक्कों की एक बड़ी संख्या हुआ करती थी। प्लिनी ने सोने की बड़ी मात्रा के लिए दुख व्यक्त किया है जो हर साल रोम से भारत जाता है।

देश के विभिन्न क्षेत्र अलग-अलग चीजों के लिए प्रसिद्ध थे। कश्मीर, कोसल, विदर्भ और कलिंग हीरे के लिए प्रसिद्ध थे। बंगाल मगध के पेड़ों के रेशों से बने कपड़ों के लिए मलमल के लिए प्रसिद्ध था। कश्मीर को उज्जयिनी से लाया गया था। कई वस्तुओं को भारच के बंदरगाह से पश्चिमी देशों में भेजा जाता था। पश्चिमी तट पर सोपारा और कल्याण भी प्रसिद्ध शहर थे। प्रतिष्ठान शहर के व्यापार का केंद्र था। तक्षशिला पश्चिमी देशों से कई वस्तुओं को लाया।

उत्तरापथ की वर्त्तमान प्रासंगिकता

आजादी के बाद 1965 में रिलीज हुई वाराणसी जिला गजेटियर बताती है कि सड़कों का क्या हुआ? सड़क का संचार, हालांकि आधा अधूरा था, अतीत में पूरी तरह से खो नहीं गया था। मौर्य काल में पाटलिपुत्र से वाराणसी होते हुए उत्तर पश्चिम भारत और अरब सागर तक जाने वाला मार्ग बनाया गया था। (यह ज्ञात नहीं है कि यह सड़क कब बनी थी) शेर शाह के समय तक, ऐसा लगता है कि यह सड़क केवल एक ही रास्ता बची थी। ऐसा कहा जाता है कि शेरशाह ने भी इस मार्ग के आसपास कई चरणों में सराय का निर्माण किया था।

थोड़े से बदलाव को छोड़कर, ग्रैंड ट्रंक रोड ने मौर्य मार्ग का अनुसरण किया है। अक्टूबर 1788 में, वाराणसी के ब्रिटिश निवासी जोनाथन डंकन ने लिखा था कि शहर के भीतर सड़कों की हालत भी बहुत खराब थी। अगले वर्ष, राजस्व संग्राहकों को अपने क्षेत्रों में सड़कों और राजमार्गों की मरम्मत करने का आदेश दिया गया था। इसके लिए कोई उपकर नहीं लगाया गया था, लेकिन स्थानीय जमींदारों को अपने क्षेत्रों में सड़क की मरम्मत के लिए मजदूरों की व्यवस्था करनी पड़ी। स्थायी बंदोबस्त, 1795 के अनुसार, जमींदारों को मजदूरों की व्यवस्था के अलावा अपने क्षेत्र से गुजरने वाली सड़कों की मरम्मत का खर्च उठाना पड़ता था। लेकिन सड़कों की मरम्मत और रखरखाव ध्वस्त हो गया। उत्तर भारत से गुजरने वाली एक सड़क का नाम शायद 'उत्तरपथ' था। कभी-कभी इस शब्दावली का उपयोग भौगोलिक क्षेत्र या कभी-कभी किसी विशेष सड़क के लिए किया जाता था। ऐसे कथन हैं जिनका उल्लेख पाणिनी ने अपनी पुस्तक 'अष्टाध्यायी' में व्याकरण पर उत्तरापथ के आसपास के राज्यों के बारे में लिखा है। लेकिन वास्तव में ऐसा नहीं है। श्री चन्द्रवासु ने 1897 में इस पुस्तक के अनुवाद में कहा है: उत्तरापथ शब्द के साथ आने वाले शब्दों का अर्थ 'उस सड़क से गुजरने वाले व्यक्ति' और जिस तरह से कहा जा रहा है? वास्तव में, उत्तरापथ के दो प्रमुख संपर्क मार्ग थे: उत्तरी मार्ग लाहौर से जालंधर, सहारनपुर, बिजनौर और गोरखपुर होते हुए बिहार और बंगाल जाता था जबकि दक्षिणी मार्ग लाहौर से बठिंडा, दिल्ली, हस्तिनापुर, कानपुर, लखनऊ, वाराणसी और इलाहाबाद तक जाता था। पाटलिपुत्र जाते थे।

उत्तरापथ और दक्षिणापथ का उल्लेख प्राचीन संस्कृत और प्राकृत ग्रन्थों में किया गया था क्योंकि इस मार्ग का धार्मिक महत्त्व भी था। गौतम बुद्ध ने अपने पहले धर्मोपदेश के लिए सारनाथ स्थान को चुना था क्योंकि यह दोनों मार्गों का केंद्र बिंदु था। समृद्ध व्यापारियों, नौकरशाहों और शाही सदस्यों ने अक्सर जगह का दौरा किया, इसलिए यह समाज के प्रभावशाली सदस्यों के बीच नए विचारों को लोकप्रिय बनाने के लिए सबसे अच्छी जगह थी। उत्तरापथ भारत के उत्तर-पश्चिम में चला गया, भारत-गंगा के मैंदानों को पार

किया और बंगाल की खाड़ी में ताम्रलिप्ति बंदरगाह से जुड़ गया। यक्ष उत्तरापथ के व्यापारियों के लिए देवता थे और इस मार्ग पर उनकी बड़ी प्रतिमाएँ मिली हैं।

कौटिल्य ने अपने ग्रन्थ अर्थशास्त्री में विभिन्न प्रकार की सड़कों का उल्लेख किया है और वे जोखिम भरे होने के बजाय जलमार्गों के बजाय सड़कों को प्राथमिकता देते हैं। कौटिल्य कहता है कि सड़कों की देखभाल राजा की जिम्मेदारी है। राजा खनन कार्य और विनिर्माण, जंगली लकड़ी और जंगलों का दोहन करने, मवेशियों की देखभाल और बिक्री के लिए सुविधाएँ प्रदान करने, पानी और जमीन के माध्यम से यातायात मार्ग बनाने और वाणिज्यिक शहरों की स्थापना करेगा। '(शमशास्त्री का अनुवाद)। अगर सड़क को नुकसान पहुँचाने का सवाल है,' सड़कों पर गंदगी फैलाने वाले व्यक्ति को एक गेज के आठवें के साथ दंडित किया जाएगा, सड़कों पर कीचड़ और जल भराव के लिए जिम्मेंदार लोगों को एक चौथाई दण्ड के साथ दंडित किया जाएगा। हाईवे पर इस तरह के अपराध करने वालों को दोहरी सजा का हिस्सा बनना पड़ेगा।

इन दिनों राष्ट्रीय राजमार्गों की संख्या अलग-अलग निर्धारित की जाती है। उत्तर और दक्षिण भारत को जोड़ने वाले सभी राजमार्ग समान हैं। इन राजमार्गों की गिनती पूर्वी भारत से शुरु होती है और पश्चिमी भारत की ओर बढ़ते ही संख्या बढ़ जाती है। मौर्य साम्राज्य के दौरान सड़कें भी बनाई गई थीं, जिनमें से एक तक्षशिला से पाटलिपुत्र और उससे आगे तक गई थी। हो सकता है कि कोई ऐसी सड़क न हो जो इससे मेंल खाती हो, लेकिन जीटी रोड काफी हद तक एक जैसी है। हालांकि, जीटी रोड भी पूरी तरह से शेरशाह सूरी द्वारा बनाई गई सड़क की तरह नहीं है। निष्पक्ष होने के लिए, जीटी रोड में बांग्लादेश, पाकिस्तान और अफगानिस्तान जाने वाली सड़कें भी शामिल हैं।

राष्ट्रीय राजमार्गों की संख्या अब अलग ढ़ंग से तय की गई है। पूर्व से पश्चिम तक सभी राजमार्गों की विषम संख्या दी गई है। यह संख्या उत्तर भारत से शुरु होती है और दक्षिण भारत में बढ़ती है। दूसरे शब्दों में, उच्च अक्षाँश, राष्ट्रीय राजमार्ग संख्या कम और अक्षांश अधिक, राजमार्ग संख्या

जितनी बड़ी होगी। उदाहरण के लिए, NH-1 जम्मू और कश्मीर में है। जबकि तमिलनाडु में NH-87 है। इसी तरह, उत्तर-दक्षिण में सभी राजमार्ग अब भी हैं। पूरब से शुरु होकर, पश्चिम की ओर बढ़ते ही संख्या बढ़ जाती है। दूसरे शब्दों में, देशान्तर बड़ा होने पर एन एच संख्या छोटी होगी और छोटी अनुगामी वाले स्थानों से गुजरने वाले एन एच की संख्या बड़ी होती है। उदाहरण के लिए, पूर्वोत्तर भारत में NH-2 और राजस्थान और गुजरात में NH-68 है।

राजमार्ग संख्या की नई प्रणाली को अपनाने के बाद, जीटी रोड की पूरी सड़क NH-12 (दलखोला से बोखली), NH-27 (पूर्णिया-पटना खंड), NH-19 (पटना से आगरा) के कुछ हिस्से, NH-44 खिंचाव (जालंधर से आगरा से नई दिल्ली, सोनीपत, अंबाला और लुधियाना तक) और NH-3 (जालंधर से अटारी तक का हिस्सा) से होकर गुजरता है। इनमें से सबसे महत्त्वपूर्ण कड़ी NH-19 है। राजमार्ग संख्या तय करने की पुरानी प्रणाली के तहत, इसे NH-2 कहा जाता था। NH-19 को एक राजमार्ग के रूप में परिभाषित किया गया है जो दिल्ली से शुरु होता है और मथुरा, आगरा, कानपुर, इलाहाबाद, वाराणसी, मोहनिया, औरंगाबाद, बरही, बगोदर, गोविंदपुर, आसनसोल और पलासीत से कोलकाता तक चलता है। यह दिल्ली-कोलकाता मार्ग है और NH-19 के पूरे मार्ग को जीटी रोड के बराबर रखा जा सकता है।

स्वतंत्रता के बाद, इतिहासकारों ने राजनीतिक और वंशगत परिवर्तनों से जुड़े इतिहास की बारीकी से जाँच नहीं की। बुनियादी ढाँचे और राजनीतिक परिवर्तनों के बीच बिंदुओं को जोड़ने का प्रयास कभी नहीं किया गया था। गहन जाँच और तथ्य खोजने के बजाय जोड़तोड़ का आकलन करने पर जोर दिया गया। उनकी आवश्यकताओं के अनुसार, राजनीतिक प्रतिष्ठान ने इतिहासकारों को इतिहास से सम्बन्धित तथ्यों को खोजने और प्रस्तुत करने का निर्देश दिया। मीडिया पर सरकारी नियंत्रण और शिक्षा पर इसके प्रभाव ने इतिहास के पन्नों को हर कोण से जांचने की अनुमति नहीं दी। सरकारी समर्थन के बिना निजी और व्यक्तिगत अनुसंधान की कमी के कारण, सरकार

के अनुसार, मानव और समाज से सम्बन्धित इतिहास के रहस्यों का खुलासा नहीं किया जा सका। अन्वेषण परियोजनाएँ और अनुसंधान काफी हद तक सरकार द्वारा वित्त पोषित किए गए थे ताकि राजनीतिक प्रतिष्ठानों पर नियंत्रण बना रहे।

यह हाल के वर्षों में बदल गया है और अब इतिहासकार हर तरह से भारतीय इतिहास और भूगोल की खोज कर रहे हैं और इसके परिणामस्वरुप कई ऐसे तथ्य सामने आए हैं वही ग्रैंड ट्रंक रोड का इतिहास बहुत पुराना है। इस सड़क के इतिहास के बारे में कहा जाता है कि इसे शेरशाह सूरी ने बनवाया था लेकिन नए शोध से पता चला है कि इस सड़क का विचार महाभारत काल से सम्बन्धित है। प्राचीन काल में इसे उत्तरापथ कहा जाता था। यह प्राचीन भारत के दो प्रमुख मार्गों में से एक हुआ करता था।

उत्तरापथ सिर्फ एक भूमिमार्ग नहीं था क्योंकि इस मार्ग का जुड़ाव नदियों से जुड़े क्षेत्रों से था। ये मार्ग गंगा नदी के किनारे की बगल से होते हुए, गंगा के मेंदान के पार, पंजाब के रास्ते से तक्षशिला को जाता था। इस रास्ते का पूर्वी छोर तमलुक में था जो गंगा नदी के मुहाने पर स्थित एक शहर है। भारत के पूर्वी तट पर समुद्री बंदरगाहों के साथ समुद्री सम्पर्कों में वृद्धि की वजह से मौर्य साम्राज्य के काल में इस मार्ग का महत्त्व बढा और इसका व्यापार के लिए उपयोग होने लगा। बाद में, उत्तरापथ शब्द का प्रयोग पूरे उत्तर मार्ग के प्रदेश को दर्शाने के लिए किया जाने लगा।

दूसरा मार्ग दक्षिणापथ–

दक्षिणापथ मार्ग तमिलनाडु का था। दोनों मार्गों का उपयोग व्यापार, धर्म और लोगों के लिए किया गया था। इन दोनों मार्गों का केंद्र इलाहाबाद और वाराणसी के बीच था जहाँ ये दोनों मार्ग जुड़े हुए थे।

कई राजवंश आये और गये और हर नए राज में इस मार्ग में बदलाव किये गये लेकिन इस मार्ग का महत्त्व किसी भी शासन के लिए कम नहीं हुआ क्योंकि किसी भी शासक के पास ग्रैंड ट्रंक रोड के अलावा और कोई बेहतर विकल्प नहीं दिखा। उत्तरपथ और दक्षिणापथ का उल्लेख प्राचीन

संस्कृत और प्राकृत ग्रन्थों में किया गया था क्योंकि इस मार्ग का धार्मिक महत्त्व भी था। गौतम बुद्ध ने अपने पहले उपदेश के लिए सारनाथ स्थान को चुना था क्योंकि ये दोनों ही मार्गों का केंद्र बिंदु था। समृद्ध व्यापारियों, नौकरशाहों और शाही सदस्य अक्सर इस जगह पर जाते थे इसलिए समाज के प्रभावशाली सदस्यों के बीच नए विचारों को लोकप्रिय बनाने के लिए ये सबसे अच्छी जगह थी। उत्तरापथ उत्तर-पश्चिम भारत में चला गया, भारत-गंगा मैदानों को पार कर बंगाल की खाड़ी में ताम्रलिप्ति बंदरगाह से जुड़ गया। यक्ष उत्तरापथ के व्यापारियों के लिए देवता था और इस मार्ग पर उनकी बड़ी मूर्त्तियाँ प्राप्त हुई हैं।

देश के विभिन्न क्षेत्रों में पत्थर, मोती, शैल, सोना, सूती कपडा और मसालों के विस्तार के पीछे का कारण ये दो मार्ग ही हैं और इसका उल्लेख अन्य क्षेत्रों के ग्रन्थों में भी किया गया है। मदुरई के कपड़े उपमहाद्वीप में प्रसिद्ध थे। प्राचीन भारतीय इतिहास की खोज की यात्रा यहीं समाप्त नहीं होती है। इससे जुड़े शोधों को जारी रखना चाहिए जिससे प्राचीन भारत का छुपा हुआ इतिहास सभी के सामने आ सके।

मौर्यों के बाद के समय का एक उज्ज्वल पक्ष है, मौर्यों ने वाणिज्य के विकास और प्रगति और व्यापार की प्रगति के लिए प्रारम्भिक आधार प्रदान किया, जिसने आंतरिक यातायात के साधनों और मार्गों को काफी विकसित किया। कई राजवंश आए और गए और हर नए साम्राज्य में इस मार्ग में परिवर्तन किए गए, लेकिन इस मार्ग का महत्त्व किसी भी शासन के लिए कम नहीं हुआ क्योंकि किसी भी शासक के पास उत्तरापथ से बेहतर कोई विकल्प नहीं था इसलिए यह स्पष्ट है कि उत्तरापथ प्राचीन काल से वर्त्तमान तक एक महत्त्वपूर्ण स्थान रहा है।

प्राचीन भारत की आर्थिक संस्थाएँ-

सच होने के बावजूद यह तथ्य बहुत-से लोगों को चौंका सकता है कि प्राचीन भारत औद्योगिक विकास के मामले में शेष विश्व के बहुत से देशों से कहीं अधिक आगे था। रामायण और महाभारत काल से पहले ही भारतीय व्यापारिक संगठन न केवल दूर-देशों तक व्यापार करते थे, बल्कि वे आर्थिक

रुप से इतने मजबूत एवं सामाजिक रूप से इतने सक्षम संगठित और शक्तिशाली थे कि उनकी उपेक्षा कर पाना तत्कालीन राज्याध्यक्षों के लिए भी असम्भव था।

रामायण के एक उल्लेख के अनुसार राम जब चौदह वर्ष का वनवास काटकर अयोध्या वापस लौटते हैं तो उनके स्वागत के लिए आए प्रजाजनों में श्रेणी प्रमुख भी होते हैं।

प्राचीन ग्रन्थों में इस तथ्य का भी अनेक स्थानों उल्लेख हुआ है कि उन दिनों व्यक्तिगत स्वामित्व वाली निजी और पारिवारिक व्यवसायों के अतिरिक्त तत्कालीन भारत में कई प्रकार के औद्योगिक एवं व्यावसायिक संगठन चालू अवस्था में थे, जिनका व्यापार दूरदराज के अनेक देशों तक विस्तृत था। उनके काफिले समुद्री एवं मैदानी रास्तों से होकर अरब और यूनान के अनेक देशों से निरन्तर सम्पर्क बनाए रहते थे। उनके पास अपने अपने कानून होते थे। संकट से निपटने के लिए उन्हें अपनी सेनाएँ रखने का भी अधिकार था। सम्राट के दरबार में उनका सम्मान था। महत्त्वपूर्ण अवसरों पर सम्राट श्रेणि-प्रमुख से परामर्श लिया करता था। उन संगठनों को उनके व्यापार-क्षेत्र एवं कार्यशैली के आधार पर अनेक नामों से पुकारा जाता था। गण, पूग, पाणि, व्रात्य, संघ, निगम अथवा नैगम, श्रेणी जैसे कई नाम थे, जिनमें श्रेणी सर्वाधिक प्रचलित संज्ञा थी। ये सभी परस्पर सहयोगाधारित संगठन थे, जिन्हें उनकी कार्यशैली एवं व्यापार के आधार पर अलग-अलग नामों से पुकारा जाता था।

भारतीय धर्मशास्त्रों में प्राचीन समाज की आर्थिकी का भी विश्लेषण किया गया है। उनमें उल्लिखित है कि हाथ से काम करने वाले शिल्पकार, व्यवसाय चलाने वाली जातियाँ व्यवस्थित थीं। सामूहिक हितों के लिए संगठित व्यापार को अपनाकर उन्होंने अपनी सूझबूझ का परिचय दिया था। इसी कारण वे आर्थिक एवं सामाजिक रूप से काफी समृद्ध भी थीं। आचार्य पांडुरंग वामन काणे ने उस समय के विभिन्न व्यावसायिक संगठनों की विशेषताओं का अलग-अलग वर्णन किया है। कात्यायन ने श्रेणि, पूग, गण, व्रात, निगम तथा संघ आदि को वर्ग अथवा समूह माना है। लेकिन आचार्य

काणे उनकी इस व्याख्या से सहमत नहीं थे। उनके अनुसार ये सभी शब्द पुराने हैं। यहाँ तक कि वैदिक साहित्य में भी ये प्रयुक्त हुए हैं। यद्यपि वहाँ उनका सामान्य अर्थ दल अथवा वर्ग ही है। इसी प्रकार कषीतकिब्राह्मण उपनिषद् में पूग को रुद्र की उपमा दी गई है। आपस्तंब धर्मसूत्र में संघ को पारिभाषित करते हुए उसकी कार्यविधि और भविष्य को देखने हुए, अन्य संगठनों के संदर्भ में उसके अन्तर को समझा जा सकता है। पाणिनिकाल तक संघ, व्रात, गण, पूग, निगम आदि नामों के विशिष्ट अर्थ ध्वनित होने लगे थे। उन्होंने श्रेणी के पर्यायवाची अथवा विभिन्न रूप माने जाने वाले उपर्युक्त नामों की व्युत्पत्ति आदि की विस्तृत चर्चा की है। इस तथ्य का उल्लेख हम पहले ही कर चुके हैं कि श्रेणियों की पहुँच केवल आर्थिक कार्यकलापों तक ही सीमित नहीं थीं बल्कि उनकी व्याप्ति धार्मिक, राजनीति और सामाजिक सभी क्षेत्रों में थी। इसलिए कार्यक्षेत्र को देखते हुए उन्हें विभिन्न सम्बोधनों से पुकारा जाना भी स्वाभाविक ही था। दूसरी ओर यह भी सच है कि पूग, व्रात्य, निगम, श्रेणी इत्यादि विभिन्न नामों से पुकारे जाने के बावजूद सहयोगाधारित संगठनों के बीच उनके कार्यकलापों अथवा श्रेणिधर्म के आधार पर कोई स्पष्ट सीमा रेखा नहीं थी। दूसरे शब्दों में ये नाम विशिष्ट परिस्थितियों में कार्यशैली एवं कार्यक्षेत्र के अनुसार अपनाए तो जाते थे परन्तु उनके बीच स्पष्ट कार्य-विभाजन का अभाव था। संगठन के विभिन्न नामों के कारण उनके बीच अनौपचारिक से भेद एवं उनसे ध्वनित होने प्रचलित अर्थ को आगे के अनुच्छेदों में स्पष्ट करने का प्रयास किया गया है–

व्रात्य–

यह नाम प्राचीन काल से ही संघ अथवा वैकल्पिक सरकार के रूप में प्रचलित रहा है। इसमें आंतरिक लोकतन्त्र की भावना प्रधान होती थी। पाणिनी ने अपने महाभाष्य में ऐसे लोगों को व्रात्य माना है, जिनका कोई विशिष्ट व्यवसाय नहीं था, जो अपने तात्कालिक हितों के लिए किसी भी प्रकार का व्यवसाय अपना सकते थे। दूसरे शब्दों में उन्हें कई व्यवसायों का कार्यसाधक ज्ञान होता था। और समय तथा उपयोगिता के अनुसार वे अपना कोई भी व्यवसाय चुन सकते थे। व्रात्य प्रायः अपने शारीरिक बल से ही अपनी

जीविका चलाते थे। वे विविध जातियों से आए हुए दक्ष शिल्पकार थे और अपने आर्थिक हितों की सुरक्षा के लिए आपस में संगठित होकर रहना आवश्यक मानते थे। कात्यायन ने व्रात्यों को विचित्र अस्त्रधारी सैनिकों का झुंड माना है। इससे कुछ विभिन्न विक्रमादित्य खन्ना ने किरन कुमार थपल्याल एवं मजुमदार के हवाले से एक ही परिक्षेत्र में रहने वाले, आर्थिक हितों के लिए प्रयासरत, समूह को व्रात्य एवं पूग की संज्ञा दी है। उनके अनुसार–'व्रात्य एवं पूग एक ही नगर अथवा गाँव के निवासियों के सामान्यतः एक ही व्यवसाय में लगे, समान आर्थिक हितों के लिए गठित समूह थे।' स्पष्ट है कि व्रात्य समानधर्मा लोग थे, जिनको एकाधिक व्यवसायों की जानकारी होती थी। अपने परम्परागत उद्यम में अनुकूल अवसर न देख वे सहयोगी संगठन के गठन की ओर उन्मुख होते थे। उनके संगठन अधिक लोकतांत्रिक और उदार होते थे।

पूग–

आचार्य काणे ने अपने वृहद् ग्रन्थ 'धर्मशास्त्र का इतिहास' में उल्लेख किया है कि व्रात्य की भाँति पूग भी विभिन्न जातियों से आए हुए लोग थे। वे आवश्यकता पड़ने पर मिस्त्री से लेकर श्रमिक तक, कुछ भी काम कर सकते थे। कशिका के अनुसार वे धनलोलुप और कामी थे, जिनका कोई स्थिर व्यवसाय नहीं था। कात्यायन ने पूग को व्यापारियों का समुदाय स्वीकार किया है। कौटिल्य ने भी अपने अर्थशास्त्र में एक स्थान पर सैनिकों एवं श्रमिकों में अन्तर दर्शाया गया है। उनके अनुसार सौराष्ट्र एवं कांबोज राज्य के सैनिकों की श्रेणियाँ अलग-अलग वर्गों में विभाजित थीं। उनमें से कुछ आयुध के सहारे अपनी आजीविका चलाने वाली थीं, तो कुछ की आजीविका का माध्यम कृषि था–पूग एक स्थान की विभिन्न जातियों एवं विभिन्न व्यवसाय वाले लोगों का समुदाय है और श्रेणी विभिन्न जातियों के लोगों का समुदाय है–'जैसे हेलाबुकों, ताम्बुलिकों, कुविंदों (जुलाहों) एवं चर्मकारों की श्रेणियाँ, चाहमान विग्रहराज के प्रस्तरलेख में हेलाबुकों को प्रत्येक घोड़े के लिए एक द्रम्म देने का वृत्तांत मिलता है।' पूग संभवतः ऐसे व्यक्तियों का संगठन होता था, जिनका पैत्रिक व्यवसाय युद्ध अथवा सेवाकर्म था अर्थात् ऐसे लोग जो

वर्ण-विभाजन की दृष्टि से वाणिज्यकर्म के लिए अधिकृत नहीं थे। कृषक एवं सैनिक जातियों के लोग अपने व्यवसाय से हताश होकर, परिवर्तन अथवा अपेक्षाकृत अधिक आर्थिक लाभ के लिए संगठन का निर्माण करते थे। इस बात की भी पर्याप्त सम्भावना है कि वाणिज्यिक अनुभव की कमी तथा शिल्पकलाओं के ज्ञान के अभाव में शूद्रवर्ग एवं सेना से निकाले गए लोगों के संगठन को पूग माना गया हो. ऐसे लोग युद्धक अथवा गैरव्यावसायिक श्रेणियों के गठन को प्राथमिकता देते थे। इस तरह पूग एवं व्रात्य कहे जाने वाले संगठनों में सैद्धांतिक दृष्टि से कोई खास अन्तर नहीं था।

संघ–

संघ को सामान्यत: विशिष्ट लोगों के संगठन का पर्याय माना गया है। प्राचीन भारत में गणतांत्रिक सत्ता के ध्रुवों को संघ के नाम से पुकारने की परम्परा रही है। संघों के सदस्यों का चयन बहुमत के आधार पर किया जाता था तथापि वह सीमित गणतन्त्र था। उनके सदस्य प्राय: वर्णव्यवस्था में ऊपर के क्रम पर आने वाली जातियों से सम्बद्ध होते थे, जो अपने आर्थिक, राजनीतिक एवं धार्मिक हितों की प्राप्ति हेतु संगठन का निर्माण करते थे। लगभग यही आशय गण का भी रहा है। प्रारम्भ में इन दोनों के बीच कोई सैद्धांतिक विभाजन था भी नहीं। प्रकारांतर में गण और संघ में भेद अवश्य किया जाने लगा था। लेकिन गण को एकवचन के रूप में भी स्वीकारा जाता रहा है जबकि संघ की संज्ञा विवेकवान लोगों के समूह के लिए सुरक्षित रही है, जो अपने निर्णय सिद्धांतत: आमसहमति के आधार पर लेते हों। विशेषकर बौद्धधर्म के अभ्युदय के पश्चात ब्राह्मणों ने स्वयं को उनसे अलग दिखाने के लिए, उनके संगठनों को संघ कहना प्रारम्भ कर दिया था। मनु ने संघ का प्रयोग संगठित समाज के लिए किया है। जबकि कात्यायन के अनुसार संघ बौद्धों तथा जैनों का समाज है। डॉ. रमेंशचन्द्र मजुमदार एवं डॉ. किरन कुमार थपल्याल, दोनों ने इसी मत की संस्तुति की है। इन दोनों के हवाले से विक्रमादित्य खन्ना लिखते हैं कि–'संघ का संबोधन सामान्यत: राजनीतिक संगठनों के लिए था। यद्यपि कभी-कभी उसका इस शब्द का प्रयोग शैक्षिक एवं धर्मिक गतिविधियों के विकास को समर्पित संगठनों, विशेषकर बौद्ध

भिक्षुओं के दल के लिए भी कर लिया जाता था।' इस वर्गीकरण से संघ की आर्थिक विशेषताओं का कोई बोध नहीं होता। यह भी हो सकता है कि बौद्धों के धार्मिक, सामाजिक एवं राजनीतिक हितों के लिए गठित समूहों को संघ की संज्ञा दी जाती हो लेकिन लोकपरम्परा में व्यापारियों के समूहों को भी संघ कहने का चलन था।

गण–

प्राचीन भारतीय वांङ्मय में गण शब्द का उल्लेख अनेकार्थी है। गण का सामान्य अभिप्राय सुसंस्कृत नागरिक से भी है। गाँवों एवं नगरों में सामाजिक–राजनीतिक व्यवस्था बनाए रखने के लिए, समाज के जिन विशिष्ट व्यक्तियों को यह जिम्मेंदारी सौंपी जाती थी, उन्हें गण कहा जाता था। कई बार धार्मिक एवं राजनीतिक उद्देश्यों के लिए मनोनीत व्यक्ति भी गण की संज्ञा से विभूषित कर दिए जाते थे। कालांतर में इस संज्ञा का उपयोग आर्थिक उद्देश्यों के गठित संगठनों के लिए भी किया जाने लगा. वसिष्ठ धर्मसूत्र में 'गण' का उल्लेख संगठित समाज के रूप में किया गया है। कुछ इसी प्रकार का अर्थ मनु ने भी बताया है; यानी पूरा समाज गण अथवा गणसमूह है। कात्यायन ने वर्ण–विभाजन को आधार बनाकर इसे और भी विशेषीकृत करते हुए, ब्राह्मणों के संगठन को गण की संज्ञा दी है। मिताक्षरा के अनुसार गण व्यापारियों के समूह थे, जिनका प्रमुख व्यवसाय हेलाबूक अर्थात् घोड़े का व्यवसाय करना था। विक्रमादित्य खन्ना ने गण को धार्मिक एवं राजनीतिक संगठन मानते हुए उसको संघ के समक्ष रखा है। डॉ. मजुमदार का संदर्भ देते हुए वे लिखते हैं कि–'प्रारम्भ में गण का अभिप्राय व्यापारियों के समूह से था, मगर कालांतर में उन्हें राजनीतिक एवं धार्मिक संगठन के रूप में भी मान्यता मिलने लगी। सामान्य नागरिकताबोध की प्रस्तुति के लिए भी गण का उपयोग आम नागरिकों के लिए मान्य रहा है। गणतन्त्र उसी शब्द की व्युत्पत्ति है। यही अर्थ सहस्राब्दियों तक विद्वानों को मान्य रहा है लेकिन यह भी सत्य है कि समय के साथ संज्ञाएँ एवं उनके संदर्भ बदलते रहते हैं। कई बार स्वार्थी लोग भी शब्दों को उनके मूल संदर्भों से काटकर मनमानी व्याख्याएँ करते रहते हैं। ऐसा प्रतीत होता है कि गण का उपयोग प्रारम्भ में नागरिक और नागरिक समूहों के

लिए सुरक्षित था। बाद में यही संज्ञा व्यापारी समूहों को भी दी जाने लगी. लेकिन कालांतर में, बौद्ध धर्म के उद्‌भव के बाद ब्राह्मणों ने उनके संगठनों को संघ तथा अपने समूहों को गण कहना आरम्भ कर दिया था।

नैगम अथवा निगम–

नैगम अथवा निगम शब्द का अंग्रेजी पर्याय Corporation है, जिसका आशय एक ऐसे जिम्मेंदार संगठन से है, जिसका गठन विशिष्ट सेवाओं की देखभाल तथा उन्हें सुचारु बनाए रखने के लिए किया जाता है। नागरिक सेवाओं में सामाजिक, आर्थिक एवं राजनीतिक आदि सभी सेवाएँ सम्मिलित हैं। श्रेणी तथा पूग की भाँति नैगम भी व्यावसायिक संगठन होते थे। नैगम को परिभाषित करने का कार्य कात्यायन द्वारा किया गया। उनके अनुसार नैगम का आशय एक ही नगर के नागरिकों के समूह से है। वैदिक साहित्य में श्रेणी, पूग अथवा नैगम जैसे शब्द अनेक स्थानों पर आए हैं, जहाँ उनका सामान्य अर्थ दल अथवा संगठन से ही है। हालांकि किरन कुमार थपल्याल की राय इससे कुछ भिन्न है। उनके अनुसार निगम अथवा नैगम का कार्यक्षेत्र विस्तृत होता था, यहाँ तक कि नगरीय सीमाओं से परे भी. नैगम के सापेक्ष श्रेणी एक छोटी इकाई थी और एक नैगम कई श्रेणियों पर अनुशासन कर सकता था। नैगम को हम आंग्ल शब्द फेडरेशन का पर्याय भी मान सकते हैं। उनके अनुसार–निगम को प्राय: गिल्ड अथवा नगर के समतुल्य माना जाता है। यह श्रेणी की अपेक्षा बड़े होते थे। गुप्तकाल के आसपास निगम का किसी एक परिक्षेत्र में कार्यरत श्रेणियों पर नियंत्रण होता था।' मित्र मिश्र ने 'वीरमित्रोदय' में नैगम को परिभाषित करते हुए कहा है कि, पौर वणिकों को नैगम कहते हैं। वैधानिक दृष्टि से नैगम आधुनिक जायंट स्टोक कम्पनी के अनुरुप होते थे। डॉ. सत्यकेतु विद्यालंकार के विचार भी दृष्टव्य हैं–जायंट स्टॉक कम्पनी के ढँग से संगठित होकर व्यापारी लोग अपने जो समूह बनाते थे, उनकी संज्ञा 'संभूय समुत्थान' थी। पर शिल्पियों की श्रेणियों के समान व्यापारियों के समूह भी विद्यमान थे, जिन्हें निगम कहा जाता था।... जिस प्रकार शिल्पी लोग श्रेणी में संगठित होकर अपने साथ सम्बन्ध रखने वाले विषयों पर कानून बनाते थे और शिल्प को नियन्त्रित करते थे, उसी प्रकार निगम में संगठित

व्यापारी अपने व्यापार के सम्बन्ध में व्यवस्था करते थे क्योंकि पुरों में प्रधानतया व्यापारियों का ही निवास होता है और वहाँ वे प्रमुख स्थान रखते थे, अतः स्वाभाविक रूप से पौर संस्था का विकास निगम को आधार बनाकर ही हुआ। बौद्ध साहित्य में जनपद एवं निगम को परस्पर पर्यायवाची के रूप में प्रयुक्त किया गया है। निगम के प्रधान या मुखिया को श्रेष्ठी कहा जाता था। महाबग्ग के अनुसार एक बार राजगृह के श्रेष्ठी के महारोग से व्यथित व्यापारियों ने जब उसका उपचार राजवैद्य से कराने का विचार किया तो वे उसकी अनुमति के लिए सम्राट बिंबसार के दरबार में पहुँचे। वहाँ जाकर उन्होंने प्रार्थना की कि–'हे देव! इस श्रेष्ठी ने आपके और निगम के प्रति बहुत उपकार किया है।' स्पष्ट है कि निगम के रूप में संगठित वणिकों को ही 'नैगम' कहा जाता था। ये व्यापारिक संगठन अधिकार सम्पन्न होते थे, जो क्षेत्रीय श्रेणियों पर अनुशासन बनाए रखकर विकास के लिए बहुआयामी स्तर पर काम करते थे। प्रायः एक ही परिक्षेत्र में रहने वाले व्यापारी, शिल्पकार, श्रेणी-प्रमुख अपने परिक्षेत्र से बाहर व्यापार के प्रसार के लिए संगठित होते थे। छोटी-छोटी श्रेणियाँ भी, अपने आर्थिक हितों की सुरक्षा एवं व्यावसायिक स्पर्धा में बने रहने के लिए, निगम के रूप में एकजुट हो जाती थीं। विक्रमादित्य खन्ना के हवाले से निगम को और गहराई से समझा जा सकता है–'आमतौर पर व्यापारियों, दस्तकारों एवं तकनीकी कार्यों में दक्ष व्यक्तियों, यहाँ तक कि युद्धकला में निपुण सैनिकों के संगठन को निगम अथवा श्रेण के रूप में पहचाना जाता था।.. इनमें से श्रेणि, निगम तथा पणि (अथवा पण) अपने समाज के विकास के लिए आर्थिक गतिविधियों में अधिक लिप्त रहते थे।' याज्ञवल्क्य स्मृति में निगम को पाषण्ड एवं श्रेणी के समानांतर रखा गया है। याज्ञवल्क्य के अनुसार पाषंड धार्मिक सम्प्रदायों के संगठन थे। याज्ञवल्क्य के अनुसार–'श्रेणि-नैगम-पाषण्ड और गण के संगठन की एक ही विधि है।' इस विश्लेषण के आधार पर निगम को आधुनिक यूरोपीय गिल्ड अथवा विभिन्न श्रेणियों की फेडरेशन के रूप में दर्ज किया जा सकता है।

पण–

पण को मुद्रा का पर्याय माना गया है। पण अथवा पणि का आशय भी

सामान्यतः ऐसे संगठनों से था, जो धनार्जन के लिए व्यापार को अपनाते थे। जिनका लक्ष्य अपने सदस्यों के आर्थिक विकास के लिए कार्य करना था। विक्रमादित्य खन्ना ने पणि को श्रेणी एवं नैगम के समकक्ष रखते हुए ऐसा समूह माना है जिसका उद्देश्य अपने सदस्यों का आर्थिक उत्थान था। उनके अनुसार–'पणि (अथवा पणि) को सामान्यतः सौदागरों, शिल्पकारों के ऐसे समूह के रूप में जाना जाता है, जो अपने माल की बिक्री के लिए, काफिलों के रूप में एक स्थान से दूसरे स्थान तक निरन्तर सफर करते रहते थे।' दूसरे शब्दों में पणि व्यापारियों के काफिले थे, जो अपने व्यापार के सिलसिले में देश-देशान्तर की यात्रा करते रहते थे। तकनीकी रूप में उनमें तथा श्रेणी के अन्य रुपों में बहुत अन्तर नहीं था। उनकी पहचान अक्सर एक-दूसरे में घुलमिल जाती है।

श्रेणि–

भारत में सहयोगाधारित व्यापारिक आर्थिक संगठनों के लिए श्रेणी शब्द का उपयोग ईसा से भी आठ सौ वर्ष पहले से होता आ रहा है परस्पर सहयोगाधारित संगठनों के लिए यह शब्द इतना प्रचलित रहा है कि उन्हें व्यवस्थित करने और वैधानिकता का दर्जा दिलानेवाले नियमों को भी श्रेणी-धर्म कहा जाता था–संगठित व्यापार एवं उत्पादन के क्षेत्र में कार्य करने वाले संगठनों के लिए यह संबोधन 1000 ईस्वी; अर्थात् मुस्लिम साम्राज्य की स्थापना तक लोगों की जुबान पर चढ़ा रहा. इन संगठनों के लिए यद्यपि पूग, नैगम, व्रात्य, पाणि, गण आदि संज्ञाएँ भी प्राचीनकाल से चली आ रही थीं, विद्वानों ने उनके बीच के सैद्धांतिक अन्तर स्पष्ट करने का प्रयास भी किया है, तथापि ऐसे संगठनों के श्रेणी शब्द का प्रचलन ही सर्वाधिक रहा. आज भी इसे गिल्ड के पर्याय के रूप में जाना जाता है। ध्यातव्य है कि गिल्ड श्रेणी के समानधर्मा यूरोपीय संगठन हैं। तथापि भारतीय प्रायद्वीप में श्रेणी शब्द का उपयोग व्यापक संदर्भ लिए हुए था। लगभग सभी प्रकार के व्यापारिक, उद्यमी और राजनीतिक संगठनों, नागरिक सेवा प्रदान करने वाले निकायों को श्रेणी के नाम से पहचाना जाता था। जहाँ तक प्राचीन संदर्भों की बात है, विष्णुधर्मसूत्र में श्रेणी का उल्लेख संगठित समाज के लिए किया गया है,

जबकि मिताक्षरा ने श्रेणी को पान के पत्तों के व्यापारियों का समुदाय माना गया है। याज्ञवल्क्य ने श्रेणी को विभिन्न जातियों के लोगों का संगठन माना है, जो किसी समान आर्थिक-व्यापारिक उद्देश्य के लिए संगठित होते हैं। जो भी हो इतना सत्य है कि श्रेणी व्यापारियों के संगठित समूह थे, जिनकी अपनी पहचान थी। विद्वानों द्वारा उसके बारे में अलग-अलग व्याख्या, उनके अनुभव और भौगोलिक परिस्थितियों के कारण भी सम्भव है। उल्लेखनीय है कि व्यापारिक संगठनों को अलग-अलग नाम का दिया जाना किंचित मतवैभिन्य तथा सुविधा की दृष्टि से था। किसी भी व्यक्ति अथवा समूह को अपने हितों की सुरक्षा के अनुसार किसी भी प्रकार के व्यवसाय को अपनाने की छूट थी। हालांकि कई स्थान पर इस नियम में व्यवधान भी थे। व्यवस्था के लिहाज से श्रेणियों को उनके लिए तय व्यवसाय में काम करने की अनुमति प्राप्त थी। याज्ञवल्क्य (2/30) ने ऐसे कुलों जातियों, श्रेणियों एवं गणों को दंडित करने को कहा है, जो अपने आचार-व्यवहार से च्युत होते हैं।' नारदस्मृति में भी श्रेणि, नैगम, पूग एवं गण का जिक्र करते हुए उनके परम्परानुरुप कार्यों की व्याख्या की गई है। इन संगठनों के व्यवसाय के अनुसार उनकी संरचना एवं सामाजिक प्रस्थिति में भी अन्तर था। याज्ञवल्क्य ने लिखा है कि पूगों एवं श्रेणियों को अपने झगड़ों का अन्वेषण करने, उन्हें सुलझाने का पूरा अधिकार है। उन्होंने पूग को श्रेणी से उच्चतम स्थिति में माना है। मिताक्षरा ने भी याज्ञवल्क्य का समर्थन करते हुए श्रेणी और पूग के बीच पूग की उच्चतम स्थिति को ही मान्यता दी है। मिताक्षरा के अनुसार–'पूग एक स्थान की विभिन्न जातियों एवं विभिन्न व्यवसाय वाले लोगों का समुदाय है और श्रेणी विभिन्न जातियों के लोगों का समुदाय है-जैसे हेलाबुकों, तांबूलिकों, कुविंदों (जुलाहों) एवं चर्मकारों की श्रेणियाँ. चाहमान विग्रहराज के प्रस्तरलेख में हेड़ाविकों को प्रत्येक घोड़े के एक द्रम्म देने का वृत्तांत मिलता है। नासिक अभिलेख संख्या 15 में लिखा है कि अभीर राजा ईश्वरसेन के शासनकाल में 1000 कार्षापण कुम्हारों के समुदाय (श्रेणी) में, 500 कार्षापण तेलियों की श्रेणी में, 2000 कार्षापण पानी देनेवालों की श्रेणी (उदक-यंत्र-श्रेणी) में स्थिर सम्पत्ति के रूप में जमा किए गए, जिससे कि उनके ब्याज से रोगी

भिक्षुओं की दवा की जा सके. नासिक के नौवें एवं बारहवें शिलालेखों में जुलाहों की श्रेणी का भी उल्लेख है। हुविष्क के शासनकाल के मथुरा के ब्राह्मशिलावालों एवं कांस्यकारों (ताम्र एवं काँसा बनानेवालों) की श्रेणियों में धन जमा करने की चर्चा हुई है। स्कंदगुप्त के इंदौर ताम्रपत्र में तैलियों की एक श्रेणी का उल्लेख है। इन सब बातों से स्पष्ट है कि आसपास की शताब्दियों में कुछ जातियों, यथा लकड़हारों, तेलियों, तमोलियों, जुलाहों आदि के समुदाय इस प्रकार की संगठित एवं व्यवस्थित थे कि लोग उनमें निःसंकोच सहस्रों रुपये इस विचार के साथ जमा करते थे कि उनसे ब्याज-रुप में दान के लिए धन मिलता रहेगा।' स्पष्ट है कि प्राचीन भारत में श्रेणियाँ न केवल संगठित व्यापार का माध्यम बनी हुई थीं, बल्कि वे आधुनिक वित्तीय संगठनों की तरह व्यवहार भी करती थीं। लोग अपना व्यक्तिगत धन भी मुनाफे या लाभ की इच्छा के साथ उनके पास जमा कर सकते थे। उस समय के शासकों को भी श्रेणियों की वित्तीय क्षमताओं पर पूरा विश्वास था। यहाँ तक कि राज्य के दायित्वों को पूरा करने के लिए भी श्रेणियों में धन निवेश किया जाता था। मथुरा से प्राप्त दूसरी शताब्दी के एक दस्तावेज में बुनकरों की दो श्रेणियों में से प्रत्येक के पास चाँदी के 550 सिक्के जमा करने का उल्लेख मिलता है, ताकि उससे प्राप्त ब्याज से ब्राह्मणों तथा गरीबों को भोजन कराया जा सके. ब्याज की दर बहुत उपयुक्त बहुत कुछ वर्त्तमान दरों के अनुकूल थी। प्रोफेसर किरण कुमार थपल्याल के अनुसार नासिक अभिलेख में जुलाहों को दो हजार कार्षापण एक रुपया सैकड़ा प्रतिमाह ब्याज की दर से प्रदान किए गए थे, ताकि उस धन से भिक्षुओं के लिए भोजन, वस्त्र आदि का प्रबन्ध किया जा सकें। इसी प्रकार एक अन्य दस्तावेज में भिक्षुओं को जलपान कराने के लिए एक हजार कार्षापण 0.75 रुपया प्रतिमाह के ब्याज पर जुलाहों की एक और श्रेणी को दिए जाने का भी उल्लेख है। इसी प्रकार गुप्त सम्राट स्कंदगुप्त के एक लेख में इंद्रपुर निवासिनी तेलियों की श्रेणी को कुछ धन उधार के रूप में देने का उल्लेख हुआ है, ताकि उससे मिलने वाले ब्याज से सूर्य मंदिर के दीपों के लिए तेल का खर्च निकलता रहे। इन उद्धरणों से सिद्ध होता है, कि उस समय के बड़े राज्य भी

अपनी समाज कल्याण सम्बन्धी योजनाओं को पूरा करने के लिए भी श्रेणियों की वित्तीय स्थिति और साख का लाभ उठाने का प्रयास करते रहते थे– 'ये श्रेणियाँ बैंक का कार्य करती थीं और इनको इतना टिकाऊ एवं चिरस्थायी माना जाता था कि स्वयं राजा या राजपुरुष भी इनके पास अक्षयनिधि (न लौटाया जाने वाला धन) रखा करते थे। धन को जमा करने की बात को निगम सभा के सम्मुख भी सुनाया जाता था।' सामूहिक सहमति और सर्वकल्याण की भावना के आधार पर गठित उन व्यापारिक संगठनों को व्यापक अधिकार प्राप्त थे। किन्तु यह आधिकारिता तभी तक मान्य थी, जब तक कि समूह अपने और राज्य के हित में कल्याण के कार्यक्रमों का संपादन करें. उन्हें किसी प्रकार का राष्ट्रविरोधी अथवा जनविरोधी कार्य करने की अनुमति नहीं थी। राजा को ऐसे समूहों पर नियंत्रण करने का शास्त्रोक्त अधिकार प्राप्त था। कौटिल्य ने अपने अर्थशास्त्र में इन अधिकारों की स्पष्ट व्याख्या की है। वैसे भी आर्थिक उपलब्धियों को नीति, मर्यादा एवं सामाजिक शुचिता द्वारा नियन्त्रित एवं मर्यादित करने की परम्परा भारतीय समाज में आदिकाल से ही रही है, जिसे प्रायः सभी धर्मग्रन्थों में सम्मानित स्थान प्राप्त हुआ है। भारतीय परम्परा में अर्थनीति विषयक एक सिद्धांत है, उसके अनुसार–'जिस मनुष्य का आर्थिक जीवन शुद्ध है–वह स्वयं भी शुद्ध है।' इसका सीधा–सा आशय है कि नैतिक पवित्रता के लिए व्यक्ति को अपने आर्थिक जीवन की पवित्रता का ध्यान रखना अत्यावश्यक है। बिना आर्थिक जीवन में पवित्रता लाए सामाजिक जीवन में शुद्धता सम्भव नहीं है। परोक्ष रूप में यह सिद्धांत जहाँ मानव जीवन में अर्थ की महत्ता को स्वीकार करता है, वहीं उसकी प्राप्ति के मार्ग को भी मर्यादित करता हुआ चलता है।

आर्थिक जीवन में पवित्रता और नैतिक मर्यादाओं पर जोर, ये भावनाएँ भारतीय समाज में मौजूद तत्कालीन लोकोन्मुखी व्यवस्थाओं की ओर संकेत करती हैं। साफ है कि उन दिनों भारतीय समाज में सहकारिता भले ही उस रूप में मौजूद न रही हो, जैसा कि हम आज उसको देखते हैं, मगर वह सिद्धांत और भावनात्मक रूप भारतीय चिंतन परम्परा सहकारिता की भावना के बहुत निकट है। यहाँ ध्यान रखना होगा कि प्राचीन समाज में जनसाधारण

शैक्षिक रूप में भले ही बहुत अधिक उन्नत न हों-बड़े-बड़े शास्त्रों का अध्ययन-मनन करने में भी वे भले ही असमर्थ रहते हों, किन्तु मानव सभ्यता के प्रत्येक कालखंड व्यावहारिक ज्ञान की उनमें प्रचुरता ही रही है। सभ्यता के प्रारम्भिक दौर में भी भारतीय समाज में लगभग वे सभी व्यवस्थाएँ मौजूद थीं, जिन्हें समाज कल्याण की अनिवार्यता माना जाता है। जहाँ तक सहकारी समूहों की व्याप्ति की बात है, प्रोफेसर आर. सी. मजूमदार ने 27 प्रकार की समितियों का उल्लेख अपनी पुस्तक 'प्राचीन भारत में सहकारी जीवन' (Cooperative Life in Ancient India) में किया है। एक अन्य स्थान पर कात्यायन ने लिखा है कि समितियाँ कई प्रकार की होती थीं और उन्हें कई नामों से पुकारा जाता था। डॉ. सत्यकेतु विद्यालंकार ने अपनी पुस्तक प्राचीन भारत की शासन संस्थाएँ एवं राजनीतिक विचार में बौद्ध ग्रन्थों के हवाले से लिखा है कि उन दिनों अठारह प्रकार की श्रेणियाँ थीं। इसी प्रकार कौटिल्य ने भी अर्थशास्त्र में अठारह प्रकार के व्यापार समूहों का उल्लेख किया है, जिनका उस समय के समाज एवं शासन पर व्यापक प्रभाव था।

सैन्य शास्त्र

भारतीय संस्कृति विश्व की सबसे पुरानी सामाजिक संस्कृति है। वायुपुराण में भरत की कहानी आती है जो कि आधुनिक इतिहासकारों की समझ से परे है। पिछले हजारों वर्षों में स्थानीय और विदेशियों द्वारा बड़ी संख्या में रचे गए साहित्य, पुरातात्विक प्रमाणों और मजबूत मौखिक तथा सम्पुष्ट मौखिक परम्पराओं से हमारी प्राचीनता और हमारी सभ्यता की श्रेष्ठता साबित होती है। हमारी सभ्यता में आध्यात्मिकता से लेकर दर्शन, राजनीति, अर्थशास्त्र, कला, विज्ञान, तकनीकी, उद्योग, प्रशासन और यहाँ तक कि युद्ध और शांति तक मानव जीवन के हरेक आयामों का विकास हुआ था। यह सब कुछ केवल तभी सम्भव है, जब लम्बे समय तक देश में शांति रही हो जोकि अपने लोगों और अपनी भौगोलिक सीमाओं की सुरक्षा के बिना सम्भव नहीं है।

हमारी सभ्यता का प्रारम्भ मानव सभ्यता के इतिहास से होता है। आधुनिक इतिहासकारों द्वारा स्वीकृत सिंधु घाटी सभ्यता और वैदिक काल ईसा के हजारों वर्ष पुराने हैं। इसके बाद उपनिषदों का काल आता है, फिर रामायण और महाभारत और उसके बाद पांड्यन, मौर्य, अशोक, सातवाहन और अंततः मगध का गुप्त साम्राज्य जैसे महान राज्य हुए। इस दौरान देश में विभिन्न कालखंडों में विभिन्न स्थानों पर महान गणतन्त्र राज्यों का भी उदय हुआ।

भारतीय सभ्यता की सीमाएं इतिहास के विभिन्न कालखंडों में विशालतम अवस्था तक पहुँची और कई बार उनमें काफी संकुचन भी आया। उत्तर और दक्षिण की सीमाओं के लिए सामान्यतः हिमालय और महासागर का सीमांकन किया जाता था, इसकी पश्चिमी सीमाएं कैस्पियन सागर तक विस्तीर्ण रही हैं। पूरब में वर्त्तमान बांग्लादेश और म्यामांर तक हमारी सीमाएं रही हैं। इस प्रकार

हमारी सांस्कृतिक सीमाएँ पहली शताब्दी के अंत तक इरावाडी नदी जिसे स्थानीय भाषा में ऐरावाड्डी (इन्द्र के ऐरावत हाथी के नाम पर) कहा जाता था और ऑक्सस नदी जो आज अमू दरिया के नाम से जानी जाती है, के बीच तक फैली हुई थीं। उत्तर में सागरमाथा जो कि आज माउण्ट एवरेस्ट के नाम से प्रसिद्ध है से लेकर श्रीलंका तक भारत ही था। राजनीति सम्बन्धी भारतीय ग्रन्थों में राज्य और राष्ट्र शब्दों की चर्चा बहुतायत में पाई जाती है। इन्हीं शब्दों का बाद में आधुनिक विद्वानों ने स्टेट और नेशन में अनुवाद कर दिया जोकि पश्चिमी मूल के शब्द हैं। राज्य के लिए स्टेट शब्द का प्रयोग तो ठीक है, परन्तु राष्ट्र का अनुवाद नेशन करना ठीक नहीं है।

स्वाभाविक ही है कि 55 शताब्दियों से पुराने और एक महादेश के आकार के राज्य तथा राष्ट्र की नीतियों के बारे में यथातथ्य विवरण दे पाना सम्भव नहीं है। प्रमाणों से पता चलता है प्राचीन भारत में राज्य का काम विदेशी आक्रमणों से लोगों की रक्षा करने तक सीमित था। आंतरिक कानून व्यवस्था का पालन पारम्परिक नियमों के प्रति श्रद्धा पैदा करके करवाया जाता था। वैदिक राजा धर्मपति यानी धर्म अर्थात् कानून के पालक हुआ करते थे। हालांकि वैदिक काल से मौर्य काल के बीच में राज्य के अधिकार तथा कर्तव्यों में काफी वृद्धि हुई। साम्राज्य युग के प्रारम्भ होते-होते राज्य के कर्तव्यों में सामाजिक, आर्थिक और आध्यात्मिक सभी आयाम शामिल हो गए। सामाजिक व्यवस्थाओं का संवर्धन और विद्वानों, कलाकारों, शिल्पकारों के संरक्षण द्वारा शिक्षा, कला, अध्ययन को प्रोत्साहन देना भी राज्य के काम माने गए। यहाँ तक कि धर्मशालाएँ, सामुदायिक भवन और अस्पताल जैसी नागरिक सुविधाएं भी राज्य द्वारा संचालित की गईं, ताकि प्राकृतिक आपदाओं के समय किसी प्रकार का दबाव समाज पर न रहे। अन्य सभी सभ्यताओं की ही भांति यहाँ भी समाज के शारीरिक बल को संरक्षण, संवर्धन और उपयोग करना एक जीवंत राज्य अनिवार्य हिस्सा था। एक ओर विजेताओं ने न केवल अपनी वीरता प्रदर्शित करने तथा गौरव बढ़ाने के लिए, बल्कि राज्य का धन और संसाधन बढ़ाने के लिए युद्ध लड़े, दूसरी ओर विजितों ने अपने पूर्वजों के सम्मान की रक्षा और अपने देवताओं के मंदिरों की रक्षा के लिए अपनी आहूति देकर ख्याति अर्जित की।

अर्थशास्त्र में तीन प्रकार के सैन्य अभियानों का वर्णन मिलता है जिन्हें सामान्यतः दिग्विजय या विश्वविजय कहा जाता था। ये हैं-धर्मविजय यानी धर्म के लिए अभियान, लोभविजय यानी धन के लिए अभियान और असुरविजय यानी राक्षसी उद्देश्यों के लिए अभियान। इनमें से सबसे श्रेष्ठ धर्मविजय, उससे कम लोभविजय तथा सबसे निकृष्ट असुरविजय को माना जाता था। धर्मविजय में विजित राजा को बाध्य किया जाता था कि वह विजेता को सम्मान और न्यायोचित कर प्रदान करे। लोभविजय में विजित राजा को भारी मात्रा में धन अथवा अपने राज्य का एक भूभाग या दोनों ही देना होता था। असुरविजय में पराजित राज्य का पूरी तरह नाश कर दिया जाता था। अन्य देशों जहाँ मात्स्य न्याय यानी बड़ी मछली छोटी मछली को खा जाती है, का सिद्धांत प्रचलित था, भारत में इसके विपरीत हमारे प्राचीन मनीषियों का कहना था कि कमजोर राज्य शांति को बनाए रखें और जो मजबूत राज्य हैं, वे युद्ध करें। काल के प्रवाह में समाज में क्षत्रिय नामक योद्धा जाति का विकास हुआ जिसकी जीविका का साधन ही युद्ध और शासन करना था। क्षत्रियों को युद्ध के लिए सन्नध रहने के लिए विविध प्रकार की सहायताओं और सेवाओं की आवश्यकता पड़ती थी। जैसे कि युद्ध कौशल तथा भण्डार, संचार और सूचना के साधन, पानी की आपूर्ति, सैनिकों तथा हाथी, घोड़े आदि पशुओं के लिए भोजन-सामग्री, शिविर तथा युद्ध के दौरान घायलों के लिए चिकित्सकीय सुविधाएं आदि। अभियान के दौरान उनके साथ लुहार, रथशिल्पी, मोची, धोबी, नाई, सफाईकर्मी आदि सभी चला करते थे। इसी तरह उनके साथ बड़े आपूर्तिकर्ताओं, सभी प्रकार के व्यापारियों, बैंककर्मियों, नाविकों, प्रशासकों और योद्धाओं की भी एक टोली होती थी। विविध इलाकों की सेनाएँ जब साथ मिल कर युद्ध लड़ती थीं, तो उनके साथ बड़ी संख्या में दुभाषिए भी हुआ करते थे। कुल मिलाकर सैन्य अभियानों का विशाल आयाम हुआ करते थे। विस्तार से जानने के लिए हम महाभारत को पढ़ सकते हैं।

अधिकांश स्मृतियों में राजा को युद्ध से बचने की ही राय दी गई है। उनके अनुसार धर्म यानी कानून की स्थापना के अलावे की जाने वाली हिंसा राजा की कीर्ति को नष्ट करती है और उसे नरकगामी भी बनाती है। अशोक

एक महान सम्राट हुआ जिसने गौरव के लिए किए जाने वाले युद्ध की परम्परा को तोड़ते हुए धर्मविजय को एक नई परिभाषा प्रदान की। इसके अंतर्गत धर्म का प्रसार करना ही धर्म के लिए युद्ध माना गया।

प्राचीन भारत में योद्धाओं ने सुपरिभाषित युद्धनियमों का विकास और पालन किया। हमारे पूर्वजों ने हमेशा से दूसरे देशों के पीड़ितों को शरण दी, परन्तु स्वयं का खून-पसीना केवल भारतवर्ष के लिए बहाना ही उचित समझा इसलिए उन्होंने कभी अपनी सीमाओं के बाहर जाकर युद्ध नहीं छेड़ा। यह भी एक अनिवार्य नियम था कि राज्य के युद्धों के बाद भी सामाजिक, आर्थिक और आध्यात्मिक गतिविधियाँ सहजता तथा निर्लिप्तता से चलती रहनी चाहिए। इस बात को भारत आए एक ग्रीक राजदूत ने भारतीय युद्धनीति की एक विशेषता के रूप में उद्धृत किया है। उसने लिखा है-जहाँ अन्यान्य देशों में यह सामान्य बात है कि युद्ध के दिनों में खेत बंजर बड़े रह जाते हैं, वहीं भारत में युद्ध के दौरान भी किसान बिना किसी खतरे के निर्बाध रूप से खेती करते रहते हैं। दोनों ही तरफ के योद्धा यह ध्यान रखते हैं कि वे किसी भी किसान को नुकसान नहीं होने दें, शत्रु के जमीन पर आगजनी न करें, पेड़ों को न काटें। प्रोफेसर एच. एच. विल्सन ने प्राचीन काल की युद्धनीतियों का काफी प्रशंसा की है। इसी प्रकार सातवीं शताब्दी में आए चीनी यात्री ह्वेनसांग ने भी लिखा है कि पर्याप्त युद्ध और शत्रुता के बाद भी देश का सामान्य जन इससे प्रभावित नहीं होता था।-

भारतीय संस्कृति में सुरक्षा-सम्बन्धी चिन्तन-

प्राचीन भारतीय महाकाव्यों, श्रुतियों और स्मृतियों में राज्य के सप्तांग की कल्पना की गयी है। इसमें दण्ड (बल या सेना) का महत्त्वपूर्ण स्थान है। इस दृष्टि से सैन्य विज्ञान को पुराना ज्ञान कहा जा सकता है जिसका प्रारम्भ 'ऋग्वेद' से होता है। 'रामायण' और 'महाभारत' युद्ध कला के भण्डार हैं। महाकाव्यों में युद्ध के सैद्धान्तिक और व्यावहारिक पहलू के दर्शन होते हैं। अन्य प्रमुख ग्रन्थों में कौटिल्य का 'अर्थशास्त्र' है जिससे तत्कालीन सैन्य विज्ञान की जानकारी मिलती है। कौटिल्य का 'अर्थशास्त्र' प्राचीन भारतीय रचनाओं में राजशास्त्र का महत्त्वपूर्ण ग्रन्थ है। इस ग्रन्थ में प्राचीन भारतीय

यथार्थवादी परम्परा के दर्शन होते हैं। 'अर्थशास्त्र' धन संग्रह के उपायों का अध्ययन ही नहीं करता वरन् विभिन्न उपायों द्वारा प्राप्त की गयी भूमि में सुव्यवस्था स्थापित करने तथा मनुष्यों के भरण-पोषण के तरीकों का भी वर्णन करता है। 'अर्थशास्त्र' में शासन व्यवस्था का पूर्ण विवेचन आ जाता है। कौटिल्य ने 'अर्थशास्त्र' के प्रारम्भ में ही चार विधाओं का उल्लेख किया है–आन्वीक्षिकी (दर्शन और तर्क), त्रयी (धर्म, अधर्म या वेदों क ज्ञान), वार्त्ता (कृषि व्यापार आदि) और दण्ड नीति (शासन कला या राजशास्त्र)। अर्थशास्त्र का प्रतिपाद्य विषय प्रमुख रूप से दण्ड नीति ही है। इसी संदर्भ में सैन्य विज्ञान की जानकारी प्राप्त होती है। इस ग्रन्थ में पन्द्रह अभिकरण हैं। 'अर्थशास्त्र' की रचनाकाल के सम्बन्ध में विद्वानों में पर्याप्त मतभेद है। कीथ, जाली, विण्टरनिट्ज, आर जी भण्डारकर, हेमचन्द्र रायचौधरी, स्टीन आदि ने 'अर्थशास्त्र' को मौर्येत्तर युगीन रचना माना है लेकिन आर सामशास्त्री, गणपतिशास्त्री, के पी जायसवाल, एन एन लाहा, डी आर भण्डारकर, नीलकण्ठ शास्त्री, वी आर आर दिक्षितार इस ग्रन्थ की रचनाकाल चन्द्रगुप्त मौर्य कालीन मानते हैं। रोमिला थापर और के सी ओझा भी अर्थशास्त्र की रचनाकाल मौर्यकालीन स्वीकारतें हैं किन्तु उनकी मान्यता है कि इसमें बहुत सी नयी सामग्री परवर्त्ती लेखकों ने जोड़ दी है। वस्तुतः 'अर्थशास्त्र' मौर्यकालीन रचना (तीसरी शताब्दी ईसापूर्व) है इसके मूल रचियता चन्द्रगुप्त मौर्य के गुरु, मन्त्री आचार्य चाणक्य या विष्णुगुप्त कौटिल्य ही है।

सैन्य संगठनः-

अधिकाँश प्राचीन आचार्यों की तरह कौटिल्य भी छह प्रकार की सेनाओं क उल्लेख करता है-मौलबल (वंश परम्परानुगत), भृतक बल (वेतन पर रखे सैनिकों का दल, श्रेणी बल (व्यापारियों या अन्य जन समुदायों की सेना), मित्र बल (मित्रों या सामन्तों की सेना), अमित्र बल (एसी सेना जो कभी शत्रु पक्ष की थी) और अटवी या आटविक बल (जंगली जातियों की सेना)। लेकिन वह 'औत्साहिक बल' की सतवीं सेना का भी उल्लेख करता है। यह वह सेना थी जो नेतृत्वहीन, भिन्न देशों की रहने वाली, राजा की स्वीकृति या अस्वीकृति बिना दूसरे देशों में लूटमार करती है। यह सेनाभेद्य सेना है।

कौटिल्य इन सेनाओं में पर की अपेक्षा पूर्व को श्रेष्ठ बताता है। वह सेना के विभिन्न प्रकारों के संदर्भ में विस्तार से लिखता है। वह मौल बल को राजधानी की रक्षा करने वाली, भृतक बल को सवैतनिक सेना, श्रेणी बल को विभिन्न कार्यों में नियुक्त करने वाली शस्त्रास्त्र में निपुण सेना, मित्रबल को मित्र की सेना, अमित्र बल को शत्रु राज्य की सेना, जिस पर विजय प्राप्त कर लिया गया है और अटवी बल को अटविक सेना कहता है। वह इस सेनाओं को भिन्न-भिन्न अवसरों पर प्रयुक्त करने की बात करता है। प्राचीन भारत में क्षत्रीय, ब्राह्मण, वैश्य और शूद्र सभी वर्गों को सेना में स्थान प्राप्त था। अन्य विद्वानों के अनुसार उत्तर की अपेक्षा पूर्व की सेना अधिक श्रेष्ठ है, लेकिन कौटिल्य इसे स्वीकार नहीं करता। उसके अनुसार सुन्दर ढँग से प्रशिक्षित क्षत्रियों का दल या वैश्यों का दल ब्राह्मणों के सैन्य दल से कहीं अधिक अच्छा होता है क्योंकि शत्रु लोग ब्राह्मण के चरणों में झुककर उन्हें अपनी और मोड सकते हैं। वह क्षत्रीय सेना को श्रेष्ठ मानता है। वैश्य और शूद्र सेना को भी श्रेष्ठ बताता है। यदि उनमें वीर पुरुषों की अधिकता हो वह चतुरंगिणी सेना का समर्थन करता है। प्राचीन भारतीय सेना के चार अँगों पैदल सैनिक, हस्तिसेना, अश्वसेना और रथसेना में वह हस्तिसेना को सर्वाधिक महत्त्वपूर्ण मानता है। वह जल सेना का उल्लेख नहीं करता। 'अर्थशास्त्र' में उसके द्वारा लिखित नवाध्यक्ष कार्य जलमार्गों और उनमें काम आने वाली नौकाओं की व्यवस्था करना मात्र है। उसके विचार में दस हाथियों के अधिकारी को पदिक, दस पदिकों के अधिकारी को सेनापति और दस सेनापतियों के अधिकारी को नायक कहा जाता है। नायक सेना में वाद्य शब्दों, ध्वज, पताकाओं द्वारा सांकेतिक आदेश देता है, जिसमें व्यूह के अंतर्गत सेना को फैलाया या एकत्र किया जाता है साथ ही उसे आक्रमण करने या लौटने का आदेश दिया जाता है। किन्तु वह छः प्रकार के रथों का विभाजन करता है:-

छ प्रकार के रथों का विभाजन करता है:-

1 देवरथ यात्रा उत्सव आदि पर देव प्रतिमा की स्थापना के लिए।

2 पुष्परथ-विवाह आदि कार्यों के लिए।

3 सांग्रामिकरथ-युद्ध आदि कार्यों के लिए।

4 पारिमाणिकरथ-सामान्य यात्रा के लिए।

5 परियानिकरथ-शत्रु के दुर्ग को तोडने के लिए।

6 वैनयिकरथ-घोडों आदि को सिखाने के लिए।

गुप्तचर सैन्य संगठन का एक भाग था। कौटिल्य ने न केवल युद्धकालीन वैदेशिक सम्बन्धों वरन् शान्तिकालीन सम्बन्धों का विवेचन किया है। वह दूत भेजने और दूत व्यवस्था को अपनाने की सलाह देता है। उसके अनुसार विभिन्न राज्यों में गुप्तचर भेजकर उन राज्यों की स्थिति तथा नीति का ज्ञान प्राप्त करने और उन्हें अपने अनुकूल करने और बनाये रखने का प्रयत्न किया जाना चाहिए। ये गुप्तचर व्यापारी, शिक्षक, भिक्षुक, धर्मप्रचारक आदि रुपों में भेजे जा सकते हैं। वह दूतों को तीन श्रेणियों-निसृष्टार्थ, पृमितार्थ व शासनहार में विभक्त करता है। ये क्रमशः पूर्ण अधिकार सम्पन्न, तीन चौथाई गुणों वाले और आदि शक्ति वाले होते हैं। कौटिल्य दूतों को पर स्त्री और मद्य के दुर्व्यसन से मुक्त रहने की सलाह देता है। सैन्य अनुशासनः-अनुशासन् के विभिन्न तत्वों-युद्ध समय, सेना क कूच, युद्ध स्थान, आन्तरिक एवं बाह्य परिस्थितियाँ एवं आपाद एवं उपायों का वर्णन कौटिल्यने 'अर्थशास्त्र' में किया है। वह शत्रु पर आयी विपत्ति, राजा के व्यसन में लिप्त होना, स्वयं की शक्ति सम्पन्नता और शत्रु सेना की कमजोरी को युद्ध की आवश्यक परिस्थितियाँ स्वीकार करता है। उसके अनुसार यह अवसर शत्रु पर चढाई के लिए उपयुक्त है क्योकिं इस समय शत्रु का पूर्ण विनाश के मूल उद्देश्य को प्राप्त किया जा सकता है। कौटिल्य ने महाभारत में वर्णित दो युद्ध यात्रा काल का उल्लेख किया है-अगहन (नवम्बर-दिसम्बर), चैत्र (मार्च-अप्रैल) और ज्येष्ठ (मई-जून)। वे इन यात्राकालों के अलग-अलग कारण बततें है। ज्येष्ठ मास के युद्ध यात्रा काल में बसन्त की पैदावार और भविष्य की वर्षाकाल की फसल नष्ट किया जा सकता है। इस काल में घास, फूल, लकडी, जल आदि सभी क्षीण हुए रहतें है इसलिए शत्रु को अपने दुर्ग के मरम्मत करने में परेशानी होती है। वे लिखते है कि पशुओं की खाद्य सामग्री, ईंधन, जल की कमी वाले अत्यन्त गरम प्रदेश में हेमन्त ऋतु में, बर्फीले घने जंगलों और अधिक वर्षा वाले प्रदेश में ग्रीष्म ऋतु में तथा अपनी सेना के लिए उपयुक्त और शत्रु सेना के लिए

अनुपयुक्त प्रदेश में वर्षा ऋतु में यात्रा करनी चाहिए। दूर देश में यात्रा करने का समय मार्गशीर्ष और पौष (नवम्बर से जनवरी) तक का, मध्यम दूरी में सैन्य यात्रा का काल चैत्र वैशाख (मार्च से मई) तक का और अल्प यात्रा के लिए ज्येष्ठ आषाढ (मई से जुलाई) तक का कल उपयुक्त होता है। आसान मार्ग पर चलने वाले राजा पर प्रतिकूल मार्ग से आक्रमण नहीं हो सकता। युद्ध यात्रा करते समय गावों जंगलों और मार्गों में ठहरने योग्य स्थानों का, घास और जल के अलावा लकडी आदि के अनुसार निर्णय कर वहाँ पहुँचने ठहरने, वहाँ से जाने आदि का पहले से ही समय निर्धारित करके विजिगीषु को यात्रा के लिए घर से निकलना चाहिए। आवश्यकता की सभी वस्तुएँ दुगुनी मात्रा में यात्रा के लिए रखी जानी चाहिए या पडाव के लिए नियत स्थान से ही आवश्यक सामान का संग्रह करके साथ ले जाया जा सकता है। वह अन्त:पुर और राजा को सेना के बीच में चलने की सलाह देता हैं जबकि शुक्राचार्य अतिरिक्त कोष और सेनापति को सलाह देते हैं। यदि पर्वत आदि से भय हो तो व्यूह बद्ध होकर भी यात्रा की जा सकती हैं। वह युद्ध योग्य भूमि के संदर्भ में भी विस्तार से करता है, साथ ही प्रत्येक सेना के सैनिकों के युद्ध के लिए ठहरने के लिए उपयुक्त भूमि को आवश्यक बताता हैं। वह युद्ध स्थल को सैनिक पडाव से पाँच सौ धनुष के फासले पर होने की भी सलाह देता है। भूमि को सैन्य उपयोगिता के आधार पर पास या दूर रखा जा सकता है। कौटिल्य सेनानायक को 48000 पण वार्षिक, हाथी, घोडे,–रथ के अध्यक्ष क्को 8000 पण वार्षिक, पैदल सेना, रथ सेना, अश्वसेना और गजसेना, के अध्यक्ष को 4000 पण वार्षिक देने की बात करता हैं। इसी प्रकार वह स्थायी या अस्थायी कर्मचारियों को योग्यता व कार्यदक्षता के अनुसार कम या ज्यादा वेतन देने का उल्लेख करता है। यदि राजकोष में अर्थ की कमी हो तो राजा के लिए वह सलाह देता है कि आर्थिक सहायता के बदले पशु तथा जमीन आदि से कृपार्थियों की सहायता करे। यदि कार्य करते हुए किसी कर्मचारी की मृत्यु हो जाय तो उसका वेतन उसके पुत्र, पत्नी को प्रदान करना चाहिए। अपने मृत कर्मचारियों के बालकों, वृद्धों और बीमार परिजनों पर कृपादृष्टि बनाये रखे। उनके घरों पर मृत्यु, बीमारों या बच्चा हो जाने पर उनकी आर्थिक

तथा मौखिक सहायता करता रहे। कौटिल्य आपद और उपायों की चर्चा करते हुए लिखता है कि षड्गुण्य नीति-सन्धि, विग्रह (युद्ध), यान (शत्रु पर वास्तविक आक्रमण), आसन (तटस्थता), संश्रय (बलवान का आश्रय लेना) और द्वैधीभाव (सन्धि और युद्ध का एक साथ प्रयोग) का उनके उचित स्थलों पर उपयोग नहीं करने के कारण सारी विपत्तियाँ उत्पन्न होती हैं। वह इनके उपाय भी बताता हैं। सैन्य अस्त्र-शस्त्र:-प्राचीन ग्रन्थों में मुक्त, अमुक्त, मुक्तामुक्त और मन्त्रमुक्त चार प्रकार के अस्त्रशस्त्रों का उल्लेख मिलता है। लेकिन कौटिल्य दो प्रकार के स्थिर और चल यन्त्र का उल्लेख करता है। 'अर्थशास्त्र' में चार प्रकार के धनुषों का वर्णन किया गया है-ताल (ताल की लकडी का बना हुआ), दरबार (मजबूत लकडी का बना हुआ), चोप (अच्छे बास का बना हुआ) और सारंग (सींग का बना हुआ)। आकृति और क्रियाभेद से उन्हें कार्मुक, कोदण्ड, द्रुण, सारंग आदि नाम बताये जाते है। इसी तरह वह पाँच प्रकार के वाणों का वर्णन करता है-वेणु (बान्स), शर (नरशल), शलाका (मजबूत लकडी) दण्डासन (आधा लोहा, आधा बाँस) और नारच (सम्पूर्ण लोहे का)। अन्य चल यन्त्रों में वह तीन प्रकार के खड्ग फरसा, कुल्हाडा, त्रिशूल आदि का उल्लेख करता है। आयुधों में वह यन्त्रपाषाण, गोष्फल पाषाण, मुष्टिपाषाण, राचनी आदि का ब्यौरा देता है। वह इन अस्त्र शस्त्रों के निर्माण रखखाव आदि का काम आयुधागाराध्यक्ष को सौंपता है जो कुशल कारीगरों और शिल्पियों के द्वारा युद्ध के सभी साधनों का निर्माण कराता था। वह उन्हे उचित स्थानों पर रखवाता था ताकि वे जंग से बचे रहें और समुचित धूप मिलती रहें। वह इन कारीगरों, शिल्पियों और इन्जीनियरों को उचित वेतन देने की बात भी करता हैं। युद्ध प्रकार:-कौटिल्य तीन प्रकार के युद्ध बताता है-प्रकाश या धर्मयुद्ध, और तूष्णी युद्ध। प्रकाश या धर्मयुद्ध तैयारी के साथ विधिवत् रूप से घोषित युद्ध है। जिसमें दोनों पक्षों की सेनायें युद्धस्थल में नियमानुसार संघर्ष करती है। इस युद्ध के कुछ नियम हैं जैसे शरणागत शत्रु पर वार नहीं करना, दग्धी अस्त्रों का प्रयोग नहीं करना आदि। कूट युद्ध छलकपट, लूटमार, अग्निदाह आदि तरीकों से किया गया युद्ध है जबकि तूष्णि युद्ध निकृष्ट प्रकार का युद्ध है इसमें सेनायें विष सदृश साधनों

का प्रयोग करती हैं। और गुप्त रूप से मनुष्यों का वध करती हैं। वह राज्याभिलाषी राजा को परिस्थिति के अनुसार तीनों में से किसी युद्ध का आश्रय लेने की सलाह देता है। शत्रु साधनों का नष्ट करने, फसलों को नुकसान पहुँचाने और जल को दूषित करने को वह न्यायोचित मानता हैं। व्यूह रचना:-प्राचीन भारतीय ग्रन्थों में, विशेषकर 'धनुर्वेद' में, सात प्रकार के व्यूह का उल्लेख मिलता हैं लेकिन कौटिल्य दण्ड, भोग, मण्डल और असंहत नामक चार प्रधान व्यूहों का उल्लेख करता हैं। उसके अनुसार इन व्यूहों से अनेक व्यूह बनते हैं जिनके निर्माता असुर गुरु शुक्राचार्य और देवगुरु वृहस्पति हैं। बज्रव्यूह, अर्द्धचंद्रका व्यूह या कर्कटक व्यूह, श्येन व्यूह, मकर व्यूह, शकट व्यूह, सुची व्यूह, सर्वतो भद्र व्यूह आदि व्यूहों के निर्माण का वर्णन 'अर्थशास्त्र' में प्राप्त होता है। कौटिल्य इस तथ्य को स्वीकार करते हैं कि यदि सामने की ओर से शत्रु के आक्रमण की आशंका हो तो मकराकार व्यूह की रचना करके शत्रु की ओर बढना चाहिए, यदि अगल-बगल से आक्रमण की सम्भावना हो तो सर्वतोभद्र व्यूह बनाकर और यदि मार्ग इतना तंग हो की उसमें एक साथ न जाया जाय तो सूची व्यूह बनाकर आगे बढना चाहिए। दुर्ग:-अर्थशास्त्र में चार प्रकार के दुर्गों के उल्लेख प्राप्त होते हैं औदक, पार्वत, धान्वान और वन दुर्ग। चारों और पानी से घिरा हुआ टापू के समान गहरे तालाबों से आवृत्त स्थल पर बना दुर्ग 'औदक दुर्ग' कहलाता हैं।

प्राचीन भारतीय युद्ध कलाएँ–

अदिथाडा, इनबुआन द्वंद्व, कल्लारिपयट्टु, कुट्टू वरिसाई, गतका, ठोडा, थांग ता या हुयेन लल्लोंग, नियुद्ध क्रीडे, प्राचीन भारतीय युद्ध कलाएँ, बोथाटी, मलयुथम, मल्लयुद्ध, मुकना, लाठी, वज्र मुष्टि, वरमा कलई, सनातन शस्त्र विद्या, सरित सरक, सिलम्बम।

प्राचीन भारतीय युद्ध कलाएँ (Martial Arts of Ancient India) पूरे भारत भर में फैली हुई हैं। अलग-अलग कई ऐसी युद्ध एवं द्वंद्व कलाएँ हैं, जिनके विषय में बहुत कम ही लोग जानते हैं। आइये हम आपको बतातें हैं, कि कौन सी हैं वे अदभुत प्राचीन भारतीय युद्ध कलाएँ (Martial Arts of Ancient India)। अलग-अलग क्षेत्रों में, राज्यों में अलग अलग युद्ध एवं द्वंद्व

कलाएँ हमें नजर आईं। इन कलाओं में कई तो ऐसी हैं जो भारत से ही बाहर के देशों में गई और प्रचलित हुईं। हमने कई ऐसी युद्ध एवं द्वंद्व कलाओं के विषय में जानकारी एकत्र की। अभी तक की अपनी खोज में हमने ये पाया है कि भारत में विभिन्न प्रकार की लगभग 17 युद्ध कलाएँ एवं द्वन्द्व कलाएँ विद्यमान हैं। ये देश के विभिन्न क्षेत्रों में अपनी अलग अलग विशेषताओं और नाम के साथ पायी जाती हैं।

ये हैं प्राचीन भारतीय युद्ध कलाएँ (Martial Arts of Ancient India)

1. अदिथाडा (Adithada)

ये कला तमिलनाडु और उत्तरी श्रीलंका में पाई जाती है। ये किक बॉक्सिंग की तरह लड़ी जाती है।

2. बोथाटी (Bothati)

बोथाटी एक 10 फीट लम्बे भाले को कहा जाता है। जिसे मराठे प्रयोग किया करते थे। बोथाटी वास्तव में एक खेल है जो युद्ध के अभ्यास का एक हिस्सा है।

3. गतका (Gatka)

ये युद्ध कला पंजाब के इतिहास के साथ बड़े गहरे से जुड़ी हुई है।

4. इनबुआन द्वंद्व (Inbuan Wrestling)

ये मिजोरम की एक द्वंद्व कला है, जिसका जन्म 1750 में हुआ माना जाता है।

5. कल्लारिपयट्टु (Kalaripayattu)

केरल कि ये युद्धकला विश्वप्रसिद्ध है, इसके भीतर ही कई अलग अलग शाखाएँ हैं। इसे कई युद्ध कलाओं की जन्मदाता भी कहा जाता है।

6. कुट्टू वरिसाई (Kuttu Varisai)

कुट्टू वरिसाई दक्षिण भारतीय युद्ध कला सिलम्बम का ही एक भाग है। इसमें अपने हाथों और पैरों को ही शास्त्रों की तरह प्रयोग किया जाता है।

6. लाठी (Lathi)

लाठी एक ऐसी लड़ाई की कला है जो देखने में तो साधारण-सी लगती है किन्तु बड़े बड़े योद्धाओं को धराशाई करने की क्षमता रखती है। इसमें 6 से 8 फीट तक के बाँस का प्रयोग किया जाता है। उत्तर भारतीय ग्रामीण क्षेत्रों में ये काफी प्रचलित है।

7. मल्लयुद्ध (Mallyudh)

मल्लयुद्ध एक द्वंद्व कला है जिसमें 2 लोग आपस में निहत्थे यानि बिना शस्त्रों के लड़ते हैं। ये काफी प्राचीन कला है जो आज भी मौजूद है।

8. मलयुथम (Mallyutham)

मलयुथम मल्लयुद्ध से अलग है। मलयुथम एवं मल्लयुद्ध के अभ्यास के तरीके भी अलग है। तमिलनाडु की ये द्वंद्व कला चेर, चोल एवं पांडियन वंश के समय में काफी पाली पढ़ी थी।

9. मुकना (डनादं)

मुकना एक मणिपुरी द्वंद्व कला है। ये आजकल भी एक खेल के रूप में खेली जाती है। ये जूडो और मल्लयुद्ध का मेल कही जा सकती है।

10. नियुद्ध क्रीडे (Niyuddha Kride)

नियुद्ध क्रीड़े दक्षिण भारत से सम्बन्ध रखती है। इसे कलारिपयात्तु से जोड़ कर देखा जाता है। इसमें बिना शस्त्रों के ही शत्रु को धराशाई किया जा सकता है। इसके जनक भगवान शिव को माना जाता है।

11. पहलवानी (Pehalwani)

पहलवानी पूरी तरह से भारतीय नहीं कही जा सकती। मुगलों के समय में ये मल्ल्युद्ध एवं पर्सियन द्वंद्व कला वर्जिश-ए-बस्तानी को मिल कर बनी थी। पहलवान और कुश्ती शब्द भी पर्शियन भाषा के ही हैं।

12. सरित सरक (Sarit Sarak)

सरित सरक निहत्थे ही लड़ने की कला है। ये मणिपुर की एक आत्मरक्षा की कला है। वास्तव में ये थांग ता युद्ध कला के साथ ही सीखी जाती है।

13. सिलम्बम (Silambam)

सिलम्बम के युद्ध कला के लगभग 1000 साल पुराने होने के प्रमाण मिलते हैं। ये हथियारों से लड़ने की कला है किन्तु इसके शस्त्र दूसरी कलाओं से बहुत भिन्न हैं।

14. सनातन शस्त्र विद्या (Sanatan Shastra Vidy)

सनातन शस्त्र विद्या विद्या अति प्राचीन युद्ध कला मानी जाती है। इस युद्ध कला में कई वैदिक काल से जुड़े शस्त्रों एवं कलाओं का वर्णन मिलता है। इसमें वर्णन है कि किस प्रकार शस्त्रों के साथ एक अकेला व्यक्ति एक से अधिक योद्धाओं से लड़ सकता है।

15. स्के (Squay)

स्के एक प्राचीन भारतीय युद्ध कला है जो कश्मीर से जुड़ी हुई है। प्राचीन काल में इसमें लड़ने के लिए तलवारों का प्रयोग होता था। इसमें बिना शस्त्रों के लड़ना भी शामिल था। ये आज खेल के रूप में खेली जाती है।

16. थांग ता या हुयेन लल्लोंग (Thang Ta or Huyen Lallong)

ये कला मणिपुर से सम्बन्ध रखती है। यहाँ इस कला के विषय में ये स्पष्ट करना आवश्यक है कि थांग ता एवं हुयेन लल्लोंग एक ही कला नहीं हैं अपितु थांग ता युद्ध कला, हुयेन लल्लोंग का एक भाग है। हुयेन लल्लोंग के 2 भाग हैं एक है थांग ता जिसमें शस्त्रों के साथ युद्ध किया जाता है तथा एक है सरित सरक जिसमें बिना शस्त्रों के युद्ध किया जाता है।

17. ठोडा (Thoda)

ठोडा हिमाचल प्रदेश की लड़ने की कला है। ये एक धनुर्विद्या है। इसका सम्बन्ध पांडवों से भी माना जाता है। आज के समय में ये मात्र एक पारम्परिक खेल के रूप में ही शेष बची है।

18. वरमा कलई (Varma Kalai)

वरमा कलाई अर्थात् मर्म कला तमिलनाडु से सम्बन्ध रखती है। ये शरीर के मर्म बिंदुओं को छूकर या बिना छुए प्रभावित करने की कला है। इसमें शरीर के मर्म बिंदुओं पर प्रहार करके किसी के प्राण लिए भी जा सकते हैं

तथा उन्हीं मर्म बिंदुओं को विभिन्न प्रकार से प्रभावित करके रोगी को ठीक भी किया जा सकता है।

19. वज्र मुष्टि (Vajra Mushti)

ये प्राचीन द्वंद्व कला भी दक्षिण भारत से सम्बन्ध रखती है। इसमें हाथी दाँत या भैंस के सींगों से बनी मुष्टिका पहन कर लड़ा जाता है। इसका वर्णन चालुक्य वंश के राजा सोमेश्वर तृतीया द्वारा लिखित पुस्तक अभिलषितार्थ चिंतामणि में भी मिलता है।

प्राचीन भारतीय युद्ध कलाएँ (Martial Arts of Ancient India) यदि चर्चा का विषय हों तो सर्वाधिक चर्चा दक्षिण भारतीय युद्ध कलाओं (South Indian Martial Arts) की होगी। ये सभी युद्ध एवं द्वंद्व कलाएँ भारत के विभिन्न राज्यों में पायी जाती हैं। इनमें से सबसे प्रसिद्द है कल्लारिपयट्टु (Kalaripayattu) जो केरल में पायी जाती है। इसे अब तक कि सबसे पुरानी युद्ध कला माना जाता है। ऐसे ही कुट्टू वरिसाई (Kuttu Varisai) सरित सरक (Sarit Sarak), सिलम्बम (Silambam) और वरमा कलई (Varma Kalai) भी दक्षिण भारत से सम्बन्ध रखती हैं।

थांग ता (Thang Ta) उत्तर पूर्व भारत की कला है। इसमें तलवारों का बहुत ही खूबसूरती के साथ प्रयोग किया जाता है। गतका (Gatka) जो कि पंजाब से सम्बन्ध रखने वाली युद्ध कला है उसी की तरह थांग ता में भी आँखों पर पट्टी बाँध कर सामने वाले पर वार करके दिखाया जाता है। इसके अलावा और भी ऐसी कई कलाएँ हैं जिनके विषय में हम आपको और जानकारी एकत्र करके बताएंगे। हिमाचल की एक कला है थोडा (Thoda) ये एक प्रकार की धनुर्विद्या है।

ऐसी ही कई कलाएं भारत भर में बिखरी पड़ी हैं जिन्हें आपके सामने लाना ही हमारा उद्देश्य है ताकि वे कलाएँ गुमनाम होते होते समाप्त न हो जाएँ।

प्राचीन भारत में भी होते थे सर्जिकल स्ट्राइक–

कौटिल्य अर्थशास्त्र में कूट युद्ध को प्रकाश युद्ध (ओपन वारफेयर) के

विकल्प के रूप में प्रस्तावित किया गया है। प्रकाश युद्ध छेडना तभी हितकर माना जाता है जब अपनी स्थिति हर तरह से मजबूत हो, दुश्मन कमजोर हो। प्रकाश युद्ध की अवधारणा धर्म युद्ध के समान है जिसमें युद्ध कुछ नियमों से बंधा होता हैं जिसे दोनों पक्ष मानते हैं। उदाहरण के लिये सूर्यास्त होने पर युद्ध बन्द कर देना, निहत्थे पर हमला न करना आदि। कूट युद्ध इस प्रकार के नियमों से मुक्त होता है। युद्ध का समय, स्थान एवं सेना का संचालन दोनों पक्ष अपनी रणनीति के आधार पर निर्धारित करते हैं। अपना सैन्य बल और अपनी शक्ति को आँकते हुए अपना लक्ष्य निर्धारित करते हैं।

छद्म युद्ध कूटयुद्ध का महत्त्वपूर्ण अँग है। विश्व भर में युद्ध का इतिहास कूट युद्धों से भरा पड़ा है। भारत में प्राचीन काल में धर्म युद्ध की परम्परा थी। राम–रावण युद्ध, महाभारत का महासमर धर्म युद्ध थे किन्तु उनमें भी कुछ अनैतिक तरीके अपनाये गये थे। राम के बाण रावण को मारने में असफल देख विभीषण ने राम को रावण की नाभि में तीर मारने के संकेत दिये। सूर्यास्त के ठीक पहले युधिष्ठिर द्वारा अश्वत्थामा हतो, नरो वा कुंजरों कहवाकर कृष्ण ने द्रोणाचार्य को भ्रमित कर दिया और धृष्टद्युम्न द्रोणाचार्य को मारने में सफल हुए। कौरवों ने युद्ध के दौरान कई बार अनैतिक व्यवहार किये जिनमें अभिमन्यु वध शामिल है। मुगलों, यवनों और हूणों ने जो आक्रमण किये उनमें नैतिकता नाम की कोई चीज ही नहीं थी। राजघरानों में फूट डालकर राजाओं को आपस में लड़ाकर, प्रलोभन देकर, हत्या बर्बरता का नग्न प्रदर्शन करके उन्होंने भारत भूमि को निर्दोष नागरिकों की लाशों से पाटकर अपने शासन की नींव डाली। मुगलिया शासन में पिता को जेल में डालकर या मारकर गद्दी हासिल करने के अनेक उदाहरण हैं।

कूट युद्ध में हमारे पड़ोसी देश हमसे कहीं अधिक आगे नजर आते हैं। उदाहरण के लिए चीन अपनी सीमाओं के विस्तार के लिए कूट युद्ध का प्रयोग करने से कभी नहीं चूकता। तिब्बत का विशाल भू-भाग भारत की नादानी से उसने अपने कब्जे में कर लिया। भारत ने चीन को संयुक्त राष्ट्र सुरक्षा परिषद की स्थायी सदस्यता दिलाने में महत्त्वपूर्ण भूमिका निभाई, किन्तु उसके कुछ ही वर्षों बाद चीन ने भारत पर हमला कर दिया। जब चीनी

प्रधानमंत्री चाओ एन लाई पंडित नेहरु के साथ हिन्दी चीनी भाई-भाई कह रहे थे उनकी सेनाएँ भारत में कूच की तैयारी कर रही थीं। विभाजन के बाद पाकिस्तान ने कबाइलियों के भेष में अपनी सेना कश्मीर में भेजी और एक बड़े भू-भाग को भारत से छीनने में सफल हुआ। कूट युद्ध में माहिर पाकिस्तान की सेना आंतकी हमलों और सीमाओं पर गोलाबारी से अब तक भारत के हजारों सैनिकों और सीमावासियों के खून बहा चुकी है, मुम्बई और दिल्ली जैसे शहरों में दहशत फैला चुकी है। सैन्य बल में भारत पाकिस्तान से कहीं आगे है, आर्थिक दृष्टि से पाकिस्तान लगभग दिवालिया है, फिर भी वह अपनी नापाक हरकतों से बाज नहीं आ रहा है। कूट युद्ध में यह हमारी कमजोरी का द्योतक है। चाणक्य की कूट नीति और अपने युद्ध कौशल से चन्द्रगुप्त मौर्य ने जिस भारत का निर्माण किया था वह पिछले हजार वर्षों में आकार में आधा हो चुका है। मुगलों ने उसकी संस्कृति पर लगातार प्रहार किया, अंग्रेजों ने उसे विभाजित कर दिया। चाणक्य नीति भारत के लिए आज भी उतनी ही प्रासंगिक है जितनी ढाई हजार वर्षों पूर्व थी। विजिगीषु (विजय की आकांक्षा का शासक) की जो परिकल्पना चाणक्य ने दी थी वही हमें आगे ले जा सकती है नरम राज्य (साफ्ट स्टेट) की नहीं। लोहा ही लोहे को काट सकता है, कूट युद्ध का जवाब कूट नीति और कूट युद्ध से ही दिया जा सकता है।

कूट युद्ध की सफलता युद्ध प्रारम्भ करने के समय और स्थान, सैन्यबल, अस्त्र शास्त्रों की मारक क्षमता, सैन्य शिविरों की व्यवस्था, कूट रचना, सेना का संचालन और उसके मनोबल पर निर्भर होती है। कौटिल्य अर्थशास्त्र में इनका विशद विवरण मिलता है। युद्ध कला पर पूर्ववर्त्ती मनीषियों के विचारों को भी चाणक्य ने उद्धृत किये हैं। कूट युद्ध का अधुनिक परिप्रेक्ष्य चाणक्य काल से भिन्न है, किन्तु युद्ध के सिद्धान्त एवं संचालन, कूट रचना एवं सैनिकों के मनोबल को ऊँचा रखने के जो उपाय अर्थशास्त्र में दिये गये हैं उनमें अधिकांश प्रासंगिक हैं आधुनिक युग में सेना में पैदल सैनिकों के अतिरिक्त विनाशकारी तोपों, आग्नेय अस्त्रों और मिसाइलों से भरे वाहन, लड़ाकू जहाज, युद्धपोत आदि का बड़े पैमाने पर इस्तेमाल होता है। प्राचीन युग

में पैदल सैनिक अश्वारोही, हाथियों, ऊँटों और रथों पर सवार योद्धा होते थे। तलवार, धनुष-बाण, भाले, गदा, त्रिशूल आदि अस्त्रों का इस्तेमाल होता था। वाद्य यंत्रों और ध्वजा पताकाओं से युद्ध भूमि में सैनिकों को संदेश दिया जाता था। सेना के साथ युद्ध सामग्री, खाने-पीने, यूनिफार्म आदि के लिए लोग साथ होते थे। घायल सैनिकों के उपचार के लिए चिकित्सक और खाली समय में सैनिकों के मनोरंजन के लिए स्त्रियाँ भी रखी जाती थीं। सैनिकों के लिए शिविरों एवं रास्ता बनाने, झाडियों तथा पौधों को काटने, हिंसक पशुओं को भगाने, मारने के लिए लोग साथ रखे जाते थे। छल-कपट से दुश्मन को घेरने और बेचैन करने में प्रशिक्षित लोग और ज्योतिषी भी साथ रखे जाते थे। सेना की कमान सेना नायक के हाथों में होती थी जिसके अंदर कई सेनापति और अनेक पदिक होते थे। दस रथ और दस हाथियों के अधिकारी को पदिक, दस पदिकों के अधिकारी को सेनापति और दस सेनापतियों के अधिकारियों को नायक की संज्ञा दी गई है। राजा या राजकुमार जब स्वयं रणभूमि में जाते थे और युद्ध करते थे तो सेना की कमान उनके हाथों में होती थी। उनकी सुरक्षा के लिए विशेष तरह की घेराबंदी की जाती थी।

युद्ध स्थल और समय को अर्थशास्त्र में सत्र की संज्ञा दी की गई है। रेगिस्तान का दुर्ग (धान्वन), जंगल का दुर्ग, कंटकाकीर्ण झाडियों वाले स्थान (संकट), दलदल भूमि, पहाड़ी इलाके, तराई क्षेत्र, ऊबड़-खाबड़ भूमि, नौकाएं, गायों के झुण्ड, शटक व्यूह, कुहरा और रात्रि प्रहर सत्र में सम्मिलित है। रण भूमि और आक्रमण का समय कूट युद्ध में निर्णायक साबित हो सकते हैं इसलिए उनके चुनाव में सावधानी बरतने की आवश्यकता है। पैदल सेना के लिए मोटे पेड़ों के ठूंठ, मोटे-मोटे पत्थर, कंकड़, वृक्ष, लता, बाबी तथा झुरमुर आदि से युक्त भूमि, छोटे-छोटे कंकड़ तथा वृक्षों से युक्त, छोटे-छोटे लांघने युक्त गड्ढों से युक्त और इधर-उधर छोटे-छोटे दर्रो से युक्त भूमि अश्वारोहियों के लिए, समतल, दलदल रहित ठोस आदि। साफ-सुथरी, चिकनी, घनी बेलों से आच्छादित, खाई-खंदक से रहित भूमि, रथ सेना के लिए, एवं हाथियों के चढ़ सकने योग्य पहाड़, ऊँची-नीची जमीन, हाथियों के खुजलाने योग्य वृक्षों से युक्त, दरारों से रहित भूमि हस्तारोही सेना के लिए

उपयुक्त मानी जाती थी। सुविधाजनक स्थानों का चयन और उन पर कब्जा पहले से ही कर लेना चाहिये। शत्रु सेना पर पहले चढ़ाई करना, उनके शिविरों में घुसकर चौंका देना, घेरना, शत्रु के कोष पर कब्जा कर लेना, पीछे या सामने जैसे भी हो आक्रमण करना, अश्वारोही सैनिकों द्वारा करायी जाय। इसे अश्वकर्म की संज्ञा दी गई है। हस्तारोही सेना को आगे रखकर शत्रु सेना को तितर-बितर करने का प्रयास, शत्रु सेना को कुचलना, मद विह्वल होकर शत्रु को विचलित करना, उनके योद्धाओं को पकडना, उनके परकोटे, प्रधान द्वार, अटारी आदि नष्ट करने को हस्ति कर्म कहा गया है। आक्रमण से अपनी सेना की रक्षा करना, शत्रु को रोकना, उसके सैनिकों को खदेडना, तितर-बितर करना, भयंकर आवाज कर शत्रु को दहलाना रथ सेना द्वारा सम्पादित कराये जाने को रथकर्म की संज्ञा दी गई है। सम विषम सभी स्थानों और सभी ऋतुओं में युद्ध के लिये पैदल सेना तैयार रखी जानी चाहिये। युद्ध भूमि के चुनाव के बाद छावनी निर्माण की प्रक्रिया शुरु कर देनी चाहिये। सेना नायक कारीगरों, भवन निर्माण के विशेषज्ञों और ज्योतिषियों से सलाह कर छावनी का निर्माण कराये। भूमि जैसी हो छावनी भी उसी प्रकार की बनायी जाय गोलाकार, लम्बी या चौकोर। चारों दिशाओं में दरवाजों, मार्गों और विभागों (डिवीजंस) की व्यवस्था हो। छावनी निर्माण में युद्ध के सम्भावित समय का भी ध्यान रखना चाहिए। लम्बी अवधि तक युद्ध चलने की स्थिति हो तो छावनी के चारों ओर खाई, दीवाल, मुख्य द्वार आदि का निर्माण कराया जाय। कौटिल्य अर्थशास्त्र में छावनी को स्कंधावार की संज्ञा दी गई है। छावनी के बीच में राजा यदि युद्ध भूमि में जाता है तो उसके रहने की विशेष व्यवस्था हो। राजगृह से कुछ दूर चार बाड़े बनाए जायं, बाडियों की घेराबंदी, राजा, सेनापतियों, मंत्रियों, कर्मचारियों, सैनिकों, आदि की सुरक्षा एवं रसोई, अस्त्र शस्त्र रखने के स्थान आदि को ध्यान में रखकर की जाय। पहली बाड़ की घेराबंदी झाडियों, दूसरी की झाडियों और कांटेदार तारों, तीसरी की मजबूत खम्भों और चौथी की दीवारी से होनी चाहिए। राजगृह से लगे पहली बाड के बीच में और सामने की ओर मंत्रियों और पुरोहितों के स्थान हो, दाहिनी ओर रसोई और भण्डारा, बांई ओर लोहा, लकड़ी, धातु की चीजें के स्थान और

अस्त्रागार हो। दूसरे बाड़े के बीच में मुख्य सेना, सेनापतियों, घोड़ों के रहने की व्यवस्था, तीसरे में हाथियों, सैनिकों, डिवीजनों तथा प्रशास्त्रा (प्रशंसकों) का स्थान एवं चौथे बाड़े में कर्मचारियों, सेना नायक और विश्वस्त अधिकारियों से संरक्षित मित्र सेना आदि के स्थान हों। चौथे बाड़े के बाहर बहेलियों, शिकारियों, ग्वाले के वेष में जासूसों और अग्नि प्रज्ज्वलन की व्यवस्था हो। शत्रु के आने वाले सम्भावित मार्गों में खाई, गड्ढे कांटेदार तार, कीलें आदि बिछाई जाय ताकि मार्ग अवरुद्ध हो। चौबीस घंटे पहरे की व्यवस्था हो। गुप्तचरों को रात-दिन शत्रु की खबर के लिए लगाया जाय। सैनिक आपस में मारपीट न करें, छावनी के अंदर प्रवेश के लिए राजकीय मुहर के परिपत्र की व्यवस्था हो। युद्ध से भागकर आने वाले सैनिकों को गिरफ्तार किया जाय। प्रशासकों की जिम्मेदारी है कि राजा और सेना को प्रस्थान करने के पहले खाने की सामग्री, पानी और रास्ते में जिन चीजों की जरुरत पड़े उससे दुगनी की व्यवस्था रखे, मार्ग रक्षा के सभी उपाय करें। युद्ध का नेतृत्व सेना नायक करता है, उसे आगे रहना चाहिये। राजा यदि युद्ध में जा रहा है तो उसे बीच में, अगल-बगल शत्रु को आघात करने वाले घोड़े हों, पिछले भाग में हाथी, अन्न घास भूसा आदि। मार्ग का चुनाव ऐसे करना चाहिये जो चतुरंगी सेना के लिए अनुकूल हो। सेना की चाल तेज, मध्यम या धीमी मार्ग की स्थिति पर निर्भर करती है। उबड़-खाबड़ मार्ग या ऋतु अनुकूल न होने पर गति धीमी रखनी पड़ सकती है। प्रतिदिन एक योजन (चार कोस) सबसे धीमी गति, डेढ़ योजन मध्यम और दो योजन उत्तम गति मानी जाती है। सेना को नदी पार करने के लिये हाथियों, लकड़ी के खम्भों, बांस के बेड़ों, नौकाओं आदि को साथ रखना चाहिये। नदी यदि दुश्मन के कब्जे में हो तो रात्रि में दूसरे रास्ते से सेना निकालने की कोशिश करनी चाहिये। जहाँ पानी का संकट हो, साथ में प्रचुर मात्रा में पानी साथ ले जाना चाहिये। रास्ते में सेना पर आने वाले सभी संकटों से उसकी रक्षा के उपाय करने चाहिये। शत्रुसेना की हलचलों का अपने जासूसों से बराबर खबर लेते रहना चाहिये। व्यूह रचना के सिद्धान्त प्रतिपादित करते हुए कौटिल्य ने लिखा है कि सामने की ओर से शत्रु के आक्रमण की आशंका हो तो 'मकराकार' व्यूह बनायें। आक्रमण यदि पीछे से

सम्भावित है तो शकट व्यूह (मालगाड़ी वाहन जैसा), यदि अगल-बगल से आक्रमण की आशंका हो तो चक्रव्यूह और यदि मार्ग बहुत तंग हो तो सूची व्यूह बनाकर आगे बढने का प्रयत्न करना चाहिये।

आक्रमण शत्रु और अपनी स्थिति के आकलन के हिसाब से करना चाहिये। जो परिस्थितियाँ शत्रु के विपरीत हों आक्रमण के लिए वह श्रेष्ठ है। शत्रु पक्ष के आमान्य, राजद्रोहियों को अपनी ओर करने की कोशिश करनी चाहिये, युद्ध जीतना इससे आसान हो जाता है। शत्रु सेना को भ्रम में रखकर जैसे उनमें यह विश्वास पैदा करने कि वे जीत के करीब हैं, हम तो हार चुके है, उनको शिथिल किया जा सकता है, फिर सहसा आक्रमण करके उनको हराया जा सकता है। सामने के आक्रमण से तितर-बितर सेना को पीछे की ओर से हाथियों और घोड़ों से रौंदा जा सकता है। आगे से पीछे या अगल-बगल जैसे भी अपनी सेना सशक्त हो आक्रमण करना चाहिये। रात में लूटपाट, डाका चोरी आदि के भय से शत्रु सेना को जगाने को मजबूर करके दिन में उन पर चढ़ाई की जा सकती है। अपनी सेना का मनोबल हमेशा ऊंचा रखना चाहिये। राजा और सेनानायक दोनों को इसके लिए हर सम्भव प्रयास करने चाहिये। धन का प्रलोभन, शास्त्रों की मान्यता का प्रचार, जैसे युद्ध में वीर गति प्राप्त करने वाला स्वर्ग जाता है, भागने वाला नर्क जाता है का विश्वास जीत का आदि सैनिकों को उत्साहित करने के तरीके हो सकते हैं। सैनिकों के स्वास्थ्य और मनोरंजन की भी अच्छी व्यवस्था करनी चाहिये। विजिगीषु का लक्ष्य होना चाहिये कि शत्रु को ऐसी मार मारें कि फिर कभी सर न उठा सके।

विमान शास्त्र

हिंदू वैदिक ग्रन्थों एवं प्राचीन मनीषी साहित्यो मे वायुवेग से उड़ने वाले विमानों (हवाई जहाजों) का वर्णन है, सेकुलरौ के लिए ये कपोल कल्पित कथाएँ हो सकती हैं परन्तु धर्मभ्रष्ट लोगो की बातों पर ध्यान ना देते हुए हम तथ्यों को विस्तार देते हैं। ब्रह्मा का 1 दिन, पृथ्वी पर हमारे वर्षो के 4,32,0000000 दिनों के बराबर है। और यही 1 ब्रह्म दिन चारों युगों में विभाजित है यानि, सतयुग, त्रेता, द्वापर एवं वर्त्तमान में कलियुग। सतयुग की आयु 1,72,8000 वर्ष निर्धारित है, इसी प्रकार 1,000 चक्रों के सापेक्ष त्रेता और कलियुग की आयु भी निर्धारित की गई है।

सतयुग मे प्राणी एवं जीवधारी वर्त्तमान से बेहद लम्बा एवं जटिल जीवन जीते थे, क्रमशः त्रेता एवं द्वापर से कलियुग आयु कम होती गई और सत्य का प्रसार घटने लगा, उस समय के व्यक्तियों की आयु लम्बी एवं सत्य का अधिक प्रभाव होने के कारण उनमे आध्यात्मिक समझ एवं रहस्यमयी शक्तियाँ विकसित हुई, और उस समय के व्यक्तियों ने जिन वैज्ञानिक रचनाओं को बनाया उनमें से एक थी "वैमानिकी"। उस समय की माँग के अनुसार विभिन्न विमान विकसित किए गए, जिन्हें भगवान ब्रह्मा और अन्य देवताओं के आदेश पर यक्षों (जिन्हें इंजीनियर कह सकते हैं) ने बनाया था, ये विमान प्राकृतिक डिजाइन से बनाए जाते थे, इनमें पक्षियों के परों जैसी संरचनाओं का प्रयोग जाता था, इसके पश्चात् के विमान, वैदिक ज्ञान के प्रकांड संत एवं मनीषियों द्वारा निर्मित किए गए, तीनों युगों के अनुरूप विमानो के भी अलग-अलग प्रकार होते थे, प्रथम युग सतयुग मे विमान मंत्र शक्ति से उड़ा करते थे, द्वितीय युग त्रेता मे मंत्र एवं तन्त्र की सम्मिलित शक्ति का प्रयोग होता था,

तृतीय युग द्वापर मे मंत्र-तंत्र-यंत्र तीनों की सामूहिक ऊर्जा से विमान उड़ा करते थे, वर्त्तमान मे अर्थात् कलियुग मे मंत्र एवं तन्त्र के ज्ञान की अथाह कमी है, अतः आज के विमान सिर्फ यंत्र (मैकेनिकल) शक्ति से उड़ा करते हैं, युगों के अनुरूप हमे विमानों के प्रकारों की संख्या ज्ञात है, सतयुग में मंत्रिका विमानों के 26 प्रकार (मॉडल) थे, त्रेता में तंत्रिका विमानों के 56 प्रकार थे, तथा द्वापर में कृतिका (सम्मिलित) विमानों के भी 26 प्रकार थे, **महान भारतीय आचार्य महर्षि भारद्वाज ने एक ग्रन्थ रचा, जिसका नाम है, "विमानिका" या "विमानिका शास्त्र"**

1875 ईसवीं में दक्षिण भारत के एक मन्दिर में विमानिका शास्त्र ग्रन्थ की एक प्रति मिली थी। इस ग्रन्थ को ईसा से 400 वर्ष पूर्व का बताया जाता है, इस ग्रन्थ का अनुवाद अंग्रेजी भाषा में हो चुका है। इसी ग्रन्थ में पूर्व के 97 अन्य विमानाचार्यों का वर्णन है तथा 20 ऐसी कृतियों का वर्णन है जो विमानों के आकार प्रकार के बारे में विस्तृत जानकारी देते हैं।

इस महान ग्रन्थ मे विभिन्न प्रकार के विमान, हवाई जहाज एवं उड़न खटोले बनाने की विधियाँ दी गई हैं, तथा विमान और उसके कलपुर्जे तथा ईंधन के प्रयोग तथा निर्माण की विधियों का भी सचित्र वर्णन किया गया है, उन्होंने अपने विमानोँ में ईंधन या नोदक अथवा प्रणोदन (प्रोपेलेंट) के रूप मे पारे (मर्करी Hg) का प्रयोग किया।

"समरांगनः-सूत्र धारा" नामक भारतीय ग्रन्थ मे भी विमान निर्माण सम्बन्धी जानकारी है। इस ग्रन्थ में युद्ध के समय वैमानिक मशीनों के प्रयोग का वर्णन है, इस ग्रन्थ मे संस्कृत के 230 श्लोक हैं

"परिपत्रों से पूर्ण विमान के दाहिने पंख से अंदर जाते हुए केंद्र पर ध्वनि की गति से पारे को ईंधन के सापेक्ष पहुँचाने पर एक छोटी पर अधिक दबाव वाली आंतरिक ऊर्जा उत्पन्न होती है, जो आपके यंत्र को आकाश मे शनैः शनैः ले जाएगी, जिससे यंत्र के अंदर बैठा व्यक्ति अविस्मरणीय तरीके से नभ की यात्रा करेगा, चार कठोर धातु से बने पारे के पात्रों का संयोजन उचित स्थिति में किया जाना चाहिए एवं उन्हें नियन्त्रित तरीके से ऊष्मा देनी

चाहिए, ऐसा करने से आपका विमान आकाश में चमकीले मोती के समान उड़ता नजर आएगा।।"

इस ग्रन्थ के एक गद्य का अनुवाद इस प्रकार है–

"सर्वप्रथम पाँच प्रकार के विमानों का निर्माण ब्रह्मा, विष्णु, यम

कुबेर तथा इन्द्र के लिये किया गया था। तत्पश्चात् अन्य विमान बनाये गये। चार मुख्य श्रेणियों का ब्योरा इस प्रकार है:-

(1) रुकमा-रुकमा नुकीले आकार के और स्वर्ण रंग के विमान थे।

(2) सुन्दरः-सुन्दरः त्रिकोण के आकार के तथा रजत (चाँदी) युक्त विमान थे।

(3) त्रिपुरः-त्रिपुरः तीन तल वाले शंक्वाकार विमान थे।

(4) शकुनः-शकुनः का आकार पक्षी के जैसा था। तथा ये अंतर्राक्षीय विमान थे।

दस अध्याय संलगिक विषयों पर लिखे गये हैं जैसे कि विमान चालकों का प्रशिक्षण, उड़ान के मार्ग, विमानों के कल-पुर्जे, उपकरण, चालकों एवं यात्रियों के परिधान तथा लम्बी विमान यात्रा के समय भोजन किस प्रकार का होना चाहिये। ग्रन्थ में धातुओं को साफ करने की विधि, उस के लिये प्रयोग करने वाले द्रव्य, अम्ल जैसे कि नींबू अथवा सेब या अन्य रसायन, विमान में प्रयोग किये जाने वाले तेल तथा तापमान आदि के विषयों पर भी लिखा गया है। साथ ही, 7 प्रकार के इंजनों का वर्णन किया गया है, तथा उनका किस विशिष्ट उद्देश्य के लिये प्रयोग करना चाहिये तथा कितनी ऊँचाई पर उसका प्रयोग सफल और उत्तम होगा ये भी वर्णित है।

ग्रन्थ का सारांश यह है कि इसमें प्रत्येक विषय पर तकनीकी और प्रयोगात्मक जानकारी उपलब्ध है। विमान आधुनिक हेलीकॉप्टरों की तरह सीधे ऊँची उड़ान भरने तथा उतरने के लिये, आगे-पीछे तथा तिरछा चलने में भी सक्षम बताये गये हैं

इसके अतिरिक्त हमारे दूसरे ग्रंथों-रामायण, महाभारत, चारों वेद, युक्तिकरालपातु (12 वीं सदी ईस्वी) मायाम्तम्, शतपथ ब्राह्मण, मार्कण्डेय पुराण, विष्णु पुराण, भागवतपुराण, हरिवाम्सा, उत्तमचरित्र, हर्षचरित्र, तमिल पाठ जीविकाचिंतामणि, मे तथा और भी कई वैदिक ग्रन्थों मे भी विमानों के बारे मेँ विस्तार से बताया गया है,

महर्षि भारद्वाज के शब्दों में-"पक्षियों की भाँति उडने के कारण वायुयान को विमान कहते हैं, (वेगसाम्याद विमानोण्डजानामिति।।)

विमानों के प्रकार:-

(1) शकत्युदगम विमान-"विद्युत से चलने वाला विमान"

(2) धूम्र विमान-"धुँआ, वाष्प आदि से चलने वाला विमान"

(3) अशुवाह विमान-"सूर्य किरणों से चलने वाला विमान",

(4) शिखोदभग विमान-"पारे से चलने वाला विमान",

(5) तारामुख विमान-"चुम्बकीय शक्ति से चलने वाला विमान",

(6) मरुत्सख विमान-"गैस इत्यादि से चलने वाला विमान"

(7) भूतवाहक विमान-"जल, अग्नि तथा वायु से चलने वाला विमान"

वो विमान जो मानवनिर्मित नहीं थे किन्तु उन का आकार प्रकार आधुनिक 'उडनतशतरियों' के अनुरूप है। विमान विकास के प्राचीन ग्रन्थ भारतीय उल्लेख प्राचीन संस्कृत भाषा में सैंकडों की संख्या में उपलब्द्ध हैं, किन्तु खेद का विषय है कि उन्हें अभी तक किसी आधुनिक भाषा में अनुवादित ही नहीं किया गया।

प्राचीन भारतीयों ने जिन विमानों का आविष्कार किया था उन्होंने विमानों की संचलन प्रणाली तथा उन की देख भाल सम्बन्धी निर्देश भी संकलित किये थे जो आज भी उपलब्द्ध हैं और उनमें से कुछ का अंग्रेजी में अनुवाद भी किया जा चुका है। विमान-विज्ञान विषय पर कुछ मुख्य प्राचीन ग्रन्थों का ब्योरा इस प्रकार है:-

प्रथम ग्रंथः-

(1) ऋग्वेद-इस आदिग्रन्थ में कम से कम 200 बार विमानों के बारे में उल्लेख है। उन में तिमंजिला, त्रिभुज आकार के, तथा तिपहिये विमानों का उल्लेख है जिन्हें अश्विनों (वैज्ञानिकों) ने बनाया था। उन में साधारणतया तीन यात्री जा सकते थे। विमानों के निर्माण के लिये स्वर्ण, रजत तथा लोह धातु का प्रयोग किया गया था तथा उन के दोनों ओर पंख होते थे। वेदों में विमानों के कई आकार-प्रकार उल्लेखित किये गये हैं। अहनिहोत्र विमान के दो ईंजन तथा हस्तः विमान (हाथी की शक्ल का विमान) में दो से अधिक ईंजन होते थे। एक अन्य विमान का रूप किंग फिशर पक्षी के अनुरूप था। इसी प्रकार कई अन्य जीवों के रूप वाले विमान थे। इस में कोई संदेह नहीं कि बीसवीं सदी की तरह पहले भी मानवों ने उड़ने की प्रेरणा पक्षियों से ही ली होगी।

यातायात के लिये ऋग्वेद में जिन विमानों का उल्लेख है वह इस प्रकार है-

(1) जलयान-यह वायु तथा जल दोनो तलों में चल सकता था। (ऋग्वेद 6.58.3)

(2) कारायान-यह भी वायु तथा जल दोनो तलों में चल सकता था। (ऋग्वेद 9.14.1)

(3) त्रिताला-इस विमान का आकार तिमंजिला था। (ऋग्वेद 3.14.1)

(4) त्रिचक्र रथ-यह रथ के समान तिपहिया विमान आकाश में उड़ सकता था। (ऋग्वेद 4.36.1)

(5) वायुरथ-रथ के जैसा ये यह विमान गैस अथवा वायु की शक्ति से चलता था। (ऋग्वेद 5.41.6)

(6) विद्युत रथ-इस प्रकार का रथ विमान विद्युत की शक्ति से चलता था। (ऋग्वेद 3.14.1).

द्वितीय ग्रंथः

(2) यजुर्वेद-यजुर्वेद में भी एक अन्य विमान का तथा उन की संचलन

प्रणाली उल्लेख है जिसका निर्माण जुड़वा अश्विन कुमारों ने किया था। इस विमान के प्रयोग से उन्होंने राजा भुज्यु को समुद्र में डूबने से बचाया था।

तृतीय ग्रंथ:-

(3) यन्त्र सर्वस्व: ख्र यह ग्रन्थ भी महर्षि भारद्वाज रचित है। इसके 40 भाग हैं जिनमें से एक भाग मे 'विमानिका प्रकरण' के आठ अध्याय, लगभग 100 विषय और 500 सूत्र हैं जिन में विमान विज्ञान का उल्लेख है। इस ग्रन्थ में ऋषि भारद्वाज ने विमानों को तीन श्रेणियों में विभाजित किया है:-

(1) अन्तर्देशीय-जो एक स्थान से दूसरे स्थान पर जाते हैं।

(2) अन्तर्राष्ट्रीय-जो एक देश से दूसरे देश को जाते हैं।

(3) अन्तर्राक्षीय-जो एक ग्रह से दूसरे ग्रह तक जाते हैं।

इनमें सें अति-उल्लेखनीय सैनिक विमान थे जिनकी विशेषतायें विस्तार पूर्वक लिखी गयी हैं और वह अति-आधुनिक साईंस फिक्शन लेखक को भी आश्चर्य चकित कर सकती हैं।

उदाहरणार्थ-सैनिक विमानों की विशेषतायें इस प्रकार की थीं-

पूर्णतया: अटूट,

अग्नि से पूर्णतया: सुरक्षित आवश्यक्तता पड़ने पर पलक झपकने मात्र के समय में ही एक दम से स्थिर हो जाने में सक्षम, शत्रु से अदृश्य हो जाने की क्षमता (स्टील्थ क्षमता), शत्रुओं के विमानों में होने वाले वार्त्तालाप तथा अन्य ध्वनियों को सुनने में सक्षम। शत्रु के विमान के भीतर से आने वाली आवाजों को तथा वहाँ के दृश्यों को विमान मे ही रिकॉर्ड कर लेने की क्षमता, शत्रु के विमानों की दिशा तथा दशा का अनुमान लगाना और उस पर निगरानी रखना, शत्रु के विमान चालकों तथा यात्रियों को दीर्घकाल के लिये स्तब्द्ध कर देने की क्षमता, निजी रूकावटों तथा स्तबद्धता की दशा से उबरने की क्षमता, आवश्यकता पडने पर स्वयं को नष्ट कर सकने की क्षमता, चालकों तथा यात्रियों में मौसमानुसार अपने आप को बदल लेने की क्षमता, स्वचालित तापमान नियन्त्रण करने की क्षमता, हल्के तथा उष्णता ग्रहण कर सकने वाले धातुओं से निर्मित तथा अपने आकार को छोटा बड़ा करने, तथा अपने चलने

की आवाजों को पूर्णतया: नियन्त्रित कर सकने की सक्षमता, विचार करने योग्य तथ्य है कि इस प्रकार का विमान अमेरिका के अति आधुनिक स्टेल्थ विमानों और अन्य हवाई जहाजों का मिश्रण ही हो सकता है। ऋषि भारद्वाज कोई आधुनिक 'फिक्शन राइटर' तो थे नहीं परन्तु ऐसे विमान की परिकल्पना करना ही आधुनिक बुद्धिजीवियों को चकित करता है, कि भारत के ऋषियों ने इस प्रकार के वैज्ञानिक मॉडल का विचार कैसे किया।

उन्होंने अंतरिक्ष जगत और अति-आधुनिक विमानों के बारे में लिखा जब कि विश्व के अन्य देश साधारण खेती-बाड़ी का ज्ञान भी हासिल नहीं कर पाये थे।

चतुर्थ ग्रंथ:

(4) कथा सरित सागर-यह ग्रन्थ उच्च कोटि के श्रमिकों (इंजीनियरों) का उल्लेख करता है जैसे कि काष्ठ का काम करने वाले जिन्हें राज्यधर और प्राणधर कहा जाता था। यह समुद्र पार करने के लिये भी रथों का निर्माण करते थे तथा एक सहस्त्र यात्रियों को ले कर उड़ने वाले विमानों को बना सकते थे। यह रथ विमान मन की गति से चलते थे।

पंचम ग्रंथ:

(5) अर्थशास्त्र-चाणक्य के अर्थशास्त्र में भी अन्य कारीगरों के अतिरिक्त सेविकाओं (पायलट) का भी उल्लेख है जो विमानों को आकाश में उड़ाती थी। चाणक्य ने उनके लिये विशिष्ट शब्द "आकाश युद्धिना:" का प्रयोग किया है जिसका अर्थ है आकाश में युद्ध करने वाला (फाईटर-पायलट)

आकाश-रथ, का उल्लेख सम्राट अशोक के शिलालेखों में भी किया गया है जो उसके काल (237-256 ईसा पूर्व) में लगाये गये थे।

भारद्वाज मुनि ने विमानिका शास्त्र में लिखा हैं,-"विमान के रहस्यों को जानने वाला ही उसे चलाने का अधिकारी है।"

शास्त्रों में विमान चलाने के बत्तीस रहस्य बताए गए हैं। उनका

भली–भाँति ज्ञान रखने वाला ही उसे चलाने का अधिकारी है क्योंकि वही सफल पायलट हो सकता है।

विमान बनाना, उसे जमीन से आकाश में ले जाना, खड़ा करना, आगे बढ़ाना टेढ़ी–मेढ़ी गति से चलाना या चक्कर लगाना और विमान के वेग को कम अथवा अधिक करना उसे जाने बिना यान चलाना असम्भव है।

अब हम कुछ विमान रहस्यों की चर्चा करेंगे।

(1) **कृतक रहस्य**–बत्तीस रहस्यों में यह तीसरा रहस्य है, जिसके अनुसार हम विश्वकर्मा, छायापुरुष, मनु तथा मयदानव आदि के विमान शास्त्रों के आधार पर आवश्यक धातुओं द्वारा इच्छित विमान बना सकते, इसमें हम कह सकते हैं कि यह हार्डवेयर यानी कल–पुर्जों का वर्णन है।–

(2) **गूढ़ रहस्य**–यह पाँचवा रहस्य है जिसमें विमान को छिपाने (स्टील्थ मोड) की विधि दी गयी है। इसके अनुसार वायु तत्त्व प्रकरण में कही गयी रीति के अनुसार वातस्तम्भ की जो आठवीं परिधि रेखा है उस मार्ग की यासा, वियासा तथा प्रयासा इत्यादि वायु शक्तियों के द्वारा सूर्य किरण हरने वाली जो अन्धकार शक्ति है, उसका आकर्षण करके विमान के साथ उसका सम्बन्ध बनाने पर विमान छिप जाता है।–

(3) **अपरोक्ष रहस्य**–यह नौंवा रहस्य है। इसके अनुसार शक्ति तन्त्र में कही गयी रोहिणी विद्युत के फैलाने से विमान के सामने आने वाली वस्तुओं को प्रत्यक्ष देखा जा सकता है।

(4) **संकोचा**–यह दसवाँ रहस्य है। इसके अनुसार आसमान में उड़ने समय आवश्यकता पड़ने पर विमान को छोटा करना।

(5) **विस्तृता**–यह ग्यारहवाँ रहस्य है। इसके अनुसार आवश्यकता पड़ने पर विमान को बड़ा या छोटा करना होता है। यहाँ यह ज्ञातव्य है कि वर्त्तमान काल में यह तकनीक 1970 के बाद विकसित हुई है।

(6) सर्पागमन रहस्य-यह बाइसवाँ रहस्य है जिसके अनुसार विमान को सर्प के समान टेढ़ी-मेढ़ी गति से उड़ाना सम्भव है। इसमें कहा गया है दण्ड, वक्र आदि सात प्रकार के वायु और सूर्य किरणों की शक्तियों का आकर्षण करके यान के मुख में जो तिरछें फैंकने वाला केन्द्र है, उसके मुख में उन्हें नियुक्त करके बाद में उसे खींचकर शक्ति पैदा करने वाले नाल में प्रवेश कराना चाहिए। इसके बाद बटन दबाने से विमान की गति साँप के समान टेढ़ी मेढ़ी हो जाती है।

(7) परशब्द ग्राहक रहस्य-यह पच्चीसवाँ रहस्य है। इसमें कहा गया है कि शब्द ग्राहक यंत्र विमान पर लगाने से उसके द्वारा दूसरे विमान पर लोगों की बातचीत सुनी जा सकती हैं।

(8) रुपाकर्षण रहस्य-इसके द्वारा दूसरे विमानों के अंदर का दृश्य देखा जा सकता है।

(9) दिक्प्रदर्शन रहस्य-दिशा सम्पत्ति नामक यंत्र द्वारा दूसरे विमान की दिशा का पता चलता है।

(90) स्तब्धक रहस्य-एक विशेष प्रकार का अपस्मार नामक गैस स्तम्भन यंत्र द्वारा दूसरे विमान पर छोड़ने से अंदर के सब लोग मूर्च्छित हो जाते हैं।

(19) कर्षण रहस्य-यह बत्तीसवाँ रहस्य है, इसके अनुसार आपके विमान का नाश करने आने वाले शत्रु के विमान पर अपने विमान के मुख में रहने वाली वैश्वानर नाम की नली में ज्वालिनी को जलाकर सत्तासी लिंक (डिग्री जैसा कोई नाप है) प्रमाण हो, तब तक गर्म कर फिर दोनों चक्कल की कीलि (बटन) चलाकर शत्रु विमानों पर गोलाकार दिशा से उस शक्ति की फैलाने से शत्रु का विमान नष्ट हो जाता है।

"विमान-शास्त्री महर्षि शौनक" आकाश मार्ग का पाँच प्रकार का विभाजन करते हैं तथा "महर्षि धुण्डीनाथ" विभिन्न मार्गों की ऊँचाई पर विभिन्न आवर्त्त या तूफानों का उल्लेख करते हैं और उस ऊँचाई पर सैकड़ों

यात्रा पथों का संकेत देते हैं। इसमें पृथ्वी से 100 किलोमीटर ऊपर तक विभिन्न ऊँचाईयों पर निर्धारित पथ तथा वहाँ कार्यरत शक्तियों का विस्तार से वर्णन करते हैं।

आकाश मार्ग तथा उनके आवर्त्तों का वर्णन निम्नानुसार है-

(1) 10 किलोमीटर-रेखा पथ-शक्त्यावृत्त तूफान या चक्रवात आने पर

(2) 50 किलोमीटर-वातावृत्त-तेज हवा चलने पर

(3) 60 किलोमीटर-कक्ष पथ-किरणावृत्त सौर तूफान आने पर

(4) 80 किलोमीटर-शक्तिपथ-सत्यावृत्त बर्फ गिरने पर

एक महत्त्वपूर्ण बात विमान के पायलटों को विमान में तथा पृथ्वी पर किस तरह भोजन करना चाहिए इसका भी वर्णन है-

उस समय के विमान आज से कुछ भिन्न थे। आज के विमान की उतरने की जगह (लैंडिग) निश्चित है, पर उस समय विमान कहीं भी उतर सकते थे।

अतः युद्ध के दौरान जंगल में उतरना पड़ा तो जीवन निर्वाह कैसे करना चाहिए इसीलिए 100 वनस्पतियों का वर्णन दिया गया है जिनके सहारे दो-तीन माह जीवन चलाया जा सकता है। जब तक दूसरे विमान आपको खोज नही लेते। विमानिका शास्त्र में कहा गया है कि पायलट को विमान कभी खाली पेट नहीं उड़ाना चाहिए। 1990 में अमेरिकी वायुसेना ने 10 वर्ष के निरीक्षण के बाद ऐसा ही निष्कर्ष निकाला है। अब जरा विमानो में लगे यंत्रों और उपकरणों के बारे में तथ्य प्रस्तुत किये जाए-

"विमानिका-शास्त्र" में 31 प्रकार के यंत्र तथा उनके विमान में निश्चित स्थान का वर्णन मिलता है। इन यंत्रों का कार्य क्या है इसका भी वर्णन किया गया है। कुछ यंत्रों की जानकारी निम्नानुसार है-

(1) विश्व क्रिया दर्पण-इस यंत्र के द्वारा विमान के आसपास चलने वाली गतिविधियों का दर्शन पायलट को विमान के अंदर होता था, इसे बनाने में अभ्रक तथा पारा आदि का प्रयोग होता था।

(2) परिवेष क्रिया यंत्र-ये यंत्र विमान की गति को नियन्त्रित करता था।

(3) शब्दाकर्षण मंत्र-इस यंत्र के द्वारा 26 किमी. क्षेत्र की आवाज सुनी जा सकती थी तथा पक्षियों की आवाज आदि सुनने से विमान को "पक्षी टकराने" जैसी दुर्घटना से बचाया जा सकता था।

(4) गर्भ गृह यंत्र-इस यंत्र के द्वारा जमीन के अन्दर विस्फोटक खोजा जाता था।

(5) शक्त्याकर्षण यंत्र-इस यंत्र का कार्य था, विषैली किरणों को आकर्षित कर उन्हें ऊष्णता में परिवर्तित करना और ऊष्णता के वातावरण में छोड़ना।

(6) दिशा-दर्शी यंत्र-ये दिशा दिखाने वाला यंत्र था (कम्पास)।

(7) वक्र प्रसारण यंत्र-इस यंत्र के द्वारा शत्रु विमान अचानक सामने आ गया, तो उसी समय पीछे मुड़ना सम्भव होता था।

(8) अपस्मार यंत्र-युद्ध के समय इस यंत्र से विषैली गैस छोड़ी जाती थी।

(9) तमोगर्भ यंत्र-इस यंत्र के द्वारा शत्रु युद्ध के समय विमान को छिपाना सम्भव था। तथा इसके निर्माण में तमोगर्भ लौह प्रमुख घटक रहता था।

"विमानिका-शास्त्र" में विमान को संचालित करने हेतु विभिन्न ऊर्जा स्रोतों का वर्णन किया गया है। महर्षि भारद्वाज इसके लिए तीन प्रकार के ऊर्जा स्रोतों उल्लेख करते हैं।

(1) विभिन्न दुर्लभ वनस्पतियों का तेल-ये ईंधन की भाँति काम करता था।

(2) पारे की भाप-प्राचीन शास्त्रों में इसका शक्ति के रूप में उपयोग किए जाने का वर्णन है। इसके द्वारा अमेरिका में विमान उड़ाने का प्रयोग हुआ, पर वह जब ऊपर गया, तब उसमें विस्फोट हो गया। पर यह सिद्ध हो गया कि पारे की भाप का ऊर्जा की तरह प्रयोग हो सकता है। इस दिशा में अभी और कार्य करने बाकी हैं।

(3) सौर ऊर्जा-सूर्य की ऊर्जा द्वारा भी विमान संचालित होता था। सौर ऊर्जा ग्रहण कर विमान उड़ाना जैसे समुद्र में पाल खोलने पर नाव हवा के सहारे तैरता है। इसी प्रकार अंतरिक्ष में विमान वातावरण से सूर्य शक्ति ग्रहण कर चलता रहेगा। सेटेलाइट इसी प्रक्रिया द्वारा चलते हैं।

"विमानिका-शास्त्र" मे महर्षि भारद्वाज विमान बनाने के लिए आवश्यक धातुओं का वर्णन किया है, पर प्रश्न उठता है कि क्या "विमानिका-शास्त्र" ग्रन्थ का कोई ऐसा भाग है जिसे प्रारम्भिक तौर पर प्रयोग द्वारा सिद्ध किया जा सके? हैदराबाद के डॉ. श्रीराम प्रभु ने "विमानिक-शास्त्र" ग्रन्थ के यंत्राधिकरण को देखा, तो उसमें वर्णित 31 यंत्रों में कुछ यंत्रों की उन्होंने पहचान की तथा इन यंत्रों को बनाने वाली मिश्र धातुओं का निर्माण सम्भव है या नहीं, इस हेतु प्रयोग करने का विचार उनके मन में आया। प्रयोग हेतु डॉ. प्रभु तथा उनके साथियों ने हैदराबाद स्थित बी. एम. बिरला साइंस सेन्टर के सहयोग से प्राचीन भारतीय साहित्य में वर्णित धातुएं, दर्पण आदि का निर्माण प्रयोगशाला में करने का प्रकल्प किया और उसके परिणाम आशाष्पद हैं।

अपने प्रयोंगों के आधार पर प्राचीन ग्रन्थ में वर्णित वर्णन के आधार पर दुनिया में अनुपलब्ध कुछ धातुएं बनाने में उन्हें सफलता मिली है।

(1) प्रथम धातु-है "तमोगर्भ-लौह" इसके बारे में हमने अभी ऊपर बताया है, विमानिका-शास्त्र में वर्णन है कि यह विमान को अदृश्य (स्टील्थ मोड मे डालने) करने के काम आता है। इस पर प्रकाश छोड़ने से ये 75 से 80 प्रतिशत प्रकाश को सोख लेता है। यह धातु रंग में काली तथा लेड से कठोर तथा कान्सन्ट्रेटेड सल्फ् यूरिक एसिड में भी नहीं गलती।

(2) दूसरी धातु जो उन्होंने बनाई है, उसका नाम है पंच लौह, यह रंग में स्वर्ण जैसी है तथा कठोर व भारी है। ताँबा आधारित इस मिश्र धातु की विशेषता यह है कि इसमें सीसे का प्रमाण 7.95 प्रतिशत है, जबकि अमेरिकन सोसायटी ऑफ मेटल्स ने कॉपर बेस्ड मिश्र धातु में सीसे का अधिकतम प्रमाण 0.35 से 3 प्रतिशत सम्भव है यह

माना है। इस प्रकार 7.95 सीसे के मिश्रण वाली यह धातु विचित्र गुणों से परिपूर्ण है।

(3) तीसरी धातु का नाम है "ऑरर" यह ताँबा आधारित मिश्र इन अध्ययनों पर बनारस विश्वविद्यालय के एक रीडर ने कहा था।

इस प्रकल्प के तहत उन्होंने महर्षि भारद्वाज वर्णित दर्पण बनाने का प्रयत्न नेशनल मेटलर्जिकल लेबोरेटरी जमशेदपुर में किया तथा वहाँ के निदेशक पी. रामचन्द्र राव के साथ प्रयोग कर एक विशेष प्रकार का काँच बनाने में सफलता प्राप्त की, जिसका नाम "प्रकाश स्तम्भनभिद् लौह" है। इसकी विशेषता है कि यह दर्शनीय प्रकाश को सोखता है तथा इन्फ्रारेड प्रकाश को जाने देता है। इसका निर्माण कचर लौह-सिलिका, भूचक्र सुरमित्रादिक्षर-चूना अयस्कान्त-इन खनिजों के द्वारा, अंशुबोधिनी में वर्णित विधि से किया गया है। प्रकाश स्तम्भनभिद् लौह की यह विशेषता है कि यह पूरी तरह से नॉन-हाईग्रोस्कोपिक है, नॉन-हाईग्रोस्कोपिक काँचों में पानी की भाप या वातावरण की नमी से उनका पॉलिश नहीं हटता है, और वे सुरक्षित रहते हैं।

प्रकाश स्तम्भनभिद् लौह के अध्ययन से यह सिद्ध हुआ है कि इन्फ्रारेड सिग्नल्स में यह आदर्श काम करता है तथा इसका प्रयोग वातावरण में मौजूद नमी के खतरे के बिना किया जा सकता है।

भारतीय अस्त्र-शस्त्र

प्राचीन वैदिक काल में आज के सभी तरह के आधुनिक अस्त्र-शस्त्र थे। इसका उल्लेख वेदों में मिलता है। उस काल की तकनीक आज के काल से भिन्न थी लेकिन अस्त्रों की मारक क्षमता उतनी ही थी जितनी कि आज के काल के अस्त्रों की है। हालांकि ये किस तकनीक से संचालित होते थे, यह शोध का विषय है। उस काल में युद्ध के दौरान शरीर के विभिन्न अँगों की रक्षा का उल्लेख भी मिलता है। उदाहरणार्थ शरीर के लिए चर्म तथा कवच का सिर के लिए शिरस्त्राण और गले के लिए कण्ठत्राण इत्यादि का।

अस्त्र-शस्त्र की परिभाषाः-

'अस्त्र' उसे कहते थे, जो किसी मंत्र या किसी यंत्र द्वारा संचालित होते थे और 'शस्त्र' उसे कहते थे, जो हाथों से चलाए जाते थे। अस्त्रों को मंत्रों द्वारा दूरी से फैंकते थे, जैसे पाशुपतास्त्र, ब्रह्मास्त्र, गरुड़ास्त्र आदि।

अस्त्र के सामान्य भागः-

1. हाथ से फैंके जाने वाले अस्त्र, जैसे भाला।

वे अस्त्र जो यंत्र द्वारा फैंके जाते हैं, जैसे बाण, गुलेल आदि।

3. वे अस्त्र जो मंत्र या तन्त्र द्वारा फैंके जाते हैं- जैसे नारायाणास्त्र, पाशुपत, ब्रह्मास्त्र आदि।

शस्त्रः-

शस्त्रों को हाथों से संचालित किया जाता था। ये भी खतरनाक होते थे। शस्त्रों को हाथ से भी चलाया जाता था और किसी छोटे से यन्त्र से भी, जैसे तलवार, वज्र, खंजर, खप्पर, खड्ग, परशु, बरछा, त्रिशूल आदि।

शस्त्र के सामान्य भागः-

1. काटने वाले शस्त्र, जैसे तलवार, परशु आदि।

2. भोंकने वाले शस्त्र, जैसे बरछा, त्रिशूल आदि।

3. कुंद शस्त्र, जैसे गदा, लट्ठ आदि।

शस्त्र के प्रमुख 2 प्रकार हैं–

1. यांत्रिक

2. हस्त

1. यांत्रिकः इन शस्त्रों को किसी यंत्र द्वारा चलाया जाता था, जैसे शक्ति, तोमर, पाश, बाण सायक, शण, तीर, परिघ, भिन्दिपाल, नाराच आदि।

2. हस्तः ऋष्टि, गदा, चक्र, वज्र, त्रिशूल, असि, खड्ग, चन्द्रहास, फरसा, मुशल, परशु, कुण्टा, शंकु, पट्टिश, वशि, तलवार, बरछी, कुल्हाड़ा, चाकू, भुशुण्डी आदि।

अस्त्रों के प्रमुख चार भाग हैं–

*** मुक्ताः अमुक्ता को शस्त्रों की श्रेणी में रखा गया है। ये वे शस्त्र होते थे, जो फैंके नहीं जा सकते थे।**

मुक्ता के 2 प्रकार हैं-1. हस्त-शस्त्रः हाथ में पकड़कर आघात करने वाले हथियार जैसे तलवार, गदा आदि। 2. बाहू-युद्धः निःशस्त्र होकर युद्ध करना।

*** मुक्ताः मुक्ता को अस्त्रों की श्रेणी में रखा गया, जो फैंके जा सकते थे।**

मुक्ता के दो प्रकार हैंः-1. पाणिमुक्ताः अर्थात् हाथ से फैंके जाने वाले अस्त्र जैसे भाला और 2. यंत्रमुक्ताः अर्थात् यंत्र द्वारा फैंके जाने वाले अस्त्र जैसे बाण, जो धनुष से फैंका जाता है।

*** मुक्तामुक्तः हाथ में पकड़कर किन्तु अस्त्र की तरह प्रहार करने वाले** शस्त्र जैसे कि बर्धी, त्रिशूल आदि। अर्थात् वे शस्त्र जो फैंककर या बिना फैंके दोनों प्रकार से प्रयोग किए जाते थे।

***मुक्तसंनिवृत्ती: वे शस्त्र जो फेंककर लौटाए जा सकते थे, जैसे चक्र आदि।**

अस्त्रों के प्रमुख प्रकार:-

1. दिव्यास्त्र

2. यांत्रिकास्त्र।

1. दिव्यास्त्र: वे अस्त्र जो मंत्रों से चलाए जाते थे, उन्हें दिव्यास्त्र कहते हैं। प्रत्येक अस्त्र पर भिन्न-भिन्न देव या देवी का अधिकार होता है और मंत्र-तन्त्र द्वारा उसका संचालन होता है। वस्तुत: इन्हें दिव्य तथा मांत्रिक-अस्त्र कहते हैं।

दिव्यास्त्रों के नाम: 1. आग्नेयास्त्र, 2. पर्जन्य, 3. वायव्य, 4.पन्नग, 5. गरुड़, 6. नारायणास्त्र, 7. पाशुपत, 8. ब्रह्मशिरा, 9. एकाग्नि 10. अमोघास्त्र और 11. ब्रह्मास्त्र। इसके अलावा कुछ ऐसे भयानक अस्त्र थे जो यंत्र या तन्त्र से संचालित होते थे।

प्राचीन काल भारतीय अस्त्र-शस्त्र विद्या में निपुण थे। उन्होंने अध्यात्म-ज्ञान के साथ-साथ आततियों और दुष्टों के दमन के लिये सभी अस्त्र-शस्त्रों की भी सृष्टि की थी। यह शक्ति धर्म स्थापना में सहायक होती थी। प्राचीन काल में जिन अस्त्र-शस्त्रों का उपयोग होता था, उनका वर्णन इस प्रकार है–

वैदिक काल में अस्त्रशस्त्रों का वर्गीकरण इस प्रकार था:-

(1) अमुक्ता-वे शस्त्र जो फेंके नहीं जाते थे।

(2) मुक्ता-वे शस्त्र जो फेंके जाते थे। इनके भी दो प्रकार थे-पाणिमुक्ता, अर्थात् हाथ से फेंके जानेवाले और यंत्रमुक्ता, अर्थात् यंत्र द्वारा फेंके जानेवाले।

(3) मुक्तामुक्त-वह शस्त्र जो फेंककर या बिना फेंके दोनों प्रकार से प्रयोग किए जाते थे।

(4) मुक्तसंनिवृत्ती-वे शस्त्र जो फेंककर लौटाए जा सकते थे।

अस्त्रों के विभाग–

अस्त्रों को दो विभागों में बाँटा गया है–

(1) वे आयुध जो मन्त्रों से चलाये जाते हैं-ये दैवी हैं। प्रत्येक शस्त्र पर भिन्न-भिन्न देव या देवी का अधिकार होता है और मन्त्र-तन्त्र के द्वारा उसका संचालन होता है। वस्तुतः इन्हें दिव्य तथा मान्त्रिक-अस्त्र कहते हैं। इन बाणों के कुछ रूप इस प्रकार हैं–

आग्नेय यह विस्फोटक अस्त्र है। यह जल के समान अग्नि बरसाकर सब कुछ भस्मीभूत कर देता है। इसका प्रतिकार पर्जन्य है।

पर्जन्य यह विस्फोटक बाण है। यह जल के समान अग्नि बरसाकर सब कुछ भस्मीभूत कर देता है। इसका प्रतिकार पर्जन्य है।

वायव्य इस अस्त्र से भयंकर तूफान आता है और अन्धकार छा जाता है।

पन्नग इससे सर्प पैदा होते हैं। इसके प्रतिकार स्वरुप गरुड़ अस्त्र छोड़ा जाता है।

गरुड़ इस बाण के चलते ही गरुड़ उत्पन्न होते है, जो सर्पों को खा जाते हैं।

ब्रह्मास्त्र यह अचूक विकराल अस्त्र है। शत्रु का नाश करके छोड़ता है। इसका प्रतिकार दूसरे ब्रह्मास्त्र से ही हो सकता है, अन्यथा नहीं।

पाशुपतास्त्र इससे विश्व नाश हो जाता हैं यह बाण महाभारतकाल में केवल अर्जुन के पास था।

नारायणास्त्र यह भी पाशुपत के समान विकराल अस्त्र है। इस नारायण अस्त्र का कोई प्रतिकार ही नहीं है। यह बाण चलाने पर अखिल विश्व में कोई शक्ति इसका मुकाबला नहीं कर सकती। इसका केवल एक ही प्रतिकार है और वह यह है कि शत्रु अस्त्र छोड़कर नम्रतापूर्वक अपने को अर्पित कर दे। कहीं भी हो, यह बाण वहाँ जाकर ही भेद करता है। इस बाण के सामने झुक जाने पर यह अपना प्रभाव नहीं करता। इन दैवी बाणों के अतिरिक्त ब्रह्मशिरा और एकाग्नि आदि बाण है।

(2) वे शस्त्र हैं, जो यान्त्रिक उपाय से फैंके जाते हैं; ये अस्त्रनलिका

आदि हैं। नाना प्रकार के अस्त्र इसके अन्तर्गत आते हैं। अग्नि, गैस, विद्युत से भी ये अस्त्र छोडे जाते हैं। इन अस्त्रों के लिये देवी और देवताओं की आवश्यकता नहीं पड़ती। ये भयकंर अस्त्र हैं और स्वयं ही अग्नि, गैस या विद्युत आदि से चलते हैं। नीचे कुछ अस्त्र-शस्त्रों का वर्णन किया गया है, जिनका प्राचीन संस्कृत-ग्रन्थों में उल्लेख है।

शक्ति यह लँबाई में गजभर होती है, उसका हेंडल बड़ा होता है, उसका मुँह सिंह के समान होता है और उसमें बड़ी तेज जीभ और पँजे होते हैं। उसका रंग नीला होता है और उसमें छोटी-छोटी घंटियाँ लगी होती हैं। यह बड़ी भारी होती है और दोनों हाथों से फैंकी जाती है।

तोमर यह लोहे का बना होता है। यह बाण की शक्ल में होता है और इसमें लोहे का मुँह बना होता है साँप की तरह इसका रूप होता है। इसका धड़ लकड़ी का होता है। नीचे की तरफ पंख लगाये जाते हैं जिससे वह आसानी से उड़ सके। यह प्रायः डेढ़ गज लम्बा होता है। इसका रंग लाल होता है। पाश ये दो प्रकार के होते हैं, वरुणपाश और साधारण पाश; इस्पात के महीन तारों को बटकर ये बनाये जाते हैं। एक सिर त्रिकोणवत होता है। नीचे जस्ते की गोलियाँ लगी होती हैं। कहीं-कहीं इसका दूसरा वर्णन भी है। वहाँ लिखा है कि वह पाँच गज का होता है और सन, रुई, घास या चमड़े के तार से बनता है। इन तारों को बटकर इसे बनाते हैं।

ऋष्टि यह सर्वसाधारण का शस्त्र है, पर यह बहुत प्राचीन है। कोई-कोई उसे तलवार का भी रूप बताते हैं।

गदा इसका हाथ पतला और नीचे का हिस्सा वजनदार होता है। इसकी लँबाई जमीन से छाती तक होती है। इसका वजन बीस मन तक होता है। एक-एक हाथ से दो-दो गदाएँ उठायी जाती थीं।

मुद्गर इसे साधारणतया एक हाथ से उठाते हैं। कहीं यह बताया है कि वह हथौड़े के समान भी होता है। चक्र दूर से फैंका जाता है।

वज्र कुलिश तथा अशानि इसके ऊपर के तीन भाग तिरछे टेढ़े बने होते हैं। बीच का हिस्सा पतला होता है। पर हाथ बड़ा वजनदार होता है।

त्रिशूल इसके तीन सिर होते हैं। इसके दो रूप होते है।

शूल इसका एक सिर नुकीला, तेज होता है। शरीर में भेद करते ही प्राण उड़ जाते हैं।

असि तलवार को कहते हैं। यह शस्त्र किसी रूप में पिछले काल तक उपयोग होता रहा था।

खड्ग बलिदान का शस्त्र है। दुर्गाचण्डी के सामने विराजमान रहता है।

चन्द्रहास टेढ़ी तलवार के समान वक्र कृपाण है।

फरसा यह कुल्हाड़ा है। पर यह युद्ध का आयुध है। इसकी दो शक्लें हैं।

मुशल यह गदा के सदृश होता है, जो दूर से फैंका जाता है।

धनुष इसका उपयोग बाण चलाने के लिये होता है।

बाण सायक, शर और तीर आदि भिन्न-भिन्न नाम हैं ये बाण भिन्न-भिन्न प्रकार के होते हैं। हमने ऊपर कई बाणों का वर्णन किया है। उनके गुण और कर्म भिन्न-भिन्न हैं।

परिघ में एक लोहे की मूठ है। दूसरे रूप में यह लोहे की छड़ी भी होती है और तीसरे रूप के सिरे पर बजनदार मुँह बना होता है।

भिन्दिपाल लोहे का बना होता है। इसे हाथ से फैंकते हैं। इसके भीतर से भी बाण फैंकते हैं।

नाराच एक प्रकार का बाण हैं।

परशु यह छुरे के समान होता है। भगवान परशुराम के पास अक्सर रहता था। इसके नीचे लोहे का एक चौकोर मुँह लगा होता है। यह दो गज लम्बा होता है।

कुण्टा इसका ऊपरी हिस्सा हल के समान होता है। इसके बीच की लँबाई पाँच गज की होती है।

शंकु बर्छा भाला है।

पट्टिश एक प्रकार का तलवार है जो कि लोहे की पतली पटटियों वाला होता है।

इसके सिवा वशि तलवार या कुल्हाड़ा के रूप में होती है।

इन अस्त्रों के अतिरिक्त भुशुण्डी आदि अन्य अनेक अस्त्रों का वर्णन विभिन्न ग्रन्थों में मिलता है।

"दिव्यास्त्र-

यों तो कोई भी अस्त्र-शस्त्र "दिव्यता" को प्राप्त कर सकता है। किन्तु "दिव्यास्त्र" का बहुधा प्रयोग "बाणों" के लिए किया जाता है।

"धनुष" शस्त्र है, हाथ में रहता है सदैव।

"बाण" अस्त्र है, हाथ से दूर फैंका जाता है।

"बाण" का संस्कृत रूप है "शर"। धातु "श", जिसका परिप्रेक्ष्य है चीड़-फाड़ करना।

"शृ" है, "सृ" नहीं। उस "स" का अर्थ भिन्न है। "चरक"और "सुश्रुत" की "शल्य" क्रिया के पार्श्व में भी "श" धातु ही है।

कदाचित् ही कोई ऐसा हिन्दू धार्मिक ग्रन्थ हो, जिसमें अस्त्र-शस्त्र का उल्लेख न मिले बल्कि, हर ग्रन्थ में कोई एक या दो अस्त्र "अतिप्रभावी" होते हैं।

वाल्मीकीय "रामायण" में "ऐन्द्रास्त्र" की तुलना "ब्रह्मदण्ड" से की गयी है। अर्थात् इसकी विनाशक गति उतनी ही है, जितनी कि ब्रह्मा की सृजन गति!

"महाभारत" में अगणित अस्त्रों का उल्लेख है। यथा: "पाशुपतास्त्र"।

"पाशुपत" शब्द आया है "पशुपति" से अर्थात् समस्त "पशुओं" के स्वामी। उक्त तीनों शब्द भी "आयुध" कोश से ही हैं!

विकास के क्रम में पहले "शस्त्र" फिर "अस्त्र" बने।–

कालांतर में मानव ने ये जान लिया कि न केवल "शस्त्र" और न ही केवल "अस्त्र" बल्क वृक्षों की छालों और शाखाओं को आपस में मींज कर बनी रस्सियों से भी "आयुध" का काम लिया जा सकता है।

इन्हें नाम मिला "पाश"। और जो "पाश" से बाँधा जा सके, वो

"पशु"। वैदिक मानव ने स्वयं को भी "पाश" में बाँधे जा सकने की सम्भावनाओं के चलते, "पशु" ही माना खुद को।

समस्त "पशुओं" के स्वामी का "अस्त्र", सबसे अधिक दुर्लभ, सर्वाधिक दुर्दांत!–

हिन्दू समाज में "पशुपति" शिव को माना गया है। "नेपाल" में इस नाम से मंदिर भी है उनका। समस्त "आयुध" शास्त्र और युद्ध विज्ञान के जनक, वे ही माने जाते हैं।

सहज प्रश्न उठता है, वास्तव में "पाशुपतास्त्र" क्या है?

मैं कहूँगाः "इट्स नॉट अ सिंगल वेपन, व्हाइल फिनोमिना इटसेल्फ!"

[कोई अकेला अस्त्र नहीं है ये, बल्कि अस्त्र विज्ञान का भौतिक सिद्धांत है।]

महाभारत के दो आयान इस निहित रहस्य का उद्घाटन करते हैं। पहला है, अर्जुन द्वारा "शिव" से "पाशुपतास्त्र" की प्रार्थना करना और दूसरा है, महाभारत युद्ध में अर्जुन के रथ की गति।

जब अर्जुन ने "शिव" से अस्त्र माँगा तो ये नहीं कहा कि मुझे अस्त्र दीजिये बल्कि कहाः "उपसंगम्य विश्वेशम्" अर्थात् "मुझे उपदेश दीजिये"।

"शिव" ने भी ये नहीं कहा कि ये अस्त्र किसी ने पास नहीं है बल्कि उनके शब्दशः वचन हैं: "इसे कोई नहीं जानता!"

शिव ने कहा है: "नैतद् वेद महेन्द्रोऽपि!"

उन्होंने "वेद" शब्द का प्रयोग किया है। "विद्" धातु, जिसके मायने हैं "जानने" के सन्दर्भ में!

इस प्रसङ्ग के उपरान्त "वेदव्यास" लिखते हैं: "रहस्यनिवर्तनम्" अर्थात् "शिव ने रहस्य बताया"। कुलमिला कर लब्बोलुआब ये है कि कोई "भौतिक" रूप "बाण" नहीं था "पाशुपतास्त्र" बल्कि ज्ञान था!

महाभारत युद्ध में अर्जुन के रथ की गति से!–

वेदव्यास जी कहते हैं, अर्जुन का बाण एक कोस पर गिरता था।

वर्त्तमान तीन से चार किमी के मध्य। अर्जुन से लगभग इतनी दूरी, एक सामान्य सैन्य टुकड़ी बना कर रखती थी और अर्जुन का सटीक लक्ष्य भेद दो मील का था। वर्त्तमान तीन कि.मी.। उनके बराबर के योद्धा, उनसे दो मील दूर से युद्ध करते थे। विचार कीजिए, अर्जुन के बाण को सम्मुख योद्धा तक पहुँचने में कितना समय लगता होगा? उतने ही समय में सम्मुख उपस्थित यौद्धा को आ रहे अस्त्र का काट ढूँढ़ना होता होगा!

पंद्रह सेकण्ड लगेंगे, यदि दो सौ मीटर प्रति सेकण्ड की गति से बाण फैंका जा सके। यही गति तीन सौ हो जाए तो दस सेकण्ड। तीन सौ मीटर प्रति सेकण्ड। केवल इकतालीस मीटर कम, ध्वनि की गति से!

वेदव्यास कहते हैं कि अर्जुन की बाणवर्षा के बाण लक्षित भूमि बाद में गिरते थे, उससे पूर्व उनका रथ वहाँ पहुँच जाता था अर्थात् श्रीकृष्ण की रथ चलाने की गति सुपर सोनिक थी ध्वनि की गति से भी तीव्र।

वास्तव में, "दिव्यास्त्र" वे अस्त्र माने जाते थे, जो उनके रथ पहुँचने से पूर्व ही लक्ष्य भेद कर दें।

सरल भाषा में कहें तो "सुपर सोनिक" बाण को ही "दिव्यास्त्र" कहा जाएगा। और वो ध्वनि की गति से कितना अधिक गति लिए है। ये मानक उसका स्तर निश्चित करेगा। ये दिव्यास्त्र आज भी भारत के अलग अलग हिस्सों मे कहीं ना कहीं रहस्यमयी स्थानों पर सुरक्षित हैं जिन्हें जानने समझने की आवश्यकता तो महत्ती ही है।

संदर्भ

1. भारतीय मनोविज्ञान (लेखक-रामनाथ शर्मा तथा अर्चना शर्मा)
2. भारतीय मनोविज्ञान
3. संस्कारों का मनोविज्ञान (अखिल विश्व गायत्री परिवार)
4. सुश्रुत तत्त्व प्रदीपिका (डॉ अजय कुमार, डॉ टीना सिंहल)
5. "चिरपुरातन आयुर्वेद की गौरवमयी परम्परा" मूल से 28 अगस्त, 2017 तिथि 21 जुलाई, 2019
6. आयुर्वेद परिचय और इतिहास Archived 1 जुलाई 2021 It the Wayback Machine. आयुर्मीडिया।
7. "आयुर्वेद में स्वास्थ्य लक्षण एवं आयु" मूल से 24 मार्च, 2019 तिथि 15 अगस्त, 2019. "Ayurvedic concept of life" मूल से 2 अप्रैल, 2019 को पुरालेखित. अभिगमन तिथि 15 अगस्त, 2019.
8. चरकसंहिता Archived 2015-04-08 It the Wayback Machine (व्याख्या-जयदेव विद्यालंकार) पृष्ठ 275
9. PSYCHOTHERAPY ACCORDING TO AYURVEDA Chopra 2003, पृष्ठ 80
10. Monier - Williams,A Sanskrit Dictionary (1899), s.v. "ayurveda".
11. Poonam Bala. Medicine And Medical Policies in India. Social And Historical Perspectives-Lexington Books. पृ0 25
12. David Rakel, Nancy Faass. Complementary Medicine in

Clinical Practice. Integrative Practice in American Healthcare - Jones-Bartlett Learning. पृ0 170

13. Benchmarks for training in traditional / complementary And Alternative medicine Archived 2012-07-14 At the Wayback Machine (p. 23-25)
14. Birgit Heyn.Ayurveda: The Indian Art of Natural Medicine And Life Extension. Inner Traditions / Bear&Co. पृ017.
15. "Bachelor ofAyurvedic Medical Sciences [BAMS] Course SyllabusAnd Subjects". मूल से 15 अगस्त 2019 तिथि 15 अगस्त, 2019.
16. "केन्द्रीय आयुर्वेदीय विज्ञान अनुसंधान परिषद्" मूल से 15 अगस्त 2019 तिथि 15 अगस्त, 2019.
17. कार्यक्षमता के लिये आयुर्वेद और योग (लेखक-डॉ विनोद शर्मा)
18. कायचिकित्सा (वर्णक्रमानुसार) (लेखक-धर्मदत्त वैद्य)
19. "केन्द्रीय आयुर्वेद एवं सि आयुर्वेद एवं एलोपैथीः एक तुलनात्मक विवेचन Archived 2018-06-15 At the Wayback Machine (संजय जैन)"
20. जोगप्रदीपिका
21. हठयोग
22. हठयोगप्रदीपिका
23. संस्कृत में हठयोगप्रदीपिका तथा अंग्रेजी में अर्थ
24. हठयोग
25. हठयोगः स्वरुप एवम साधना (योगी आदित्यनाथ)
26. भारत का योग दर्शन (प्रवक्ता)
27. हठयोग प्रदीपिका एवं घेरण्ड संहिता का तुलनात्मक अध्ययन (पी. एचडी शोध प्रबन्ध)
28. हठयोग का स्वरुप एवम् साधना

29. आधुनिक चिकित्सा शास्त्र (लेखक-धर्मदत्त वैद्य)

30. रसतरंगिणी का हिन्दी अनुवाद (अनुवादक-काशीनाथ शास्त्री)

31. [आयुर्विज्ञान-चिकित्सा शास्त्र]

32. "पारम्परिक चिकित्सा पद्धतियाँ विस्सं" मूल से 25 जुलाई, 2020 तिथि 1 अगस्त, 2020.

33. pubmed.ncbi.lm.nih.gov/9476614/Archived 2020-04-17At the Wayback Machine एन0आई0एच-महर्षि सुश्रुत]

34. माइक्रोसोफ्ट इनका र्टा-हिप्पोक्रेट

35. "जर्म थ्योरी एन0आई0 एच". मूल से 21 मई, 2017 तिथि 1 अगस्त, 2020.

36. फर्थ, जॉन. मेडिसिन की ऑक्सफोर्ड पाठ्यपुस्तक. ऑक्सफोर्ड यूनिवरसिटि प्रेस. आई0एस0बी0एन0 978-0198746690.

37. जे, सॉन्डर्स (जून 2000). "द प्रैक्टिस ऑफ क्लीनिकल मेडिसिन अस न आर्ट एंड अस अ साइंस" मेड ह्यूमनिट. 26 (1): 18-22.

38. "शब्दकोश, दवा" तिथि 2 दिसंबर, 2013.

39. "प्राथमिक, माध्यमिक और तृतीयक स्वास्थ्य देखभाल-अर्थपीडिया" अर्थपीडिया.इन. मूल से 28 जनवरी, 2021 तिथि 19 जनवरी, 2021.

40. "स्वास्थ्य देखभाल प्रदाताओं के प्रकार: मेडलाइनप्लस मेडिकल इनसाइक्लोपीडिया" मेडलाइनप्लस.जीओवी (अंग्रेजी में). तिथि 19 जनवरी, 2021.

41. "ऑनलाइन दवा ऑर्डर" लवलोकल.इन. तिथि 3 जून, 2021.

42. "माध्यमिक स्वास्थ्य देखभाल" अंतर्राष्ट्रीय चिकित्सा कोर (अंग्रेजी में). तिथि 19 जनवरी, 2021.

43. जोनाथन मार्क केनोयेरएक मूर्ति का "योग मुद्रा में बैटे हुए" ऐसा वर्णन करता है। जोनाथन मार्क केनोयेर द्वारा लिखे, "अरौंड द इंडस इन 90 स्लाइड्स" Archived 2009-03-23 It the Wayback Machine

44. केरल वेर्नर लिखते है "पुरातात्विक खोज हमें अनुमान करने का समर्थन करता है की आर्य भारत के पूर्व के लोग योग शास्त्र की क्रियाओं से परिचित थे" Werner, Karel (1998). YogaAnd Indian Philosophy. Motilal Banarsidass Publ. पृ. 103. आई0एस0बी0एन0 9788120816091.
45. हैनरिच जिम्मेंर एक मुद्रा में "योगमुद्रा" का वर्णन करते है। Zimmer, Heinrich (1972). MythsAnd
46. Symbols in Indian Art And Civilization. Princeton University Press, New Ed edition. पृ.168. आई0एस0बी0एन0 978-0691017785.
47. थॉमस म्क्विल्ले लिखते है कि "यह छह रहस्यमय सिंधु घाटी मुद्रा की छवियों में जो उत्कीर्ण मूर्त्तियाँ है। उनमें हठ योग के मूलबन्धासन नाम के आसन, या उस से मिलता जुलता उत्कटासन या बद्धा कोनासना प्रदर्शित है।
48. McEvilley, Thomas (2002). The shape of Ancient thought.। ससूवतजी Communications. पृ. 219-220. आई0एस0बी0एन0 9781581152036.
49. डॉ0 फरजंद मसीह, पंजाब विश्वविद्यालय के पुरातत्व विभाग के अध्यक्ष, हाल ही में प्राप्त एक मुद्रा का वर्णन एक योगी के रुप का कहते है। अपूर्व वस्तुओं की खोज खण्डहर में निहित खजाने की ओर संकेत करता है।
50. Archived 2010-02-15 It the Wayback Machine
51. गेविन फ्लड, "पशुपति सील" जोकि अन्य सीलों में से एक है, के बारे में विवाद करते हुए लिखते है कि यह रुप एक योग मुद्रा में बैठे व्यक्ति की स्पष्ट नहीं लगती या यह एक मानव आकृति का प्रतिनिधित्व करती लगती है। फ्लड, पीपी. 28-29.
52. पशुपति सील के बारे में जियोफ्रे सामुएल का मानना है कि, "वास्तव में हमें यह स्पष्ट नहीं है कि यह मूर्त्ति किसी नारी या पुरुष, किसकी

व्याख्या करती है" Samuel, Geoffrey (2008). The Origins of Yoga And Tantra. Cambridge University Press. पृ. 4. आई0एस0बी0एन. 9780521695343.

53. 'अलेक्जेंडर वत्र, दी ओरिजिन ऑफ बुद्धिस्ट मेंडिटेशन. रौतलेग 2007, पृष्ठ 51.

54. 'अलेक्जेंडर वत्र, दी ओरिजिन ऑफ बुद्धिस्ट मेंडिटेशन. रौतलेड्ग 2007, पृष्ठ 56.

55. 'अलेक्जेंडर वत्र, दी ओरिजिन ऑफ बुद्धिस्ट मेंडिटेशन. रौतलेग 2007, पृष्ठ 51.

56. 'रिचर्ड गोम्ब्रिच, थेरावदा बौद्ध धर्मः ए सोशल हिस्ट्री फ्रॉम इंसिएत बनारस टू माडर्न कोलम्बो. रौतलेड्ग और केगन पॉल, 1988, पृष्ठ 44.

57. 'अलेक्जेंडर व्यन, दी ओरिजिन ऑफ बुद्धिस्ट मेंडिटेशन. रौटलेड्ज 2007, पृष्ट 50

58. 'फ्लड, पी. 95. विद्वानों कथा उपनिषद् को पूर्व बौद्धत्व के साथ सूचीबद्ध नहीं करते, उदाहरण के लिए हेल्मथ वॉन ग्लासेनप्प देख सकते हैं, 1950 कार्यवाही की "अकादेमी देर विस्सेंस्वाफ्तें," लितेरातुर अंड से कुछ लोग कहते हैं कि यह पद बौद्ध है, उदाहरण हाजिम नाकामुरा का ए हिस्ट्री ऑफ एअर्ली वेदान्त फिलोसोफी, फिलोसोफी ईस्ट अंड वेस्ट, वोल. 37, अंख. 3 (जुलाई, 1987) जिसे अरविंद शर्मा ने समीक्षा की है, पीपी. 325-331. पाली शब्द "योग" का उपयोग करने की एक व्यापक जाँच के लिए पूर्व बौद्ध ग्रन्थों में देखे, थॉमस विलियम ह्यूस डेविड, विलियम स्टेड, पाली-इंग्लिश शब्दकोष. मोतीलाल बनारसीदास पुब्ल द्वारा डालें., 1993, पृष्ठ 558:

"आध्यात्मिक अभ्यास" के अर्थ में इस शब्द का प्रयोग के लिए देखे गिल फ्रोंस्दल, दी धम्मपदा, शम्भाला, 2005, पृष्ठ 56, 130 देखा.

59. 'छह रुढ़िवादी स्कूलों के एक सिंहावलोकन के लिए, समूह पर विस्तार के साथ देखें: राधाकृष्णन अंड मूर, "सामग्री" और पीपी. स्कूलों।

60. 'योग घराने के एक संक्षिप्त सिंहावलोकन के लिए देखें: चटर्जी अंड दत्ता, पी. 43.
61. 'दर्शन और संख्या के बीच घनिष्ठ सम्बन्ध के लिए देखें: चटर्जी अंड दत्ता, पी. 43.
62. 'अवधारणाओं के योग स्वीकृति के लिए, लेकिन भगवान के लिए एक वर्ग के जोड़ने की क्रिया राधाकृष्णन एण्ड मूर, पी. 453.
63. ^Samkhya के 25 सिद्धांतों को योगा चटर्जी एण्ड दत्ता, पी. 43.
64. 'म्युलर (1899), अध्याय 7, "योग फिलोसोफी", पी. 104.
65. 'दार्शनिक प्रणाली के संस्थापक पतंजलि योग को यह रुप दिया, देखें: चटर्जी एण्ड दत्ता, पी. 42
66. 'मन के नियंत्रण के लिए एक तन्त्र के रुप में "राजा योग" के लिए और एक महत्त्वपूर्ण कार्य के रुप में पतंजलि के योग सूत्र के साथ सम्बन्ध के लिए देखे: फ्लड (1996), पीपी. 96-98.

    Patañjali (2001-02-01). "Yoga Sutras of Patañjali". Studio 34 Yoga HealingArts. ewy (etext) से 25 अगस्त 2011 को पुरालेखित. अभिगमन तिथि 2008-11-24.

    पाठ और शब्द में से शब्द अनुवाद के लिए देखे: तैनी पी. "योग इस दी इनहिबिशन ऑफ दी मोडीफिकेशंस ऑफ दी मेंड" 6.
67. 'बारबरा स्टोलेर मिलर, योगा: डिसिप्लिन टू फ्रीडम योग सूत्र पतंजलि को आरोपित किया है, पाठ का अनुवाद, टीका, परिचय और शब्दावली खोजशब्द के साथ. कैलिफोर्निया विश्वविद्यालय के प्रेस, 1996, पृष्ठ 9.
68. 'स्टीफन एच. फिलिप्स, क्लास्सिकल इंडियन मेंताफ्य्सिक्स: रेफुताशन्स ऑफ रे अलिस्म एण्ड दी एमेंर्गेस ऑफ "न्यू लॉजिक" ओपन कोर्ट प्रकाशन, 1995, पृष्ठ 12-13.
69. 'भगवद गीता, एक पूरा अध्याय (बी. 6) पारम्परिक योग का अभ्यास करने के लिए समर्पित सहित. इस गीता में योग के प्रसिद्ध तीन प्रकारों,

जैसे 'ज्ञान' (ज्ञान), 'एक्शन' (कर्म) और 'प्यार' (भक्ति) का परिचय किया है।" फ्लड, पी. 96

70. 'हठयोग: यह प्रसंग, थिओरी एण्ड प्रक्टिस मिकेल बर्ली (पृष्ठ 16) द्वारा लिखा गया है।

71. 'फयूएर्ते, जोर्ग. 1996) दी शम्भाला गाइड टू योग बोस्टन और लंदन: शम्भाला प्रकाशन, इंक

72. 'जेन बौद्ध धर्म: ए हिस्ट्री (भारत और चीन) हेंरीच डमौलिन, जेम्स डब्ल्यू हेइसिग, पॉल एफ निटटर (पृष्ठ 22)

73. 'बारबरा स्टोलेर मिलर, योगा: डिसिप्लिन टू फ्रीडम योगसूत्र पतांजलि को आरोपित किया है, पाठ का अनुवाद, टीका, परिचय और शब्दावली खोजशब्द के साथ. कैलिफोर्निया विश्वविद्यालय के प्रेस, 1996, पृष्ठ 8.

74. 'अलेक्जेंडर वैन, दी ओरिजिन ऑफ बुद्धिस्ट मेंडिटेशन. रौटलेड्ज 2007, पृष्ठ 73.

75. 'अलेक्जेंडर वैन, दी ओरिजिन ऑफ बुद्धिस्ट मेंडिटेशन. रौटलेड्ज 2007, पृष्ठ 105.

76. 'अलेक्जेंडर वैन, दी ओरिजिन ऑफ बुद्धिस्ट मेंडिटेशन. रौटलेड्ज 2007, पृष्ठ 96.

77. 'अलेक्जेंडर वैन, दी ओरिजिन ऑफ बुद्धिस्ट मेंडिटेशन. रौटलेड्ज 2007, पृष्ठ 109.

78. 'डान लास्थौस: ष्वोट इस एण्ड इसट योगकारा 2013-12-16

79. 'डान लास्थौस. बौद्ध फेनोमेंनोलोगी: ए फिलोसोफिकल इन्वेस्टीगेशन ऑफ योगकारा बुद्धिस्म एण्ड दी चेंग वेई-शिह लुन. (रौटलेड्ज) 2002 प्रकाशित. ISBN 0-7007-1186-4 पृ. 533

80. 'सरल तिब्बती बौद्ध धर्म: ए गाइड टू तांत्रिक लिविंग, सी अलेक्जेंडर सिम्पिकंस, अन्नेल्लें एम. सिम्पिकंस द्वारा लिखा गया है। 2001 प्रकाशित. टटल प्रकाशन. ISBN 0-8048-3199-8

81. 'दी बुद्धिस्ट त्रडिशन इन इंडिया, भारत और जापान विलियम थिओडोर डी बारी द्वारा सम्पादित किया गया है। पन्ने. 207-208. ISBN 0-394-71696-5-"दी मेंडिटेशन स्कूल ने", चीनी में "चान" नाम से कहते है जो संस्कृत शब्द ध्यान से लिया गया है, पश्चिम में जापानी उच्चारण जेन से जाना जाता है।

82. 'जेन बौद्ध धर्म: ए हिस्ट्री (भारत और चीन) हेंरीच डमौलिन, जेम्स डब्ल्यू हेइसिग, पॉल एफ निटटर (पृष्ठ 13) (पेज - viii)

83. 'जेन बौद्ध धर्म: ए हिस्ट्री (भारत और चीन) हेंरीच डमौलिन, जेम्स डब्ल्यू हेइसिग, पॉल एफ निटटर (पृष्ठ 13)।

84. 'दी लैयेन्स रोर: अन इन्त्रोदुक्शन टू तन्त्र चोग्यम त्रुन्पा द्वारा. शम्भाला, 2001 ISBN 1-57062-895-5

85. 'सीक्रेट ऑफ दी वज्र वर्ल्ड: दी तांत्रिक बुद्धिस्म ऑफ तिबेट रेय रेगिनाल्ड ए शम्भाला द्वारा: 2002. ISBN 1-57062-917 पन्ना 37-38

86. 'सीक्रेट ऑफ दी वज्र वर्ल्ड: दी तांत्रिक बुद्धिस्म ऑफ तिबेट रेय रेगिनाल्ड ए शम्भाला द्वारा: 2002. ISBN 1-57062-917 पन्ना 57

87. 'योगा: दी तिबेतन योगा ऑफ मूवमेंट, चोग्याल नम्खई नोरबू द्वारा लिखा गया है। स्त्रो लायन, 2008. ISBN 1-55939-308-4

88. 'चांग, जी. सी.सी (1993). तिबेतन योगा. न्यू जर्सी: कैरल प्रकाशन समूह. ISBN 0-8065-1453-1 पन्ना. 7

89. 'तत्त्वार्थसूत्र [6.1], मनु दोषी (2007) तत्त्वार्थसूत्र के अनुवाद, अहमदाबाद: श्रुत रत्नाकर पी. 102

90. 'ज्यडेन्बोस, रॉबर्ट जैनिस्म टुडे अंड इट्स फ्यूचर. मूँछें: मन्या वेर्लग, 2006. पन्ना. 66

91. 'जिम्मर, हेंरीच (एड.) जोसेफ कैम्पबेल: फिलोसोफीस ऑफ इंडिया. न्यू यॉर्क: प्रिंसटन यूनिवर्सिटी प्रेस, 1969 पन्ना 60

92. 'क्रिस्टोफर चप्पल. (1993) नॉनविलँस टू अनिमल्स, अर्थ, अंड सेल्फ इन एशियन त्रदिशन्स. न्यू यॉर्क: सनी प्रेस, 1993 पन्ना. 7

93. 'विवियन वोर्थिन्गतन द्वारा ए हिस्ट्री ऑफ योगा (1982) रौटलेड्ज ISBN 0-7100-9258 x पन्ना. 29.

94. 'सीटूएटिंग सुफ्फिस्म अंड योगा।

95. 'केरोलिना संगोष्ठी तुलनात्मक इस्लामी अध्ययन 2009-08-25

96. 'श्रेय इस्लामी समुदाय: योगा मुसलमानों के लिए नहीं है 2008-12-05 सी0एन0एन0।

97. "मलेशिया के नेता: योगा मंत्र के बिना योग मुसलमानों के लिए ठीक है," एसोसिएटेड प्रेस

98. 'शीर्षक: मेंसोकोस्म: हिंदू धर्म और नेपाल में एक पारम्परिक नेवार सिटी में संगठन. लेखक: रॉबर्ट अई लेवी. प्रकाशित: कैलिफोर्निया विश्वविद्यालय के प्रेस, 1991. पीपी 313

99. 'शीर्षक: मेंसोकोस्म: हिंदू धर्म और नेपाल में एक पारम्परिक नेवार सिटी में संगठन. लेखक: रॉबर्ट में लेवी. प्रकाशित: कैलिफोर्निया विश्वविद्यालय के प्रेस, 1991. पीपी 317

100. 'मीर्चा ईटु, मीर्चा एलीयाडे, बुखारेस्ट, कल की रोमानिया का प्रकाशन संस्था, दो हजार छह, नब्बे का पृष्ठ। (ISBN 973-725-715-4)

101. सर्पवल्ली राधाकृष्णन, भारतीय दर्शन, दूसरा खण्ड, लंडन, जॉर्ज एलन और उइंन का प्रकाशन संस्था, एक हजार नौ सौ छियासठ, तीन सौ अस्सी का पृष्ठ। (ISBN 978-019-569-841-1)

102. RIGVED

103. ATHARVED

104. SHATHPATH BRAHMAN

105. VAYU PRAN

106. MATSYA PURAN

107. MAHABHARAT

108. NAUKA SHASTRA

109. भारत का गौरवशाली इतिहास

110. ARTHSHASTRA

111. ATHARVED

112. गणाः पाषंडपूगाश्च व्राताश्च श्रेणयस्तथा। समूहस्थाश्च ये चान्ये वर्गाख्यास्ते. –बृहस्पतिः। स्मृतिचंद्रिका (व्यवहार) में उद्धृत कात्यायन- वचन. धर्मशास्त्र का इतिहास, खंड एक, पा. वा. काणे से उद्धृत.

113. हँसा इव श्रेणिशो यतंते यदाक्षिषुर्दिधयमंमश्वा, ऋग्वेद 1.163.10.

114. पूगौ वै रुद्रः तदेनं स्वेन पूगेन समर्धयति. कौषी. ब्राह्मण, 16.7.

115. तस्मादु ह वै बह्मचारिसंघं चरतं न प्रत्याचक्षीतापि हैतेष्टेबंविधा एवं व्रतः स्यादिति हि ब्राह्मणम्।

116. ऐपिग्रैफिया इंडिका, जिल्द 2, पृ. 124. आचार्य काणे के 'धर्मशास्त्र का इतिहास' से उद्धृत।

117. नैगमाः पौरवणिजाः. वीरमित्रोदय, प्रष्ठ–120।

118. डॉ. सत्यकेतु विद्यालंकारः प्राचीन भारत की शासन संस्थाएँ एवं राजनीतिक विचार, पृष्ठ–273. 12. सब्बे नैगम जानपदे। Jatak vol. 1, Page - 149 तथा नैगमा च एव जानपदा च ते भवं राजा आमन्तयत्तम. दीर्घ निकाय परिच्छेद–दो।

119. बहुउपकार देवस्य च नेगमस्य च महाबग्ग–7/1/16

120. श्रेणि नैगम पाषण्ड गणानामप्ययं विधिः। याज्ञ।

121. धर्मशास्त्र का इतिहासः आचार्य पांडुरंग वामन कणे, खण्ड प्रथम, पृष्ठ–124. 18. वही, पृष्ठ–124.

122. डो. सत्यकेतु विद्यालंकारः प्राचीन भारत की शासन संस्थाएँ एवं राजनीतिक विचार, पृष्ठ–273.

123. एरियन, ऐनाबेसिस इंडिका

124. एल्डर द प्लिनी, नेचुरल हिस्टोरिका

125. स्ट्रेबो, ज्योग्राफी
126. डियोडोरस सिलिसस, बिब्लियोथेका हिस्टारिका
127. हेरोडोटस, हिस्टोरिका
128. गुप्त, सुधीर कुमार, (सं.), नीतिवाक्यामृत-सोमदेवकृत, कलकत्ता, 1987.
129. गैरोला, वाचस्पति, (सं. अनु.), अर्थशास्त्र, वाराणसी, 1984.
130. जे. जाली, (सं. अनु.), विष्णु स्मृति, वाराणसी, 1962.
131. काणे, पी. वी., (सं. अनु.), कात्यायन स्मृति, पूना, 1933.
132. शास्त्री, हरगोविन्द, (सं. अनु.), मनुस्मृति, वाराणसी, 1965.
133. ओम प्रकाश, प्राचीन भारत का सामाजिक एवं आर्थिक इतिहास, नई दिल्ली, 1994.
134. दत्त, गीता, प्राचीन भारत में बैंक व्यवस्था, नई दिल्ली, 1993.
135. मेंहता, रतिलाल, प्री बुद्धिस्ट इण्डिया।
136. मोतीचन्द्र, सार्थवाह, पटना, 1953.
137. पाण्डेय, जयनारायण, सिंधु सभ्यता, 1986.
138. पाण्डेय, संजय कुमार, प्राचीन भारत में व्यापारिक मार्ग।
139. राय, उदय नारायण, प्राचीन भारत में नगर तथा नगर जीवन।
140. वाजपेयी, कृष्णदत्त, प्राचीन भारत का विदेषों से संबंध, इन्दौर, 1951.
141. ब्रिटिश गजेटियर, रिपोर्ट।
142. ARTHSHASTRA
143. VAYUPURAN
144. लगभग 15 वर्ष पहले बस्ती के प्रज्ञाचक्षु पं0 श्रीधनराज जी के दर्शन हुए थे। उन्होंने बतलाया था कि धनुर्वेद, धनुष-चन्द्रोदय और धनुष-प्रदीप-तीन प्राचीन ग्रन्थ याद है, इनमें से दो की प्रत्येक की श्लोक संख्या 60000 है। अन्य ग्रन्थों के साथ इन ग्रन्थों की उन्होंने एक सूची भी लिखवायी थी, जो सम्भवतः बनारस के डिस्ट्रिक्ट और सेशन जज श्रीकृष्णचन्द्रजी श्रीवास्तव के पास है। इसमें 'परमाणु' से शक्ति निर्माण का भी वर्णन है। यह विषय सम्वत् 1995 में प्रकाशित स्वर्गीय प्रो0 श्रीरामदासजी गौड़ के

'हिंदुत्व' नामक ग्रन्थ में भी छप चुका है। इससे पता चलता है कि संभवत: प्राचीन काल में 'परमाणु' (एटम) से शस्त्रादि-निर्माण की क्रिया भी भारतीयों को ज्ञात थी।

145. फण्डामेंटल प्रिंसीपल ऑफ एस्ट्रोलॉजी (Fundamental Principals of Astrology)–इस किताब का हिन्दी अनुवाद भी बाजार में आ चुका है।

146. काटवे की देव विचार माला-इसमें सत्रह छोटी पॉकेट साइज पुस्तकें शामिल हैं। पहले यह आउट ऑफ प्रिंट हो गई थी अब इसका रीप्रिंट वर्जन बाजार में आ चुका है।

147. लाल किताब (Lal Kitab)–लेखक पंडित रामचन्द्र शास्त्री, कालका वाले।

148. भवन भास्कर (Bhavan Bhaskar)–यह किताब आउट ऑफ प्रिंट हो चुकी है, किसी एक व्यक्ति के पास उपलब्ध हो तो वह अन्य पाठकों को फोटो प्रति करके उपलब्ध करा सकता है, पहले यह गीताप्रेस गोरखपुर से प्रकाशित।

149. ज्योतिष रत्नाकर (Jyotish Ratnakar)–देवीनन्दन सिंह की लिखी यह पुस्तक ज्योतिष आठ धाराओं में बाँटकर सिखाती है। यह अपने आप में पूर्ण पुस्तक है लघु पाराशरी (Laghu Parashari)–टीकाकार मेजर एस जी खोत-

150. फलित ज्योतिष रेडीरेकनर (Phalit Jyotish Ready Reckoners)–शौकिया और प्रामाणिक ज्योतिष के पाठकों के लिए यह पुस्तक महल की बहुत अच्छी किताब है।

150. एस्ट्रो सीक्रेट्स (Astro Secrets)–यह पुस्तक केवल अंग्रेजी में ही उपलब्ध है। प्रोफेसर केएस कृष्णामूर्ति के शिष्य के. शबुंगम की लिखी केपी एस्ट्रोलॉजी को समझने की एक नई दिशा देती है।

सिंहावलोकन

शिक्षा मनुष्य का परिष्कार करती है। शिक्षा ही उसके गुणों का संवर्द्धन कर देवत्व की ओर प्रेरित करती है। किन्तु शिक्षा के उद्देश्य उसके दर्शन से नियन्त्रित होते हैं। शिक्षा साध्य है अथवा साधन इसको लेकर चिंतकों में मतभेद हैं। भारतीय शिक्षा परम्परा प्राचीनतम है किन्तु कालक्रम में यह परम्परा विच्छिन्न हो गई। आज आवश्यकता है शिक्षा पर भारतीय मनीषियों के विचारों को जानने-समझने और शिक्षण पद्धति में उनका उपयोग कर भारत को विश्वगुरु के रुप में पुनः अभिषिक्त करने की, भारतीय मनीषा में अनेक चिंतकों ने शिक्षा पर गहन विचार किया है। उन्होंने इसके उद्देश्य, स्वरुप और दिशा पर पर्याप्त विमर्श किया है।

भारतीय परम्परा में विद्या को अत्यन्त महत्त्वपूर्ण स्थान प्राप्त है। वेदांग के छः अँगों में शिक्षा भी सम्मिलित है। यहाँ उसका विस्तार करते हुए उच्चारण, व्याख्या, विधियों का भी उल्लेख प्राप्त होता है। विद्या यहाँ परा व अपरा दो वर्गों में विभाजित है। भारतीय परम्परा इसे धर्म के दस लक्षणों में स्थान देती है-

धृतिः क्षमा दमोऽस्तेयं शौचमनिद्रियनिग्रहः।
धीर्विद्या सत्यमक्रोधो दशकंधर्मलक्षणम् ।।

– मनुस्मृति

विष्णु पुराण में भी इसका उल्लेख है-

तत्कर्म यन्न बंधाय सा विद्या या विमुक्तये।
आयासायापरम् कर्म विद्यान्या शिल्पनैपुणम्।।

– विष्णुपुराण 1/19/41

अनेक चिंतकों और रचनाकारों ने विद्या (आध्यात्मिक, श्रेष्ठ) एवं अविद्या (लौकिक) इसे दो रुपों में वर्गीकृत किया है-

अन्धं तमः प्रविशन्ति येऽसंभुतिमउपासते।

ततो भूय इव ते तमो य उ सम्भुत्याम्रताः।।

अर्थात् जो केवल अविद्या की उपासना करता है, वो गहरे अंधकार में प्रवेश करता है। पर जो केवल विद्या में ही रत रहता है वह उससे भी गहरे अंधकार में प्रवेश करता है। यहाँ शास्त्रकार का मन्तव्य विद्या के अनुप्रयोग को लेकर है। विद्या प्राप्ति के साथ ही विवेकसम्मत प्रयोग भी अभीष्ट है। यह चिंतन मनुष्य के लिए लौकिक एवं पारलौकिक दोनों प्रकार के ज्ञान को आवश्यक मानता है। इनमें से किसी एक के बिना वह अपूर्ण है और अपने दायित्वों का निर्वाह सम्यक् ढँग से नहीं कर सकेगा।

हमारी संस्कृति अध्यात्म केन्द्रित है। परमतत्त्व की प्राप्ति ही हमारी साधना का उद्देश्य है। सभी दार्शनिक परम्पराओं में अद्वैत, शुद्धाद्वैत, द्वैताद्वैत आदि आत्मचिंतन और परमतत्त्व का अन्वेषण ही प्रमुख है। उन्होंने आत्मानुभूति को ही मुक्ति का मार्ग माना है। 'तमसो मा ज्योर्तिगमय' अंधकार से प्रकाश की ओर की यात्रा है, जिसमें अमृत जीवन ही काम्य है।

जीवन को उसके बृहत् परिप्रेक्ष्य (मात्र सांसारिक नहीं) में देखना ही उसका उद्देश्य है। इस परम्परा में प्रकृति और मनुष्य में साहचर्य एवं परस्पर पूरकता है जबकि भोगवाद इसके विपरीत है।

ये सांख्य, न्याय, वेदान्त, योग, वैशेषिक, मीमांसा छः आस्तिक दर्शन है।

किसी भी साध्य को बिना साधन के प्राप्त नहीं किया जा सकता है। दर्शन लक्ष्य की बात करता है और शिक्षा साधन की। शिक्षा के स्वरूप निर्धारण में दर्शन की महत्त्वपूर्ण भूमिका है। शिक्षा के स्वरूप, उद्देश्य, पाठ्यक्रम, प्रविधियाँ, शिक्षक, विद्यार्थी के बहुस्तरीय सम्बन्ध निर्धारण में दर्शन की महत्त्वूपर्ण भूमिका है। भारतीय दर्शन के दो प्रकार के धारक हैं ख्र आस्तिक और नास्तिक। वेद का मूलाधार मानने वाले आस्तिक हैं। जबकि नास्तिक वेद को प्रमाण नहीं मानते।

सांख्य दर्शन महर्षि कपिल द्वारा प्रवर्तित है। यह द्वैतवादी दर्शन है। जिसमें प्रकृति और पुरुष दो मूल तत्त्व हैं। यहाँ ज्ञान के दो रूपों का उल्लेख किया गया है। पदार्थ और विवेक ज्ञान। प्रत्यक्ष, अनुमान और शब्द, इस ज्ञान की प्राप्ति के साधन हैं। महर्षि कपिल के अनुसार शिक्षा वह है जो मनुष्य को प्रकृति और पुरुष की भिन्नता का ज्ञान कराती है। ज्ञान प्राप्ति की इस यात्रा में ज्ञानेन्द्रियाँ और कर्मेन्द्रियाँ, मन, अहम्, बुद्धि और आत्मा उपकरण हैं।

न्याय दर्शन के प्रवर्तक महर्षि गौतम हैं। न्याय दर्शन के अनुसार, सृष्टि का निमित्त कारण ईश्वर है और आधार है पदार्थ। न्याय दर्शन में ज्ञान को दो भागों में विभक्त किया गया है। अनुभवजन्य ज्ञान और स्मृतिजन्य ज्ञान। आधुनिक शब्दावली में यह ज्ञानात्मक संवेदना और संवेदनात्मक ज्ञान कहा जाता है। इसमें शिक्षा वह है जो मनुष्य को पदार्थ और आत्मतत्त्व के स्वरुप से साक्षात्कार कराती है। महर्षि गौतम ने शिक्षा के चार स्तर स्वीकार किए हैं।

(क) प्रमाता - ज्ञान प्राप्त करने वाला विद्यार्थी

(ख) प्रमेय - ज्ञान का विषय यानि पाठ्यचर्या

(ग) प्रमाण - ज्ञान प्राप्ति का उपकरण, साधन एवं विधियाँ

(घ) प्रमिति - यथार्थ ज्ञान। जिसे हम आउटकम कहते हैं अर्थात् शिक्षार्थी ने क्या सीखा उसे क्या उपलब्धि हुई।

न्याय दर्शन में प्रत्यक्ष, अनुमान, उपमान-तुलना एवं शब्द के माध्यम से शिक्षार्थी ज्ञान की प्राप्ति करता है।

महर्षि कणाद द्वारा प्रवर्तित वैशेषिक दर्शन गोचर जगत् को सत्य मानते हुए द्रव्य आदि पदार्थों के तत्त्वज्ञान से स्थायी कल्याण एवं मोक्ष में विश्वास करता है। पदार्थ ज्ञान से अज्ञान दूर होता है, जिससे मोक्ष की प्राप्ति होती है।

आचार्य शंकर द्वारा प्रवर्तित वेदाँत दर्शन भारतीय ज्ञान परम्परा का सर्वाधिक महत्त्वपूर्ण दर्शन है। इसे हम मेरुदंड भी कह सकते हैं। यह जीव और परमात्मा को अद्वैत मानता है। कालान्तर में इसका विस्तार हुआ और रामानुजाचार्य का विशिष्टाद्वैत तथा मध्वाचार्य कृत द्वैताद्वैत इसकी शाखाएँ बनीं।

शंकर के ब्रह्मसूत्र के अनुसार 'जगन्मिथ्या ब्रह्मसत्य'। वेदान्त का ब्रह्म कर्ता और भोक्ता दोनों भूमिकाओं में हैं, दोनो ही हैं। यहाँ ज्ञान को दो स्वरुपों में विभाजित किया गया है।

अपरा – लौकिक एवं व्यावहारिक ज्ञान

परा – आध्यात्मिक ज्ञान

विद्या वही जो मुक्त करे 'सा विद्या या विमुक्तये'

वेदाँत परम्परा में ज्ञान के स्रोत हैं प्रत्यक्ष, अनुमान, उपमान और शब्द। ज्ञान का लक्ष्य यहाँ इस रूप में वर्णित है- श्रवण, मनन एवं निदिध्यासन।

योगदर्शन महर्षि पतंजलि द्वारा प्रवर्तित है। साधना और अभ्यास के माध्यम से इसमें ज्ञान प्राप्ति का प्रावधान है। योग का शाब्दिक अर्थ है- चित्तवृतियों का निरोध। श्रीमद्भगवद्गीता कहती है 'योगः कमसु कौशलम्' चित्तवृतियों का निरोध इसलिए कि कर्मो में कुशलता प्राप्त की जा सके। ज्ञान योग, कर्म योग और राजयोग इसके तीन रुप बताए गए हैं। शिक्षा का अभिप्रेत यहाँ प्रकृति तत्त्व से ईश्वर तत्त्व की ओर जाना है। शिक्षा का लक्ष्य है- 'परमानंद' की प्राप्ति और उसका साक्षात्कार। योग दर्शन में ज्ञान प्राप्ति के जिन साधनों का उल्लेख है वे हैं- प्रत्यक्ष, अनुमान, शब्द और योग। ज्ञान प्राप्ति की इस यात्रा के पड़ाव हैं- यम, नियम, आसन, प्राणायाम, प्रत्याहार, धारणा, ध्यान और समाधि। इनमें प्रथम चार क्रियाएँ हैं, फिर तीन अवस्थाएँ हैं एवं अंतिम समाधि सम्प्राप्ति है। यह सिद्धावस्था है जिसमें वह साक्षात्कार करने के लिए सिद्ध हो जाता है। ये सभी स्थितियाँ परस्पर पूरक हैं।

उपनिषद् वेदों का विस्तार है, उनकी व्याख्या है। वस्तुतः उपनिषद् सिद्धांतों के अनुप्रयोग की दिशा में अगला पड़ाव है। उपनिषद् यानि प्राचीन गुरूकुलों में परम्परा में गुरू के निकट बैठकर ज्ञान प्राप्त करना।

ज्ञानयात्रा अत्यन्त कठिन है। ज्ञान मिल नहीं सकता, कोई किसी को दे नहीं सकता। ज्ञान अर्जित करना पड़ता है और यह स्वयं के प्रयास के द्वारा ही सम्भव है।

भारतीय परम्परा में पात्र और सुपात्र का उल्लेख मिलता है। वस्तुतः शिक्षा अपनी योग्यता और क्षमतानुसार वैयक्तिक रुप में ही ग्रहण की जा सकती है।

ज्ञान सुपात्र को ही प्रदान किया जाना चाहिए। कुपात्र को ज्ञान देने से उसके दुष्परिणाम के अनेक उदाहरण इतिहास में मिलते हैं।

मीमांसा दर्शन को वेदाँत दर्शन के क्रम में देखने की परंपरा है। यह पूर्व मीमांसा कहा जाता है जबकि वेदान्त दर्शन को उत्तर मीमांसा की संज्ञा से अभिहित किया जाता है। पूर्व मीमांसा में धर्म के विशद स्वरुप का विवेचन है जबकि उत्तर मीमांसा (वेदान्त) ब्रह्म के स्वरुप का निरूपण करता है। वह कैसा है?, क्या है आदि। वस्तुतः हम कह सकते हैं कि धर्म ज्ञान के परस्पर विरोधरहित वेदमंत्रों का विवेचन ही मीमांसा है।

वैदिक संस्कृत में वाक्यशास्त्र का प्रयोग मीमांसा के लिए ही किया जाता है। वहाँ कहा गया है कि वाक्याँ द्वारा जिस बोध ज्ञान की प्राप्ति होती है उसे वाक्यार्थ बोध अथवा शब्द बोध कह सकते हैं।

व्याकरणशास्त्र में भी शब्द से अर्थ के बोध को तीन वर्गों में विभाजित किया गया है- अभिधा, लक्षणा एवं व्यंजना। वाक्यार्थ, लक्ष्यार्थ और व्यंग्यार्थ (ध्वनि)

आधुनिक युग में अनेक चिंतकों -विचारकों ने शिक्षा पर विचार किया। उनको चिन्तन तत्कालीन परिस्थितियों में भारतीय शिक्षा की दशा और दिशा को प्रतिबिम्बित करने के साथ ही प्रेय मार्ग की ओर भी संकेत करता है। जहाँ शिक्षा भारतीय परम्पराओं से सम्बद्ध होने के साथ ही आधुनिक विश्व की आवश्यकताओं की भी पूर्ति करने में समर्थ है।

इस क्रम में आर्य समाज के प्रवर्तक स्वामी दयानन्द प्रमुख हैं। उन्होंने वेद-वेदांग को ज्ञान का स्रोत मानते हुए आर्य दर्शन प्रतिपादित किया। अपने शास्त्रार्थ के लिए प्रसिद्ध महर्षि दयानन्द ने 'सत्यार्थ प्रकाश' में अपने विचारों को प्रस्तुत किया- 'विद्या विलास मनसो धृतशील शिक्षा'।

आधुनिक भारतीय निर्माताओं में विवेकानन्द अत्यन्त प्रसिद्ध हैं। भारतीय मनीषा का लोहा पश्चिम में मनवाने वालों में वे अग्रगण्य हैं। उन्होंने वेदान्त को नव्य वेदाँत के रुप में पुनर्व्याख्यायित किया। शंकराचार्य प्रणीत वेदान्त का वे आधुनिक विवेचन करते हैं। मनुष्य में अन्तर्निहित पूर्णता की अभिव्यक्ति ही शिक्षा है। गुरुदेव रवीन्द्र नाथ टैगोर भारतीयता के नवजागरण कालीन व्याख्याकारों में प्रमुख हैं। कलाविद् का हृदय और चिंतक का मस्तिष्क दोनों एक साथ वहाँ उपस्थित हैं। वे विश्वबोध से युक्त उनकी दृष्टि में समस्त प्राणियों के प्रति एकात्मभाव है। टैगोर जीवन और सृष्टि के बीच समरसता की स्थापना हो जिससे समूची मानवता और विश्व के बीच की विषमताएँ दूर हो सकेगी।

भारतीय चिंतन में शिक्षा की अंतिम परिणति प्रकृति को संस्कृति की ओर ले जाना है विकृति की ओर नहीं। संस्कृति की ओर जो ले जाए वही शिक्षा है।

भारतीय दर्शन परम्परा भगवद् प्राप्ति और साक्षात्कार की बात करती है। यह ध्यान में रखना समीचीन होगा कि भारतीय षड्दर्शन सामानान्तर नहीं, क्रमानुगत हैं। सांख्य से उत्तर मीमांसा तक एक क्रम है, निरन्तरता है। इस निरन्तरता को क्रियारुप मे परिणत करने के लिए प्रमाण, व्यवस्था आदि शिक्षा उपलब्ध कराती है। परिणाम में यह शाश्वत की ओर ले जाती है। आज की भाषा कहें तो यही इसका 'लर्निंग आउटकम' है। आधुनिक जगत भी इसी स्वरुप की प्रतीक्षा वर्षानुवर्ष से कर रहा है, उन सभी की मनोकामना निःसंदेह इस दिव्य मन्त्र के प्रभाव से अवश्य ही पूर्ण होगी।

/// धन्यवाद / जय श्री राम ///